개성상인의 그리스 여행

아테네 파르테논 신전에서 운주사 천불천탑까지
개성상인의 그리스 여행

홍 석 경

| 프롤로그 |

    그리스 하면 머릿속에 먼저 떠오르는 것은 지는 석양이 아름다운 에게 해의 산토리니 섬이나 파르테논 신전으로 대표되는 고대 그리스의 유적과 유물일 것이다. 돌기둥이 운치 있는 고대 신전, 그리스의 신화, 풍습, 역사가 묘사된 도기화, 연극이 공연된 원형극장, 달리기 경기가 열렸던 스타디움과 올림픽 경기, 그리스 철학은 현대 서구문명의 뿌리를 이루는 대단한 것들이다. 그러나 이런 것들은 대체로 인류문명사에 크게 흥미가 있거나, 고대 그리스·로마 건축과 도기화에 매력을 느꼈거나, 어렸을 때 그리스 신화에 푹 빠졌던 사람들이 좋아하는 것으로 길거리를 다니면서 볼 수 있는 것이 아니라 일부러 유적지나 박물관을 찾아가서 봐야 하는 것들이다.
    현대 그리스 도시는 도시 전체가 달력 그림인 체코의 프라하, 가우디 건축만을 보기 위해 일부러 찾아가는 스페인의 바르셀로나, 에펠탑과 센 강 풍경이 아름다운 파리와 비교했을 때 관광지로서 매력도는 약간 떨어지는 것 같다. 그래서인지 아테네를 비롯한 그리스 도시들은 아직까지 우리나라 보통 사람들이 손에 꼽는 관광지는 아니다. 또한 그리스는 아직 장거리 대중교통 수단이 발달하지 못해서 짧은 일정의 그리스 여행이라고 하면 대개 아테네를 중심으로 당일치기가 가능한 관광 중심으로 이루어진다. 대중교통을 이용해서 아테네에서 멀리 떨어진 고대 유적지를 찾아가려면 기차나 버스를 여러 번 갈아타야 해서 여간 불편한 게 아니다.
    6년 전, 나의 첫 번째 그리스 여행은 아무런 사전준비 없이 가는 바람에 남들처럼 산토리니 섬과 아테네를 중심으로 대중교통을 이용해서 하루 만에 다녀올 수 있는 몇몇 유적지만 구경했다. 그럼에도 첫 번째 그리스 여행을 다녀온 이후에 나는 고대 그리스의 유적과 유물에 마음을 뺏겨 필헬레네(philhellene·고대 그리스 문화의 찬미자)가 되었다. 소박하고 단순한 고대 그리스 신전은 웅장하고 화려한 가톨릭 대성당보다 내 마음속에 더 큰 울림을 주었다. 오직 수평선과 수직선만으로 공간이 분할된 신전은 아름다운 비례와 균형의 극치를 보여주었고, 에게 해가 내려다보이는 해안가 암벽이나 웅장한 산악지형에 설치된 신전은 자연과 너무나 조화를 잘 이루고 있어 시간만 충분하다면 그 앞에 오랜 시간 머물고 싶은 충동을 느꼈다. 그래서 나는 원래 계획했던 독일여행을 한 해 뒤로 미루고 승용차를 빌려서 그리스 전역에 흩어져있는 옛 유적을 찾아다니며 구경해보기로 했다.

아테네가 속한 아티카 지역은 아르테미스 신전이 있는 브라우론과 포세이돈 신전이 있는 수니온 곶을 구경했고, 북쪽으로는 델피-테르모필레-메테오라-디온-베르기나를 거쳐 테살로니키까지 여행했고, 남쪽으로는 코린트-에피다우로스-나프플리오-미케네를 거쳐 올림피아까지 다녀왔으며, 북쪽에서 남쪽으로 방향을 틀 때는 잠시 쉬어가자고 해변이 아름다운 코르푸 섬을 여행했다. 구경했던 모든 곳이 나에게 깊은 인상을 심어주었다. 그래서 비록 내가 그리스 문명 전문가는 아니지만 고대 그리스의 문명과 신화, 그리고 고대 역사에 굵직한 발자취를 남긴 영웅들에 대해 나만의 방식으로 이야기해보고 싶었다. 그래서 쓰게 된 것이 『개성상인의 그리스 여행』이다. 이 책의 구성과 각 장에서 다룬 주요 내용은 다음과 같다.

제1장부터 제7장까지는 수도 아테네에서 그리스 제2의 도시 테살로니키까지 여행하면서 직접 보았던 주요 유적과 유물에 대해 해설을 한 일종의 그리

스 역사 기행이다. 여행기를 써보자고 마음먹고 대강의 목차를 정할 때에는 나의 그리스 여행 루트를 따라 아티카 지역, 북쪽 지역, 남쪽 지역, 그리고 섬 이야기까지 담을 생각이었지만, 막상 글을 쓰다 보니 아테네에서 테살로니키까지 여행기만으로도 책 한 권 분량을 훌쩍 넘기는 바람에 아테네와 그리스 북쪽의 옛 도시 이야기로 한정하였다. 아테네에는 고대 도시국가 아테네와 로마제국의 흔적이, 메테오라에서는 그리스의 국교인 정교회의 역사가, 디온과 베르기나에는 마케도니아 왕국의 숨결이, 테살로니키에는 동로마 제국과 오스만 제국의 자취가 짙게 배어 있어 나의 그리스 북쪽 여행은 약 3000년에 걸친 발칸반도의 역사기행이 되었다. 그리스 유적과 유물에 대한 해설은 가능한 한 공신력 있는 국내외 자료를 참고하여 알기 쉽게 전달하고자 하였지만, 때로는 나만의 주관적인 시각으로 유물 해석을 새롭게 시도해 보기도 하였다. 예를 들면, 나의 주된 관심사인 문명교류사 측면에서 우리네 고려청자의 국화문양과 칠보문양의 기원을 지중해 문명에서 찾아보려 했고, 도상학 측면에서 초기 기독교의 예수 도상과 붓다 도상의 기원과 상호 연관성을 분석해 보기도 하였으며, 기존에 세상에 알려진 지식에 대해 스켑틱(skeptic)한 시각으로 바라보는 태도 덕분에 테살로니키 박물관에 전시된 고대 그리스 비석의 부조 설명이 잘못되었다는 것도 발견할 수 있었다(이 사실은 조만간 테살로니키 박물관에 알려줄 생각이다). 이처럼 나만의 독특한 시각으로 펼친 유적과 유물 해석은 기존에 출간된 그리스 여행기와 구별되는 이 책만의 특징이자 재미라고 생각하는데 독자들의 반응이 어떨지 자못 궁금하다.

제8장은 제6장에서 잠깐 언급한 고려청자 칠보무늬의 기원을 구체적으로

추적하는 과정을 다루었다. 고려시대에 만든 청자 투각칠보문뚜껑 향로(국보 95호)를 장식한 칠보무늬와 고대 로마도시 이탈리카(스페인 세비야 인근 옛 로마도시)나 디온(그리스 중부마케도니아주의 옛 그리스·로마도시)에서 발굴된 십자형 꽃무늬 모자이크는 기하학적으로 완벽히 똑같은 문양임을 밝혀냈고, 인디아나 존스를 등장시켜 로마의 십자형 꽃무늬가 어떻게 고려의 칠보무늬로 변신할 수 있었는지 그 전래 과정을 한 편의 모험영화를 보는 것처럼 흥미진진하게 풀어냈다.

　마지막 제9장에는 한국미술사 또는 불교미술사에서 영원한 수수께끼로 남아 있던 전남 운주사 천불천탑의 비밀을 완벽하게 풀어내는 과정을 이야기체로 담았다. 이 마지막 장은 원래 집필계획에는 없던 것인데 제8장에서 산딸나무꽃무늬의 비밀을 풀어가는 과정에서 우연히 검색된 운주사 구층석탑의 문양을 보고 연구를 시작하게 되었고, 의도치는 않았지만 이 여행기의 피날레를 멋지게 장식해 주었다. 구층석탑의 탑신문양은 이중마름모(◇) 안에 열십자 꽃문양이 있는 것으로 이것은 내가 잘 안다고 자부하는 산딸나무 꽃무늬와 너무나도 닮아 나의 눈길을 사로잡았다. 나는 구층석탑의 탑신에 활짝 핀 산딸나무 꽃을 단서로 삼아 천불천탑에 얽힌 아홉 가지 수수께끼, 즉 천불천탑의 조성원리, 각종 석탑 문양의 기원과 유래, 각종 불상과 석탑(부부와불, 마애여래좌상, 석불군 (가)-(바), 석조불감과 쌍배불상, 원형다층석탑, 발형다층석탑, 칠성바위)의 조형원리, 천불천탑의 조성시기, 조성주체, 조성의 사상적 배경과 조성목적에 이르기까지 천불천탑의 거의 모든 수수께끼를 3개월여 만에 완벽하게 풀어냈다. 이 책에서 밝힌 나의 주장은 관련학계의 학술지에 논문으로 발표하여 전문가의 검증을 받아볼 생각이다.

올해는 한국-그리스 수교 60주년이 되는 해이다. 그리스는 1950년 한국전쟁 때 육군과 공군을 파견하여 위기에 처한 우리를 도왔을 뿐만 아니라 1953년 7월 정전협정 체결 이후에도 5년간 한국에 주둔하여 대민 구호활동을 한 고마운 나라이다. 그리스가 위치한 발칸반도와 우리 한반도는 직선거리로 약 8500km 떨어져 있어, 역사적으로 두 나라는 단 한 번도 직접 교류한 적이 없었다. 그럼에도 불구하고 신생 대한민국의 자유를 지키기 위해 이 땅에 고귀한 젊은 피를 뿌린 그리스 국민에게 한없는 존경과 깊은 감사를 드린다. 수교 60주년을 계기로 두 나라 국민이 상대방 역사와 문화를 더 잘 알게 되고 이를 바탕으로 양국 국민 사이에 교류와 협력이 더욱 활발히 진행되길 기원한다.

약 4년에 걸쳐 그리스 여행기를 쓰면서 많은 분들의 격려와 응원을 받았다. 가장 먼저 문경 누님과 희재 누님을 비롯한 형제에게 감사를 드리고 싶다. 두 누님과 형제는 내가 그리스 여행기를 쓰는 동안 끊임없이 칭찬과 격려를 아끼지 않으셨다. 이 여행기를 중도에 포기하지 않고 완성할 수 있었던 것은 두 누님과 형제들의 응원 덕분이다.

나의 석사과정 은사님이신 KAIST 재료공학과 남수우 교수님께 특별히 감사드리고 싶다. 선생님께서는 나의 첫 여행기인 『산딸나무와 터키여행』을 꼼꼼히 읽으시고, 제자들 정기모임에서 과분할 정도로 칭찬을 많이 해주셨고 다음 책을 기대한다고 응원해주셨다. 그리스 여행기를 쓰겠다고 마음먹은 데는 은사님의 응원이 큰 힘이 되었다. 이 책이 출간되기까지 4년이라는 시간이

걸렸던 것은 그리스 유적 및 유물에 대해 새롭게 공부해야 할 것이 많았기 때문이었다. 자료를 수집하여 충분히 공부한 다음 쉽고 재미있게 써보려 노력했다. 이것은 나의 박사과정 은사님이신 서울대 재료공학과 김형준 교수님께서 역시 나의 첫 여행기를 읽고 남겨놓으신 메모가 내 머릿속에 또렷이 메모리되었기 때문이었다. 선생님께서는 카파도키아 지형을 대표하는 버섯바위의 형성과정을 설명하지 않고 그냥 넘어간 나의 책에 '반도체 에칭공정 메커니즘'으로 버섯바위의 형성과정을 설명해주었더라면 더 재미있었을 것 같다고 메모를 남겨주셨다. 메모를 본 나는 '아차' 싶었다. 반도체 에칭공정은 나의 전문분야 가운데 하나이고 버섯바위 형성과정은 그야말로 지구 스케일로 일어난 에칭과정이었기 때문이었다. 이번 그리스 여행기가 재밌게 읽힌다면 이것은 은사님의 메모를 잊지 않은 덕분이고, 만약 이해하기 어렵고 재미도 없다면 그것은 신통찮은 나의 문장력 때문일 것이다.

　기존에 출간된 그리스 여행기와 『개성상인의 그리스 여행』의 큰 차이점은 우리네 전통문양, 불상, 불화, 혹은 건축구조를 그리스 또는 로마 문화유산의 그것과 비교하거나 기원을 따져 본 것에 있지 않을까 싶다. 이런 시도 덕분에 로마의 십자형 꽃무늬가 붓다 루트를 따라 고려에 전달되어 청자의 칠보무늬가 되었다는 것을 밝힐 수 있었고, 운주사 석탑의 탑신을 장식한 기이하기 짝이 없는 기하문양(X, ◇ 등)은 우리 고미술사학계가 정설처럼 받아들이고 있는 티베트나 몽골문양이 아닌 고려불교의 전통문양이라는 것, 나아가 이 문양의 원형은 로마의 십자형 꽃무늬(산딸나무꽃무늬)라는 것을 밝힐 수 있었으며, 영원히 풀릴 것 같지 않던 운주사 천불천탑의 아홉 가지 수수께끼를, 마치 오이디푸스가 테베의 스핑크스가 낸 수수께끼를 단박에 푼 것처럼, 깔끔하게 풀어낼 수 있었다. 재료공학자이자 반도체 전문가인 내가 우리나라 불교미술사의 한 페이지를 새로 써야 할지도 모르는 엄청난 발견을 할 수 있었던 것은 '뿌리와 샘' 문화유산답사회의 일원으로 25년간 활동하면서 우리 문화유산에 관심을 갖고 안목을 키워온 덕분이라 생각한다. 나와 아내를 포함한 답사회 회원들에게 우리 문화유산의 진면목을 아낌없이 가르쳐준 이세용 회장님과 남황강 선생님께 이 자리를 빌려 깊은 감사를 올린다.

  국민대 금속공학과 78학번 동기들과 후배들, KAIST 재료공학과 금속강성실험실 석사12회 동기들, 서울공대 재료공학과 박막실험실의 동문들, 옛 직장과 현 직장의 동료들, 북악쇠 모임과 실크로드 여행 모임의 동문에게도 고마움을 전하고 싶다. 나의 첫 여행기를 읽은 몇몇 친구들은 매년 오뉴월이 되면 집 근처나 연구소 정원, 들판에 핀 산딸나무꽃 사진을 찍어 나에게 보내주는데, 나는 그 마음이 고마워 꽃 사진을 내 PC에 고이 담아둔다. 이제 하나 둘 은퇴하기 시작하는 내 친구와 동기들은 대한민국을 선진국 반열에 올려놓은 진짜 영웅들이다. 친구들이 은퇴 후 제2의 삶을 알차게 가꿔 나가길 마음속으로 빈다.

  『개성상인의 그리스 여행』을 멋진 그림으로 장식해 준 살와네 다섯 자매에게도 감사의 인사를 전한다. 살와(Salwa·슬픔과 걱정을 잊게 만드는 것, 위로란 뜻이다) 가족은 전쟁을 피해 예멘에서 제주도로 이주한 난민으로 살와는 다섯 자매의 맏딸이다. 우연히 어느 신문기사를 통해 살와를 소개받아 이 가족이 한국에 잘 정착할 수 있도록 간간이 도움을 주고 있을 뿐인데, 내 여행기의 삽화를 부탁하자 다섯 자매는 기꺼이 멋진 그림을 그려 나에게 보내주었다. 살와 가족이 힘든 이주민 생활을 잘 극복하고 성공적으로 한국에 정착하기를 간절히 기원한다.

쑥스럽지만 나의 딸 주영에게 감사하고 싶다. 작년 말에 결혼한 딸아이는 교사생활과 대학원 학업을 병행하느라 바쁜 가운데도 내 원고를 읽고 어색한 단어와 문장을 지적해주었고 때로는 직접 문장을 다듬어주었다. 덕분에 내 여행기는 읽기가 한결 부드러워졌다. 책 출간을 손꼽아 기다리는 듬직한 사위에게도 고맙다는 말을 전하고 싶다. 첫 여행기와 마찬가지로 두 번째 여행기도 멋지게 편집해 준 도서출판 '문화의힘' 이순옥 대표에게 감사드리고 싶다. 이 대표는 내가 편하게 집필할 수 있도록 무려 4년이란 시간을 기다려 주었을 뿐만 아니라, 한국출판문화산업진흥원이 주관하는 '2021년 우수출판콘텐츠 제작 지원사업'에 응모할 수 있도록 원고편집에 많은 시간을 할애해 주었다. 특별히 감사드려야 할 분들이 또 있다. 『개성상인의 그리스 여행』을 올해 우수출판콘텐츠 제작 지원사업 작품으로 선정해주신 심사위원과 출판진흥원에도 감사드린다.

마지막으로 나의 영원한 길동무인 아내에게 감사하고 싶다. 길치인 내가 해외 첫 자동차 여행을 안전하고 즐겁게 마칠 수 있었던 것은 순전히 조수석에서 말동무가 되어준 아내 덕분이다. 그리고 만약 여행사진에서 내 패션이 제법 어울리게 나왔다면 그것은 순전히 아내의 뛰어난 패션 감각과 수고 덕분이었다.

2021년 10월
청계산인 홍석경

| 차 례 |

프롤로그

제1장 아테네 둘레길을 걷다························· 20
　　아테네 국립고고학박물관························· 28
　　페리클레스 대리석상 ························· 38
　　아테네 학술원 ································· 40
　　무명용사의 비 ································· 42
　　아레오파고스································· 43
　　뮤즈의 언덕(필로파포스 언덕)··················· 45
　　아테네 민주주의 형성과정····················· 47
　　프닉스 언덕··································· 48

제2장 테세우스의 아테네, 하드리아누스의 히에라폴리스········ 54
　　아크로폴리스 박물관의 카리아티드 여인상··················· 54
　　아테나 니케 신전의 부조 ························· 56
　　파르테논 마블 ································· 59
　　디오니소스 극장 ································· 64
　　파르테논 신전의 출입문, 프로필레아 ··················· 66
　　파르테논 신전 ································· 72
　　에레크테이온 ································· 80
　　판아테나이아 길과 노천 레스토랑 길 ··················· 84

로만 아고라 · 85
하드리아누스 도서관 · 90
아테네 옛길(트라이포드 거리와 아드리아누 거리) · · · · · · · · · · 92
아테네를 사랑한 로마황제, 하드리아누스 · · · · · · · · · · · · · · · 94
하드리안 아치와 올림피안 제우스 신전 · · · · · · · · · · · · · · · · 96

제3장 배산임수의 명당, 델피 신전 · 102

델피박물관 · 105
낙소스 스핑크스 · 107
시프노스의 보물창고 · 108
사자머리 가고일 · 113
아르카익 시기 아폴론 신전의 조각상 · · · · · · · · · · · · · · · · · 115
고전기 아폴론 신전의 조각상 · 120
옴파로스와 춤추는 여인의 기둥 · 122
델피의 전차경주자상 · 124
아폴론 신전으로 향하는 성스런 길 · · · · · · · · · · · · · · · · · · 128
아테네 보물창고 · 130
델피의 뱀 기둥 · 131
아폴론 신전 · 133

| 차례 |

원형극장과 스타디움 ······················· 137
아테나 프로나이아 지성소 ··················· 142

제4장 장쾌하구나, 메테오라여! ···················· 148
  테르모필레 ······························ 148
  메테오라 수도원 ··························· 153

제5장 제우스의 도시 디온에서 조르바를 만나다 ············ 164
  공중목욕탕과 하이포카스트 ··················· 172
  방패 기념비 ····························· 174
  로마 저택 ······························ 176
  디오니소스 빌라 ··························· 177
  디온 유적공원 ···························· 178
  디온 박물관 ····························· 185
  베마타와 이시스 여신 부조 ··················· 187
  이시스-튀케 여신상 ························ 188
  템플론 칸막이 돌과 산딸나무꽃무늬 ············· 191
  파이프 오르간 ···························· 193

제6장 베르기나의 들국화는 고려청자에 피어날지어이 ········ 200
　아이가이 왕궁 ···································· 201
　아이가이 극장 및 왕실무덤 박물관 ···················· 208
　페르세포네의 납치 ································· 210
　마케도니아 왕실무덤(2호분) ························· 216

제7장 개성상인의 테살로니키 둘러보기 ················ 226
　승리거리, 아리스토텔레스 광장, 백탑 ·················· 229
　알렉산드로스 대왕의 청동기마상 ····················· 235
　테살로니키 고고학박물관 ··························· 236
　들국화 무늬 ······································ 237
　리라와 아울로스 ·································· 238
　장례용 비석과 메두사 ····························· 241
　알렉산드로스 대왕 주화 ··························· 243
　아테나 여신의 투구와 손기정 기증 청동투구 ·········· 246
　데르베니 크라테르 ································ 247
　에그나티아 거리 ·································· 250
　갈레리우스 개선문 ································ 251
　개성상인의 로툰다 관람기 ·························· 256

| 차례 |

서양 기독교 교회의 건축양식 ····················· 268
서방 가톨릭교회의 건축양식 ····················· 269
동방정교회의 건축양식 ························· 273
템플론, 이코노스타시스, 이콘 ····················· 276
하기아 소피아 교회 ···························· 280
오시오스 다비드 교회 ·························· 286
아기오스 디미트리오스 교회 ······················ 288
파나기아 텍시아 교회 ·························· 290

제8장 인디아나 존스, 산딸나무꽃무늬의 비밀을 풀다 ········ 294

산딸나무꽃의 비밀 ···························· 296
산딸나무꽃은 담장에도 피어나고 ··················· 309
이제부터 대한민국은 꽃길만 걷자 ··················· 312

제9장 마침내 풀린 운주사 천불천탑의 수수께끼 ············ 318

불교의 구원관과 아미타 극락신앙 ··················· 324
왕사성의 비극과 관무량수경 ······················ 327
관경십육관변상도 ····························· 331

운주사 천불천탑의 조성 원리 ················· 336
부부 와불의 정체 ······················· 338
칠성바위는 북두칠성 별자리인가 ············· 342
천불천탑 하배관 영역 ···················· 344
석탑의 기하문양은 티베트 또는 몽골문양인가 ······ 346
천불천탑 중배관 영역 ···················· 365
석조불감과 쌍배불상의 정체 ················ 366
원형다층석탑의 정체 ···················· 369
옥개석만 남은 칠성바위 미스터리 ············· 371
천불천탑 상배관 영역 ···················· 372
마애여래좌상과 발형다층석탑의 정체 ············ 373
마침내 운주골의 짙은 안개가 걷히다 ············ 376
마지막 수수께끼 ······················· 379
못다 푼 수수께끼 ······················ 384
운주사 천불천탑의 탁월성과 보편 가치 ··········· 386

에필로그

제1장
아테네 둘레길을 걷다

아테네 국립고고학박물관
페리클레스 대리석상
아테네 학술원
무명용사의 비
아레오파고스
뮤즈의 언덕(필로파포스 언덕)
아테네 민주주의 형성과정
프닉스 언덕

아테네 둘레길을 걷다

아테네 국립박물관/페리클레스 대리석상/아테네 학술원/무명용사의 비/
판아테나이아 스타디움/아레오파고스/뮤즈의 언덕/프닉스 언덕

볼거리가 많은 유럽에서 그리스 여행의 매력은 무엇이냐고 누가 나에게 묻는다면 그것은 아름다운 자연과 고대 그리스 문명이 남긴 유적과 유물이라고 답할 것이다. 6년 전 그리스를 처음 방문했을 때 작열하는 태양, 에메랄드 빛 바다와 고운 모래밭, 청화백자처럼 짙푸른 바다에 흠뻑 빠졌다. 그리고 아테네의 파르테논 신전과 델피 유적, 주요 박물관의 유물을 구경하고 나서 고대 그리스 문명이 얼마나 위대한 문명이었는지 몸으로 느낄 수 있었다. 나는 이때부터 그리스에 많은 관심을 갖게 되었지만 언제 또 다시 그리스를 방문하게 될지는 알 수 없었다. 왜냐하면 나의 버킷 리스트의 첫 번째가 세계여행인데 아직도 못 가본 나라가 훨씬 더 많았기 때문이다. 그런데 두 번째 그리스 방문 기회가 생각보다 빨리 찾아왔다. 6년 전 첫 그리스 여행을 마치고 나는 틈틈이 그리스 여행기를 쓰기 시작했는데 아테네와 당일치기로 다녀온 몇몇 유적지만으로 이야기를 풀어내려니 많이 부족했다. 그래서 최소한 전국투어는 한번 해보고 여행기를 써야겠다는 생각이 들어 원래 계획했던 독일 여행 일정을 뒤로 미루고 2018년 9월에 두 번째 그리스 여행을 떠났다.

보름이라는 짧은 기간에 그리스 전역에 흩어진 주요 유적지를 둘러보려

고 난생 처음 자동차 여행을 계획했다. 그리스는 장거리 대중교통수단이 발달하지 못하여 대개 그리스 여행이라 하면 아테네에 숙소를 정하고 아테네 도심을 구경하고 나서 당일치기로 다녀올 수 있는 델피, 메테오라, 나프플리오, 코린트를 다녀오는 것이 일반적이다. 그래서 보름 만에 전국투어를 하려면 자동차 여행 외에는 방법이 없었다. 그리고 나로서는 처음 해보는 새로운 시도였는데, 이번 자동차 여행은 하나에서 열까지 모든 것을 내 스스로 해결해 보기로 하였다. 일단 출국 날짜와 귀국 날짜를 정하고 일찌감치 왕복항공권을 예약하였다. 항공권은 일찍 예약하면 할수록 비용이 싸기 때문이다. 그 다음 한 달여에 걸쳐 여행코스를 짜고, 많은 시간을 들여 방문 도시의 숙소를 정하고, 그리스 국내 항공권을 구입했다. 마지막으로 출국 두 달 전에 렌터카를 예약하는 것으로 모든 여행준비를 마쳤다.

우리는 9월 14일 밤 11시 55분에 인천공항에서 출발하는 터키항공 비행기를 타고 허브공항인 이스탄불의 아타튀르크 국제공항으로 향하였다. 여기서 2시간쯤 기다린 다음 환승비행기로 갈아타고 에게 해를 건너 오전 8시 40분에 아테네 국제공항에 도착하게 되는데, 서울과 아테네는 7시간 시차가 있기에 서울시각으로는 오후 3시 40분이다. 전체 비행시간만 12시간 정도 걸리는 장거리 여행인지라 나는 이 무료한 시간을 알차게 보내기 위해 그리스여행 가이드북과 몇 가지 그리스 정보를 담은 복사물을 작은 배낭에 넣어 비행기에 탑승했다.

그리스의 지정학적 위치는 한반도와 비슷하다. 유럽의 동쪽에 위치한 발칸반도(아드리아 해-에게 해-흑해로 감싸인 지역)의 남쪽에 자리 잡은 그리스는 반도국가로서 고대부터 유럽의 관문 역할을 하였다. 이집트와 메소포타미아에서 탄생한 청동기 문명이 에게 해의 키클라데스 섬을 징검다리 삼아 그리스 본토로 전달되었고, 그리스 본토에서 활짝 꽃을 피운 헬라스 문명은 서쪽으로 이웃한 마그나 그라이키아(그리스인들이 이주하여 식민지로 삼

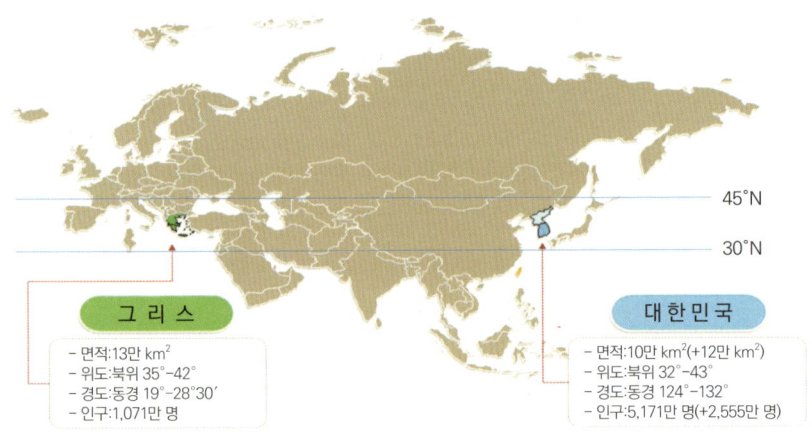

1-1. **유라시아 대륙 지도** 우리나라와 그리스는 유라시아 대륙의 양끝에 있으며, 국토면적과 위도가 서로 비슷하다.

앉던 이탈리아 남부와 시칠리아 섬)와 멀리 동쪽으로 중앙아시아와 북인도까지 전달되었다. 북인도에서 태어난 헬레니즘 문명은 불교를 매개로 해서 중국을 거쳐 한반도에도 전달되어 불교문화를 꽃피우는데 큰 역할을 하였고 이 땅에 뚜렷한 발자취를 남겼다.

 지중해성 기후로 인해 기온의 연교차가 적은 그리스는 놀랍게도 한반도와 거의 똑같은 위치인 북위 35도-42도에 걸쳐 있다. 나는 이 사실이 정말 놀라웠다. 왜냐하면 위도가 거의 똑같은데 두 나라의 기후는 너무나 다르기 때문이다. 지중해성 기후는 남위 및 북위 30°~40° 사이 중위도에 위치한 대륙의 서해안(유라시아 대륙의 지중해 일대, 북미 캘리포니아, 호주 서남부, 남미 칠레)에서 나타나는 현상으로, 여름에는 아열대 고기압의 영향으로 고온 건조하고 겨울에는 편서풍(온대 저기압)의 영향으로 따뜻하고 비가 자주 내린다. 오로지 기후 때문만은 아니겠지만 지중해 일대의 유럽 국가는 대체로 농업강국이다. 그리스 농업 역시 올리브, 포도, 무화과, 오렌지, 그리고 양젖으로 만드는 페타치즈가 세계적으로 유명하다. 그리스는 코카서스 산맥에 자리 잡은 조지아와 함께 와인의 발상지로 알려져 있다. 그러나 술 문화가 없는 오스만 제국이 400년 이상 발칸반도를 점령한 데다 힘들게 독립한 후에는 내전과 세계대전을 두 차례나 겪는 바람에 그리스 와인산업은 황폐화되었다. 다행히 그리스 와인산업은 20세기 후반에 다시 부활하여 현재는 세계 와인 애호가의 사랑을 받고 있다고 한다. 나는 술을 거의 마시지 않기에 특별히 즐기는 와인은 없지만 술의 신, 디오니소스의 나라에 와서 그리스 와인을 맛보지 않는다면 그것은 용을 그리면서 눈동자를 그려 넣지 않는 것이나 다름없는 미완의 여행이 될 것이다. 그래서 나는 펠로폰네소스 반도의 여행코스를 짤 때 헤라클레스 신화의 고장이자 그리스 와인 생산지로 유명한 네메아(Nemea)를 여행일정에 무리하게 집어넣었다. 하지만 이것은 단지 희망사항이었을 뿐, 여행시간이 모자라서 결국 들르지 못하였는데 그리스 와인 산지에 직접 가서 와인을 맛보지 못한 것은 지금 생각해도 많이 아쉽기만 하다. 그리스의 육지 면적은 남한보다는 약간 크지만 한반도 전체 면적(22 만 km^2)보다는 작은 13만km^2이고 우리나라처럼 산지와 섬이 많다. 전체인구는 2004년에 1,123만 명으로 정점을 찍고 완만하게 감소하기 시작하여 2019년 기준 약 1,047만 명이다.

  그리스는 13개 주(본토에 9개 주, 도서 지역에 4개 주)로 이루어져 있으며 수도는 아티카 주에 있는 아테네로 위도는 서울과 매우 비슷한 북위 37도 59분이다. 아테네 도시권(Athens urban area)의 면적은 서울시의 3분의 2 수준이며 인구는 315만 명이다. 근대올림픽의 시작인 제1회 하계올림픽(1896년)과 108년이 지난 21세기 첫 하계올림픽(2004년)이 아테네에서 열렸다. 우리나라와 그리스는 유라시아 대륙의 동쪽과 서쪽의 양끝에 자리하고 있기에 역사적으로 직접 만날 기회는 없었지만 20세기 중반에 일어난 한국전쟁을 계기로 두 나라는 인연을 맺고 깊은 우정을 쌓게 되었다. 그리스는 한국전쟁 때 유엔군의 일원으로 1950년 11월 육군과 공군을 파견하여 우리를 도운 나라이다. 당시 그리스는 공산주의자와 내전을 치룬 직후였기에 해외에 군대를 파견할 형편이 아니었음에도 국제연합군 가운데 다섯 번째로 많은 군인을 보냈고, 1953년 7월 정전협정 체결 이후에도 5년간 한국에 주둔하여 대민 구호활동을 한 고마운 나라이다. 이를 계기로 두 나라는 1961년에 외교관계를 맺었는데 올해(2021년)가 수교 60주년이 되는 뜻깊은 해이다. 지난 60년 동안 한국과 그리스 사이에 문화 교류는 꾸준히 진행되어 왔지만 문화권이 완전히 달라서 활발했다고 볼 수는 없다. 하지만 21세기에 들어 한국의 국제위상이 크게 높아지고 호감도가 증가하면서 2018년 이후에는 그리스에서도 케이팝(K-POP), 드라마, 영화에 대한 관심이 높아져 젊은 세대를 중심으로 한류가 크게 확대되고 있다고 한다. 두 나라 사이에 자매결연을 맺은 도시는 서울-아테네, 부산-테살로니키, 태백-자킨토스인데, 부산과 테살로니키는 두 도시에서 열리는 국제영화제를 계기로 영화관계자들이 활발히 교류하고 있다고 한다.

그리스는 기원전부터 해양국가였으며 전통적으로 해운업이 발달하였다. 그리스 해운업은 선복량 기준 세계 1위이며 세계 해상 물동량의 17%를 차지하고 있다. 그리스 해운업체(선엔터프라즈·Sun enterprise)는 우리나라 현대중공업에 최초로 선박을 발주하여 한국이 조선업에 진출하는데 크게 기여하였으며 현재까지도 한국에 선박을 꾸준히 발주하고 있다. 두 나라의 협력은 해운업을 넘어 IT, 교통과 항만 인프라, 농업 등 다양한 분야로 확대되고 있다고 한다. 한 가지 예를 들면, 아테네의 메트로 2, 3호선에는 현대로템에서 제작된 전철이 운행되고 있으며, 지하철, 버스, 국철과 같은 모든 대중교통시설의 e-티켓팅 시스템도 LG CNS와 그리스 회사의 컨소시엄에서 공급한 것이라 한다. 그래서 아테네에 도착하면 유럽문명의 발상지라는 그리스 국뽕을 맞기도 전에 우리나라 국뽕에 먼저 취하게 된다. 자신도 모르게 우리나라 국뽕을 처음 들이키는 곳은 아테네 국제공항에서 도시 심장부로 들어올 때 타게 되는 메트로 3호선(블루 라인)이다. 두 번째 국뽕은 LG나 삼성의 LCD TV가 설치된 호텔에서 마시게 된다. 세 번째 국뽕은 냉면사발로 들이키게 되는데 그것은 크게 높아진 한국의 위상으로 인해 어디를 가나 한국인은 대체로 환영을 받는다는 것이다. 뽕나무 밭이 푸른 바다로 변했다는 말도 있듯이, 지난 30년 사이에 우리나라는 여러 면에서 아주 매력적인 나라로 탈바꿈하였다. 지중해 국가가 대부분 그렇듯이 그리스 역시 관광의 나라이기도 하다. 2019년 한 해에 그리스를 찾은 관광객 수는 3천만 명을 넘었고 관광산업이 국내총생산(GDP)에서 차지하는 비율은 무려 21%이며 고용기여도는 26.7%이다. 그렇기 때문에 코로나바이러스감염증-19(COVID-19)라는 범세계적 유행병에 경제적으로 가장 큰 타격을 받은 나라가 그리스이기도 하다.

이렇게 그리스 자료집을 두어 시간 읽고 나니 슬슬 졸음이 몰려오기 시작했다. 지금이 한국시간으로 새벽이기에 졸음이 오는 것은 당연할 수도 있지만 과거 경험을 상기해보면 이상하게도 장거리 비행기만 탔다하면 얼마 안 지나 잠이 쏟아졌다. 나중에 주워들은 항공지식에 의하면, 비행기가 운항고도인 해발고도 1만 미터 상공에 이르면 비행기의 기내압력을 지상의 75% 수준으로 낮추기 때문에 기내 공기의 산소농도 역시 75% 수준으로 낮아져서 졸음이 잘 온다고 한다.[1] 비행기에서 잠이 오는 것은 자연스런 신체반응이었던 것이다. 자다 깨다를 반복하면서 10시간을 날아간 끝에 도착한 이스탄불 국제공항에서 환승비행기로 갈아타고 에게 해를 건너면서 이번에는 야무지게 그리스 알파벳을 공부하기 시작했다. 그것은 3년

---

[1] 운항고도에서 비행기의 실내압력을 지상의 75% 수준으로 낮추는 이유는 비행기 바깥의 공기압력이 지상의 1/3 수준으로 낮기 때문에 바깥기압과 실내기압 차이를 줄여서 압력차로 생기는 동체의 피로파괴를 예방하기 위해서라고 한다.

전 그리스를 처음 방문했을 때 그리스어를 발음하지 못해 많이 답답했기 때문이었다. 이번 두 번째 그리스 여행에서는 시내 간판이나 식당 메뉴판의 음식 이름 정도는 그리스 발음으로 읽어보리라 마음먹었는데 따로 공부할 시간이 없어 결국 비행기 안에서 그리스 알파벳을 익히게 되었다. 그런데 정말 다행스럽게도 그리스 알파벳 대·소문자 48개는 나에게 매우 친숙해서 발음까지 전부 익히는데 불과 5분이면 충분했고 10분 만에 복습까지 마칠 수 있었다. 이렇게 쉽게 익힐 수 있었던 것은 대학 때 배웠던 수학이나 재료공학 전공용어에 그리스 알파벳이 자주 등장해서 이미 절반 이상은 발음까지 정확히 알고 있었던 덕분이었다. 그리스 알파벳을 익혔다 해서 이번 여행에서 특별히 덕 본 것은 없었지만 길을 가다가 간판글씨를 어렵지 않게 읽을 수 있어 무척 재미있었다. 약국을 뜻하는 파르마케이오(ΦAPMAKEIO) 간판이 아주 쉽게 읽혀 놀랐고(간판이 나에게 말을 거는 듯하였다!), 그리스어로 입구는 이소도스($Eίσοδος$), 출구는 엑소도스($Eξοδος$)라는 것을 알게 되었을 때 또 한 번 놀랐다. 왜냐하면 나는 이제껏 엑소도스가 기독교 구약성경에서 모세의 출애굽기만을 지칭하는 고유명사인줄 알고 있었기 때문이었다. 이런 소소한 것을 알게 된 것이 이번 여행의 또 다른 즐거움이었다.

  12시간에 걸친 오랜 비행 끝에 아침 9시 조금 못 미쳐 아테네 엘레프테리오스 베니젤로스 국제공항에 도착하였다.[2] 우리는 공항에서 3호선 메트로를 탑승하고 신타그마 역까지 간 다음 2호선(레드 라인)으로 갈아타고 메타소르지오 역에서 하차하였다. 이곳은 3년 전에 아테네를 처음 방문했

---

2) 그리스의 수도 아테네의 관문인 엘레프테리오스 베니젤로스 국제공항(ATH)은 20세기 초에 그리스 해방운동에 뛰어든 혁명가이자 정치가였던 엘레프테리오스 베니젤로스를 기리기 위해 그의 이름을 붙인 것이다. 베니젤로스는 '현대 그리스의 창건자'로 추앙받으며 '에트나르크(Ethnarch·국가의 지도자)'로 불린다.

1-2. **세계 각국의 지하철 차량 내부** 나의 경험에 의하면, 우리나라 지하철 차량에만 출입구 쪽 복도에 손잡이용 지지봉이 없다. (1)파리 메트로, (2)아테네 메트로, (3)타이페이 메트로, (4)서울시 메트로

을 때 숙소를 정했던 곳으로 교통이 매우 편리했던 기억이 있어 이번 두 번째 여행에서도 메타소르지오 역 근처에 있는 호텔을 숙소로 정했다. 참, 메트로 이야기가 나왔으니 이것만큼은 꼭 한 번 짚고 넘어가고 싶다. 내가 타본 외국의 지하철 차량은 거의 예외 없이 출입문 쪽 복도 중앙에 손잡이용 지지대가 설치되어 있었다. 지하철 차량이 승객으로 가득 찼을 때 이 지지봉을 붙잡고 서있으면 차량이 역에 멈추거나 출발할 때 옆 사람과 부딪힐 일이 없기 때문에 출입문 쪽 지지봉은 지하철 차량의 필수 아이템이라 생각된다. 아테네의 메트로 전철(2호선과 3호선)은 우리나라 현대로템에서 제작한 차량이다. 그런데 왜 수출 차량에만 지지봉이 설치되어 있고 국내 차량에는 설치되어 있지 않은지 참으로 수수께끼이다. 한 해에만 우리 국민

2,800만 명 이상이 업무나 관광을 위해 해외로 나가는데 외국에서 경험한 좋은 시스템은 우리나라에도 빨리 도입되면 좋겠다.

인천공항을 출발한 지 무려 18시간 만인 오전 11시에 메타소르지오 오거리에 위치한 호텔에 도착했다. 여기서 잠시 숨을 돌리고 아테네 국립고고학박물관 관람을 시작으로 보름간에 걸쳐 그리스 전역을 승용차로 여행할 것이다. 기원전 5세기, 고대 아테네의 크기는 서울시 여의도만 한 면적(약 2.9㎢)으로 테미스토클레스 성벽이 도시를 에워쌌다. 현재 테미스토클레스 성벽은 대부분 없어졌지만 디플론 게이트(dipylon gate·쌍문)가 있었던 케라메이코스(kerameikos) 유적지에 일부 남아있다. CE 2세기 로마제국 시대의 아테네 지도로 아테네 여행일정을 살펴보자.[3]

아테네 여행기간은 이틀이다. 첫날은 아테네 국립박물관을 관람하는 것을 시작으로 (지금은 사라지고 없는)성벽의 둘레 길을 따라 시계방향으로 걸으면서 기념비적인 건축물이나 역사적 명소를 구경하고 아테네 민주주의의 현장인 프닉스 언덕에서 일정을 마치는 것이다. 둘째 날은 성문 안으로 들어가 아크로폴리스와 아고라를 구경한 후 올림피안 제우스 신전을 보는 것으로 이틀간의 아테네 일정을 마칠 계획이었다.

아테네 국립고고학박물관

아테네 국립고고학박물관은 메타소르지오의 호텔에서 직선거리로 약 900m 떨어져 있다. 박물관 정면이 또렷이 보이는 광장으로 들어선 순간,

---

[3] BCE는 Before Common Era(기원전), CE는 Common Era(기원후)의 머리글자이다. 꽤 오래전부터 서양의 역사학계는 BC(Before Christ: 예수 이전) 및 AD(Anno Domini: 주의 해)란 용어 대신 BCE 및 CE를 사용 중이며 본고에서도 이를 따랐다. 서양에서는 특정 종교나 남·여 구별을 강하게 드러내는 용어는 중성용어로 대체하여 사용하는 추세이다.

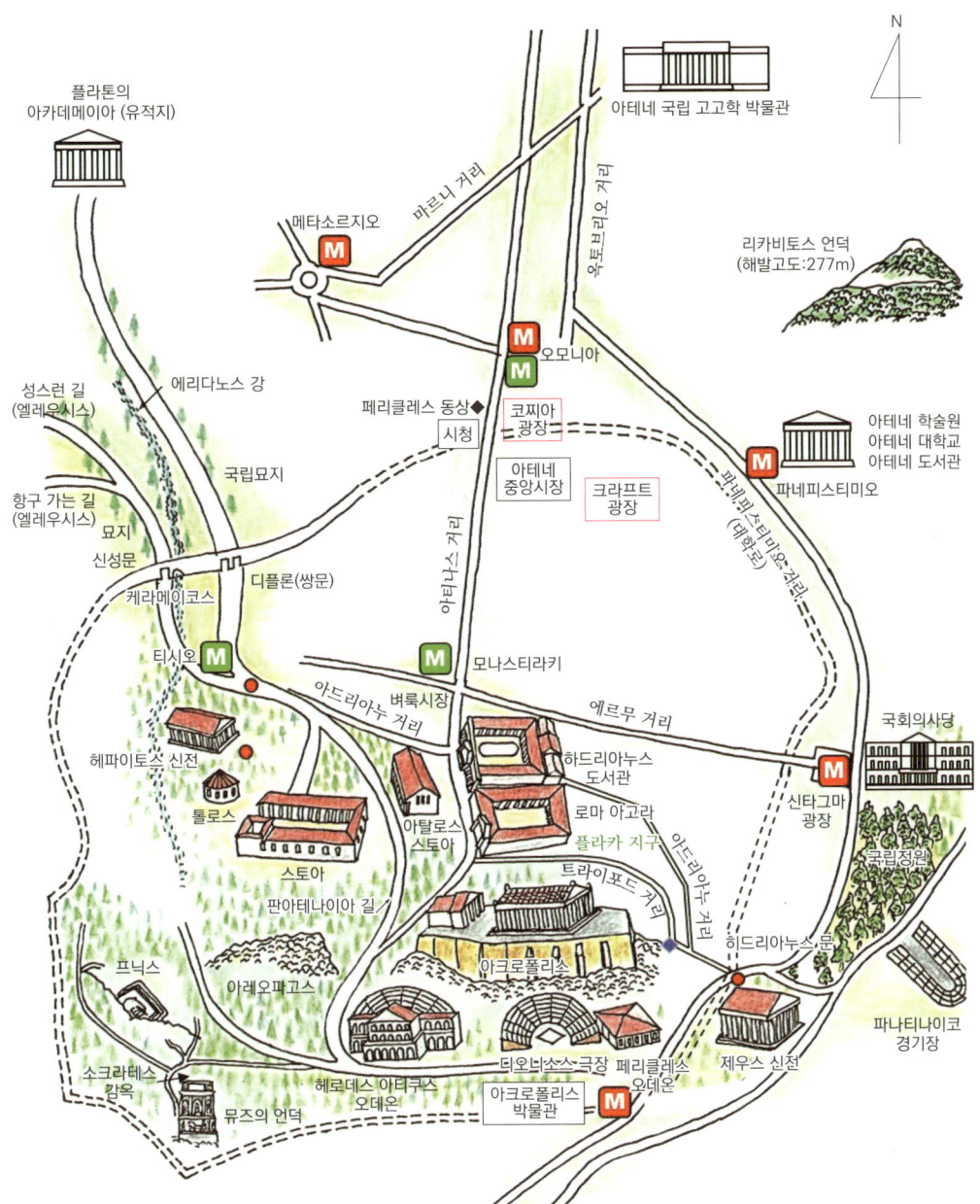

1-3. **아테네 지도** 고대 아테네의 크기는 서울시 여의도만한 면적으로 테미스토클레스 성벽이 도시를 에워쌌고 성 안의 모든 길은 도시의 중심지인 아고라로 이어졌다. ⓒ홍석경

1-4. **아테네 국립고고학박물관** 신고전주의 양식의 건물로 1889년 완공되었으며 선사시대부터 중세초기까지 유물이 전시되어 있다. 하드리아누스 황제 즉위 1900주년을 맞이하여 특별전을 알리는 현수막이 길게 걸려 있다.

나는 마음속으로 환호성을 질렀다. 그것은 바로 '하드리아누스와 아테네(Hadrian and Athens)'라는 특별전을 알리는 기다란 현수막이 아직도 건물 입구 왼쪽에 아래로 늘어져 있었기 때문이었다. 하드리아누스 황제는 2세기에 로마제국의 전성기를 이끈 오현제(five good emperors) 가운데 한 명으로 그리스 문화와 전통을 진실로 사랑했던 로마황제였다. 2017년은 그가 로마황제의 권좌에 오른 지 1,900년이 되는 해로 아테네 박물관은 그를 기념하는 특별전을 2017년 11월에 개최하였는데, 나는 이 전시 소식을 우연히 듣고 가보고 싶은 마음이 굴뚝같았다. 그런데 정말 운 좋게도 우리가 방문했던 이듬해 가을에도 여전히 특별전이 진행 중이어서 나는 마치

복권이라도 당첨된 듯 무척 기뻤다.[4] 아테네 박물관에는 선사시대부터 동로마 제국이 발칸반도를 지배했던 중세 초기(CE 5-8세기)까지 유물이 전시되어 있다.

그리스 문명과 예술을 30분 만에 속성으로 훑어보려면 유튜브에서 2004년 아테네 올림픽 개막식 영상을 찾아보면 된다. 내가 지금까지 본 올림픽 개막공연 가운데 가장 인상적인 공연이었다. 개막식 공연의 주제는 그리스 문명의 탄생과 그리스 역사이다. 21세기 첫 올림픽에 맞춰 새로 지은 아테네 스타디움의 한가운데에 에게 해가 넘실거리고, 어둠속에서 수많은 고수들이 나타나 힘차게 북을 치며 행진하는 것으로 공연은 시작된다. 어린 소년이 종이배를 타고 와인처럼 어둑한 바다(wine-dark sea)를 가르고 나아간다. 이어서 야만과 이성이 복합된 반인반마 켄타우로스가 힘껏 창을 던짐으로써 그리스 해양문명이 장엄하게 탄생한다. 기원전 3천년쯤에 크레타 섬에서 크노소스 궁전으로 유명한 미노스 문명(전기 청동기 문명)이 탄생하고 에게 해의 키클라데스 제도를 징검다리 삼아서 그리스 펠로폰네소스 반도로 건너가 미케네 문명(후기 청동기 문명)이 탄생한다.

아테네 올림픽 개막식에서 소개된 미케네 문명의 대표 유물은 테라코타로 만든 여성 인물상과 아가멤논의 황금가면이다. 미케네 여성 인물상은 높이가 10㎝ 정도의 소품으로 생김새가 그리스 알파벳의 Ψ(psi·프시), Φ(phi·피), T(tau·타우)를 닮아서 프시(Ψ) 유형, 피(Φ) 유형, 타우(T) 유형의 여성 인물상으로 불린다. 이 여성 인물상은 무덤, 사당, 혹은 정착지에서 발굴되었기 때문에 피장자와 함께 묻은 껴묻거리, 신에게 바친 봉헌물, 혹은 아이들 장난감으로 사용됐을 것으로 짐작되지만 정확한 용도는 아직까지

---

[4] 하드리아누스와 아테네 특별전은 2017년 11월 27일부터 2020년 12월 31일까지 진행되었다.

1-5. 미케네 유물 (1)프시(Ψ), 피(Φ), 타우(T) 유형의 여성 인물상 (2)아가멤논의 황금가면 (아테네 국립고고학박물관)

밝혀지지 않았다. 아가멤논의 황금가면은 트로이 유적을 발굴했던 독일의 고고학자 하인리히 슐리만이 1876년 미케네 유적을 발굴할 때 사자의 문(lion gate)으로 유명한 성벽의 바로 안쪽 원형 무덤군에서 발견한 것이다. 황금가면은 피장자의 얼굴을 덮고 있었는데, 슐리만은 황금가면의 주인공이 미케네의 전설적인 왕이자 트로이 전쟁에서 아카이아(그리스) 연합군의 총사령관이었던 아가멤논이라 주장하며, 아가멤논의 황금가면이라 불렀다.[5] 이 발굴은 당시 유럽의 고고학계를 깜짝 놀라게 하였고, 비로소 호메로스의 서사시 《일리아드》의 배경인 트로이 전쟁은 전설이 아니라 실재 일어났던 역사적 사건이라 믿게 되었다.

---

5) 현대 고고학연구에 의하면, 아가멤논의 황금가면은 그가 활약했던 기원전 12세기보다 훨씬 이른 기원전 16세기에 제작된 것으로 밝혀졌다.

개막식 축제 행렬은 기하 시기를 지나 마침내 그리스 예술의 고유 색체를 뚜렷이 드러내기 시작하는 아르카익 시기(BCE 650-480년)로 이어진다. 한 무리의 코레(kore·처녀)와 쿠로스(kouros·청년)가 이집트 신상처럼 뻣뻣이 선 채 고졸기가 왔음을 선언하고, BCE 6세기 디오니소스 극장을 배경으로 얼굴에 가면을 쓴 여인이 인류 최초의 드라마가 탄생했음을 알린다. 고대사회에서 인간의 가장 큰 고민꺼리 가운데 하나는 "인간은 신이 정해준 운명을 결코 벗어날 수 없는가?"였다. 델피신탁이 암시하는 가혹한 운명에서 벗어나려 방랑의 길을 떠난 오이디푸스가 이오니아 기둥의 대좌에 올라앉은 테베의 스핑크스 앞으로 다가선다. 주마등처럼 지나가는 행렬에 헤라클레스가 몽둥이를 들어 머리가 아홉 개 달린 물뱀(히드라)과 맹렬히 싸운다. 이것은 그리스-페르시아 전쟁의 알레고리이다. 아직도 그 이유를 설득력 있게 설명할 수는 없지만, 그리스 예술은 제2차 그리스-페르시아 전쟁이 일어난 BCE 480년을 기점으로 그 이전에 유행했던 고졸미를 버리고 이상적인 미를 추구하기 시작했다. 날개 달린 승리의 니케를 오른손 위에 올려놓은 아테나 파르테노스 여신이 이상적인 형상(ideal form)을 추구했던 고전미술이 탄생됐음을 알린다.

이상적인 미(ideal beauty)란 무엇인가? 고전기 그리스인들은 아름다움을 평가하는 객관적 기준이 있다고 생각했다.[6] 그 기준은 기하학에 바탕을 둔 비례, 대칭, 균형이며, 이 셋이 조화를 이룰 때 그리스인들은 아름답다고 느꼈다. 아름다움에 대한 객관적 평가기준, 즉 카논(kanon·표준)에 맞춰 제작된 고전기 조각상은 완벽한 미(perfect beauty)를 창조했다. 하지만 이것은 현실세계가 아닌 수학이 지배하는 불변의 세계, 이데아(idea)라 부르는 관

---

6) 서양에서 아름다움의 객관적 기준을 처음 만든 이는 BCE 5세기에 활동했던 폴리클레이토스이다. 그는 신체의 이상적 비율을 이론적으로 연구하였으며 자신의 미학 이론을 저서 『카논(kanon)』에서 설명했다.

1-6. **완벽미를 보여주는 고전기 그리스 조각상** (1)승리의 머리띠를 머리에 묶는 청년상(디아두메노스). BCE 5세기 조각가 폴리클레이토스의 오리지널 작품을 로마시대(BCE 100년)에 복제한 것이다. (2)시라큐스 유형의 아프로디테 대리석상. BCE 4세기 오리지널 작품을 로마시대(CE 2세기)에 복제한 것이다.

념의 세계에서만 존재하는 아름다움이다. 따라서 완벽한 미에는 변화무쌍한 자연의 기운생동이나 인간세상의 희로애락과 같은 감정이 배제되어 있다. 고전기 조각상의 얼굴을 살펴보면 하나같이 신이나 선정에 든 수도자의 모습처럼 성스런 표정을 하고 있는 것은 이 때문이다. 그러면, 완벽미를 보여주는 고전기 조각상 두 점을 감상해 보자. 우리가 아테네 박물관을 방문했을 때 '아름다움의 수많은 측면(the countless aspect of beauty)'을 주제로 한 특별전이 진행 중이었는데, 여기에 디아두메노스(Diadumenos·승리의 머리띠를 묶는 자)와 시라큐즈 타입의 아프로디테(Aphrodite of Syracuse) 여신상이 전시되어 있었다.

디아두메노스는 고전기에 활약했던 조각가 폴리클레이토스(Polyclitus)

의 대표작으로, 경기에서 우승한 운동선수가 자신의 머리에 디아뎀(diadem)이라 부르는 챔피언의 머리띠를 묶는 동작을 표현한 작품이다. 폴리클레이토스는 자신이 창안한 인체의 비율, 균형, 대칭의 원리를 이 조각품에 적용하여 만들었는데, 디아두메노스 조각상에서 군더더기 없는 완벽한 인체의 아름다움과 함께 신성한 분위기가 느껴진다. 한편 그리스 미술에서는 아르카익 초기(BCE 615-590년)에 등장한 남성 나체상에 비해 여성 누드상은 훨씬 나중에 등장했다. 최초의 여성 누드상은 BCE 340년 아테네의 조각가 프락시텔레스(Praxiteles)가 만든 크니도스의 아프로디테 여신상(Aphrodite of Knidos)으로 알려져 있다.[7] 전시된 아프로디테 여신상은 원래 청동상이었을 것으로 짐작되는 BCE 4세기의 오리지널 그리스 작품을 로마시대에 대리석으로 복제한 것으로 아프로디테 여신을 목욕하는 요정처럼 반나체로 표현했다. 그녀는 엉덩이에 간신히 걸린 히마티온이 흘러내릴까봐 왼손으로 붙잡고 있고 누가 볼세라 오른손으로 왼쪽 젖가슴을 가린다. 완전 나체의 여신보다 이처럼 반나체의 여신이 훨씬 섹시하게 느껴진다. 참으로 이 조각품에는 사랑, 미, 쾌락, 욕정의 상징인 아프로디테 여신의 아름다움과 섹시함이 완벽하게 표현되었는데, 이런 모습과 자세의 아프로디테 여신상을 '시라큐스 유형의 아프로디테'로 부른다.

아테네 올림픽 축제행렬은 전성기 고전시대(BCE 5세기 후반)를 대표하는 파르테논 신전의 부조와 6인의 카리아티드 여인상이 절정에 달한 그리스 문명의 찬란했던 순간을 보여준다. 이어서 여러 명의 디스코볼로스(discobolos)가 원반을 던지는 동작으로 고대 헬라스인의 최대 축제였던 올림픽 제전의 한 장면을 연출하고, 위풍당당하게 부케팔로스에 올라탄 알

---

7) 크니도스(Knidos)는 지중해에 접한 소아시아 서남부(현재 터키)의 고대 그리스 도시였다. 프락시텔레스가 제작한 완전 누드의 아프로디테 여신상이 아프로디테 신전에 안치되어 있었다.

렉산드로스 대왕과 그를 에워싼 팔랑크스 중장보병 행렬이 헬레니즘 시대(BCE 323-30년)가 왔음을 알린다. 헬레니즘 미술은 고전기 미술의 특징인 사실적인 묘사를 기본으로 하면서 고전기 미술에서는 볼 수 없었던 역동적인 자세와 희로애락의 감정을 얼굴에 강하게 드러내는 것이 특징이다. 아테네 박물관에는 헬레니즘 시대의 대표작품으로 아르테미시온의 기수(the Jockey of Artemision)라는 제목이 붙은 청동 경주마상이 전시되어 있다.

이 청동상은 BCE 150-140년경에 제작된 것으로 경주마를 모는 어린 소년 기수를 묘사한 것인데, 아마도 이 작품은 경마경기에서 우승한 경주마의 주인이 신에게 감사하기 위해 제작한 것으로 짐작된다. 고대 그리스의 실물 크기 청동상이 현대까지 살아남은 예는 손가락에 꼽는데, 이 작품은 아주 먼 옛날에 배에 실어 다른 곳으로 옮기려다 풍랑을 만나 배가 바다 속으로 가라앉는 바람에 기적처럼 살아남은 것이다. 발견 장소는 그리스 에우보이아 섬 북쪽에 있는 아르테미시온 곶으로 1926년과 1936년 두 차례에 걸쳐 바다 속에 흩어진 파편을 발굴하여 조립하였다. 아르테미시온의 기수상은 경주마가 뒷다리로 땅을 박차고 전속력으로 질주하는 어느 한 순간을 포착하여 매우 극사실적으로 표현하였다. 이것을 가능케 한 것은 소실밀랍주조법(lost wax method of casting)으로 불리는 주물기술 덕분이었는데 고대 그리스 장인은 밀랍주조법의 달인이었다. 이 청동작품은 몇 부분으로 나누어 제작한 다음 용접기술을 사용하여 조립한 것이다. 그러면 역동적인 아르테미시온의 기수상을 자세히 감상해보자.

아마도 이 청동경주마상은 경주 막바지 골인지점을 눈앞에 둔 기수가 경쟁자를 의식하면서 오른손에 든 채찍으로 말 엉덩이를 후려치며 달리는 순간을 묘사한 것 같다. 경주마는 뒷다리로 땅을 박차고 나가면서 앞다리를 힘껏 들어올렸다. 두 눈은 흥분하여 부릅떴고 귀는 바싹 뒤로 젖혔으며, 얼굴의 굵어진 혈관은 결승선에 골인 직전의 팽팽한 긴장감을 관객에게 생생

1-7. 아르테미시온의 기수 이 청동작품은 BCE 150~140년경에 제작된 것으로 경주마를 모는 어린 소년 기수를 묘사한 것이다. 그리스 고전기 미술의 사실적 표현에 헬레니즘 미술의 특징인 역동성과 에너지가 더해져 경마경기의 현장감이 생생하게 느껴지는 걸작이다.

히 전달해준다. 말의 넓어진 콧구멍, 벌어진 입, 구부러진 혀는 경주 막바지 헐떡이며 거품을 물고 달리는 경주마의 모습이다. 말 잔등에 앉은 소년 기수는 달리는 말과 박자를 맞추면서 공기저항을 낮추기 위해 말의 기다란 목과 비슷한 각도로 몸을 바짝 기울이고 있다. 소년은 왼손으로 말고삐를 바투 잡고 오른손으로 채찍을 움켜쥐고 있다. 간소하게 차려입은 소년의 옷자락과 짧은 머리카락이 바람에 흩날려 속도감을 느끼게 해준다. 그의 얼굴은 소년답지 않게 주름이 깊게 패인데다 눈두덩은 깊숙이 패여 있고 입은 느슨하게 열려 있어 경주마에 필적하는 극도의 피로감을 보여주고 있다. 또한 시선을 정면이 아닌 살짝 왼쪽에 둔 것으로 보아 경쟁기수와 열

띤 각축전을 벌이고 있는 것처럼 보인다. 청동 소재의 매끄러움과 반짝이는 금속성 광택은 말 잔등과 엉덩이에 송골송골 맺힌 땀방울을 보여주는 것 같다. 과연 아르테미시온의 소년기수상은 그리스 고전기 미술의 사실적 표현에 덧붙여 헬레니즘 미술의 특징인 역동성과 에너지, 인간의 욕망과 고뇌가 고스란히 느껴지는 명작 중의 명작이다.

그리스 문명과 동방문명이 융합되어 탄생한 헬레니즘 시대는 BCE 27년 로마제국의 등장으로 마침표를 찍는다. 우리는 '하드리아누스와 아테네' 특별전이 열린 전시실로 입장했다. 첫 전시실에는 하드리아누스 황제의 두상과 함께 당시를 대표하는 지식인 두상이 줄지어 전시되어 있었고 이어진 방에는 하드리아누스 시대의 몇몇 조각상과 비석이 전시되었다. 그러나 지금은 그 전시작품을 거의 기억하지 못할 정도로 은근히 기대했던 특별전의 전시내용은 나에게 깊은 인상을 심어주지는 못하였다. CE 117년에 집권한 하드리아누스 황제는 그리스 문화의 애호가로서 그리스인처럼 수염을 기른 최초의 로마황제였다. 세상 사람들은 그를 일컬어 '그리스를 사랑한 황제(philhellene emperor)'로 불렀다. 그는 그리스 문명의 중심이었던 아테네 도시의 부흥을 위해서 면세혜택의 부여, 기념비적 공공건물과 신전의 건설, 수도교 및 저수조와 같은 도시 기반시설을 건설하는 데 많은 노력을 기울였다. 따라서 하드리아누스 황제와 아테네의 특별한 관계는 박물관 전시실이 아닌 아테네 곳곳에 남아있는 황제시대의 유적에서 살펴보아야 한다. 우리는 내일 고대 아고라-하드리아누스 도서관-아드리아누 거리-하드리안 아치-올림피안 제우스 신전을 차례로 방문하면서 아테네에 남긴 그의 발자취를 살펴볼 것이다.

페리클레스 대리석상

아테네 박물관 구경을 마치고 페리클레스(Pericles)를 만나러 오모니아

1-8. **페리클레스 대리석상**. 그는 제2차 페르시아 전쟁 직후에 아테네의 황금시대를 열었던 위대한 정치가, 뛰어난 장군이자 예술의 수호자였다. 페리클레스가 기획한 아크로폴리스 재건 프로젝트를 통해서 파르테논 신전이 건축되었다.

역을 거쳐 시청 앞으로 걸어 갔다. 현대 아테네 시청은 고대 아테네 도시국가를 빙 두른 테미스토클레스 성벽의 북쪽 중앙에 위치해 있는데, 시청 건물 옆에 코린트 양식의 투구를 머리에 쓴 페리클레스 대리석상이 세워져 있다. 페리클레스는 제2차 그리스-페르시아 전쟁(BCE 480-479년) 직후에 아테네의 황금시대를 연 뛰어난 장군이자 정치가이면서 예술의 수호자였다. 그는 제2차 그리스-페르시아 전쟁이 끝난 후부터 그리스 도시국가간 내전인 펠로폰네소스 전쟁(BCE 431-404년)이 일어난 초기까지 아테네를 이끈 탁월한 지도자였다. 그가 아테네를 이끌었던 페리클레스 시대(BCE 461-429년)는 민주주의, 예술, 문학이 활짝 꽃을 피운 시기였다. 동시대 역사가로 펠로폰네소스 전쟁사를 쓴 투키디데스(Thucydides)는 페리클레스를 일컬어 "아테네의 제일인자(the first citizen of Athens)로서 말과 행동에서 가장 유능한 자"라고 평가하였다. 페리클레스는 아테네를 그리스 세계의 교육과 문화의 중심지로 자리매김하기 위해 야심찬 건축 프로젝트를 시작하였는데, 그것은 바로 파르테논 신전을 포함한 아크로폴리스의 건축물과 조각상을 재건하는 것이었다. 이에 소요되는 비용은 페르시아의 재침에 대비해서 비축해 놓은 델로스 동맹의 금은보화로 충당하였다. 그의 아크로폴리스 재건 프로젝트는 아테네인들에게 많은 일자리를 제공하였고 아테네를 아름답게 만들었으며 아테네의 영광을 그리스 세계에 크게 떨쳤다. 그러나 아테네가 제국으로 성장하는 것에 두려움을 느낀 스파르타를 크게 자극하여 결국 아테네와 스파르타 사이에 펠로폰네소스 전쟁이 일어나게 되었다. 페리클레스는 전쟁이 일어난 지 2년 후 아테네를 휩쓴 역병에 걸려 사망하였으며 케라메이코스의 국립묘지에 묻혔다. 결국 탁월한 지도자를 잃은 아테네는 전쟁이 일어난 지 25년 후 스파르타에 굴복하였다.

페리클레스 대리석상을 구경하고 우리는 아테네 중앙시장에 들러 가게에서 파는 피타 기로스로 점심을 때웠다. 피타 기로스는 구운 돼지고기나 닭고기를 차지키 소스(그리스식 요구르트 소스), 양파, 토마토, 감자튀김과 함께 동글납작한 피타 빵으로 둘둘 싸서 먹는 그리스의 국민음식으로 터키의 케밥과 매우 비슷하다. 맛도 좋고 가격도 우리 돈으로 3-4천 원으로 적당하여 여행자에게는 점심 한 끼니로 제격이다. 그리스 여행길의 첫 음식으로 기로스를 맛있게 먹고 향신료 가게에 들러 사프란을 몇 봉지 구입한 후 다음 목적지인 아테네 학술원을 향해 걸어갔다.

아테네 학술원

그리스인의 화합을 상징하는 3인의 거대 청동인물상이 세워진 크라프트모노스 광장을 지나 파네피스티미오 거리(대학로)에 이르니 길 건너편에 그리스 국립도서관, 아테네 대학 본관, 아테네 학술원 건물이 줄지어 서있는 게 보였다. 그리스 고전기 건축의 향취가 물씬 나는 이 세 동의 건물은 '아테네의 건축 삼부작(Athenian trilogy)'으로 불리는 것으로 19세기 중반에 유럽의 저명한 건축가 가운데 한 명이었던 덴마크 건축가 테오필 한센이 설계한 것이다. 그리스는 오스만 제국(현대 터키의 전신)에 400년간 지배

1-9. **아테네 학술원** 19세기 후반에 신고전주의 건축양식으로 지은 석조 건물이다. 건물의 왼쪽과 오른쪽 이오니아 기둥 위에 아테나와 아폴론 신상이 있고 건물 입구에는 서양철학의 원조인 플라톤과 소크라테스 석상이 있다.

를 받다 19세기 초 9년간에 걸친 치열한 독립전쟁을 벌인 끝에 1832년 유럽열강(영국, 프랑스, 러시아)으로부터 독립을 승인받았지만 열강의 간섭으로 왕정이 들어섰다. 그리스 왕국은 펠로폰네소스 반도에 있는 나프플리오(Nafplio)를 첫 수도로 정했다가 1834년 아테네로 수도를 옮겼는데 당시 아테네는 도시 기반시설이 전혀 없는 열악한 상태였다. 19세기 후반에 해외 그리스 부호들의 기부로 도시 기반시설과 국가기관, 대학, 박물관이 세워졌는데 아테네 지성의 전당인 건축 삼부작도 이때 탄생하였다.

  아테네의 건축 삼부작을 정면에서 바라보면, 왼쪽의 국립도서관 건물은 아고라의 헤파이스토스 신전을 닮았고 중앙의 아테네 대학 본관 건물은 고대 그리스 왕궁이 연상되며 오른쪽의 아테네 학술원 건물에서 파르테논 신전이 떠오른다. 가장 인상적인 학술원 건물의 삼각형 박공에는 파르테논 신전처럼 아테나 여신의 탄생 장면을 묘사한 석상들이 자리하고 있다. 이 건물을 더욱 돋보이게 만드는 것은 건물 입구 좌우에 세운 이오니아 기둥의 꼭대기에 올려놓은 팔라스 아테나(Pallas Athena) 여신상과 아폴론 신상이다. 아테네 학술원 입구에서 서양철학의 원조인 플라톤과 소크라테스가 찾아오는 방문객을 물끄러미 바라보고 있는데 이 앞은 관광객의 포토존이다.

무명용사의 비

아테네 학술원 건물을 구경하고 다음 목적지인 국회의사당을 향해 대학로를 따라 걸었다. 테미스토클레스 성벽의 동쪽에는 국회의사당(무명용사의 비)-국립정원-판아테나이아 스타디움-제우스 신전이 이어져 있다. 국회의사당 앞 무명용사의 비에 도착하니 때마침 아테네 관광명물인 근위병 교대식이 막 시작되고 있었다. 그리스는 1975년 실시한 국민투표를 통해 왕정을 폐지하고 대통령제 민주주의공화정을 채택하였다. 그런데 우리나라와 달리 그리스 대통령은 의회에서 뽑는 명목상 국가수반이며 실질적인 권한은 다수당에서 선출되는 총리와 내각에게 있다. 대통령궁은 국립정원에 붙어 있는데, 이곳에서 출발한 근위병들이 국회의사당 무명용사의 비 앞에서 매일 정시에 교대식을 벌인다. 에브조네스(Evzones)로 불리는 대통령 근위병의 독특한 복장과 함께 슬로 모션의 절도 있는 동작이 매우 볼만하여 교대식이 진행되는 동안 무명용사의 비 앞마당은 관광객으로 인산인해를 이룬다.

원래 에브조네스는 그리스 독립전쟁 때 산악지역에서 활약했던 경보병을 일컫는 말이었지만 오늘날에는 전투 대신에 국가예식을 전담하는 대통령 근위대를 지칭하는 단어가 되었다. 근위대 복장은 검은색 술이 달린 빨간 모자, 셔츠, 주름치마, 스타킹, 커다란 방울이 달린 신발이 매우 이색적

1-10. **대통령 근위대(에브조네스)의 교대식** 매일 정시에 무명용사의 비 앞에서 열린다. 노란색 동그라미 친 곳에 1950년 그리스 군이 참전했던 코레아(KOPEA)가 새겨져 있다.

이다. 매 일요일 오전 11시나 특별한 날에는 소매가 넓은 흰색 제복을 입고 군악대까지 동원하여 대규모로 교대행사가 진행되며, 평일에는 카키색 제복을 입은 다섯 명의 에브조네스가 2인 1조 교대식을 단출하게 진행한다. 아테네를 첫 방문한 2015년에는 때마침 일요일이어서 오전 11시에 진행된 대규모 교대식을 정면에서 구경할 수 있었지만 두 번째 방문에서는 토요일인데다 우연히 교대식을 만나게 돼서 이미 앞마당을 여러 겹으로 두른 관광객의 맨 뒷줄에서 까치발을 한 채 힘들게 보았다. 성벽처럼 생긴 국회의사당 동쪽 담벼락에는 그리스 독립전쟁과 독립 이후에 일어난 전쟁에서 전사한 그리스 용사를 추모하기 위한 부조(전사한 고대 그리스 병사가 방패 위에 얹힌 모습)가 있고, 부조의 오른쪽에는 그리스가 1950년 참전했던 코레아(KOPEA) 글자가 새겨져 있는 것을 볼 수 있다.

아레오파고스

근위병 교대식 구경을 마치고 국립정원 남쪽에 위치한 파나티나이코 경

1-11. **아레오파고스 언덕** 기원전 7-6세기에 귀족중심의 원로원과 법정이 여기에 있었다고 한다. (위)아크로폴리스에서 내려다 본 모습, (아래)아레오파고스에서 아크로폴리스를 올려다 본 모습.

기장(판아테나이아 스타디움)과 제우스 신전을 지나 아크로폴리스 언덕 아래 아레오파고스(Areopagus)로 향하였다. 테미스토클레스 성벽의 남서쪽 영역에는 고대 그리스에서 귀족 중심의 원로원이 있었던 아레오파고스, 직접 민주주의를 실현했던 프닉스 언덕(Pnyx hill), 그리고 파르테논 신전이 있는 아크로폴리스를 한눈에 담을 수 있는 뮤즈의 언덕(Muse hill)이 있다. 고대 그리스 역사에서 폴리스(polis·도시국가)가 등장한 때는 그리스 본토에서 후기 청동기 문명을 일으켰던 미케네 왕국이 북쪽에서 내려온 도리아인에게 멸망당하고 350년에 걸친 암흑기를 겪고 나서였다. 폴리스의 정치제도는 왕정(monarchy: BCE 8세기)으로 시작하여 소수 엘리트 중심의 귀족정치(aristocracy: BCE 7-6세기)를 거쳐 거의 대부분의 폴리스가 1인 독재정치(tyranny)나 소수가 지배하는 과두정치(oligarchy)로 변화되었다. 그런데 BCE 6세기 초부터 5세기 중반에 이르는 약 150년간, 아테네는 다수의 시민이 법을 만들고, 국가를 직접 운영하고, 재판까지 담당하는 직접 민주주의(democracy)를 실험하였다. 이것은 아테네에 쌓여 있던 폭발 직전의 사회적 갈등을 해결하기 위한 방편이었지만 당시에는 매우 특이하고 혁신적인 정치실험이었다. 아레오파고스와 프닉스 언덕은 귀족정치에서 1인 독재정치를 거쳐 직접 민주정치를 창안한 아테네인의 정치실험의 현장이었다.

아레오파고스는 거대한 대리석 덩어리로 되어 있다. 울퉁불퉁한 바위 곳곳이 기름칠을 한 듯 반질반질하여 걷는 것조차 조심스러웠는데 여기서 바라보는 동쪽의 아크로폴리스 출입문과 아테나 니케 신전, 그리고 북쪽의 아고라 경치가 볼만했다. 아레오파고스는 최고 행정기관이면서 살인이나 상해사건을 심판하는 법정이기도 했다.[8] 그리스 신화에 의하면, 이 언덕에서 전쟁의 신 아레스의 재판이 열렸기 때문에 아레오파고스(아레스의 바위)란 지명이 생겼다고 한다. 아레스는 자신의 딸을 겁탈한 포세이돈의 아들 알리로티오스를 살해한 혐의로 이곳에서 재판을 받게 되었는데 신들은 아레스의 행위가 정당하다는 판결을 했다. 또한 10년에 걸친 트로이 전쟁에서 승리하고 돌아온 미케네의 왕이자 남편인 아가멤논을 살해한 클리타임네스트라와 그녀의 정부를 죽인 오레스테스의 존속살해죄를 심판하는 재판이 이곳에서 열렸다. 이 재판에서 오레스테스는 재판장인 아테나 여신의 도움으로 무죄판결을 받았다. 오늘날 아레오파고스는 그리스 대법원의 명칭으로 사용되고 있다.

뮤즈의 언덕(필로파포스 언덕)

아레오파고스 언덕을 뒤로 하고 우리는 뮤즈의 언덕으로 올라갔다. 이 언덕은 아크로폴리스에서 남서쪽으로 조금 떨어져 있어 일정이 빠듯한 대

---

[8] 흔히 아레오파고스를 인류 최초의 법정이라 얘기하지만 고대 역사에서 '최초'라는 말은 대개 믿을 것이 못된다.

1-12. **뮤즈의 언덕에서 바라 본 아크로폴리스 풍경** 우거진 숲 너머로 높다란 아크로폴리스 언덕과 파르테논 신전, 언덕 아래 오데온이 멋진 조화를 이룬다. ⓒ파티마(Fatima)

부분의 관광객은 건너뛰는 장소라서 인적이 드문 편이다. 소크라테스 감옥을 지나 숲길을 오르다 언덕 정상에 있는 필로파포스 기념비(Philopappos monument)에 조금 못 미쳐 아크로폴리스가 잘 보이는 곳에서 파르테논 신전을 감상했다. 짙게 우거진 숲 너머로 높다란 아크로폴리스 언덕과 파르테논 신전, 그리고 언덕 아래 오데온 건물이 멋진 그림을 이룬다. 사진으로만 봤던 인류 문화유산이 풍경화처럼 눈앞에 펼쳐지니 가슴이 벅차올랐다. 뮤즈의 언덕 정상에는 2세기 로마의 집정관으로 아테네를 위해 헌신했던 필로파포스의 무덤이자 추모 기념비가 세워져 있어 이 언덕은 필로파포스 언덕으로도 불린다. 어느덧 해는 서쪽으로 기울면서 하늘을 붉게 물들이고 있었다. 테미스토클레스 성벽 주변의 둘레길을 따라서 온종일 걸었던 우리는 오늘 마지막 답사처인 프닉스 언덕을 향해 걸어 내려갔다.

아테네 민주주의 형성과정

암흑기를 보내고 기원전 8세기 무렵에 형성된 고대 폴리스의 경제기반은 농업이었다. 하지만 그 당시 농업은 생산력이 낮아서 자급자족이 불가능하였고 부족한 식량이나 토지는 약탈로 해결하였다. 즉 폴리스는 약탈과 방어를 위한 지역민의 군사동맹체였고 폴리스끼리 전쟁은 끊이질 않았으며 전쟁에서 패한 폴리스 시민들은 토지를 뺏기고 노예로 전락하였다. 대표적인 사례가 펠로폰네소스 반도의 폴리스였던 메세니아와 스파르타 사이의 전쟁이다. 스파르타와 이웃한 메세니아는 파미소스 강 유역의 비옥한 평야에 터를 잡은 덕분에 풍요로운 폴리스였다. 하지만 기원전 8세기에 일어난 전쟁에서 스파르타에 패한 메세니아인들은 이후 350여 년간 스파르타의 국가노예인 헤일로타이로 살아야 했다. 폴리스가 전쟁을 수행하는데 필요한 말과 무장은 병사들이 스스로 장만해야 했는데 그 비용이 만만치 않았다. 당연히 무장을 갖추고 전쟁을 수행할 수 있는 집단은 경제력을 갖춘 귀족과 대지주(부농)였으며 폴리스에서 이들의 영향력이 확대되면서 귀족정치가 장기간 펼쳐졌다.

아테네도 초기에는 농업 국가였지만 지중해 무역이 활발해지면서 도기와 올리브유를 수출하고 흑해연안의 밀을 수입하여 장사를 통해 부자가 된 신흥 상공인들이 증가하였다. 반면에 토지가 부족한 일반 농민들은 점점 가난해지고 빚을 갚지 못해 채무노예로 전락하는 경우가 많았다. 아테네는 비옥한 토지를 점유한 평야파(귀족과 대지주), 무역을 통해 신흥부자가 된 해안파(상공인)와 가난한 산지파(농촌 빈민과 광산 노동자)로 나뉘어 계층사이에 갈등과 대립은 점점 커져만 갔다. 사회는 크게 불안해졌고 아레오파고스를 지배한 귀족정치에 대한 개혁의 목소리는 높아만 갔다. BCE 6세기 초, 솔론이 아르콘으로 임명되어 정치개혁(민회 설치)과 경제개혁(빚 탕감, 화폐유통)에 착수한 이래, BCE 6세기 말 클레이스테네스가 추진한 행정

1-13. **프닉스 언덕** 에클레시아(민회)가 열렸던 프닉스 언덕은 숲으로 둘러싸인 자그마한 바위 언덕이다. 이 바위를 깎아서 계단식 연단(베마)을 만들었다. 아크로폴리스가 보이는 이곳에서 페리클레스는 아테네 시민에게 명연설을 했다.

개혁(최고행정기구로 500인 평의회 구성)과 BCE 5세기 중엽 에피알데스가 실시한 사법개혁(재판에 배심원제 도입)에 의해서 아레오파고스의 권한은 대폭 축소되고 전체 시민이 입법, 행정, 사법의 권한을 행사할 수 있게 되었다. 마침내 이소노미아(isonomia·법 앞에 평등)에 기초한 아테네의 직접 민주주의는 확고하게 자리를 잡았고 페리클레스라는 탁월한 지도자를 맞이한 아테네는 BCE 5세기 후반에 비록 짧았지만 빛나는 황금기를 누렸다.

프닉스 언덕

프닉스 언덕은 숲으로 둘러싸인 자그마한 바위 언덕이다. 이 바위를 깎아서 계단식 연단을 만들었는데, 이를 그리스어로 베마(bema)라 하고 라틴어로는 포디움(podium)이라 부른다. 연단 앞 경사진 비탈에는 인공축대를 쌓아 직경 120m의 반달형 극장을 만들었다. BCE 507년, 클레이스테네스

시대에 아테네 시민들은 에클레시아(ekklesia)로 불리는 민회를 열기 위해 처음 프닉스 언덕에 모였다. 아고라가 내려다보이는 베마에서 클레이스테네스, 에피알데스, 페리클레스가 연설을 했다. BCE 432년, 스파르타가 중심이 된 펠로폰네소스 동맹이 아테네에 굴욕적인 양보를 강요했을 때 페리클레스는 베마에 올라 아테네 시민에게 사자후를 토하였다.

"아테네 시민 여러분, 저의 입장은 늘 한결같습니다. 펠로폰네소스인들에게 양보해서는 안 됩니다. (중략) 만일 여러분이 저들에게 양보하면, 저들은 여러분이 두려움 때문에 그것을 들어 주었다고 생각하고는, 즉시 다른 더 큰 무언가를 요구해 올 것입니다. 반면 여러분이 단호히 거절하면, 저들은 우리를 동등하게 대해야 한다는 것을 분명히 알게 될 것입니다."

페리클레스는 우리가 한 번 양보하기 시작하면 더 큰 것들을 양보하게 될 것이며, 결국 선조들이 애써 지켜온 자유를 잃고 예속될 것이라 경고한다. 그리고 그는 작은 양보도 하지 않겠다는 결연한 태도를 보이는 것이 '동등한 폴리스'로 대우받기 위한 유일한 길임을 강조한다.[9] 나라가 위기에 처했을 때 지도자의 결단이 나라의 운명을 좌우하는 경우는 세계사에서 드물지 않게 볼 수 있다. 지도자의 결단이 역사를 꿰뚫어보는 통찰력에서 비롯되었을 때 그 결단은 더욱 빛을 발한다. 페리클레스는 오늘날 경색된 한일관계를 푸는데 있어 우리가 어떻게 행동해야 하는지를 명확히 가르쳐주고 있다. 쇼군과 사무라이의 역사가 뿌리 깊은 일본은 신분과 대외관계에서 갑을관계가 확실하다. 현재 한일관계가 경색된 근본 원인은 한

---

9) 장시은(2015), 「투키디데스의 역사에서의 연설문 연구」(박사학위 논문). 서울대학교 대학원

국의 경제력과 국제위상이 을에서 갑의 위치로 올라선 데 기인한다.[10] 일본은 눈앞에서 목격하고 있는 한국의 대약진을 애써 외면하고 어떻게든 자기 발 아래로 끌어내리려 온갖 못된 짓과 거짓말을 서슴지 않고 있다. 따라서 지금 이 시국에서는 양국 간에 그 어떤 협상도 양국의 국민을 결코 만족시킬 수 없다. 그 이유는 이 분쟁이 갑과 갑의 다툼이기 때문이다. 문제를 부드럽게 푸는 방법은 단 하나, 그것은 바로 한일간 국가서열을 확실하게 정리하는 것이다. 2010년 캐나다 동계올림픽에서 김연아 선수가 여자 싱글 피겨스케이팅 종목에서 역대 최고점수로 가장 높은 포디움에 오르고 일본의 간판선수 아사다 마오는 한 계단 낮은 시상대에 올라 시상식 내내 시무룩한 표정을 지었던 것처럼, 일본국민이 을의 자리가 자신들의 원래 위치였음을 깨닫고 스스로 옮겨갈 때 한일 사이에 얽혀있는 여러 문제는 우리가 원하는 방향으로 평화롭게 풀릴 수 있을 것으로 본다. 일본은 역사적으로 보편적 정의가 없는 야만의 나라이고 COVID-19(코로나바이러스 감염증) 위기에 정부는 리더십을 상실하여 나라 전체가 우왕좌왕하고 있으며 국가부채는 압도적 세계 1위를 달성했고 경제는 21세기 디지털과 데이터 시대에 적응을 못하여 나라 전체가 나락으로 떨어지고 있는 중이다.[11] 수년 안에 우리 국민은 우리 앞에서 머리 숙이고 공손한 자세를 취하는 '착한 일본인'을 아주 쉽게 보게 될 것이다. 대한민국은 위기에 처한 일본이, 20세기 초

---

10) 2021년 7월 2일, 유엔무역개발회의(UNCTAD)는 한국의 지위를 A그룹(개발도상국)에서 B그룹(선진국)으로 변경했다. 한국의 구매력 기준 1인당 GDP는 2017년 일본을 넘어섰고, 국가신용등급도 일본보다 2단계나 높다. 소프트파워 분야에서 한국의 최근 활약은 눈이 부실 지경이다. 21세기 대한민국은 세계인의 롤 모델 국가로 성장 중이다.
11) 2020년 말 기준, 일본의 국가부채는 1경원을 초과했다. 국가부채비율은 국내총생산(GDP)의 250%를 돌파하여 압도적 세계 1위이다. 일본의 몰락은 2021년 동경올림픽 개·폐회식 행사에서 직접 확인할 수 있다.

1-14. 아크로폴리 역 근처 디오뉴시오 아레오파기토 거리의 노천 음식점 거리에는 관광객들이 북적거려 생기가 넘쳤다. 우리는 그리스 여행의 첫날밤을 한껏 즐기고 싶어 노천 음식점에서 저녁을 먹었다.

에 그랬던 것처럼, 국제사회를 상대로 사고치지 못하도록 엄격히 관리하면서 COVID-19 사태 이후 인류가 나아가야할 새로운 문명 패러다임(기후위기, 인공지능과 로봇의 등장, 일자리 위기, 불평등, 고령화에 대한 대책)을 제시하고 만들어가야 할 것이다.

 뜨거웠던 해는 노을만을 희미하게 남기고 사라졌고 프닉스 언덕에도 서서히 어둠이 깔리기 시작했다. 어느새 초승달은 베마 위 남쪽 하늘에 성큼 올라와 있었다. 우리는 디오니시오 아레오파기토 거리를 따라 제우스 신전 방향으로 걸어갔다. 노천 음식점이 즐비한 거리에는 관광객들이 북적거려 생기가 넘쳤고 우리는 그리스 여행의 첫날밤을 한껏 즐기고 싶어 노천 음식점에서 저녁을 먹기로 했다. 무사카, 수블라키, 그리스식 샐러드와 함께 그리스 맥주를 한 병 주문하였다. 나는 아내와 맥주잔을 부딪치며 12시간의 장거리 비행에도 불구하고 하루 종일 아테네 둘레길을 걸으며 첫날 일정을 계획대로 마친 것을 자축하였다.

제2장

테세우스의 아테네,
하드리아누스의 히에라폴리스

아크로폴리스 박물관의 카리아티드 여인상
아테나 니케 신전의 부조
파르테논 마블
디오니소스 극장
파르테논 신전의 출입문, 프로필레아
파르테논 신전
에레크테이온
판아테나이아 길과 노천 레스토랑 길
로만 아고라
하드리아누스 도서관
아테네 옛길(트라이포드 거리와 아드리아누 거리)
아테네를 사랑한 로마황제, 하드리아누스
하드리안 아치와 올림피안 제우스 신전

테세우스의 아테네,
하드리아누스의 히에라폴리스

아크로폴리스 박물관/디오니소스 극장/파르테논 신전/에레크테이온 신전/
로만 아고라/하드리아누스 도서관/하드리안 아치/올림피안 제우스 신전

　아테네에 도착한 이튿날이다. 오늘은 고대 아테네 도시국가의 성벽 안쪽을 구경하는 날이다. 고대 그리스의 폴리스는 도시가 한눈에 내려다보이는 높은 언덕에 폴리스 수호신을 모신 신전을 세우고 도시에서 가장 높은 곳이란 뜻의 아크로폴리스(acropolis)라 불렀다.

아크로폴리스 박물관의 카리아티드 여인상

　우리는 숙소 앞에서 2호선 메트로를 타고 아크로폴리 역에서 내린 다음 아크로폴리스 박물관으로 발걸음을 옮겼다. 이 박물관에는 아크로폴리스에서 출토된 많은 유물과 파르테논 신전을 장식했던 아름다운 부조와 대리석상이 전시되어 있다. 박물관 1층 전시실에는 BCE 13세기 미케네 시대부터 BCE 6세기 아르카익 시대까지의 도기와 석상이 전시되어 있는데 무슨 이유에선지 사진촬영이 금지되어 있다. 반면에 2층과 3층에 전시된 고전기 작품은 관광객의 사진촬영이 허용되고 있다. 그러면 2층 발코니에 전시된 이 박물관의 대표 유물인 카리아티드(Caryatid) 처녀인물상을 감상해보자.

　'카리아의 처녀'라는 뜻의 카리아티드는 높이가 약 2.28m로 상당히 거대하다. 이 작품은 BCE 5세기 후반에 아크로폴리스에 세워진 에레크테이

2-1. **에레크테이온 신전의 카리아티드 상** BCE 409년에 아크로폴리스에 세운 에레크테이온 신전의 남쪽 포치를 떠받치고 있는 기둥을 이처럼 처녀인물상으로 만들었다. (아크로폴리스 박물관)

온 신전의 남쪽 포치(porch)를 떠받치는 돌기둥을 처녀인물상 형태로 만든 것으로 고전기 그리스 예술의 정수를 보여주는 작품이다. 그러면 지금부터 2400년 전 고전기 그리스 처녀의 패션을 살펴보자. 카리아티드가 머리 위에 얹고 있는 것은 광주리가 아니라 포치의 가로보를 얹기 위한 아바쿠스(abacus·사각형 모양의 석판)이다. 그녀는 당시 여인들의 옷이었던 페블로스를 입고 짧은 히마티온을 걸쳤으며, 한쪽 다리에 몸무게를 실은 채 반대편 다리를 살짝 앞으로 내딛고 있어 마치 런웨이를 걷고 있는 패션모델을 연상시킨다. 그녀의 양팔은 사라지고 없지만 아래로 늘어뜨린 한 손에는 제사에서 술을 부을 때 사용되는 피알레(phiale·운두가 얕은 원형 그릇)를 쥐고 있고 반대편 손은 옷자락을 가볍게 붙잡는 자세였을 것이다. 여인상의 뒤쪽으로 가서 그녀의 헤어스타일을 살펴보면, 물고기 하반신과 꼬리를 연상시키는 모양으로 풍성하게 땋아서 목 뒷부분을 완전히 덮고 있다. 물고기 꼬리(fish tail)로 불리는 그녀의 독특한 헤어스타일은 가느다란 여인의 목만으로는 무거운 지붕 무게를 지탱할 수 없었기에 여인의 목 뒷부분을 머리카락으로 두껍게 덮어 하중에 견딜 수 있도록 고안한 것이다.

전시된 6인의 카리아티드 가운데 왼쪽에서 세 번째 처녀상이 비어 있다.

사라진 카리아티드를 그리스인들은 '사라진 자매', '유괴된 딸', 또는 '비 내리는 런던의 옥에 갇힌 그리스의 영혼'이라고 부른다. 그리스에서 태어난 카리아의 셋째 딸은 왜 고향을 떠나 런던으로 가게 되었을까? 여기에는 나라 잃은 민족의 슬픈 사연이 담겨 있다. 19세기 초, 이스탄불 주재 영국대사였던 토마스 브루스(엘긴 경)는 신고전주의 양식으로 새로 지은 자신의 저택을 그리스 조각품으로 꾸미기 위해 당시 그리스를 지배했던 오스만 제국의 허락을 받고 파르테논 마블과 세 번째 카리아티드를 영국으로 반출했다. 그런데 얼마 안 가 자금난에 빠진 그는 갖고 온 그리스 유물을 영국 박물관에 몽땅 팔았고, 이후 영국박물관은 '엘긴 마블스(Elgin Marbles)'란 이름으로 그리스 명품을 전시하고 있다. 그리스 정부는 1832년 오스만 제국으로부터 독립한 이래 끊임없이 영국 정부에 파르테논 마블과 카리아티드 반환을 요구하고 있지만 영국 정부는 이런저런 이유를 들어 반환을 거부하고 있다.

아테나 니케 신전의 부조

2층 전시실에는 카리아티드 이외에도 아크로폴리스 언덕의 입구에 자리 잡은 아테나 니케 신전을 장식했던 부조가 전시되어 있다. 이 신전은 펠로폰네소스 전쟁 중에 지은 이오니아식 신전으로 파르테논 신전을 설계했던 건축가 칼리크라테스(Kallikrates)의 작품이다. 이 신전 유물에서 볼만한 것은 엔타블러처를 장식했던 이오니아 프리즈와 석재 난간을 장식했던 대리석 부조이다. 신전의 이오니아 프리즈에는 BCE 490년에 일어난 제1차 그리스-페르시아 전쟁에서 아테네가 결정적 승리를 거둔 마라톤 평원의 전투 장면이 새겨져 있다. 이것은 고대 그리스에서 실제 일어난 역사적 사건을 주제로 하여 만든 최초의 예술작품이라고 한다. 그 이전에는 아마존 전쟁이나 기간테스 전쟁과 같이 오직 신화에만 등장하는 전쟁을 주제로 삼아 신전을 꾸몄는데 왜 갑자기 아테네인들은 할아버지 세대가 이룩한 영광스런 장면으로 신전을 꾸몄을까? 그것은 페리클레스의 사망 이후 펠로폰네소스 전쟁에서 스파르타에 패배를 거듭하던 아테네가 전쟁의 승리를 기원하고 자신감을 북돋기 위해서였다.

아크로폴리스 입구의 오른쪽 벼랑 끝에 자리 잡은 아테나 니케 신전은 주변 공간이 매우 좁아서 신전 참배객이 실수로 떨어질 위험이 있었다. 그래서 신전이 지어진 지 10년 후인 BC 410년에 순례자의 안전을 위해 높이 1m의 석재 난간을 삼면에 두르고 여기에 다양한 모습의 아테나와 니케여신을 새긴 대리석 부조를 부착하였다. 이 대리석 패널은 대부분 사라졌지만 살아남은 일부 패널을 통해 작품의 주제를 파악할 수가 있는데, 그것은 스파르타를 맹주로 하는 펠로폰네소스 동맹군에 대한 아테네의 승리를 기원하는 것이었다.

난간 부조에서 펠로폰네소스 전쟁의 승리라는 주제와 무관한 장면은 '샌들을 고쳐 신는 니케(Nike adjusting her sandal)'라는 작품명이 붙은 부조이다. 이 작품은 시스루 옷을 입은 니케 여신이 아테나 신전에 들어가기 직전에 허리를 굽혀 오른쪽 샌들을 벗는 섹시한 모습을 묘사한 것으로, 그리스 고전기를 대표하는 명품 가운데 하나이다. 니케 여신은 신전에 들어가기 위해 허리를 살짝 굽힌 채 오른다리를 들어 샌들을 벗느라 몸이 흐트러진다(off balance). 그녀는 몸의 균형을 잡기 위해 재빨리 반대쪽 왼손을 들어 올리고 두 날개를 좌우로 펼친다. 여신의 얇은 옷은 비를 흠뻑 맞은 듯 몸에 착 달라붙어 봉긋한 젖가슴, 아랫배와 왼다리의 윤곽이 훤히 드러나 섹시한 자태를 드러낸다(wet drapery). 그녀의 옷은 지그재그로 깊은 주름이 잡혀 있어 치렁치렁한 옷의 무게감이 느껴진다(chain holds). 섹시한 여신의 움직임을 생동감 있게 묘사한 이 작품은 고려시대 '수월관음도'에 비견될 만한 명품임에 틀림없다.

2-2. **샌들을 고쳐 신는 니케와 생각에 잠긴 아테나** (1)아테나 니케 신전의 난간 부조 가운데 가장 유명한 작품이다. (BCE 410년)
(2)파르테논 신전의 남쪽에서 발견된 부조로, 초기 고전기 시대의 명품이다.(BCE 460년)

    2층에 전시된 또 다른 조각품으로 '생각에 잠긴 아테나(The pensive Athena)'가 있다. 이 부조는 파르테논 신전의 남쪽에서 발견된 것으로, 엄정양식(severe style)으로 불리는 초기 고전기에 제작된 것이다.[12] 코린트식 헬멧을 쓴 아테나 여신은 페플로스를 입고 벨트로 허리를 조였다. 맨발의 여신은 오른손을 허리 아래에 가볍게 대고 왼손에 쥔 창에 몸을 기댄 채 비석을 바라보며 생각에 잠겨 있다. 아테나 여신이 물끄러미 바라보고 있는 작은 비석의 용도에 대해서는 전쟁에서 죽은 전사자의 이름이 적힌 비석일 것이라는 해석이 우세하다. 그것은 아테나 여신이 슬픈 표정을 짓고 생각에 잠긴 듯 보이기 때문이다.

    이제 박물관 3층으로 올라가 파르테논 마블(Parthenon marbles)을

---

12) 고대 그리스 미술은 제2차 그리스-페르시아 전쟁이 일어난 BCE 480년을 기점으로 고졸기에서 고전기 양식으로 크게 바뀐다. 고전기는 다시 초기 고전기(BCE 490-450년), 전성기 고전기(BCE 450-400년), 후기 고전기(BCE 400-323년)로 세분된다.

구경해보자. 그리스 정부가 아크로폴리스 언덕 위에 있던 자그마한 박물관을 폐쇄하고 새로운 아크로폴리스 박물관을 개관하게 된 가장 큰 이유는 바로 이 파르테논 마블을 전시할 공간을 확보하기 위해서였다. 그리스 정부가 영국으로 반출된 파르테논 마블을 돌려달라고 요구할 때마다 영국 정부는 그리스에는 엘긴 마블을 전시할 공간이 없다면서 영국박물관이 세계문화유산을 더 잘 관리할 수 있다며 돌려주길 거부하였다고 한다. 이에 열 받은 그리스 정부는 2009년 아크로폴리스 남쪽에 크고 아름다운 박물관을 새로 짓고 3층 전시관 전체를 파르테논 마블 전시장으로 만든 후 영국 정부에 파르테논 마블을 돌려달라고 요구하였다. 그럼에도 영국이 계속해서 반환을 거부하자 2020년에는 전략을 수정하여 무조건 반환이 아닌 장기대여 형식으로 돌려달라고 요청하였다. 약탈문화재는 반환해야 한다는 일부 여론이 유럽에서 점차 힘을 얻고 있는 상황이라서 영국이 언제까지 버틸 수 있을지 그 귀추가 주목된다.

파르테논 마블

그렇다면 파르테논 마블이란 무엇인가? 그것은 파르테논 신전의 출입구 위 삼각형 박공에 올려놓은 대리석 조각상과 신전의 벽면에 부착된 대리석 부조를 일컫는다. 파르테논 신전은 바깥에서 보면 전형적인 도리아 양식의 건축이지만 아테나 여신상을 모신 나오스(naos·방)의 프리즈는 이오니아 양식으로 꾸민 매우 독특한 건물이다. 도리아 프리즈는 마치 슬라이드 필름처럼 메토프(metope)로 불리는 패널에 새겨진 부조가 트라이글리프(triglyph)로 불리는 세 줄무늬에 의해 낱낱이 분리되어 있는 것이 특징이다. 파르테논 신전의 동서남북 사면을 장식한 도리아 프리즈에는 기간토마키(올림포스 12신과 거인족 기간테스의 전쟁), 아마조노마키(그리스인과 아마존 여인족과 전쟁), 켄타우로마키(라피트 족과 반인반마 켄타우로스의 전쟁), 트로이

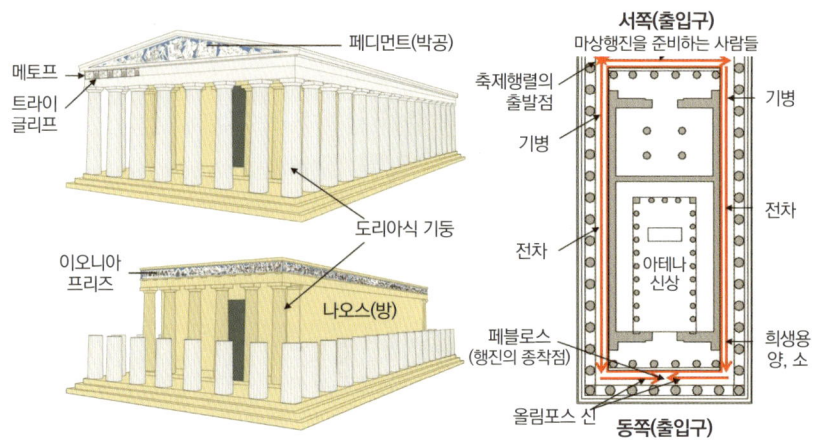

2-3. **파르테논 신전의 구조** (1)파르테논 신전의 바깥쪽은 도리아 양식으로 지어졌다. (2)아테나 여신을 모신 나오스의 바깥쪽 네 면을 빙 두른 이오니아 프리즈, (3) 이오니아 프리즈에는 판아테나이아 축제의 행진장면이 조각된 패널이 부착되어 있다. 축제행렬의 출발지점은 서남쪽 구석이다.

전쟁(그리스 연합군과 트로이 왕국의 전쟁) 장면이 각각 새겨져 있는데 이것은 기간테스, 아마존, 켄타우로스와 트로이로 상징되는 야만, 혼돈, 무질서에 대하여 문명, 질서, 이성을 상징하는 그리스의 승리를 나타낸 것이라 한다.

반면에 아테나 여신상을 모신 나오스의 벽체 상부를 장식한 이오니아 프리즈는 부조가 새겨진 패널이 분리되어 있지 않고 기다란 띠처럼 하나로 연결되어 있다. 따라서 이오니아 프리즈에는 마치 영화처럼 일정한 이야기 줄거리를 갖추면서 특정 주제를 표현할 수 있는 장점이 있다. 그렇다면, 파르테논 나오스의 사면을 에워싼 전체 길이가 160m에 달하는 이오니아 프리즈에는 어떤 주제가 어떤 이야기 형태로 담겨 있을까? 아테네 시민들은 아테나 여신의 탄생을 축하하는 판아테나이아 축제(Panathenaic festival)를 주제로 하여 그날의 축제행렬을 프리즈에 새겨 넣었다. 판아테나이아 축제는 아테나 여신의 탄생일에 맞춰 매년 열리는 행사이지만 올림픽처럼 매 4년마

2-4. **판아테나이아 축제 행렬을 묘사한 파르테논 신전의 이오니아 프리즈** (1)마상행렬을 준비하는 사람들(서쪽 프리즈), (2)희생제에 사용될 소를 끌고 가는 사람들(북쪽 프리즈), (3)사제에게 페블로스를 전달하는 어린 소녀(동쪽 프리즈), (4)축제행렬을 구경하고 있는 올림포스 신들(동쪽 프리즈)

다 특별히 성대한 대축제를 열었다. 이 대축제 기간 중에는 운동과 음악경연을 실시하였고, 행진이 있는 날에는 수많은 시민들이 아테네의 북쪽 성문(케라마이코스의 디플론 게이트)에서 출발하여 남쪽에 위치한 아크로폴리스의 아테나 폴리아스 신전까지 행진한 다음 이날을 위해 새로 만든 옷(페플로스)을 올리브 나무로 만든 여신상에 입혔다.[13]

박물관 3층 전시장으로 들어서면, 판아테나이아 행진을 묘사한 대리석 패널이 시야에 확 들어온다. 현재 남아 있는 패널은 전체의 80% 정도인

---

[13] 아테나 폴리아스(Athena Polias)는 도시의 수호신 아테나라는 뜻이다. 아크로폴리스에는 아테나 폴리아스 신전이 있었는데 BCE 480년 제2차 그리스-페르시아 전쟁 때 파괴되었다.

130m이며 대리석에 낀 세월의 흔적으로 진품과 복제품은 쉽게 구별된다. 마상행렬에 참가하는 시민들이 행사를 준비하는 모습이 서남쪽 구석에서 시작되어 서쪽 면 전체에 걸쳐 조각되어 있다. 행진에 앞서 말을 점검하는 사람과 이미 말 위에 올라탄 사람도 보이는데 흥분한 말은 앞다리를 높이 들고 울음을 토해낸다. 서쪽에서 출발한 축제 행렬은 두 갈래로 나뉘어 파르테논 신전의 북쪽 면과 남쪽 면을 따라 이동한다. 희생제에 바칠 양과 소를 끌고 가는 사람들이 맨 앞에 서고, 그 뒤로 제사에 쓸 물동이를 어깨에 메고 가는 이방인들, 신성바구니를 든 아가씨들, 흥을 돋우기 위해 풍악을 울리는 악사들과 노인들이 줄을 지어 따라간다. 이 뒤로 희랍전차 대열과 기병대열이 위풍당당하게 따라간다. 축제 행렬이 아고라 외곽을 지나 비탈길로 올라가서 아크로폴리스의 아테나 폴리아스 신전 앞에 도착하면, 아테네의 어린 소녀들이 여신상의 옷을 갈아입히기 위해 오랫동안 물레질을 하여 만든 페블로스를 신전의 사제에게 전달한다. 이 광경을 제우스를 비롯한 올림포스 신들이 내려다보고 있다.

  4년마다 열리는 판아테나이아 대축제는 아테나 여신의 생일이 있는 7월 말에 열렸는데, 이 행사는 아테네를 포함하는 아티카 지방의 지역민을 단합시키고 아테네의 위상을 드높이는 데 기여했다. 이와 비슷한 성격의 고대 국가행사를 우리 역사에서도 살펴볼 수 있다. 그것은 바로 고구려인들이 매년 10월이면 하늘신과 땅신에게 제사를 지낸 동맹(東盟)이라 부르는 행사였다. 동맹은 천제(하늘 신)의 아들이요 하백(강의 신)의 외손자로 태어나 고구려를 개국하고 나라를 다스린 후 용의 머리를 밟고 하늘로 승천한 동명성왕을 기리면서 나라의 복을 빌고 고구려인의 단합을 도모했던 제천행사였다. 국왕과 신하는 수도였던 국내성에서 동쪽으로 17km 떨어진 산중턱의 자연동굴에 모셔둔 수신(隧神·대지모신)의 신상에 예를 다하고 모셔온 다음, 압록강이 내려다보이는 높은 곳에 마련한 신좌(神座·신이 앉는 자리)에

2-5. **고구려왕의 행차도(안악3호분 벽화)** 국왕이 행차할 때는 말을 탄 신하들이 앞장을 서고 중무장한 보병과 개마무사가 왕이 탄 마차 주변을 에워쌌으며, 풍악을 울리는 기마악대가 마차 뒤를 따랐다. 이 벽화에서 고구려 국중대회인 동맹 행렬을 상상해볼 수 있다.(사진제공: 동북아역사재단)

올려놓고 국왕이 직접 하늘에 제사를 올렸다. 나무를 깎아 만든 수신상은 동명성왕의 어머니였던 유화부인을 상징한다. 수신상을 신좌에 올려놓고 하늘에 제사를 드렸다는 것은 하늘 신(해모수)과 강신의 딸(유화)의 합일을 통해 추모왕(동명성왕의 다른 이름)이 탄생한 것을 축하하면서 나라의 복을 비는 의식이었을 것이다. 이 행사는 현대 역사학계가 해석하는 것처럼 단순한 추수감사제가 아니었을 것으로 생각된다. 동맹 행사는 국왕이 직접 주관하는 나라에서 가장 중요한 국중대회(國中大會)인 만큼, 수신상을 모시러 동굴에 갈 때나 제천행사를 거행하기 위해 압록강이 내려다보이는 높은 곳으로 행차할 때는 말을 탄 신하들이 앞장을 서고 중무장한 보병과 개마무사가 왕이 탄 마차 주변을 에워싸고 풍악을 울리는 기마악대가 마차 뒤를 따랐을 것이다. 우리는 이 장엄한 동맹 축제 행진을 CE 357년 황해도 안악군에 축조된 안악3호분의 벽화에서 충분히 상상해 볼 수 있다.

3층 전시관을 두어 바퀴 돌면서 이오니아 프리즈와 도리아 메토프에 조각된 부조를 감상하고 다시 신전의 출입문이 있는 동쪽으로 왔다. 높이가 낮은 좌대 위에는 동쪽 박공에 얹었던 조각상 일부가 놓여 있다. 파르테논

2-6. **파르테논 신전의 동쪽 마블** 맨 앞 좌대의 대리석상 군은 파르테논 신전의 출입구 위 박공에 올려놓았던 것으로 아테나 여신의 탄생 순간을 묘사한 것이다. 뒤쪽 벽 중간에 띠처럼 보이는 것이 판아테나이아 행진을 묘사한 이오니아 프리즈이며, 기둥에 설치된 커다란 대리석 패널은 신전 바깥을 장식한 메토프이다.

마블 가운데 가장 유명한 이 조각상 무리는 아테나 여신의 탄생 장면을 나타낸 것으로 영국박물관에 전시된 진품을 복제한 것이다. 복제한 대리석상의 살결이 너무 희어서 그런지 사진으로 봤을 때보다 오히려 감동이 덜하였다. 파르테논 마블이 전시된 박물관 3층의 북쪽 유리창 너머로 아크로폴리스 언덕 위에 파르테논 신전이 보였다. 몽실몽실한 흰 구름이 두둥실 떠 있는 파란 하늘을 배경에 둔 파르테논 신전은 한 폭의 풍경화였다.

디오니소스 극장

우리는 박물관을 나와 아크로폴리스 언덕의 남쪽 경사면에 자리 잡은 디오니소스 극장으로 향하였다. 입장료는 아크로폴리스 관람과 묶어서 20유로였다. 술과 쾌락을 즐기는 디오니소스 컬트가 아테네에 유입된 시기는 BCE 6세기 아테네의 독재자였던 페이시스트라토스(Peisistratos) 시대였다. 그는 아크로폴리스의 남쪽 경사면에 해방자 디오니소스(Dionysos Eleuthereus)를 모신 신전과 극장을 세우고 매년 3-4월에 도시 디오니소스 축제(City Dionysia)를 열었다. 이후 아고라에서 공연되었던 그리스 비극과

2-7. 아크로폴리스 남쪽 경사면의 디오니소스 극장 BCE 6세기에 디오니소스 신전과 함께 세워졌다. 매년 봄에 열리는 도시 디오니소스 축제 때 이곳에서 비극과 희극이 공연되었다. 오른쪽 아래 작은 사진은 좌석의 맨 앞 열에 있는 VIP 및 신전사제용 등받이 의자이다.

희극이 이곳으로 옮겨져 공연되었다고 한다. 지금 우리가 보고 있는 디오니소스 극장은 수세기에 걸쳐 확장되고 리모델링된 것이다. BCE 4세기에 기존의 나무의자를 철거하고 부채꼴 모양의 대리석 좌석을 설치하였는데 최대 17,000명을 수용할 수 있었다. 공연무대와 가장 가까운 맨 앞 열에는 VIP용 좌석(prohedra)인 등받이 의자를 설치하였다. 특히 한가운데 의자는 팔걸이도 설치되어 있고 의자다리를 사자 앞발 모양으로 정성스럽게 조각한 것을 볼 수 있는데, 여기에는 디오니소스 신전의 사제가 앉았다고 한다. 오케스트라와 공연무대는 로마시대에 개축되었다.[14] 특히 말발굽 모양의 오케스트라와 VIP 관객석 사이에 빙 둘러친 대리석 경계석은 네로황제 시대의 유물이다. 오케스트라 앞쪽에 있는 나지막한 직사각형 공연무대는 CE 3세기에 만든 것으로 현재는 서쪽에 위치한 공연무대만 살아남았다. 이것을 파이드로스의 베마(bema of Phaidros)라고 부르는데, 베마는 그리

---

14) 오케스트라(orchestra)는 합창단과 무용단을 위해 무대와 객석 사이를 원형이나 반원형으로 비워둔 공간이다. 그리스극장의 오케스트라는 원형이고, 로마극장은 오케스트라에 공연무대를 설치함으로써 반원형이 되었다.

스어로 무대나 연단을 뜻한다. 베마 정면에는 디오니소스 신의 일생에서 중요했던 네 가지 사건, 즉 디오니소스의 탄생, 디오니소스와 바실리나의 성스런 결혼, 아티카 입성, 즉위 장면이 깊게 새긴 부조로 묘사되어 있다. 이 부조는 파이드로스가 아테네 집정관을 지낼 때 하드리아누스 황제시대(CE 2세기)에 세운 어느 건물의 디오니소스 패널을 떼어다 베마의 앞면에 부착한 것이다.

대리석으로 만든 그리스·로마 극장은 음향효과가 매우 뛰어나다고 알려져 있다. 나는 정말 그런지 궁금하여 언젠가 고대 극장을 구경하면 꼭 확인해보고 싶었다. 마침내 나는 아테네를 떠난 지 여드레 후에 들른 펠로폰네소스 반도의 에피다우로스 극장에서 이 오래된 궁금증을 풀 수 있었다. 에피다우로스 극장은 그리스 본토에서 가장 완벽하게 복원된 고대 그리스 극장으로 유명하다. 후기 고전기에 세워진 이 극장이 로마식이 아닌 그리스식이라는 것은 오케스트라 생김새로 알 수 있는데, 로마식이면 말발굽 모양이고 그리스식이면 완전히 동그랗다. 나는 동그란 오케스트라의 중심인 튀멜레(thymele)에 서서 손뼉을 세 번 가볍게 쳐보았다. "짝! 짝! 짝!", 사방으로 전달된 내 손뼉 소리는 코일론(koilon·극장의 모든 좌석)에 부딪힌 후 나에게 반사되었는데 반사파끼리 서로 보강간섭을 일으켜 더 크게 들리는 것이었다. 나는 극장 꼭대기로 올라가 다른 관광객이 손뼉을 치거나 말하는 것을 들어보았다. 그 소리는 마치 성능 좋은 스피커를 틀어놓은 듯 아주 또렷하면서 크게 잘 들렸다. 정말 놀라운 경험이었고 나는 고대 그리스인의 뛰어난 건축술에 탄복하지 않을 수 없었다.

파르테논 신전의 출입문, 프로필레아

디오니소스 극장 구경을 마치고 파르테논 신전을 보기 위해 아크로폴리스로 올라갔다. 언덕을 거의 다 올랐을 때 발밑으로 헤로데스 아티쿠스 오데온(odeon of Herodes Atticus)이 내려다보였다. 잠시 로마시대 건축물인 오데온을 구경하고 지그재그로 휘어진 오르막길을 따라 발걸음을 옮기니 마침내 아크로폴리스의 정문인 프로필레아(propylaea)가 나타났다. 후끈 달아오른 땅에서 올라오는 열기와 한낮의 뜨거운 햇살을 피하기 위해 수많은 관광객이 아테나 니케 신전이 있는 벼랑 아래 그늘진 계단에 앉아 서쪽에 펼쳐진 경치를 구경하면서 쉬고 있었다. 나도 가던 걸음을 잠시 멈추고 서쪽을 바라보았다. 고대 신화의 현장인 아레오파고스 언덕과 직접 민주주의의 현장인 프닉스 언덕이 눈앞에 펼쳐졌다.

프로필레아는 신전이나 성소와 같이 특별한 장소 앞에 세운 출입문을 말하는데 우리네 절의 일주문처럼 세속과 성속을 나누는 역할을 한다. 사찰의 일주문처럼 돌기둥이 한 줄로 세워진 단출한 문일 경우엔 프로필론(propylon)이라 부르고, 종묘 정전 앞 남문처럼 전

2-8. **헤로데스 아티쿠스 오데온** CE 161년에 아크로폴리스 남서쪽 경사면에 세운 로마 극장. 5천명을 수용하는 관객석이 있고 7~9월에 그리스 고전극, 콘서트, 오페라가 주말에 열린다.

2-9. **아크로폴리스 출입문 프로필레아** (1)세 동의 건물이 철(凸)자 꼴로 배치되어 있는 복합건물이다. 정면에 출입문이 있고, 좌·우에 날개 건물이 있다. (2)프로필레아 오른쪽 벼랑 위에 아테나 니케 신전이 있다.

2-10. **아크로폴리스의 프로필레아(동쪽 출입구)** 건물 벽체를 이루는 직육면체 돌덩이에 주먹크기의 돌출부(boss)가 이채롭다. 건물을 지을 때 보스에 밧줄을 걸어 크레인으로 들어올렸다.

각으로 되어 있으면 프로필레아라고 부른다. 하늘에서 프로필레아를 내려다보면 세 동의 건물이 철(凸)자 꼴로 배치되어 있다. 凸자의 가운데 길쭉한 부분이 회랑이 있는 출입용 건물이고 통로 왼쪽의 규모가 큰 날개건물은 아크로폴리스 성역을 방문하는 참배객들의 휴식공간이었으며 규모가 작은 오른쪽 날개건물은 아테나 니케 신전으로 들어가는 통로로 사용되었다. 프로필레아는 파르테논 신전과 마찬가지로 도리아 양식의 건물이지만 사람이 왕래하는 통로의 기둥은 특이하게도 이오니아 기둥으로 되어있다. 이 거대한 출입문은 제2차 그리스-페르시아 전쟁 때 완전히 파괴된 아크로폴리스 성역을 새롭게 꾸미려는 페리클레스의 건축 마스터 플랜에 포함된 것으로, 파르테논 신전 건설이 완료된 직후인 BCE 437년부터 짓기 시작하였는데 출입문이 거의 완성될 즈음에 그리스 세계를 파멸로 몰아간 펠로폰네소스 전쟁이 일어나는 바람에 최종 마무리 작업을 못한 채 중단됐다고 한다.

프로필레아를 통과하면 비스듬히 경사진 언덕 위로 파르테논 신전이 보인다. 정면에 보이는 신전의 서쪽 면은 여전히 복원공사 중이라 철제비계로 감싸였지만 하얀 뭉게구름과 파란 하늘을 배경에 둔 신전은 너무나도 아름다웠다. 3년 전 이곳을 처음 방문했을 때는 주 관람로를 따라 이동하느라 신전의 북쪽 면을 구경했기에 이번에는 남쪽 면을 구경하기로 했다. 남쪽에는 파괴된 신전의 잔해와 복원공사에 사용되는 건축자재가 여기저기 널려 있어 파르테논 신전이 어떻게 지어졌고 복원되고 있는지 대충이나마 엿볼 수 있다.

기원전 5세기 고대 그리스인들은 파르테논 신전이나 프로필레아와 같은 대형 건물을 어떻게 세웠을까? 이 의문에 대한 해답을 프로필레아의 삼각형 박공을 지지하고 있는 6개의 도리아 기둥과 측면 벽에서 살펴볼 수 있다. 고대 그리스 건물은 일정 규격의 직육면체 돌이나 드럼(drum)이라 부르는 원형의 맷돌을 크레인을 사용하여 들어 올린 후 레고 블록처럼 돌끼리 서로 짜 맞추거나 이어 붙인 것이다. 고대 그리스인들은 채석장에서 떼어낸 커다란 바위덩어리를 현장에서 일정 크기로 자르고 다듬어 반제품 형태의 건축자재로 만든 다음 건축현장으로 옮겼다. 여기서 반제품을 다시 정교하게 다듬어 최종 규격품을 만들 때 주먹 크기의 돌출부(boss·보스)를 측면에 만들어 두었는데, 이것은 크레인으로 건축자재를 들어 올릴 때 밧줄을 거는 용도로 사용되었다. 들어 올린 건축자재를 정해진 위치로 옮긴 다음 보스를 제거하는 마무리 작업을 통해서 석재표면을 매끈하게 하거나 제거하지 않고 그대로 남겨두기도 했다. 여기 프로필레아의 도리아 원기둥은 보스를 제거하고 플루트(flute·세로 홈)를 판 것이며, 프로필레아의 측벽은 보스를 제거하지 않고 그대로 남겨 둔 것이다.

파르테논 신전의 남쪽에는 직육면체 돌덩이나 기왓장 같은 옛 건축자재가 땅바닥 여기저기에 흩어져 있어 눈길을 끈다. 직육면체 돌덩이를 유심히

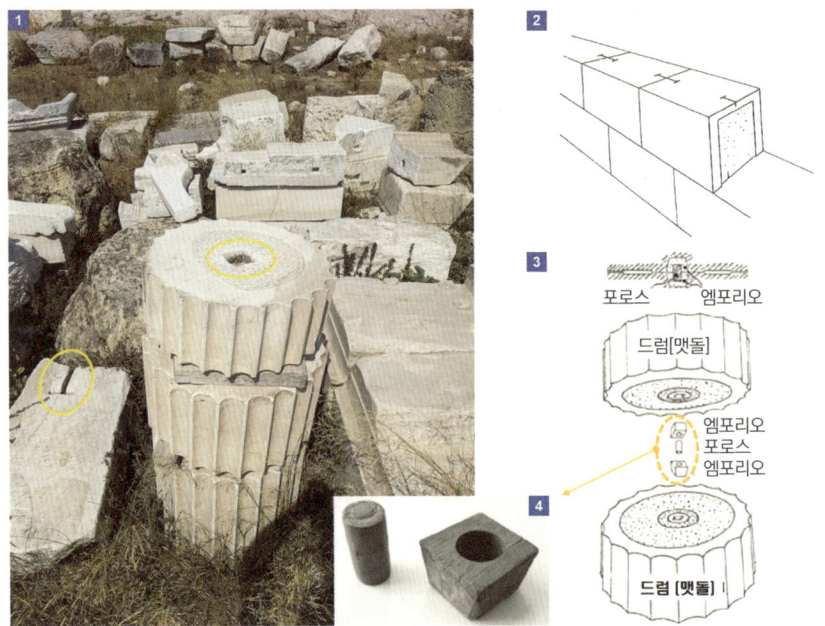

2-11. **파르테논 신전 남쪽에 야적된 건축자재** (1)'T' 모양의 홈이 있는 직사각형 돌덩이와 사각형 홈이 있는 원형 맷돌 (2)벽체를 이루는 직사각형 돌덩이는 거멀쇠를 사용하여 서로 강하게 결속시켰다. (3)원형 맷돌을 엠포리오와 포로스를 사용하여 레고블록처럼 쌓아올려 신전의 원기둥을 만들었다. (4)파르테논 신전의 원기둥을 해체했을 때 발견된 엠포리오와 포로스

살펴보면 끝자락에 'T' 모양의 홈이 나있는 것을 볼 수 있다. 이 홈은 도대체 무슨 용도일까? 이것은 거멀쇠 홈으로, 높이 쌓아올린 직육면체 돌덩이가 지진과 같은 충격에 의해 쉽게 무너지지 않도록 해주기 위한 건축 장치이다. 'T' 모양의 홈이 있는 돌덩이 두 개를 서로 밀착시키면 'エ' 모양의 홈이 형성된다. 여기에 쇠로 만든 'エ' 모양의 거멀쇠를 집어넣은 후, 납을 녹여 틈새에 붓고 굳히면 돌덩이끼리 강하게 결합되어 지진에 잘 견디게 된다. 한편 그리스 신전에 아름다움을 더해주는 하얀 원기둥은 드럼으로 불리는 원형의 맷돌을 모르타르와 같은 시멘트를 사용하지 않고 그대로 쌓아올린 것이다. 지중해 연안은 지진이 잦은 곳인데 시멘트를 사용하지 않으면서도

2-12. **우리나라 고건축에 사용된 돌덩이와 나무의 고정부재** (1)경주 감은사 삼층석탑의 옥개석에 있는 'T' 모양의 홈. (2)옥개석의 틈이 벌어지지 않도록 '工' 모양의 은장을 끼운다. (3)경주 월정교 교각의 기단은 철제은장과 철촉을 사용하여 돌덩이끼리 강하게 결속시켰다. (4)한옥 기둥에 사용된 나무은장(나비장)

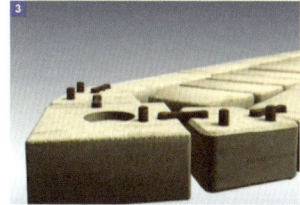
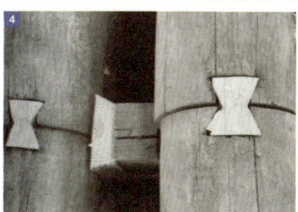

 높다란 신전 원기둥의 안정성을 어떻게 확보할 수 있었을까? 파르테논 신전 남쪽에 야적된 맷돌의 윗면을 보면 한가운데에 사각형 홈이 깊게 파인 것을 볼 수 있다. 여기에 사각형 나무(empolio·엠포리오)를 박아 넣고 중앙에 난 구멍에 길쭉한 나무막대(polos·포로스)을 꼽은 다음, 이 위에 다시 사각형 엠포리오가 박힌 맷돌을 얹어 맷돌끼리 중심축을 맞추면서 쌓아올렸다. 엠포리오와 포로스를 사용하여 레고블록처럼 쌓아올린 원기둥은 생각보다 훨씬 지진에 잘 견뎠다고 한다. 한편 아테나 니케 신전이나 코린트의 아폴론 신전처럼 규모가 작은 신전은 맷돌을 쌓아 원기둥을 만들지 않고 통돌을 깎아서 원기둥을 만들었다.

 정말 흥미롭게도, 이러한 고대 그리스의 돌덩이 고정방식은 우리네 옛 건축에서도 찾아볼 수 있다. 우리 옛 건축에서는 석재나 나무를 서로 연결할 때 틈이 벌어지거나 제자리에서 이탈하지 않도록 '工' 모양의 쇠나 나무를 사용하여 단단히 고정시켰는데 이를 은장(隱藏)이라 불렀다. 수직방향으로 쌓아올린 돌덩이를 서로 단단히 고정시킬 때는 짤막한 길이의 촉(觸)을 사용하였다. 한국 건축사에서 가장 오래된 은장과 촉은 후대 신라 건축물에서 발견된다. 우리나라 최초의 삼층석탑인 경주 감은사지 삼층석탑(건축시기:682년)은 덩치가 매우 커서 지붕돌을 한 개의 돌로 제작하지 못하고 사등분하여 제작한 후 서로 이어 붙였는데, 네 매로 이루어진 삼층 지붕돌에는 이음부가 벌어지지 않도록 'T' 모양의 홈을 파고 여기에 철제은장을 꼽았던 흔적이 있다. 경주 남천에 세운 월정교(건축시기: 760년) 교각을 발굴할 때 교각의 기초부에서 철제은장과 철촉이 발견되었고, 불국사 석가탑과 석굴암 주실의 면석에서 철제은장이 발견되기도 했다. 한편 오래된 한옥의 썩은 나무기둥은 썩은 곳만 잘라내고 잘라낸 부위에 새 나무를 끼워 넣어 보수한다. 이 때 연결된 두 기둥을 단단히 고정시키기 위해 이음매에 나무은장을 박아 넣는데, 이것의 생김새가 나비를 닮아서 특별히 '나비장'이라 부르며, 이러한 기둥 이음방식을 한옥건축 용어로 '나비장이음'이라 한다.

파르테논 신전

파르테논 신전의 남쪽에 야적된 옛 건축자재를 구경하면서 신전 출입구가 있는 동쪽으로 왔다. 한여름을 넘긴 9월 중순의 태양은 여전히 뜨거웠고 땅바닥에 깔린 굵은 모래와 대리석에서 반사되는 햇빛은 강렬했다. 눈이 부셔서 준비해간 선글라스를 꺼내 쓰고 신전을 바라보니 그야말로 한 폭의 풍경화였다. 이곳을 두 번 방문했지만 두 번 모두 태양이 중천에 떠있는 한낮이어서 약간 아쉬웠다. 언제가 또 다시 이곳을 방문하게 된다면 하루 종일 여기에 머물며 아침 해가 신전 정면을 비출 때, 해가 지면서 붉은 노을을 만들 때, 그리고 한밤중에 조명이 비출 때 신전을 바라보고 싶다.

파르테논 신전은 BCE 480년 제2차 그리스-페르시아 전쟁 때 파괴된 옛 아테나 폴리아스 신전을 대체하기 위해서 지은 것으로 고전기 그리스 건축을 대표하는 건물이다. 옛 아테나 신전은 파르테논 신전의 맞은편에 있는 에레크테이온 신전 앞에 있었는데 지금은 기단을 이루었던 돌덩이만 여기저

2-13. **파르테논 신전** (1)서쪽 파사드 (2)동쪽 파사드 (3) 북쪽 면 (4)동쪽 박공 오른쪽 끝에 있는 달의 여신 셀레네 (Selene)가 탄 전차를 끄는 말과 지붕 시마의 사자머리 가고일

기 흩어져있다. 페르시아 전쟁에서 주도적인 역할을 하여 승리로 이끈 아테네는 전후 30여년 무렵 아테네의 황금시대(the golden age of Athens)라 일컫는 페리클레스 시대를 맞이하게 된다. 페리클레스는 파괴된 아크로폴리스의 재건계획을 세우면서 아테네 제국의 위상을 헬라스 세계에 한껏 뽐낼 수 있는 건축물을 세우기로 결심하였다. 그의 야심찬 건축계획에는 아크로폴리스의 출입문인 프로필레아, 높이 12m의 거대한 아테나 여신상을 모신 파르테논 신전, 올리브 나무로 만든 아테나 여신상을 모신 에레크테이온 신전, 그리고 높이 9m에 달하는 아테나 프로마코스(Athena Promachos·앞장서 싸우는 아테나) 청동상과 헤파이토스 신전이 포함되었다. 페리클레스는 파르테논 신전 건설의 총 감독이자 조각 책임자로 자신의 친구인 피디아스(Pheidias)를 임명하고 신전 설계를 익티노스(Iktinos)와 칼리크라테스

2-14. **파르테논 신전의 동쪽 파사드** 좌우상하 비율이 적당하여 대단히 안정되고 균형이 잘 잡혀 있어 마치 건장한 미남 청년을 보는 듯하다.

(Kallikrates)에게 맡겼다. 이 아름답고 웅장한 신전은 BCE 447년에 짓기 시작하여 불과 9년 후인 438년에 완공되었는데 건축에 소요된 막대한 비용은 아테네가 주도하고 있는 델로스 동맹의 기금으로 충당하였다.[15]

파르테논 신전은 세 개의 계단으로 이루어진 플랫폼 위에 프로나오스(동쪽의 전실)-나오스(아테나 여신상을 모신 본실)-오피스토도모스(보물창고 역할을 한 후실)-오피스토나오스(서쪽의 전실)로 구획된 직사각형 모양의 방을 짓고 신전 바깥쪽을 헤라클레스 팔뚝이 연상되는 도리아 원기둥으로 빙 둘러친 페리스타일의 도리아 신전(peristyle doric temple)이다. 신전 바깥을

---

15) 델로스 동맹(Delian league)은 BCE 479년 최후의 플라타이아이 전투를 승리로 이끌어 제2차 페르시아 전쟁에 종지부를 찍은 여러 그리스 도시국가들이 페르시아 제국의 재침에 대비하여 이듬해에 아폴론의 탄생지인 델로스 섬에서 맺은 군사동맹이었는데 아테네가 의장국이었다.

에워싼 원기둥 개수는 동·서쪽 정면에 각각 8개씩, 남·북쪽 옆면에는 각각 17개씩인데, 기둥 숫자를 셀 때 중복된 것을 빼면 총 개수는 2×(8+17-2)=46개로, 신전 파사드(facade·정면)의 기둥 개수 기준으로 분류하면 옥타스타일의 도리아 신전(octastyle doric temple)이다. 세 층으로 이루어진 신전 플랫폼의 가장 윗부분을 스틸로베이트(stylobate)라 부르는데, 이것의 가로 폭은 31m이고 세로 길이는 70m이다.

멀리 떨어져서 파르테논 신전의 동쪽 파사드를 바라보면 좌우상하 비율이 적당하여 대단히 안정되고 균형이 잘 잡혀있어 마치 건장한 미남 청년을 보는 듯하다. 이처럼 파르테논 신전에서 아름다운 균형감을 느낄 수 있는 것은 신전 정면의 가로 폭과 세로 높이가 황금비율(ϕ·phi)로 알려진 1.618:1을 만족하기 때문이라고 알려져 있다. 그러나 실제로 신전 정면의 가로 폭 31m를 스틸로베이트부터 삼각형 박공의 꼭짓점까지 높이 18m로 나누어 신전의 가로세로비를 구해보면 1.72:1이며, 박공을 제외한 엔타블러처까지 높이 13.7m로 나누어보면 가로세로비는 무려 2.25:1이 된다. 세상에 알려진 것과 달리 파르테논 신전의 어느 한 구석도 황금비율을 만족시키는 곳은 없다. 실제로 이집트 피라미드를 포함한 고대 건축물을 정밀하게 측량하여 가로세로비를 계산해보면 황금비율로 지어진 건물은 단 한 채도 없다고 한다.

황금비율 이야기가 나왔으니 잠시 옆길로 새서 우리 주변의 생활용품 가운데 생김새가 네모난 제품의 가로세로비를 재미삼아 구해보자. A4용지의 가로세로비는 1.414:1(금강비)이며, 신용카드는 1.6:1(황금비)이고, 노트북 모니터는 1.78:1(16:9 TV 화면비율)이다.[16] 이 비율을 갖는 직사각형은 안

---

16) 금강비는 가로세로 비가 $\sqrt{2}:1 = 1.414:1$ 이다. 석굴암 주실과 본존불이 금강비율로 제작되었다고 한다.

정감을 주면서 오래 보아도 지루하지 않다. 그렇다면, 건물의 황금비율은 1.618:1이라는 고정 값이 아니라 아이패드의 화면비율인 1.4:1부터 노트북 화면비율인 1.78:1까지 일정 범위의 값이라 여겨진다. 그렇다면 파르테논 신전이 아름답게 보이는 것은 정면의 가로세로비가 황금비율 범위 안에 있기 때문이라고 말할 수도 있을 것 같다.

파르테논 신전의 동쪽 박공에는 오늘 아침에 아크로폴리스 박물관의 3층 전시관에서 보았던 아테나 여신의 탄생을 주제로 한 조각상이 놓여있었다. 신화에 의하면, 그녀의 탄생 과정은 범상치가 않았다. 제우스는 지혜의 여신 메티스를 첫 번째 아내로 맞이하였다. 그런데 만약 아들이 태어난다면 제우스를 능가하는 신이 될 것이라는 가이아의 예언을 두려워하여 제우스는 메티스를 꿀꺽 삼켜버렸다. 하지만 메티스는 이미 제우스의 아이를 가진 상태였다. 어느 날, 제우스는 심한 두통에 시달렸다. 고통을 참다못한 제우스는 대장장이신인 헤파이스토스에게 자신의 머리를 도끼로 쪼개달라고 부탁하였다. 제우스의 머리가 둘로 쪼개지자 천둥치는 소리와 함께 장성한 아테나가 완전무장한 모습으로 튀어나왔다.

아테나의 탄생신화는 BCE 6세기 아르카익 시대에 도기화로 즐겨 그려졌다. 대표적으로 루브르 박물관에 전시된 세 발 향수용기(tripod kothon)에 그려진 흑색인물상 도기화가 있다. 제우스가 홀장을 오른손에 쥐고 그의 상징물인 번개다발을 왼손으로 잡은 채 스툴(stool·등받이 없는 의자)에 앉아 있다. 제우스의 머리 꼭대기에서 아티카 투구를 쓰고 방패와 창을 든 아테나가 튀어나오고 있다. 제우스의 얼굴 표정에는 놀란 기색이 가득하다. 이 때 제우스 앞·뒤에 서있던 출산의 신, 에일레이튀이아(Eileithyia)가 급히 손을 내밀어 아테나를 받으려 하고 있다. 제우스가 앉은 의자 밑에 쪼그린 자세의 작은 여인은 제우스의 몸속에 있는 메티스를 상징하는 것 같다. 천둥소리에 깜짝 놀라 뒤돌아보는 두 남자는 각각 도끼를 든 헤파이스

2-15. **아테나 여신의 탄생 신화와 아테나 파르테노스 여신상** (1)제우스의 머리에서 아테나가 완전무장한 채 튀어나오고 있다. (BCE 570-560년, 흑색인물상 도기화, 루브르 박물관) (2)바르바케이온 아테나 여신상. (CE 3세기, 아테네 국립고고학박물관)

토스와 삼지창을 든 포세이돈이다. 아테나의 특별한 탄생 방식은 그녀가 어떤 본성을 지닌 여신인지를 말해주고 있다. 신들의 왕인 제우스의 머리에서 태어났다는 것은 그녀가 지혜의 여신임을 암시한다. 여성이 아닌 남성에게서 태어났다는 것은 그녀가 아버지와 특별한 유대관계를 맺고 있으며, 또한 페르세우스나 헤라클레스와 같은 남성영웅의 보호자임을 말해준다. 천둥소리와 함께 완전무장한 채 태어났다는 것은 그녀가 막강한 힘을 갖고 있으며 평화를 수호하는 전쟁의 신임을 암시하고 있다.

조각가 피디아스가 설계한 높이 12m에 달하는 거대한 아테나 파르테노스(Athena Parthenos·처녀 아테나) 여신상은 신전의 본실에 해당하는 나오스의 뒷부분 중앙좌대 위에 모셨다. 이 여신상은 전투에서 승리한 아테나를 묘사한 것으로, 먼저 나무로 신상의 뼈대를 만들고 여기에 청동으로 만든 여러 개의 부분형상을 조립한 후에 금판으로 몸을 덮고 하얀 상아조각으로 얼굴이나 팔과 같은 피부를 덮었다. 금과 상아로 만든 조각을 크리스엘레판타인(chryselephantine) 조각이라고 부른다. 아테나 여신은 페블로스를 입고 메두사 얼굴이 장식된 아이기스(aegis)를 흉갑처럼 가슴에

받쳐 입었다.[17] 그녀는 스핑크스가 한가운데에 장식된 아티카 투구를 쓰고 허리 높이에서 앞으로 쭉 뻗은 오른손바닥 위에 승리의 여신 니케를 올려놓았으며 기다란 창을 왼쪽 어깨에 기대어놓고 왼손으로 메두사 얼굴이 새겨진 방패를 붙잡았다. 이 방패 안쪽에 몸을 숨기고 있는 커다란 뱀 한 마리가 있는데, 이 뱀은 처녀 아테나가 애지중지 키운 에리크토니오스(Erichthonius)로 그는 나중에 아테네의 왕이 되어 아테나 여신의 명예를 기리는 판아테나이아 축제를 열었다고 한다.

파르테논 신전에 모셨던 아름답고 웅장한 아테나 파르테노스 여신상은 5세기에 기독교인들이 파르테논 신전에서 여신상을 치웠다는 기록만을 남기고 사라졌다. 다행히 로마시대에 대리석으로 복제한 사본이 몇 점 전해져 내려와 피디아스의 오리지널 작품을 상상해볼 수 있다. 이 가운데 가장 보존상태가 좋고 가장 원형에 가깝게 복제되었다고 짐작되는 작품이 아테네 국립고고학박물관에 전시된 1m 높이의 바르바케이온 아테나 여신상(the statuette of Varvakeion Athena)이다.[18]

아테네는 높은 산으로 둘러싸인 아티카 분지에 자리 잡은 항구도시이다. 분지평야 한가운데에는 나지막한 높이의 아크로폴리스와 리카비토스 언덕이 오뚝하니 솟아 있다. 고대 아테네가 해상제국이었음을 암시하는 듯 아크로폴리스는 지중해를 항해하는 거대한 항공모함을 닮았다. 이물(뱃머리)에는 프로필레아가, 항모의 관제탑 위치에는 파르테논 신전이, 고물(배꼬리)에는 국기 게양대가 있는데 진짜 바다를 항해하는 항공모함처럼 그리스 국기가 고물의 국기게양대에 매달려 바람에 휘날리고 있다. 그리스라

---

[17] 그리스 신화에서 아이기스는 메두사 얼굴이 새겨진 흉갑 또는 방패로 묘사된다. 초자연적 힘을 상징하는 아이기스는 신들의 왕인 제우스와 그의 딸 아테나만 착용하였다.
[18] 바르바케이온은 이 여신상이 출토된 장소 근처에 있던 학교 이름이다.

2-16. **아크로폴리스 동쪽 국기 게양대** 그리스 국기의 파랑색 줄은 푸른 하늘 또는 지중해 바다를, 흰색 줄은 구름 또는 바다의 흰색 물마루를 뜻하며, 파란 바탕에 흰색 십자가는 그리스 국교인 동방정교를 상징한다.

는 지명은 로마인들이 불렀던 그라이키아(Graecia)에서 유래된 것이다. 그리스인은 자신들을 일컬어 '헬렌의 후손'이란 뜻의 헬레네스(Hellenes)로, 자신들의 땅을 '헬렌의 후손들이 사는 땅'이란 뜻의 헬라스(Hellas)로 부르는 것을 더 좋아한다. '헬렌(Hellen)'은 고대 그리스 신화에서 인간에게 불씨를 전해준 프로메테우스의 손자로서 그리스인의 조상으로 여겨지는 인물이다. 그래서 그리스의 공식 국가명칭은 영어로 헬레닉 리퍼블릭(Hellenic Republic)으로, 그리스어로 엘리니키 디모크라티아(Ellinikí Dimokratía)로 표기하는데 이는 헬레네스가 세운 민주공화국이란 뜻이다.

그리스 국기는 가로 방향으로 5개의 파란 줄과 4개의 흰 줄이 서로 번갈아 배열되어 있다. 유럽국가의 국기 색깔과 디자인에는 그 나라 정체성이 뚜렷이 담겨있다. 그리스 국기의 파랑색은 하늘 또는 지중해 바다를, 흰색은 구름 또는 바다의 물마루를 상징한다고 하며, 전체 9줄은 그리스인이 오스만 제국과 독립전쟁을 치룰 때 외쳤던 "자유 아니면 죽음을"이라는 구절의 아홉 음절을 뜻하기도 하고, 그리스 신화에서 예술과 문명을 상징하는 9명의 뮤즈를 상징한다고도 한다. 국기 왼쪽 상단을 장식한 정사각형의 파란 바탕에 흰색 십자가는 그리스 국교인 동방정교를 상징한다. 태극문양과 사괘가 그려진 대한민국 국기를 '태극기'라고 부르듯이, 파란 줄과 흰 줄이 교대로 있는 그리스 국기를 그리스인들은 '청백기(blue-white)'라고 부른다. 국기게양대에 올라 아테네 시가지를 내려다봤다. 남북 방향으로 길게 뻗은 히메투스 산이 병풍처럼 아테네 동쪽을 감싸고 있고 산허리 아래에는 집들이 빼곡히 들어차 있다. 올림피아 제우스 신전과 파나티나이코 경기장이 내려다보이는데 생각보다 훨씬 가까운 거리에 있다. 북동쪽으로 방향을 틀면 서울시 남산 높이인 리카비토스 언덕이 보인다. 삼각뿔 모양의 리카비토스 언덕에는 우리나라에서 경사형 승강기로 불리는 푸니쿨라가 언덕 중턱에 설치되어 있어 언덕 꼭대기까지 편히 올라갈 수 있다. 일주일 후 여기를 저녁나절에 방문하여 아테네 야경을 구경하였는데 조명에 환히 빛나는 파르테논 신전은 참으로 아름다웠다.

에레크테이온

아테네 시가지 조망을 마치고 파르테논 신전만큼이나 유명한 에레크테이온(Erechtheion) 신전으로 발걸음을 옮겼다. 파르테논 신전이 건장한 남성이 연상되는 도리아 양식으로 지어졌다면, 에레크테이온은 늘씬한 여성을 닮은 이오니아 양식으로 지어져 마주보는 두 신전은 싱그러운 청춘 남녀를 보는 듯 멋진 조화를 이룬다. 페리클레스의 아크로폴리스 재건계획에 포함된 에레크테이온 건설은 아테네가 주도한 델로스 동맹과 스파르타가 이끈 펠로폰네소스 동맹사이에 그리스 내전이 일어나는 바람에 그의 생전에는 이루어지지 못하였다. 신전 건설은 아테네와 스파르타가 10년간 계속된 전쟁을 끝낼 목적으로 니키아스 평화조약을 맺은 이듬해(BCE 420년)에 시작되었는데 6년 후 전쟁이 재발되어 건설이 중단되는 곡절을 겪은 끝에 BCE 406년에야 완성되었다.

에레크테이온의 평면구조는 다른 신전과 마찬가지인 길쭉한 직사각형이지만 중간에 벽을 세워 크게 동쪽과 서쪽, 두 부분으로 나누었다. 동쪽 영

2-17. **에레크테이온** (1)신전의 동쪽에 있는 아테나 폴리아스 신전 (2)신전의 서쪽 면. 가운데 푸른 나무는 전설의 올리브 나무이다. (3)카리아티드 처녀상이 있는 신전의 남쪽 면. 땅바닥의 돌덩이는 페르시아 전쟁 때 파괴된 옛 아테나 신전의 잔해이다. (4)북쪽 포치의 이오니아 돌기둥의 아랫부분을 장식한 노끈무늬

역에는 이오니아 기둥 6개를 일렬로 세운 아테나 폴리아스에게 바친 신전이 있었다. 신전 내부에는, 사람이 만든 것이 아니라 하늘에서 뚝 떨어졌다고 믿은 올리브 나무로 된 아테나 목신을 모시고 판아테나이아 대축제 때 페플로스를 갈아 입혔다고 한다. 동쪽에 비해 지대가 3m 정도 낮은 서쪽 영역은 내부를 세 부분으로 나누었다. 신전 내부는 워낙 파손이 심하여 정확한 용도는 알 수 없지만 여기에는 포세이돈-에렉테우스의 사당과 헤파이스토스와 부테스(아테네의 전설적인 영웅)에게 바친 제단이 있는 방, 그리고 포세이돈이 삼지창을 바위에 내리쳐 만든 소금물 샘이 있었다고 한다. 신전의 서쪽 영역에는 돌출지붕을 돌기둥으로 받친 포치가 북쪽과 남쪽에 각각 세워져 있다. 높이가 상당하여 웅장하게 느껴지는 북쪽 포치에는 6개

의 이오니아 기둥이 배열되어 있는데 돌기둥의 아랫부분과 주두에 멋진 문양이 장식되어 있다. 나는 이런 고대문양에 특히 관심이 많다. 이오니아 돌기둥의 아랫부분을 빙 둘러 장식한 꽈배기문양은 미케네, 아시리아, 바빌론과 같은 지중해 고대세계에서 널리 사용된 노끈문양(guilloche pattern)으로 그리스에 이어 로마제국에서도 널리 사용된 경계표시 띠 문양이다. 다시 머리를 들어 북쪽 포치의 천정을 올려다보면, 고대 그리스·로마의 석조건물 천정에서 흔히 볼 수 있는 속이 움푹 들어간 사각형 격자 형태의 돌덩이(coffered ceiling)가 줄을 맞춰 부착된 것을 볼 수 있다.

북쪽 포치를 구경하고 에레크테이온 신전의 서쪽 면을 감상해 보았다. 단 하나의 곡선도 없이 수직선과 수평선으로 분할된 공간이 상하좌우로 리드미컬한 조화를 이루고 있어 무척 아름답다. 건물의 서쪽 면 한가운데 서 있는 푸른 나무는 전설의 올리브 나무이다. 신화에 의하면, 케크롭스 왕 시절에 아테네의 수호신 자리를 두고 포세이돈과 아테나 여신이 서로 겨루었다고 한다. 바다의 신 포세이돈은 자신이 얼마나 센지 힘자랑을 하였다. 그는 삼지창을 번쩍 쳐든 다음 에레크테이온의 바위에 내리꽂아 짭조름한 바닷물이 솟구치는 소금물 샘을 만들어주었다. 반면에 지혜의 여신 아테나는 올리브 나무를 만들어 아테네인들에 선물했다. 아테네인들은 쓸모없는 소금물 샘보다는 올리브 나무를 더 좋아하여 아테나 여신을 도시의 수호신으로 삼았다고 한다.

파르테논 신전을 마주보고 있는 건물의 남쪽에는 유명한 카리아티드 처녀인물상이 포치의 지붕을 머리에 이고 있다. 이 포치의 기둥이 어째서 카리아의 처녀를 뜻하는 카리아티드라고 불리게 되었을까? 카리아티드의 기원에 대해서는 기원전후 시기에 로마의 건축가였던 비트루비우스(Vitruvius)가 쓴 《건축10서》에 소개되어 있다. 그의 기록에 따르면, 제2차 그리스-페르시아 전쟁 때 펠로폰네소스 반도에 위치한 카리아 마을사람들

2-18. **에레크테이온의 카리아티드** 전성기 고전시대(BCE 450-400년)를 대표하는 처녀 모습의 기둥으로, 아테네의 전설적인 왕 케크롭스의 무덤에 헌주를 하는 모습을 형상화한 것으로 해석되기도 한다.

은 막강한 군사력을 지닌 페르시아가 이길 것으로 예상하고 페르시아 편에 붙었는데 전쟁은 그리스 연합군의 승리로 끝났고 전후처리 과정에서 아테네가 카리아에 괘씸죄를 물었다는 것이다. 아테네인들은 카리아로 쳐들어가 모든 남자를 죽이고 여자들을 끌고 와 개선행렬에서 모욕을 주고 노예로 삼았다. 이것만으로 성이 안 풀린 아테네인들은, 제우스에 대든 아틀라스가 두 팔로 지구를 떠받드는 형벌을 받았듯이, 카리아 여인들이 무거운 지붕을 머리에 이고 있는 모습으로 신전 기둥을 만들어 그리스 사람들에게 카리아의 죄와 벌을 영원히 보여주려 했다는 것이다.

그러나 카리아티드와 같은 처녀인물상 기둥은 페르시아 전쟁이 일어나기 50여 년 전에 이미 델피에 세운 시프노스 보물창고에 설치된 적이 있었다. 따라서 에레크테이온 신전의 처녀인물상을 벌을 받는 카리아티드로 해석한 비트루비우스의 주장은 신빙성이 없다고 한다. 이 처녀인물상 기둥의 조형원리에 대해서는 아직 확실하게 밝혀진 것은 없지만, 아르테미스 여신을 기리기 위해 그녀의 신전에서 갈대를 담은 바구니를 머리에 이고 춤을 추던 처녀들의 모습을 모티브로 해서 제작된 것이란 주장도 있고, 에레크테이온

2-19. **판아테나이아 길과 노천 레스토랑 길** (왼쪽)아테네 북문에서 출발한 판아테나이아 축제행렬이 이 길을 따라서 아크로폴리스의 아테나 폴리아스 신전으로 갔다(2015년). (오른쪽)판아테나이아 길은 폐쇄되고 대신에 아고라 외곽의 노천 레스토랑 길이 관광객을 반긴다(2018년).

남쪽 포치 아래에 묻힌 케크롭스 왕의 무덤에 피알레에 담긴 술을 붓는 헌주의식(libation)을 형상화 한 것이란 해석도 있다.

판아테나이아 길과 노천 레스토랑 길

에레크테이온 구경을 끝으로 아크로폴리스 관람을 모두 마치고 프로필레아 출구로 나오면 아레스의 언덕(아레오파고스)을 만나게 된다. 이 나지막한 바위 언덕에서 조망하는 아크로폴리스와 아테네 시가지 풍경이 아름다워 바위 위에는 언제나 관광객으로 복작인다. 우리는 아크로폴리스 북쪽에 위치한 고대 아고라로 가기 위해 이 언덕 옆에 있는 아스팔트길을 따라 터벅터벅 걸어갔다. 이 길을 따라 가다보면 거칠게 다듬은 사각형 돌로 포장된 내리막길로 들어서게 되는데, 이 길이 바로 파르테논 신전의 이오니아 프리즈에 묘사된 판아테나이아 행진대열이 아테네 북문을 출발하여 아크로폴리스의 아테나 폴리아스 신전으로 가기 위해 지나갔던 판아테나이아 길(panathenaic way)이다. 현재까지 남아있는 옛 도로 흔적은 불과 100m에 불과하지만 2500여 년의 역사가 담긴 옛길을 걸을 때면 특별한 감흥이 일어난다. 그런데 아스팔트길은 내 기억에 없는 나무터널로 이어졌다. 한낮의 뜨거운 태양을 가려주는 나무터널 속을 걸으니 시원하긴 했지만 내가 지금 제대로 길을 찾아가고 있는 건지 살짝 의심이 들기 시작했다. 짧은 나무터널을 빠져나오자 길은 왼쪽으로 급하게 꺾이는데 웬걸, 옛길은 그림자조차 안보이고 관광객으로 가득 찬 노천 레스토랑이 갑자기 나타났다. 내 예상하곤 완전히 다른 풍경이 펼쳐져서 처음엔 길을 잘못 들었나 싶었다. 그러나 여기까지 걸어오는 동안 헷갈릴 만한 갈림길도 없었기에 아무래도 판아테나이아 길이 폐쇄되고 아고라 유적지를 우회하는 골목길로 관광객을 유도한 듯싶었다.

 이렇게 된 속사정을 그 당시에는 알 길이 없었지만, 나중에 확인해보니 2015년에 그리스가 겪었던 3차 경제위기와 관련이 있었다. 2015년 여름에 그리스는 유럽연합과 국제통화기금으로부터 구제금융을 받아 국가부도 위기를 간신히 넘겼다. 국제채권단으로부터 세수확대를 요구받은 그리스 정부는 세수증대 방편의 하나로 한 해에 3천만 명에 달하는 해외 관광객이 즐겨 찾는 유명 유적지와 박물관 입장료를 이듬해 1월부터 50-150% 인상하였는데, 이 때 단순히 기존요금을 올리기 보다는 유적지 투어코스를 크게 손보면서 요금을 올린 것이었다. 예를 들면, 해외 관광객이 가장 선호하는 아크로폴리스와 고대 아고라를 하나로 묶은 패키지 요금제(2015년에는 12유로였다)를 폐지하면서 두 장소를 잇는 판아테나이아 길을 폐쇄하였다. 대신 아테네의 주요 유적지 7곳을 패키지로 묶은 30유로짜리 통합 티켓과 아고라만 따로 볼 수 있는 8유로짜리 단독 티켓을 판매함으로써 요금인상에 대한 국제 관광업계의 부정적인 시선을 피한 듯 보였다.

로만 아고라

 약간 아쉬운 기분으로 노천 레스토랑 길을 빠져나오니 로만 아고라가 눈앞에 펼쳐졌다. 3년 전, 그리스 역사를 거의 모르는 상태에서 아테네를 방문하여 아드리아누 거리를 걷다가 우연히 이 유적지를 발견했을 때는 아테네에 로마시대 유적이 있다는 것이 조금 생경하게 느껴졌다. 이번 두 번째 방문에서도 나는 여전히 타임머신을 타고 시간여행을 한 듯, 기원전 5세기 페리클레스가 활약했던 아테네의 황금시대를 뒤로 하고 갑자기 팍스 로마나(pax romana) 시대의 아테네로 불쑥 들어선 것 같은 묘한 기분이 들었다. 도대체 왜 아테네인들은 수백 년 동안 같은 자리를 지키고 있던 고대 아고라(옛 시장)에서 동쪽으로 불과 100m 떨어진 위치에 새로운 시장을 세웠을까? 기존의 시장터가 좁았던 걸까? 유물은 아는 만큼 보이기 마련이므로 약간 지루할 수도 있지만, 기원전에 일어났던 로마와 그리스의 운명적인 만남에 대해 짤막하게 훑고 지나가보자.

이탈리아 반도에서 신흥강자로 올라선 로마는 지중해 패권과 국가의 운명을 걸고 당시에 해상왕국이었던 북아프리카의 카르타고와 세 차례 싸워 모두 승리하였다. 로마는 카르타고가 장악했던 지중해 서쪽과 에스파냐를 평정한 다음, 눈길을 지중해 동쪽으로 돌려 발칸반도에 군대를 상륙시켰다. 로마는 무려 네 차례에 걸쳐 알렉산드로스 대왕의 후계자인 마케도니아 왕국과 전쟁을 벌였다. 마침내 BCE 168년, 그리스 중부의 피드나 전투에서 결정적 승리를 거둔 로마는 마케도니아 왕국을 멸망시켰고, BCE 148년에는 마케도니아의 부흥세력마저 격파하여 그리스 전역을 로마의 속주로 만들었다. BCE 86년에는 술라 장군이 이끈 로마군단이 아테네를 침공하여 쑥밭으로 만들고 약탈했는데, 이것은 당시 아테네가 로마에 맞섰던 흑해 연안의 폰토스 왕국에 줄을 섰기 때문이었다.

한동안 침체되었던 아테네는 로마의 지배층이 그리스, 특히 아테네 문명을 적극적으로 받아들이면서 부흥의 계기를 마련하였다. 고대 아고라에 로마식 건물이 여러 채 들어서면서 상인과 예술가들이 활동할 시장 공간이 크게 부족하게 되자 아테네인들은 순수하게 물건만 사고 팔 수 있는 새 시

2-20. **로만 아고라** 고대 아고라의 시장 공간이 부족하게 되어 100m 떨어진 동쪽에 로마식 시장을 새로 만들었다. 로마 최초의 황제였던 아우구스투스 시기에 만든 로만 아고라는 아테네의 무역센터였다.

장 건설을 계획하였다. BCE 47년, 카이사르는 아테네를 방문하여 로만 아고라의 건설 계획을 승인하고 재정지원을 약속하였지만 3년 후 암살당하는 바람에 없던 일이 되어버렸다. 카이사르를 잃은 로마는 최고 권력자 자리를 놓고 내전에 휘말렸다. BCE 31년, 악티움 해전에서 안토니우스-클레오파트라 연합해군을 물리치고 최후의 승자가 된 옥타비아누스(카이사르의 양아들)는 원로원으로부터 아우구스투스(존엄한 자) 칭호를 받고 사실상 황제가 되었다. 그는 BCE 19년에 아테네를 방문하여 새로운 시장건설을 위한 자금을 제공하였다.

'서로 모이다'란 뜻의 그리스어 아고라(agora)는 라틴어로 포럼(forum)이라 부른다. 우여곡절 끝에 건설을 시작한 로만 포럼의 평면구조는 정사각형에 가까운 'ㅁ'자형으로 동쪽과 서쪽 끝에 각각 출입문을 두었다. 로만 포럼의 면적은 가로×세로=111m×98m(약 3,300평)이었는데, ㅁ자형 대지의 네 변을 따라서 열주를 세우고 지붕을 얹은 후 칸을 나누어 상가로 사용하였다. 근래에 발굴된 로만 아고라는 초기 면적의 절반에 해당하는 남쪽 영역만이고 북쪽 영역은 도로와 상가가 점유하고 있어 발굴을 못하였다. 발굴된 로만 아고라 안에 있는 유적은, 부러진 이오니아 기둥 몇 개만 남은 동쪽 프로필론(동대문), 저수용 석조가 남아있는 로마식 샘, 상태가 온전치 못한 열주, 로마 석관과 코린트식 주두 몇 개, 비교적 온전한 형태로 남은 서쪽 프로필론(서대문)이 전부이다. 출입문 일부만 남은 동쪽의 아고라노메이온(시장 감독관 사무실), 가장 온전한 형태로 보존된 바람의 탑(tower of winds)과 공중화장실은 원래 ㅁ자형 로만 아고라의 동쪽 울타리 바깥에 있던 건물이다. 로만 아고라에서 가장 이질적인 건축양식을 하고 있는 페티예 모스크(터키어 페티예는 정복이란 뜻이다)는 17세기에 오스만 제국이 지중해의 크레타 섬을 정복한 것을 기념하여 세운 것이다. 로만 아고라는 유적지 바깥에서도 내부가 훤히 들여다보이기 때문에 첫 방문 때는 굳이 안까지 들어가지 않지만 두 번째 방문 때는 바람의 탑을 자세히 살펴보고 싶어 무려 8유로씩이나 내고 들어가 봤다.

  바람의 탑(tower of winds)은 BCE 50년 혹은 BCE 2세기경에 세운 건물로, 세계 최초의 기상대이자 시계탑이다. 이 탑은 팔각형으로 지은 대리석 건물(직경 8m, 높이 12m)에 원뿔 모양의 지붕을 얹었는데 지붕 꼭대기에는 트리톤 모양의 청동제 풍향계가 있었다고 한다.[19] 해상무역이 활발했던 아테네 상인들에게 날씨 예측은 매우 중요해서 이들은 풍향계가 가리키는 바람의 방향으로 날씨를 예측하고 무역선이 언제쯤 아테네 남쪽의 피레우스 항구에 도착할지 어림잡았다고 한다. 팔각형 건물의 상단 프리즈에는 여덟 방위(동·서·남·북, 동남·서남·동북·서북)에서 불어오는 바람을 날개 달린 풍신(風神)으로 의인화한 8명의 남자인물상 부조가 있다. 예를 들면, 서쪽 면에 조각된 서풍의 신은 제피로스(Zephyrus)이며 그는 자신의 망토에

---

19) 트리톤은 포세이돈의 아들로 물고기 꼬리가 달린 남자인어로 묘사된다.

2-21. **바람의 탑** (1)세계 최초의 기상대이자 시계탑이었던 바람의 탑(BCE 50년) (2)서쪽 면에는 하늬바람의 신 제피로스가 자신의 망토에 봄꽃을 한가득 담고 꽃비를 뿌리려 한다. (3)이제 막 탄생한 비너스에게 봄바람을 불어 키프로스 섬의 해안가로 옮기고 있는 제피로스와 그의 아내 플로라(산드로 보티첼리, 1485년)

꽃을 한가득 담고 꽃비를 뿌리려 한다. 봄이 되면, 그는 따스한 하늬바람(서풍)을 불어 자신의 아내인 플로라(flora)와 함께 대지에 꽃을 활짝 피웠고, 이제 막 바다 거품에서 탄생한 비너스를 키프로스 섬의 해안가로 옮겨주었다. 바람의 신이 새겨진 프리즈 바로 아랫면에는 부챗살 모양으로 금을 그어 만든 해시계가 있어서 멀리서도 하루의 시각을 알 수 있었고, 건물 내부에는 물로 작동하는 물시계를 설치하여 해시계가 기능을 못하는 흐린 날이나 한밤중에 시각을 알 수 있게 했다고 한다.

로만 아고라의 서쪽 끝에는 아테나 아르체게티스의 문(the gate of Athena Archegetis)으로 불리는 도리아 양식의 프로필론을 세웠다. 정문 상단의 정중앙 아키트레이브에는 율리우스 카이사르와 아우구스투스가 프로필론과 로만 아고라를 아테나 아르체게티스에게 바친다는 명문이 새

2-22. **아테나 아르체게티스의 문** '아테네의 창시자 아테나'란 뜻이다. 여기서 100m 떨어진 맞은편에 고대 아테네의 아고라가 있다. 5백 년 전에 유행했던 도리아 양식으로 서대문을 세운 것은 바로 이 때문인 듯하다.

겨져 있다. 아테나 아르체게티스는 '아테네의 창시자 아테나(Athena the originator of Athens)'란 뜻이다. 건축 시기는 BCE 9-11년으로 추정되는데, 특이하게도 로마시대에 유행했던 코린트 양식이나 컴포지트 양식(코린트와 이오니아의 혼합양식)이 아닌 그리스 아르카익 시대와 고전기에 유행했던 도리아 양식으로 지어졌다. 이제 막 전성기가 시작된 로마제국 시대에 이보다 5백 년 전에 유행했던 올드 스타일로 로만 포럼의 서대문을 세운 것은 무슨 까닭인가? 그것은 아무래도 로만 포럼이 찬란했던 아테네 문명의 유산인 고대 아고라를 마주보고 있기 때문인 것 같다.

하드리아누스 도서관

로만 아고라에서 북쪽의 모나스티라키 광장을 향해 조금 걸어가다 보면 하드리아누스 도서관(Hadrian's library) 유적이 나타난다. 고대 아테나를 에워싼 테미스토클레스 성벽에는 동서남북 8방향에 총 13개의 성문이 있었는데, 성문 안쪽의 모든 길은 도시 한가운데에 위치한 고대 아고라와 로

2-23. **하드리아누스 도서관의 서쪽 출입문과 벽체** 하드리아누스 로마황제가 CE 132년에 아테네를 위해서 로만 포럼 스타일로 지어준 도서관으로 현재는 서쪽 출입문 일부와 벽체만 살아 남았다. 오른쪽 아래 그림은 도서관의 복원도이다.

만 아고라로 이어졌다. 이 중심 공간에 로마제국 최전성기의 황제였던 하드리아누스가 CE 132년에 아테네인을 위해 멋들어진 도서관을 지어주었다. 도서관 면적은 이웃한 로만 포럼과 비슷한 3천 평이었고, 건축양식 역시 ㅁ자형 '로만 포럼 스타일'이다. ㅁ자의 네 변을 따라서 높다란 벽을 둘러치고 안쪽에는 열주를 세워 회랑을 만들고 이 위에 지붕을 덮었으며 중앙의 빈 공간에는 동서방향으로 기다란 수조를 설치하였다. 이처럼 열주로 둘러싸인 네모난 빈 공간을 페리스타일의 중정(peristyle courtyard)이라고 부른다. 파피루스 책의 보관실 외에도 독서실과 강의실이 구비된 도서관 건물 세 동이 동쪽 끝에 있었지만 현재는 벽체 일부만 남아 있다. 로만 포럼과 달리 도서관 출입구는 서쪽에만 두고 로마시대에 유행한 코린트 양식의 프로필론을 세웠는데 이 출입문의 일부 기둥과 서쪽 벽체가 현재까지 살아 남아 관광객을 맞이하고 있다. 이 멋들어진 로마 도서관은 황제 자리를 두고 로마 장군들끼리 50년간 치고 박고 싸우는 바람에 국력이 약해진 3세기 후반에 아테네를 침략한 헤룰리족에 의해 파괴되었다가 5세기 초에 복구되었다고 한다. 기독교가 국교였던 동로마 제국이 아테네를 지배했던 5세기에는 중정에 있던 기다란 수조를 치우고 평면도가 네잎 클로버를 닮은 테트라콘치 양식의 정교회 건물을 세웠다. 수세기가 흐르는 동안 교회 건물이 자연재해나 화재로 인해 파괴되면 새로운 양식의 교회 건물이 다시 들어서곤 했는데, 현재 중정 한가운데에는 5세기에 지은 테트라콘치 교회의 네잎 클로버 모양을 닮은 기단과 7세기에 세운 삼랑식 바실리카 교회의 돌기둥 4개가 남아 있다.

아테네 옛길(트라이포드 거리와 아드리아누 거리)

서울시에는 25개 행정구역(구)과 별개로 북촌, 서촌, 종로통, 인사동거리, 명동거리, 홍대거리와 같이 광관명소별로 부르는 지역 명칭이 따로 있다. 아테네 역시 7개 행정구역명과 달리 부르는 지역 명칭이 따로 있는데, 이를 영어로 이웃지구(neighborhood)라 부른다. 테미스토클레스 성벽으로 에워싸인 아테네 중앙에 위치한 아고라 및 아크로폴리스와 접한 이웃지구는 티시오-모나스티라키-플라카 지구이다. 이 세 지역은 서쪽에서 동쪽으로 일렬로 늘어서서 아고라와 아크로폴리스를 손으로 감싸듯 에워싸고 있는데, 거미줄처럼 서로 연결된 골목마다 카페, 레스토랑, 수공예품, 여행용품 또는 기념품을 파는 가게가 즐비하여 관광객으로 늘 붐빈다. 여기서, 맨 왼쪽(서쪽)에 위치한 티시오(Theseio) 지구의 랜드마크는 메트로 1호선 티시오역 광장에 세워진 테세우스의 청동상이다.[20] 중앙(북쪽)의 모나스티라

---

20) 테세우스는 신화에 등장하는 고대 아테네의 왕으로 지혜가 매우 뛰어난 영웅이었다. 테세우스의 신전이란 뜻의 티시오라는 지명은 아고라에 있는 헤파이스토스 신전을 과거에 테세우스 신전으로 오해했던 데서 비롯된 것이다.

2-25. **로마황제 하드리아누스의 길** 그리스어로 아드리아누 거리로 불리는 이 길은 아주 오래된 옛길로, (1)티시오 역 앞 광장에 있는 테세우스의 청동상 앞에서 시작되어, (2)리시크라토스 거리의 동쪽 끝에 있는 하드리아누스 아치에서 끝난다.

키(Monastiraki) 지구의 랜드마크는 방금 구경했던 로만 아고라와 하드리아누스 도서관이고, 맨 오른쪽(동쪽)의 플라카(Plaka) 지구의 랜드마크는 BCE 334년에 세운 리시크라테스 기념비(choragic monument of Lysicrates)이다.[21] 세 이웃지구에는 많은 골목길이 있지만, 가장 오래된 옛길은 고대 그리스·로마 시절부터 있었던 트라이포드 거리(tripod street)와 아드리아누 거리(adrianou street)이다. 그러나 아쉽게도 현재 이 거리에서 옛길의 흔적을 찾아보기는 어렵다.

트라이포드는 음악과 예술의 신 아폴론을 상징하는 세발의자를 뜻한

---

21) BCE 335-334년에 도시 디오니소스 축제의 음악경연에서 우승한 것을 기념하여 합창단 후견인이었던 리시크라테스가 세운 기념비로, 아테네에서 코린트 양식의 기둥을 최초로 사용한 기념비로 유명하다. 기념비 꼭대기에는 지금은 사라지고 없는 트라이포드(tripod·세발의자)가 있었다.

다. 트라이포드 거리는 아크로폴리스 북쪽의 고대 아고라에서 출발하여 로만 아고라를 지나 아크로폴리스를 시계방향으로 빙 돌아서 트라이포드를 지붕 꼭대기에 올려놓은 리시크라테스 기념비 앞까지 이어진 후 디오니소스 극장으로 향한다. 아드리아누 거리는 로마황제 하드리아누스의 길이란 뜻이다. 거리 이름이 뜻하는 바와 같이 아드리아누 거리는 하드리아누스 황제의 발자취를 더듬을 수 있는 길이다. 이 거리는 티시오의 테세우스 청동상 앞에서 출발하여 하드리아누스 도서관을 지나 아크로폴리스를 시계방향으로 빙 돌아서 하드리안 아치(Hadrian arch) 앞에서 끝난다. 이곳이 테미스토클레스의 동쪽 성벽이 있던 곳이고 아치를 통과하면 길은 올림피안 제우스 신전으로 이어진다. 이제 아드리아누 거리를 걸으면서 하드리아누스 황제가 아테네에 남긴 문화유산을 살펴볼 차례이다.

아테네를 사랑한 로마황제, 하드리아누스

아테네에 대한 하드리아누스 황제의 사랑은 아테네인들이 그를 기념하여 고대 아고라에 세운 대리석상에 잘 묘사되어 있다. 현재 황제의 대리석상은 헤파이스토스 신전으로 올라가는 길목에 세워져 있지만 원래는 신전 아래 오른쪽에 있던 제우스 스토아 앞에 있었다고 한다. 왜냐하면 아테네인들은 제우스한테만 붙이는 '올림피오스(Olympios·올림포스 산의 거주자)'라는 칭호를 하드리아누스 황제에게 붙여 그를 제우스신과 동급으로 추앙했기 때문이었다.

고대 아고라의 하드리아누스 대리석상은 얼굴과 두 팔이 사라지고 몸통과 다리만 남았지만 그의 온전한 모습을 올림피아 고고학박물관에서 만나볼 수 있다. 하드리아누스 황제의 머리 위에는 떡갈나무 잎으로 만든 화관이 씌워져 있는데 떡갈나무 잎은 제우스의 상징나무로 지혜를 상징한다. 그의 흉갑에는 매우 의미심장한 장면이 새겨져 있다. 로마를 건국한 로물

2-25. **하드리아누스 로마황제의 대리석상** 황제의 흉갑에는 아테나 여신이 로마의 상징인 어미 늑대의 등을 밟고 서 있는 부조가 있다. (1)하드리아누스 황제 전신상(올림피아 고고학박물관) (2) 하드리아누스 대리석상의 확대사진 (아테네의 고대 아고라)

루스와 레무스 쌍둥이 형제가 어미 늑대의 젖을 빨고 있고, 아테나 여신이 로마의 상징인 어미 늑대의 등을 밟고 서 있다. 이것은 지배자 로마가 아테네의 문화유산을 보호하고 지원한다는 하드리아누스 황제의 생각을 은유적으로 나타낸 것이다. 아테나 여신의 좌·우에는 날개 달린 승리의 여신 니케가 있다. 그녀의 왼쪽에 있는 니케 여신이 오른팔을 뻗어 아테나에게 승리의 월계관을 씌워주고 있다. 아테나 여신의 오른쪽에는 여신을 경배하기 위해 판아테나이아 축제를 열었던 에리크토니오스로 짐작되는 뱀이 있고, 왼쪽에는 여신의 상징동물인 올빼미가 있다. 흉갑의 허리 아래 장식에는 제우스 얼굴이 있고 그 좌·우에 제우스의 상징동물인 독수리가 새겨져 있다. 흉갑의 부조는 로마와 아테네 관계에 대한 하드리아누스의 생각을 명확히 보여준다. 제국의 수호자인 하드리아누스는 그리스 전체, 특히 아테네에 많은 혜택을 주었으며 이곳에 수많은 기념비적 건물을 세워 그의 발자취를 확실히 남겼다. 아테네에 대한 하드리아누스의 사랑은 아테네가 문화와 교육의 중심지임을 재확인하고 로마의 지배 아래에서 그리스를 굳건히 통합시키는데 크게 기여했다.[22]

하드리안 아치와 올림피안 제우스 신전

우리는 아고라 구경을 마치고, 아드리아누 거리를 따라서 플라카 지구의 동남쪽에 있는 하드리안 아치를 향해 걸어갔다. 리시크라토스 거리에 이르자 동쪽으로 뻗은 길의 양쪽에 있는 건물 사이로 아치형 대문이 자그맣게 보였다. 우리는 제우스 신전을 보기 위해 하드리안 아치를 향해 발걸음을 옮겼다. 이 문은 CE 131년에 제우스 신전이 완공된 후 아테네 시민들이 자신들의 도시를 새롭게 부흥시킨 하드리아누스 황제를 기리기 위해서 신전 길목에 세운 것이다. 아치 위에 설치된 아키트레이브(가로보)에는 두 개의 명문이 서로 등을 맞대고 새겨져 있다. 아크로폴리스를 바라보고 있는 아치의 서쪽 면에는, "여기는 테세우스의 도시, 아테네(This is Athens, the ancient city of Theseus)"라는 명문이 새겨져 있고 제우스 신전을 바라보고 있는 아치의 동쪽 면에는, "여기는 테세우스가 아닌 하드리아누스의 도시(This is the city of Hadrian and not of Theseus)"라는 명문이 희미하게 남아 있다.

이 두 명문의 뜻하는 바에 대해서는 두 가지 서로 다른 해석이 있다. 하나는 서쪽에 있는 '옛 아테네'와 동쪽에 있는 '새 아테네'의 경계지역에 하드리안 아치가 세워졌기에 이 명문은 단순히 신구도시의 위치를 구분하기 위

---

22) 고대 아고라의 하드리아누스 석상에 대한 해설은 『Exploring Hadrian's Athens』에서 일부 인용한 것이다.

한 이정표로 해석되어야 한다는 주장이다. 또 다른 주장은 아테네가 하드리아누스 황제에 의해 새롭게 탄생되었기 때문에 두 명문을 하나로 통합하여 "이 도시는 옛날에는 테세우스의 도시였지만 지금은 하드리아누스의 도시인 아테네이다."로 해석되어야 한다고 말한다. 내가 판단하기엔 명문의 해석은 첫 번째 주장이 더 타당해 보인다. 왜냐하면, 조금 전 고대 아고라에 세워진 하드리아누스 황제석상의 흉갑에 새겨진 부조에서 보았듯이 하드리아누스는 아테네의 문화와 전통을 진심으로 사랑한 로마황제였기 때문이다. 하드리아누스 문 너머 동쪽 지역에는 올림피안 제우스 신전 이외에도 아폴론 신전, 제우스의 부모인 크로노스와 레아 신전, 제우스 판헬레니오스 지성소와 공중목욕탕이 모여 있는 곳으로 건물의 대부분은 하드리아누스 황제시기에 지어졌다. 아크로폴리스와 아고라가 있는 옛 아테네는 테세우스의 도시였지만, 이곳은 전적으로 하드리아누스 황제에 의해 건설된 신도시이자 히에라폴리스(hierapolis·신성한 도시)였다.

우리는 1인당 6유로를 내고 올림피안 제우스 신전의 마당으로 들어갔다. 멀리서 봐도 신전의 규모가 엄청나다는 것을 알 수 있지만 신전의 돌기둥 바로 앞에 서서 주두를 올려다보면 기둥의 굵기(2m)와 높이(17m)에 압도당하게 된다. 올림피에이온(Olympieion)으로도 불리는 올림피안 제우스 신전을 처음 짓기 시작한 것은 아테네의 독재자이자 위대한 도시설계자였던 페이시스트라토스가 집권했던 BCE 6세기였다. 하지만 신전의 플랫폼과 도리아 기둥이 올라가기 시작할 무렵 그가 권좌에서 쫓겨나는 바람에 건설이 중단되었다. BCE 174년에는 알렉산드로스 대왕의 후예인 셀레우코스 왕국의 안티오코스 4세 에피파네스가 옛 건설계획을 되살려 코린트식 건물로 다시 짓기 시작했는데 이 역시 그의 갑작스런 죽음과 함께 또다시 중단되었다. BCE 86년에는 로마의 술라 장군이 아테네를 침공하여 약탈을 했는데, 로마에 짓고 있던 유피테르 신전에 사용하려고 이곳의 신전기둥 몇

2-26. **올림피안 제우스 신전** CE 131년에 코린트 양식으로 지어진 올림피안 제우스 신전은 그리스 본토에 세워진 신전 가운데 가장 큰 규모의 신전이었다. ⓒ살와(Salwa)

개를 로마로 가져갔다. 그 후 한동안 방치된 신전은 하드리아누스 황제의 지시에 의해서 8년의 공사 끝에 CE 131년에 완공되었다. 완성된 제우스 신전의 면적은 파르테논 신전보다 2배나 컸고 그리스 세계를 통틀어 에페소스의 아르테미스 신전 다음으로 컸다고 한다.

하드리아누스 황제시대를 살았던 그리스 출신 여행가이자 지리학자인 파우사니아스(Pausanias)가 저술한 《그리스 여행기》에 의하면, 제우스 신전의 셀라에는 파르테논의 아테나 여신상처럼 황금과 상아로 만든 제우스 신상이 안치되어 있었고 신전 입구에는 아테네인이 세운 하드리아누스 황제의 거대 신상이 있었다고 한다. 그래서 하드리아누스 황제는 자연스레 제우스와 동격으로 여겨져 '올림피오스'라는 별칭을 얻게 되었다. 이 신전은 원래 제우스신에게 바친 것이었지만 실제로는 황제 숭배 컬트의 중심지가 되었다. 제우스와 하드리아누스는 '제단을 공유하는 신'이라는 뜻의 '심보

2-27. **일리쏘스(Ilissos)강에서 바라 본 아테네 풍경** 옛 아테네 시대에 대한 서사적 감흥이 물씬 일어나면서 사라져 버린 그리스 신화시대에 대한 아쉬움이 진하게 다가온다. 이 그림은 독일화가 비트머의 그림을 임모한 것이다. ⓒ수마이아(Sumaia)

모이 테오이(symbomoi theoi)'로 숭배되었고 수많은 그의 동상과 헌정물이 신전 울타리를 장식하였다. 아테네에서 하드리아누스 황제의 동상이나 석상을 세웠던 기단이 50개 이상 발견되었는데 이 가운데 무려 30개가 올림피에이온에서 발견되었다. 비트머(Wittmer)라는 독일 화가가 1833년에 아테네를 여행하고 그린 일리쏘스(ilissos) 강에서 바라본 아테네 풍경화를 보면 서사적 감흥이 일어나면서 사라져버린 그리스 신화시대에 대한 아쉬움이 진하게 다가온다. 이 그림은 하드리아누스 아치 동쪽에 자리 잡은 올림피에이온은 확실히 테세우스의 아테네가 아닌 하드리아누스의 신성한 도시, 히에라폴리스였다는 것을 말해주고 있는 듯하다.

제3장
배산임수의 명당, 델피 신전

델피박물관
낙소스 스핑크스
시프노스의 보물창고
사자머리 가고일
아르카익 시기 아폴론 신전의 조각상
고전기 아폴론 신전의 조각상
옴파로스와 춤추는 여인의 기둥
델피의 전차경주자상
아폴론 신전으로 향하는 성스런 길
아테네 보물창고
델피의 뱀 기둥
아폴론 신전
원형극장과 스타디움
아테나 프로나이아 지성소

배산임수의 명당, 델피 신전

델피 박물관/성스런 길/아테네 보물창고/델피 뱀기둥/아폴론 신전/
원형극장과 스타디움/카스탈리아 샘/아테나 프로나이아 지성소

아테네 도착 3일째 되는 날, 드디어 그리스 북쪽 여행을 시작했다. 유럽에서는 난생처음 해보는 자동차여행인지라 첫날 컨디션이 중요했다. 그래서 느긋하게 아침을 먹고 여유 있게 호텔을 나서 아테네 국제공항에 도착한 시각이 오전 11시였다. H 렌터카 사무실을 찾아가 한 달 전에 예약한 예약증을 건네주고 몇 가지 자동차보험이 포함된 렌트비를 계산한 다음 자동차 키를 받는데 렌트 차량으로 예약할 때 신청했던 시트로엥 톨레도 오토차량 대신 현대차 i30 최신모델이 배정되었다. 오히려 잘 됐다 싶었다. 그리스와 터키를 여행할 때면 호텔이나 길거리에서 우리나라 제품을 자주 보게 되는데, 이때마다 '아, 우리나라가 어느새 이렇게 훌쩍 컸구나' 하는 생각이 들면서 은근슬쩍 기분이 좋아진다. 이번 그리스 여행에서도 세계적인 차량 렌탈 서비스업체가 최신 연식의 현대차를 구비하여 자동차여행객에게 제공하는 것을 직접 경험하니 괜스레 기분이 으쓱해졌다. 우리 자식 세대에서는 이런 기분조차 들지 않는, 아주 흔하디흔한 일상사가 되었으면 하는 마음이 간절하다.

오늘부터 시작하는 그리스 북쪽 여행은 아테네 국제공항을 출발하여 델피-테르모필레-메테오라-디온-베르기나를 거쳐 테살로니키에 도착하는 3

3-1. 그리스 고속도로의 요금정산소 유인·무인 요금소를 직관적으로 파악할 수 있는 그림 패널이 지붕에 부착되어 있어서 멀리서도 내 차가 어느 차선으로 진입해야 하는지 아주 쉽게 알 수 있었다. 정보의 시각화는 그 나라 말을 모르는 외국인 방문객에게 큰 도움이 된다.

박 4일간의 여행이다. 자동차 여행 초보라서 하루 주행거리를 대략 300km로 정했고, 길을 가다가 날이 어둑해지면 가까운 마을에 들러 하룻밤을 묵기로 하였다. 즉, 출발지와 최종 도착지만 숙소를 예약하고 중간 경유지는 잠정적으로 정해두고 상황에 맞춰 대응하기로 했다. 차량 인수 장소인 렌터카 주차장은 공항 건물 주변에 있는 고가도로 아래에 있었다. 자동차 외관과 내부 점검을 마치고 엔진 시동을 걸어 천천히 주차장을 빠져나갔다. 주차장 주변의 공항도로가 복잡해서 델피 방향 도로로 진입하느라 신경이 약간 쓰인 것을 제외하면 운전은 무척 순조로웠다. 공항도로에서 빠져나온 지 얼마 지나지 않아 A6 고속도로[23]의 톨게이트가 나타났다.

그리스 고속도로의 톨게이트는 우리나라처럼 무인요금소와 현금을 받는 유인요금소로 구분되어 있는데, 두 종류의 부스를 멀리서도 쉽게 구별할 수 있도록 그림이 그려진 커다란 패널이 요금소 지붕에 부착되어 있었다. 그래서 톨게이트에 접근할 때 어느 차선으로 진입해야 할지 멀리서도 아주

---

[23] 아티카 지역의 서쪽 엘레우시스와 동쪽 아테네 국제공항을 잇는 고속도로 번호이다. 우리나라처럼 동서를 잇는 고속도로에는 짝수번호를 매겼다.

3-2. **델피 가는 길** 델피 방향의 48번 국도를 따라가다 보면, 눈앞에 펼쳐지던 너른 평원은 사라지고 육중한 산들이 켜켜이 겹쳐진 호쾌한 산악풍경이 나타난다.

쉽게 알 수 있었다. 이것은 일종의 인포그라픽(infographic)으로 현지 사정에 밝지 않은 외국인이 상황을 직관적으로 파악하는데 크게 도움이 되었는데, 이런 것은 우리나라 고속도로에도 서둘러 도입하면 좋을 것 같다.

톨게이트를 빠져나온 우리 차는 얼마 안 가 왕복 4차선의 유로피안 루트 E75 도로[24]로 갈아타고 한동안 북쪽으로 달렸다. 오후 1시 반을 넘긴 고속도로는 열기가 가득하여 저 멀리 아스팔트 도로 위에는 방금 소나기가 내려 물에 흠뻑 젖은 듯한 신기루가 한동안 보였다. 우리는 아테네에서 델피까지 200km 거리의 약 2/3 지점인 카스트로란 곳에서 48번 국도로 옮겨 타고 또 다시 한참 달렸다. 어느덧 눈앞에 보였던 너른 평원은 사라지고 마치 백두산 초입에 들어선 듯 육중한 산들이 켜켜이 겹쳐진 호쾌한 산악

---

24) 유엔유럽경제위원회(UNECE)가 고안한 유럽의 도로 번호체계로서 국경을 넘나드는 도로에 일련번호를 붙인 것이다. E75 도로는 남쪽 아테네에서 북쪽 노르웨이를 잇는 도로번호이며, 해당 국제도로의 그리스 구간은 아테네에서 테살로니키를 잇는 A1 고속도로의 대부분을 포함한다.

풍경이 나타나기 시작했다. 3년 전에 시외버스를 타고 델피에 가던 때가 생각났다. 조금 전까지 맑았던 날씨가 이곳에 들어서자 갑자기 흐려지면서 빗방울이 차창을 둔탁하게 때리기 시작했다. 버스가 델피에 도착했을 때는 가랑비에 찬바람까지 불어 반팔에 반바지 차림이었던 나는 사시나무 떨듯 했었다. 델피 하면 이때의 변덕스런 날씨가 먼저 떠오를 정도로 내 기억에 강렬히 남아 있다. 그래서 두 번째 델피 여행 때는 긴팔 옷이랑 우산과 우비를 챙겨 만반의 준비를 했지만 오늘 날씨는 그 때와 달리 아주 쾌청했다.

우리 차는 '아라호바'라 불리는 산간마을을 통과했다. 여기서 10km 정도 더 가면 델피가 나온다. 승용차 두 대가 간신히 비껴 지나갈 수 있는 아라호바 마을의 중심도로를 빠져 나와 십여 분간 산허리에 난 국도를 따라 달리니 델피박물관 입구가 보였다. 델피유적지는 아테네에서 당일치기 관광을 할 수 있는 이름난 곳이라서 관광시즌 중에는 버스와 승용차가 많이 몰리는 곳이다. 더욱이 델피유적은 산비탈에 있는 관계로 주차공간이 협소하기 때문에 차를 몰고 오는 동안 은근히 주차 문제가 걱정되었다. 그런데 막상 와보니 길옆에는 작은 주차공간이 여러 곳에 있었고, 더욱이 우리가 델피를 방문한 때가 여름철 관광성수기를 넘긴 9월 중순에 오후 3시를 넘긴 시각이라서 차 한두 대를 수용할 수 있는 빈공간이 군데군데 있었다.

델피박물관

그리스에서 가장 중요한 박물관 가운데 하나인 델피박물관은 고대 그리스에서 가장 유명한 신탁 장소였던 델피 지성소의 역사를 보여준다. 박물관에 전시된 유물은 시기적으로 기하양식 시대(기원전 10-8세기)부터 고대 후기까지 제작된 것이 많은데, 건물 외벽을 꾸몄던 부조, 건축자재, 조각상, 지성소에 바친 봉납물이 전시품의 주류를 이룬다. 그러면 델피박물관에서 인상 깊게 보았던 몇몇 유물을 소개해 본다.

3-3. **아폴론이 그려진 고대 그리스 술잔 퀼릭스** 흰색 바탕에 적색 인물기법을 적용하여 아티카 공방에서 제작된 도기화이다. 아폴론이 피알레에 담긴 헌주를 붓고 있다. (BCE 480-470년)

    델피박물관에는 깊이가 얕은 술잔 바닥면에 아폴론신이 뚜렷하게 그려진 퀼릭스라 부르는 고대 그리스 술잔이 있다. 이 술잔은 현재 박물관 자리에 있던 묘지에서 발굴된 것으로 BCE 480-470년에 흰색 바탕에 적색인물상 기법(red-figure technique)을 사용하여 아티카 공방에서 제작한 것이다. 아폴론신이 민소매의 키톤을 입고 히마티온(망토)으로 자신의 몸 아랫부분을 두르고 머리에는 은매화 가지로 만든 화환을 왕관처럼 쓴 채 사자 다리 의자에 앉아 있다. 그는 왼손으로 소리울림통을 거북이 등껍질로 만든 7줄의 리라를 쥐고 있으며 오른손을 쭉 뻗어 피알레(phiale·운두가 얕은 그릇)에 담긴 헌주를 붓고 있다. 까마귀 한마리가 나뭇가지에 앉아 앞을 바라보고 있다.

    그리스 신화에 의하면, 제우스의 아들이자 태양신인 아폴론은 인간세상의 코로니스 공주를 사랑했다. 하지만 공주는 자신과 같은 인간인 이스키스라는 다른 남자를 더 좋아하고 있었다. 아폴론은 까마귀를 보내서 코로니스 공주 주변을 감시하게 했다. 어느 날 까마귀는 공주가 결혼한다는 소문을 듣고 아폴론에게 알려주었다. 이에 분노한 아폴론은 화를 참지 못하

3-4. **낙소스 스핑크스** 에게 해의 낙소스 섬의 주민들이 델피 신전의 남쪽 석축 아래에 10m 높이의 원기둥을 세우고 이 위에 올려놓은 것이다. (BCE 560년)

고 누이동생이자 사냥의 신인 아르테미스를 보내 코로니스 공주를 활로 쏘아 죽였다. 그런데 아폴론은 코로니스 공주가 자신의 아이를 임신한 것을 알게 되었다. 아폴론은 자신이 한 일을 뒤늦게 자책하고 자신에게 공주의 결혼 소식을 알려준 까마귀에게 화풀이를 하여 원래 흰색이었던 까마귀를 새까맣게 태워버렸다. 이때부터 까마귀는 검은색이 되었다고 한다. 아폴론은 죽은 공주의 몸에서 아기를 꺼내어 반인반마의 켄타우로스 종족의 현자인 케이론에게 대신 키우게 하였다. 케이론은 아폴론의 아이에게 의술을 가르쳤는데 이 아이가 나중에 자라서 의학의 신인 아스클레피오스가 되었다.

낙소스 스핑크스

낙소스 스핑크스는 이오니아식 주두에 올라앉아 있는 그리스식 스핑크스 석조물인데, 넓은 전시실의 한가운데를 떡하니 차지하고 있어 이곳 전시실에 들어서는 순간 가장 먼저 눈에 띄는 조형물이다. 스핑크스는 그리스 미술과 신화 속에 나오는 상상의 동물로, 사자의 몸뚱이에 인간 여성의 머리, 독수리의 날개와 뱀의 꼬리가 달린 무시무시한 짐승으로 묘사되는데 보통 신전 입구 좌우에 수호신으로 세웠다.

델피 박물관에 전시된 스핑크스는, BCE 560년, 에게 해의 키클라데스 제도에 있는 낙소스 섬의 주민들이 델피 신전의 남쪽 석축 아래에 10m 높이의 이오니아식 원기둥을 세우고 이 꼭대기에 올려놓은 것이다. 높이 2.25m에 달하는 거대한 스핑크스를 안치한 이오니아식 주두는 그리스에서 발견된 가장 오래된 이오니아식 주두 가운데 하나이다. 기단부와 원기둥까지 포함한 전체 높이는 12.5m지만 현재 기둥은 일부만 남아있다. BCE 4세기 무렵에 기단부에 새긴 명문에 의하면, 델피신전의 사제들은 신탁을 받을 때 다른 도시보다 우선권을 주는 프로만테이아(promanteia)라 부르는 특권을 낙소스 주민들에게 주어 그들의 명예를 드높였다고 한다.

그리스 신화에서 가장 유명한 스핑크스는 보이오티아 테베의 날개 달린 스핑크스로, 테베로 들어가는 길목을 지키고 있다가 지나는 사람에게 수수께끼를 내서 풀지 못하면 잡아먹는 공포의 요괴였다. 많은 사람들이 희생되어 테베를 흉흉하게 만든 스핑크스의 수수께끼는 "아침에는 네 발, 낮에는 두 발, 저녁에는 세 발로 걷는 것은 무엇인가?"였다. 오이디푸스는 한 치의 망설임도 없이 정답인 "인간"을 맞추었고 스핑크스는 수치심을 견디지 못하고 골짜기에 몸을 던져 죽어버렸다. 스핑크스의 위협으로부터 테베 시민을 구한 오이디푸스는 영웅이 되어 자신의 어머니(이오카스테)가 왕비로 있는 테베의 왕으로 추대되어 그녀와 결혼하였다. 오이디푸스 비극의 한 줄거리이다.

시프노스의 보물창고

낙소스의 스핑크스가 전시된 전시실의 한쪽 귀퉁이에 시프노스의 보물창고의 기둥으로 사용됐던 여인상과 출입문이 전시되어 있다. 에게 해의 시프노스 섬은 기원전 3천년 전인 청동기 시대부터 금·은이 채굴되어 이 섬의 주민들은 매우 부유했다고 한다. 델피의 아폴론 신전으로 올라가는 '신성

3-5. **시프노스 봉납창고의 복원도와 카리아티드 여인상 기둥** (1) BCE 525년에 시프노스 섬 주민들이 델피에 세운 봉납창고의 복원도 (2) 신전의 서쪽 박공과 엔타블러처를 떠받치고 있는 여인상 기둥이 카리아티드 기둥양식의 원형으로 생각되는 것이다.

한 길'을 따라서 그리스의 여러 도시국가는 경쟁적으로 자기네 도시의 위상을 높이면서 아폴론의 신탁을 얻기 위한 보물창고를 세웠다. 아르카익 시기인 BCE 525년에 시프노스 섬 주민들도 그리스 세계의 종교 중심지였던 델피에 봉납물을 보관하기 위한 보물창고를 지었다. 그 위치는 아폴론 신전으로 향하는 오르막길이 갈지자로 크게 꺾이는 곳 근처인데, 현재는 다른 보물창고와 마찬가지로 건물은 사라졌고 기단부에 해당하는 스틸로베이트만 휑하니 남아 있다. 다행히 이 보물창고의 서쪽 출입구에 기둥으로 세웠던 멋진 여인상 하나와 이오니아식 프리즈가 델피 고고학 박물관에 전시되어 있다. 이 여인상 기둥이 바로 아테네 아크로폴리스의 에레크테이온의 남쪽 포치를 머리로 받치고 있던 카리아티드 기둥양식의 원형으로 생각되는 것이다.

출입문이 있던 서쪽의 박공은 사라졌고, 맞은편인 동쪽의 박공은 살아남아 델피박물관에 전시되고 있다. 동쪽 박공의 조각상을 살펴보면, 제우스신을 가운데 두고 오른쪽의 헤라클레스와 왼쪽의 아폴론이 델피의 세

3-6. 시프노스 봉납창고(동쪽 박공 및 프리즈) (1)자신의 신탁소를 차리기 위해 퓌티아 여사제로부터 세발의자를 빼앗아 달아나는 헤라클레스를 아폴론이 나타나 저지하고 있다(BCE 525년). (2),(3)박공 아래 프리즈는 트로이 전쟁을 나타낸다. 사진(1)과 배율이 다르다.

발의자(tripod)를 두고 심하게 다투는데 제우스는 그 둘을 떼어놓으려 애쓰고 있다. 제우스의 이복형제끼리 다투게 된 사연이 무척 궁금하다.[25]

살인죄를 저지른 헤라클레스는 자신의 미래가 궁금하여 아폴론 신전의 퓌티아(Pythia) 무녀에게 신탁을 의뢰했지만 단박에 거부당했다. 성질이 난 헤라클레스는 자신이 직접 신탁소를 차려야겠다고 작정하고 무녀로부터 아폴론의 세발의자를 빼앗아 두 손으로 움켜쥐고 신전을 빠져나가려 했다. 그 순간, 이를 눈치 챈 아폴론이 재빨리 나타나 세발의자의 한쪽을 붙잡고 실랑이를 벌였던 것이다. 아폴론에게 바치는 봉납물을 보관하는 보물창고의 박공을 이곳 주인장이 싸움질하는 장면으로 꾸며놓은 고대 그리스인의 발상이 무척 재미있다.

삼각형 박공 아래 프리즈의 돋을새김은 트로이 전쟁을 보여준다. 프리즈

---

25) 헤라클레스의 어머니는 인간여성 알크메네이고, 아폴론의 어머니는 레토 여신이다. 둘 다 아버지는 제우스이다.

의 왼쪽 절반은 이 전쟁의 결말을 결정지으려는 한 무리의 신들을 보여준다. 한가운데에 제우스신이 화려한 권좌에 앉아있고, 그 왼쪽에는 트로이를 편들었던 이름이 'A(아)'자로 시작되는 신들을 배치했다. 아레스(전쟁의 신), 아프로디테(미의 여신), 아르테미스(사냥의 여신), 아폴론(궁술과 예언의 신)이 나란히 의자에 앉아 멤논이 이끄는 트로이 전사를 응원하고 있다. 제우스의 오른쪽에는 아카이아(achaea·트로이 전쟁이 일어났던 미케네 시대의 그리스를 일컬음)를 편들었던 신들을 배치했다. 제우스의 바로 오른쪽 부조는 망실되었는데, 여기에는 아마도 제우스의 턱을 어루만지면서 자신의 아들인 아킬레우스의 안전을 위해 전투를 중지시켜달라고 애원하는 바다의 요정 테티스가 있었을 것이다. 그녀의 뒤쪽으로 아테나(전쟁의 신), 헤라(결혼의 신), 데메테르(곡식의 여신)가 의자에 앉아 아킬레우스가 이끄는 그리스 전사를 응원하고 있다. 제우스는 중앙에서 앉아 이 두 경쟁 그룹의 운명을 결정짓는 무게 추를 관리하고 있다. 그런데 이 트로이 전쟁은 바다의 요정 테티스와 인간 펠레우스의 결혼식장에서 세 명의 여신, 즉 헤라, 아테나, 아프로디테가 이 세상에서 가장 아름다운 여신이 누구냐고 다투다가 그 판결을 제우스에게 맡겼는데 세 여신의 싸움에 끼어들고 싶지 않은 제우스가 목동 파리스에게 판결을 맡기는 통에 일어난 전쟁이었다.

프리즈의 오른쪽 절반은 10년에 걸친 트로이 전쟁의 거의 마지막 전투 장면을 묘사한 것이다. 트로이에서 가장 용감한 전사 헥토르의 죽음으로 인해 운명의 무게 추는 이미 그리스 쪽으로 기울었다. 새벽의 여신 에오스(Eos)의 아들이자 에티오피아의 왕인 멤논(Memnon)이 이끄는 구원군과 트로이 군대가 왼쪽에 있고, 바다의 요정 테티스의 아들이자 아카이아의 영웅 아킬레우스가 이끄는 그리스 군대가 오른쪽에 있다. 멤논은 아킬레우스의 창에 찔려 죽임을 당하지만, 그를 죽인 아킬레우스도 "만일 네가 트로이에 간다면 엄청난 명예를 얻고 후세에 이름을 남기게 되겠지만 단명

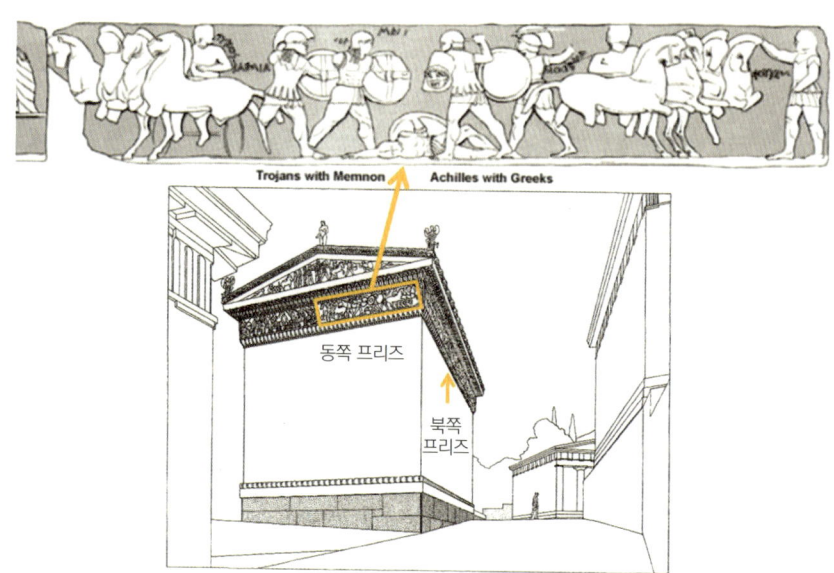

3-7. **시프노스 봉납창고의 동쪽 프리즈와 순례자의 위치** 시프노스 보물창고의 트로이 전쟁을 묘사한 부조에서는 멤논(패배자)을 왼쪽에, 아킬레우스(승리자)를 오른쪽에 배치하였다. 이것은 통상적인 인물 배치법에 어긋난다.

할 것이고, 가지 않는다면 오래 살겠지만 아무런 명예도 얻지 못하리라" 했던 신탁의 예언대로 트로이 왕자 파리스의 화살에 맞아 죽고 만다. 앞장에서도 언급했지만, 그리스 인들이 신전의 프리즈에 트로이 전쟁 장면을 즐겨 새긴 이유는 트로이로 상징되는 야만과 혼란에 대한 그리스로 상징되는 문명과 질서의 승리를 보여주기 위해서였다.

연극 무대에서 도둑은 오른쪽에서 등장하고 도둑을 잡는 경찰은 왼쪽에서 튀어나오듯이, 고대 그리스의 건축조각에서도 전투장면을 묘사할 때면 그 전투의 최종 승리자를 왼쪽에 배치하고 패배자를 오른쪽에 배치하는 것이 일반적이다. 그런데 트로이 전쟁을 나타낸 동쪽 프리즈에서는 멤논(패배자)을 왼쪽에, 아킬레우스(승리자)를 오른쪽에 배치하였는데 이것은 통상적인 인물 배치법에 어긋나 눈길을 끈다. 그러나 동쪽과 북쪽 프리즈

3-8. **시프노스 봉납창고의 가고일** 봉납창고의 처마에는 빗물 배출구(사자머리 가고일)를 일렬로 배치하였다. 이 가운데 한 개가 델피박물관에 전시되어 있다.

를 맡은 조각가는 성스런 길의 왼쪽에 자리 잡은 시프노스 보물창고의 위치와 순례자(관찰자)의 시선을 두루 감안하여 의도적으로 승리자와 패배자의 위치를 뒤바꾼 것이라는 주장도 있다. 델피신전의 성스런 길을 따라 오르다 보면 순례자는 시프노스 보물창고의 동쪽 프리즈를 보게 된다. 보물창고는 순례자의 왼쪽에 있으므로 그는 자연스레 아킬레우스가 이끄는 그리스 군 뒤쪽에 서있게 된다. 즉, 순례자와 가까운 곳(동쪽 프리즈의 오른쪽)에 그리스 군을 의도적으로 배치함으로써 순례자가 그리스 군과 한편이 된 듯한 유대감을 느끼면서 트로이 전투장면을 감상할 수 있도록 했다는 것이다.

사자머리 가고일

시프노스 보물창고의 삼각형 박공의 꼭대기와 양쪽 모서리에는 아크로테리온이라 부르는 조상을 올려놓았고 처마에는 그리스식 가고일(gargoyle·빗물 배출구)인 사자머리 석상을 일정한 간격으로 부착하였다. 고대 그리스인들은 지붕의 빗물 배출 장치로 사자머리 가고일을 즐겨 사용했는데 그 이유는 메두사와 함께 용맹의 상징인 사자를 잡귀와 액을 막는 수호신으로 여겼기 때문이다. 이러한 풍습은 로마로 이어져 로마제국의 전성기 때 지어진 수많은 신전과 석관에서 사자머리 또는 메두사 얼굴을 쉽게 볼 수 있다. 사자머리 가고일은 건물 벽에서 약간 떨어져서 빗물을 뱉어내는 빗물 배출구라는 기능적인 면과 액막이용 수호신이라는 종교적인 면을 동시에 갖고 있는 건축부재로서 주로 신전의 지붕처마에 설치된 시마(빗물받이)에 일정 간격으로 설치했다. 여기서 잠깐 그리스·로마의 신전과 중세 성당의 구조를 우리네 전통사찰의 구조와 비교해보는 것도 흥미롭다. 우리 불교 사찰은 일주문-천왕문-불이문-금당이 일직선상에 놓인 구조이다. 일주문은 세속과 성속의 경계를 표시한 것이고, 천왕문은 불국토의 동서남북을 지키는 수호신인 사천왕을 모신 전각으로 악귀를 내쫓고 절을 찾는 사람들의 마음을 엄숙하게 만들어준다. 해탈문으로도 불리는 불이문(不二門)은 사찰의 중심인 금당 앞에 있는 문이며, 금당은 사찰의 중심공간으로 불상을 모시고 예배를 드리는 장소이다.

고대 그리스·로마의 신전이나 중세 성당은 일주문-천왕문-불이문-금당으로 구획된 한국의 사찰구조를 하나의 건물에 집약시켰다고 볼 수 있다. 그리스·로마 신전 지붕의 시마에 설치된 사자머리 가고일은 일주문과 천왕문의 역할을 한다. 즉, 이것은 세속과 성속을 구분하는 경계표시이자 신전과 신상을 지키는 수호신상으로 볼 수 있는 것이다. 중세 성당에서는 이 역할을 성당의 외벽을 지탱하는 공중부벽(flying buttress)에 설치된 괴수 형상 가고일이 맡았다. 매우 아름답고 장엄한 성당의 공중부벽에 몸뚱이를 길게 잡아 뺀 괴수가 입을 딱 벌린 채 줄지어 선 모습은 참으로 기괴하게 보인다. 거룩한 성당에는 전혀 어울리지 않는 흉측한 장식물이라서 일반적인 건축미학으로는 해석이 잘 안 된다. 그래서인지 어떤 건축가는 중세미학과 기독교 전설까지 인용하면서 중세 괴수 형상 가고일의 탄생 배경을 그럴싸하게 설명하기도 한다. 그러나 서유럽의 건축양식은, 적어도 그리스·로마-로마네스크-고딕-르네상스 양식까지는 항상 바로 앞선 세대의 건축양식으로부터 진화한 것이지 어느 날 갑자기 이전에 없던 전혀 새로운 양식이 탄생한 것은 아니었다. 중세 고딕성당의 괴수 형상 가고일은 기독교

3-9. **포로스 석회석과 파로스 섬의 대리석** (1)포로스(poros)는 퇴적암의 일종인 석회암(limestone)으로 입자가 거칠고 성겨서 주로 건축자재로 사용된다. (2)대리석(marble)은 지하 깊은 곳에 묻힌 석회암이 고온·고압 환경에서 재결정된 변성암으로 입자가 곱고 치밀할 뿐만 아니라 색깔도 밝고 아름다워 주로 조각상 제작에 사용된다.

시대라는 환경에 맞춰 신화시대에 유행했던 사자머리 가고일이 괴수로 진화한 것이다.

아르카익 시기 아폴론 신전의 조각상

델피 지성소의 핵심은 신의 처소이자 신탁의 자리인 아폴론 신전이다. 따라서 박물관에서 가장 중요한 유물은 당연히 아폴론 신전의 동쪽과 서쪽 박공을 장식했던 조각상이다. 아폴론 신전은 세 차례에 걸쳐 델피에 세워졌다. 전설에 의하면, 아폴론이 직접 세웠다고 하는 첫 번째 신전이 BCE 548년에 불타는 바람에 두 번째 신전이 BCE 6세기 초에 새로 세워졌다. 이 무렵이 되면, 아폴론 신전은 신탁이 잘 들어맞기로 지중해 일대에 명성이 높았기 때문에 새로 짓는 신전은 범그리스적 신전이라는 위상에 걸맞게 장엄하게 지어야만 했다. 첫 번째 신전보다 더 크고 더 웅장한 신전을 짓기 위해서 건물터는 넓게 확장되었고 확장된 터 바깥쪽에는 기다란 옹벽이 설치되었다. 새 신전 건설에 드는 건축비용은 기부금으로 대부분 충당되었는데 수많은 도시국가가 기부 대열에 동참했다고 한다. 델피신전에 대한 관리와 운영을 맡은 인보동맹(amphictyonic league)[26]은 신전 건축을 알크메오니드 가문에 맡겼고 이들은 신전을 장엄하게 짓기 위해 계약서에 명시된 포로스 석회석보다 훨씬 값비싼 대리석을 사용해서 신전의 정면을 지었다고 한다.

  신전의 삼각형 박공에 올려놓을 조각상은 당시 아테네의 조각가였던 안테노르(Antenor)에게 맡겨 제작하였는데, 그는 이 무렵 아테네 민주정의 복원을 상징하는 '폭군 살해자(tyrannicides)' 청동상을 만들어 이름을 날리던 조각가였다. 현재 델피박물관에 전시된 박공의 조각상은 크게 부서졌지만 거대한 삼각형 박공(높이 2.35m, 폭 19.40m)을 장식했던 조각상의 주제와 전체적인 구성을 파악할 수는 있다. 그러면, 지금부터 BCE 6세기 초에 세운 아폴론 신전(아르카익 시기의 신전)의 동쪽 박공에 설치됐던 조각상을 감상해보자. 이 조각상은 파로스 섬의 대리석으로 제작된 것으로, 삼각형 박공의 중앙에 아폴론이 올라 탄 네 마리의 말이 이끄는 전차가 있다. 그의 왼쪽에는 세 명의 쿠로스(청년)가, 오른쪽에는 세 명의 코레(처녀)가 서 있으며, 박공의 양끝에는 소 또는 사슴을 사냥하는 사자가 한 마리씩 있다. 이 작품의 주제는 고대 그리스의 3대 비극작가 가운데 한 명인 아이스퀼로스(Aeschylus)가 지은 오레스테이아 삼부작 가운데 세 번째 작품인 '자비로운 여신들(Eumenides·에우메니데스)'에 나오는 운문에 기초하여 해석된다.[27] 오레스테이아 삼부작은 아테네의 황금기(BCE 478-404년)에 속하

---

26) 암픽튀오니(Amphictyony)는 그리스어 암픽튀오네스(Amphiktyones· 주변 가까이에 사는 사람)에서 비롯된 말로, 고대 그리스에서 종교 중심지 주변에 서로 이웃하고 있는 부족들의 연합을 일컫는다. 델피의 인보동맹 또는 근린동맹(Delphic amphictyonic league)은 테르모필레 주변에 사는 12 부족으로 이루어졌는데, 동맹의 목적은 델피신전을 보호·관리·운영하는데 있었다.
27) 어머니를 죽인 죄로 복수의 여신들에게 추격을 받는 오레스테스는 델피로 가서 아폴론 신에게 구원을 빈다. 아폴론은 그에게 아테네로 가서 재판을 받으라는 신탁을

3-10. 아르카익 시기의 아폴론 신전(동쪽 박공) 박공의 주제는 아폴론 신의 델피 도착이다. 조각의 주제와 인물상이 풍기는 금욕적 장엄함은 소박한 도리아 양식의 신전과 잘 어울린다.(BCE 510-500년)

는 BCE 458년 아테네의 디오니소스 축제에서 첫선을 보여 우승한 작품으로 제3부는 델피의 아폴론 신전 앞에서 신에게 드리는 여사제(퓌티아)의 기도로 시작되는데 다음과 같은 구절이 무녀의 기도 중간쯤에 나온다.[28]

"아폴론은 델로스의 연못과 바위섬을 떠나 배들이 자주 찾는 팔라스의 해안(아티카 지방의 항구)에 도달하여 이 땅의 파르나쏘스 산 아래 거처에 오셨습니다. 헤파이스토스의 자식들(아테네인)은 아폴론을 호송하고 크게 경배하였으니, 그들이 길을 닦으며 야생의 땅을 길들였던 것입니다. 아폴론이 도착하시자 이 땅의 키잡이 델포스 왕과 백성들은 그분을 공경하여 받들었습니다."

자비로운 여신들에는 여사제 퓌티아의 입을 통해 아폴론이 탄생지인 델로스 섬을 출발하여 아테네를 거쳐 델피에 도착했음을 알리고, 아테네 사

내린다. 신들의 법정인 아레오파고스에서 열린 재판에서 오레스테스는 재판장인 아테나 여신의 도움으로 무죄판결을 받아 구원된다. 복수의 여신들은 재판 결과에 분노하지만, 아테나 여신에게 설득되어 자비로운 여신들로 변모한다.
28) 아이스퀼로스. 오레스테이아 3부작(김기영 옮김), pp145-146, 을유세계문학전집·77(2017)

람들은 아폴론을 전송하고 델피 주민들과 이곳의 왕인 델포스가 신을 찬양하며 맞이하는 장면이 묘사되어 있다. 아르카익 신전의 동쪽 박공을 장식한 조각상의 주제는 아폴론 신이 델피에 도착하는 순간을 묘사한 것으로 짐작되며 배치된 인물상에는 이 순간의 경건함과 경외감이 잘 표현되어 있다. 알크메오니드 가문의 주도로 만든 아르카익 아폴론 신전은 이후 1세기 이상 범그리스적 지성소를 찾는 순례자에 의해 찬탄을 받았다고 한다.

서쪽 박공은 올림포스 신들과 기간테스 사이에 벌어진 전쟁(기간토마키)을 나타낸 것이다. 온전하게 남아 있는 게 별로 없어 식별하기가 어렵지만, 포로스 석재로 만든 조각상에서 맨 왼쪽에 무릎을 꿇고 있는 기가스는 엔켈라도스(Enceladus)로 짐작된다. 왜냐하면 기간토마키에서 아테나 여신에 맞서 싸우다 죽은 기가스가 바로 엔켈라도스이기 때문이다. 아테나는 엔켈라도스에게 고르곤 방패를 휘둘렀고 달아나는 엔켈라도스를 향해 시칠리아 섬을 던져 바다 속에 묻었다고 한다. 그리스 신화에서 엔켈라도스는 존재감이 거의 없지만, 21세기에 들어서서 마치 우리나라의 케이-팝처럼 갑자기 세계천문학계로부터 주목을 받는 깜짝 스타가 되었다. 토성에 딸린 82개 위성 가운데 여섯 번째로 크고 두꺼운 얼음으로 뒤덮여 있어서 햇빛을 받으면 은빛으로 빛나는 위성의 이름이 엔켈라도스인데(우리말 발음은 엔셀라두스이다.), 1789년 발견된 이래로 오랫동안 주목받지 못했던 이 위성에 스포트라이트를 비춘 것은 토성탐사선 카시니 호였다. 토성과 그 위성들을 탐사할 목적으로 발사된 카시니 호가 2015년에 엔셀라두스 위성 주위를 돌다가 위성의 남극에서 수증기처럼 보이는 물질이 수백km 높이로 치솟는 환상적인 장면을 촬영하여 지구로 보내옴으로써 세계천문학계를 깜짝 놀라게 했다.

이 놀라운 우주 쇼에 흥분한 천체물리학자들이 카시니 호가 보내온 각종 데이터를 분석하고 이에 기초한 수학적 모델링을 실시하여 간헐천의 원

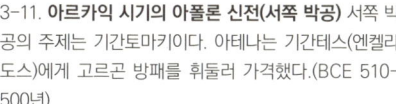

3-11. 아르카익 시기의 아폴론 신전(서쪽 박공) 서쪽 박공의 주제는 기간토마키아이다. 아테나는 기간테스(엔켈라도스)에게 고르곤 방패를 휘둘러 가격했다.(BCE 510-500년)

3-12. 태양계 행성인 토성과 엔셀라두스 위성 (1)토성 주위에 형성된 고리와 주요 위성 (2)엔셀라두스 위성의 남극. 조석력의 크기가 가장 센 남·북극에 호랑이 줄무늬로 불리는 얼음 층의 균열이 집중되어 있다. (3)-(4) 엔셀라두스 위성의 얼음 알갱이 분출현상을 설명하는 모식도와 실제 분출되는 모습

리를 규명하였다. 최근에 발표된 논문에 의하면, 엔셀라두스 위성의 표면을 덮고 있는 두꺼운 얼음 층과 내부 중심핵 사이에는 깊이 10km의 바다가 있으며, 이 바닷물이 토성과 위성 사이에 작용하는 조석력(tidal force)의 변화에 의해 앞뒤로 움직일 때마다 바위와 마찰이 일어나 데워진다는 것이다. 덥혀진 바닷물은 밀도 차이로 인해 상층부로 이동하게 되고, 마침내 호랑이 줄무늬(tiger stripe)로 불리는 남극 얼음 층의 균열을 비집고 나와 마치 간헐천처럼 수증기와 얼음 알갱이를 우주공간으로 내뿜는다는 것이다. 엔셀라두스 위성은 직경이 500km에 불과하기 때문에 질량이 작아서 중력도 매우 작다. 따라서 얼음 층을 뚫고 나온 얼음알갱이와 수증기는 지표면에서 수백 km까지 치솟게 되며, 이렇게 우주공간으로 솟구친 얼음 알갱이가 엔셀라두스가 속한 토성의 바깥 고리(E 고리)를 형성한다고 한다. 그리스 신화는 흘러간 옛 이야기가 아니라 오늘날에도 여전히 많은 재미와 함께 상상력을 불러일으키는 힘이 있다. 특히 별자리에 얽힌 그리스 신화는 더욱 그러하다. 엔셀라두스 위성의 남극에서 간헐천처럼 분출하는 수증기

제트는, 어쩌면 아테나 여신에 의해 시칠리아 섬 아래에 깔린 엔켈라도스가 바닷물 속에서 가쁘게 내뱉는 숨일지도 모르겠다. 서쪽 박공을 꾸민 아테나 여신의 전투장면은 고대 그리스의 3대 비극작가 가운데 한 명인 에우리피데스(Euripides)의 비극인 이온(Ion)에서 여인들의 코러스에도 등장하고 이 시기에 제작된 도기화에서도 볼 수 있다.[29] 여신의 오른쪽에 있는 남자 인물상의 하반신은 디오니소스로 보이며, 박공의 한가운데에는 제우스가 탄 전차를 끄는 네 마리 말 석상의 파편이 남아 있다.

고전기 아폴론 신전의 조각상

BCE 6세기 초에 세운 아르카익 아폴론 신전은 안타깝게도 1세기가 지난 BCE 373년에 이곳을 강타한 강력한 지진에 의해 파괴되었다. 델피 근린동맹은 또 다시 재건축에 필요한 기금을 범그리스적으로 모았지만 비용의 상당액은 제3차 신성전쟁의 원인 제공자이자 패배자였던 도시국가, 포키스(Phocis)에 부과된 벌금으로 충당하였다.[30] 그리스 후기 고전기에 해당하는 BCE 330년, 신전의 사면을 원기둥으로 빙 둘러친 도리아 신전이 건립되었는데 현재 우리가 보는 델피 신전이 바로 이 때 만들어진 것이다.

고전기 아폴론 신전의 동쪽 박공은 아폴론과 뮤즈를 묘사한 조각으로

---

29) 《이온》은 에우리피데스가 쓴 고대 그리스 비극 작품이다. 아테네의 왕 에리크토니오스의 딸 크레우사는 아폴론에게 겁탈을 당하여 아들을 낳았지만 아크로폴리스의 동굴에 버려진다. 아폴론은 버려진 자기아들 이온을 델피신전으로 데려와 여사제가 키우도록 한다. 버린 자식 이온과 어머니의 기묘한 재회와 화해 이야기가 델피신전을 무대로 펼쳐진다. 작품이 쓰인 정확한 연대는 알 수 없지만, BCE 410년경으로 추정된다.
30) 델피 근린동맹의 회원국인 포키스가 신전 근처 신성한 땅이었던 크리싸 평야를 제멋대로 경작한 것에 대해서 동맹의 수장이었던 테베가 무거운 벌금을 부과했다. 그러나 포키스가 벌금납부를 거부함으로써 10년에 걸친 제3차 신성전쟁이 일어났다.

3-13. **고전기 아폴론 신전(서쪽 박공)** 한 손으로 키타라를 든 디오니소스가 한가운데 서 있고, 양 옆에 그의 추종자인 튀이아드가 있다. (BCE 330년)

구성하였으며, 서쪽 박공은 디오니소스와 그의 추종자인 마에나드로 꾸몄다. 아테네인들은 마라톤 전투에서 거둬들인 페르시아 방패를 신전 상단의 메토프에 못을 박아 고정했다. 신전에 대한 고대 자료가 부족한 데다 거친 세월의 풍파를 겪으면서 대부분 파괴되어 19세기말에 이루어진 발굴 작업만으로 신전 내부가 어떠했는지 알아낼 수는 없었다. 퓌티아 여사제가 신탁을 받는 장소인 아뒤톤(adyton)은 흔적도 없이 사라졌다. 아뒤톤에는 예언의 신 아폴론의 심볼이 있었는데, 그것은 바로 퓌티아가 아폴론으로부터 신탁을 받기 위해 앉는 세발의자(oracular tripod)와 아마도 퓌톤이나 디오니소스의 무덤을 표시한 것으로 짐작되는 성스런 배꼽-돌, 옴파로스(omphalos)였다.

　BCE 4세기, 즉 후기 고전기에 세운 아폴론 신전은 BCE 6세기에 지은 아르카익 신전의 조각상에서 볼 수 있는 위풍당당함과 아우라를 느낄 수 없지만, 신화의 도상학 측면에서 흥미를 끄는 새로운 시도가 있었다. 즉, 하나의 신전에 두 신(동쪽: 아폴론, 서쪽: 디오니소스)을 모신 것과 디오니소스를 키타라 연주자로 묘사한 것이다. 이전에는 볼 수 없었던 이러한 새로운 표현방식은 BCE 340-330년 무렵에 델피 지성소의 사제들이 아폴론 신과 함께 디오니소스 신을 공식적으로 섬겼다는 것을 의미한다. BCE 4세기에 건립된 고전기 신전은 로마황제 테오도시우스 1세가 신탁금지령을 내렸던 CE 390년까지 존속됐지만, 이후에는 이교의 흔적을 말끔히 지우려는 질투심 많은 기독교인에 의해 완전히 파괴되었다. 신전은 파르나쏘스 산맥의 남쪽 경사면에 있던 몇몇 다른 유적보다 더 빠른 속도로 황폐해졌는데, 그 이유는 재질이 무른 포로스 석재와 대리석으로 신전을 지었기 때문이었다. 고전기 아폴론 신전의 동쪽 박공에 올려놓았던 석상은 형체를 알아보기 힘들 정도로 파손되었다. 박공의 중앙에 아폴론 신이 예언의 상징인 세발 의자에 앉아 한 손에는 피알레를, 다른 한 손에는 월계수 한 다발을 쥐고 있고, 그 옆에는 어머니 레토, 누나 아르테미스, 그리고 뮤즈가 서있는 것으로 짐작되고 있다.

고전기 신전의 서쪽 박공에는 디오니소스를 중심에 두고 양 옆으로 그의 추종자인 튀이아드를 배치하였다. 도상학으로 살펴볼 때, 디오니소스를 탬버린이 아닌 키타라 연주자로 표현한 것은 매우 보기 드문 일이다. 그는 튜닉을 입었고 어깨 위에는 히마티온을 걸쳤다. 그가 왼손에 쥐고 있는 키타라는 그를 음악의 신인 아폴론과 동등한 반열에 올려놓는다. 왜냐하면 키타라는 아폴론을 상징하는 악기이기 때문이다. 그리고 하나의 신전에 두 신이 묘사되었다는 것은 두 신성이 각기 차지하고 있는 서로 다른 영역, 즉 질서, 이성, 조화를 상징하는 아폴론적 문명과 무질서, 본능, 황홀경을 상징하는 디오니소스적 문명이 서로 조화를 이룰 수 있음을 의미한다.

옴파로스와 춤추는 여인의 기둥

대리석으로 만든 옴파로스는 아폴론 신전의 북동쪽 지역에서 발견되었다. 이것은 퓌티아 사제가 신탁을 받는 장소인 아뒤톤에 놓여 있던 옴파로스를 후대의 헬레니즘 시기 또는 로마시대에 복제한 것이다. 표면에 돌을새

3-14. 옴파로스와 댄서의 기둥
기원전 330년경에 아테네를 출발한 순례자 행렬이 델피에 도착한 것을 기념하여 바친 것으로, 춤추는 듯한 세 명의 여인은 아폴론에게 공물을 바치는 케크롭스 왕의 세 자매로 해석되고 있다. 옴파로스는 세 발 솥을 덮는 뚜껑으로 기둥 꼭대기에 올려놓았다.

김된 그물 모양의 장식은 성물을 감쌌던 양모 그물을 표현한 것이다. 그리스 신화에 따르면, 옴파로스는 제우스가 서로 마주보고 있는 세계의 두 끝에서 각각 날려 보낸 독수리가 중간에서 마주친 지점, 즉 지구의 중심을 표시한 것이라고 한다. 옴파로스 신화에는 고대 그리스인의 세계관이 담겨있다. 알렉산드로스 대왕 이전의 고대 그리스인은 지중해 일대가 세계의 전부였다. 그래서 그들은 스페인 지브롤터 해협에 있는 헤라클레스의 기둥을 세계의 서쪽 끝으로, 페르시아의 수도였던 페르세폴리스를 세계의 동쪽 끝으로 인식했던 것 같다. 왜냐하면 이 두 끝을 이은 직선의 중간 지점이 세계의 중심, 델피가 되기 때문이다.

　신전 앞에 있던 수많은 공납물 가운데 높이가 13m에 달하여 보는 이로 하여금 감탄을 불러일으켰던 세 명의 여인상이 있는 돌기둥이 세워져 있었다. 여러 조각으로 나뉜 채 발굴된 이 돌기둥은 복원 방안, 제작연대 추정, 그리고 작품의 주제에 대한 해석을 두고 꽤 오랫동안 고고학자를 괴롭혔다고 한다. 일부나마 복원된 기둥의 꼭대기에는 세 명의 젊은 여인이 식물 줄기 위에 120도 간격으로 서 있는데 마치 공중에 떠 있는 것처럼 보인다. 여인들은 투명하면서 짧막한 키톤을 입고 바구니처럼 생긴 헤드-드레스를 머리에 쓰고 있으며, 왼손은 옷의 가장자리를 쥐고 있고 높이 들어 올린 오른손은 거대한 세 발 청동 솥을 받치고 있는데, 청동 솥의 기다란 세 발이 세 명의 여인을 에워싸고 있는 모양새이다. 디오니소스를 신봉했던 튀이아드 또는 지방에서 불리던 이름인 마에나드로 해석되는 세 여인들의 자세가 마치 춤추는 듯한 모습이라서 '춤추는 여인의 기둥(dancer's column)'으로 불리었다. 그러나 최근의 연구에 의하면, 이 여인들은 아폴론(세 발 솥이 바로 아폴론을 상징한다)에게 공물을 바치는, 아테네의 전설적인 왕 케크롭스의 세 자매로 해석되고 있다. 기단부의 명문에 따르면, 이 조각상은 BCE 330년에 아테네의 델피순례자(pythais) 행렬이 델피에 도착한 것을 기념하여 바친 것으로 옴파로스는 아폴론을 상징하는 성스러운 세 발 솥을 덮는 뚜껑으로 기둥 꼭대기에 올려놨다고 한다. 그렇다면 옴파로스는 지구의 배꼽이 아니라 아폴론의 솥뚜껑이었단 말인가?

델피의 전차경주자상

'델피의 전차경주자(charioteer of Delphi)'상은 청동으로 제작된 초기 고전기 미술의 명품으로 고대 그리스에서 가장 중요한 조각상 가운데 하나이다. 그 이유는 이 조각상이 BCE 6세기의 아르카익 미술에서 BCE 5세기의 고전기 미술로 전환되는 모습을 생생히 보여주기 때문이다. 이 청동상은 BCE 474-478년경에 시칠리아 섬에 있던 그리스인의 식민지이자 강력한 도시국가였던 겔라의 독재자, 폴뤼자로스(Polyzalos)가 퓌티아 경기의 전차종목에서 우승한 직후에 제작을 의뢰하여 아폴론에게 바친 것이다. 이 청동상은 BCE 373년에 일어난 대지진 때 굴러 떨어진 바위 속에 파묻히는 바

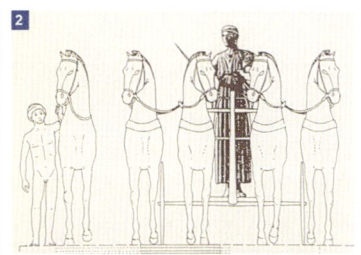

3-15. **델피의 전차경주자상** (1)델피 퓌티아 경기의 전차종목에서 우승한 전차경주자의 청동상 (2)원래 네 마리 말이 끄는 전차(쿼드리가)를 묘사한 커다란 청동 조형물의 일부분이다. (3)전차경주자의 뒷모습

람에 후대의 약탈과 파괴에서 벗어날 수 있었다고 한다. 정말 아이러니컬하게도 자연재해 덕분에 오히려 유물이 잘 보존된 경우이다.

　전차경주자상은 네 마리의 말이 끄는 전차(quadriga·쿼드리가)를 표현한 커다란 청동 조형물의 일부이다. 경주자 이외에도 말 뒷다리 두개, 말 꼬리, 멍에 조각, 그리고 고삐조각을 잡고 있는 젊은이의 팔이 발견됐다. 복원된 최종 모습에 대해서 관련분야 전문가들의 의견이 모두 일치하는 것은 아니지만, 마부가 올라탄 전차를 네 마리의 말이 끌었을 것으로 보이며, 한 명 또는 두 명의 소년이 말 옆에 서서 바깥쪽 말의 고삐를 쥐고 있었을 것으로 짐작된다고 한다. 경기는 끝났고 우승을 차지한 전차경주자가 디아뎀을 두르고 박수갈채를 보내는 관중들 앞에서 퍼레이드를 하고 있다. 전차경주자의 얼굴에는 경기에서 승리한 챔피언이라면 당연히 드러낼 것으로 예상되는 환희와 생동감이 완전히 배제되었다. 그 대신 이 젊은 경주자는 똑바로 선채 고요한 모습으로 앞을 응시하고 있다. 격렬했던 전차경기가 끝난 직후, 아직 먼지가 채 가시지 않은 경기장에서 관중들의 환호와 말들의 거친 숨소리가 뒤섞여 극도로 흥분된 상황에서조차 이처럼 자신의 감정을 조절하면서 관중들에게 겸손의 미덕을 보여주는 우승자의 극도로 절제된 모습이 고전기 그리스인이 추구하였던 문명화된 인간의 모델이었을까? 어떤 이는 전차경주자상의 조형미에 대해 이와 같이 근사하게 설명하기도 하는데, 이는 고전기 그리스인의 정신세계를 너무 지나치게 미화한 듯하다. 어느 시대, 어디에 살든 인간의 속성은 대개 비슷하다고 본다면, 전차경주자의 얼굴에서 엿보이는 수도자와 같은 자기절제의 모습은 이 시기에 그리스인들이 추구하였던 이상적 관념의 세계를 표현한 것으로 보아야 할 것이다.

전차경주자상이 만들어지던 초기 고전기 미술(BCE 490-450년)을 엄정양식(severe style)으로 부르는데, 이 시기에 추구하였던 조형원리는 사실주의(realism)와 이상주의(idealism)의 조화였다. 얼핏 보면 사실과 이상은 서로 상반된 개념으로 생각될 수 있으나 이 시기에 활약했던 그리스 철학자, 파르메니데스의 주장에 의하면 이상적인 것이야말로 사실적인 것이었다. 그는 인간의 감각기관(눈·귀·코·혀·몸의 오관)으로 받아들여지는 것은 사실이 아닌 겉보기 현상이자 억측(doxa·독사)에 불과할 뿐이며, 인간이 오직 관념으로만 인식할 수 있고 영원히 변화하지 않는 것, 즉 시공을 벗어난 이상적인 것만이 사실이고 존재하는 것이며 진리(episteme·에피스테메)라고 설파했다. 파르메니데스의 철학적 사유를 따른다면, 델피의 전차경주자상의 얼굴 모습이 왜 그렇게 희로애락의 특정 감정 상태를 드러내지 않고 선정에 든 수도자의 모습을 띄고 있는지 이해할 수 있게 된다.

과연 그리스 고전기 조각가는 사물이나 인체를 사실적으로 묘사하려고 애썼지만 눈에 보이는 그대로 표현하지 않았다. 그들은 얼굴과 몸을 가장 이상적인 형태(ideal form)로 표현하여 완벽한 아름다움(perfect beauty)을 구현하고자 했다. 이를 위해 조각가는 수학과 해부학의 지식을 동원하여 얼굴·몸통·팔·다리의 길이 사이에 일정한 비례관계를 설정했고, 몸의 무게중심이 S자로 자연스럽게 이동하는 콘트라포스토 자세를 고안했으며, 마치 신의 얼굴처럼 눈동자는 먼 곳을 응시하면서 얼굴 표정에는 희로애락의 감정을 배제시켰다. 근육은 이전 시기보다 훨씬 사실대로 정교하게 묘사하여 실제에 가까워졌다. 이를 표현하기 위한 소재로는 대리석보다는 청동이 제격이었다. 델피의 전차경주자상은 소실밀랍주조법을 사용하여 신체를 몇 부분으로 나누어 여러 조각의 청동 부분품을 주조한 다음 조립하여 만들었다. 또한 소실밀랍주조법으로 주조한 청동상은 속이 텅 비어있어 대리석으로 조각했을 때보다 훨씬 가벼우면서도 균형을 잘 잡을 수 있었다.

　전차경주자상의 속눈썹과 입술은 구리로 만들었고 눈은 오닉스(onyx·유리 페이스트의 일종)로 만들었다. 메안데르 패턴으로 불리는 기하문양이 있는 챔피언의 머리띠는 은으로 상감했다. 전차경주자는 소매가 달리고 발목까지 내려오는 키톤을 입었는데, 전차경주 선수가 입는 이런 옷을 싸이스티스(xystis)라고 부른다. 폭이 넓은 벨트는 허리 위쪽에서 키톤을 조이고, 등 뒤쪽 목 부분에서 교차하는 두 개의 끈은 전차가 달릴 때 키톤이 부풀어 오르는 것을 막아준다. 키톤의 수직으로 깊이 파인 주름은 그리스 돌기둥의 세로 홈(flute)을 닮았는데, 상체에는 곡선으로 이루어진 주름이 있어 똑바로 서있는 모습의 청동상에서 느껴지는 뻣뻣함을 누그러뜨려준다. 이 청동상은 참으로 손에 꼽을 만한 초기 고전기의 명작이다.

　그런데 정말 놀랍게도 델피의 전차경주자상이 한국에도 있다. 이 작품은 1988년 서울올림픽 때 그리스 정부가 제작하여 올림픽 기간 중에 전시를 했던 복제품으로 올림픽을 마친 후 한국정교회에 기증한 것이다. 2019년 7

월에 예술의 전당에서 열린 '그리스 보물전'을 구경하러 갔다가 전시장 입구에 세워둔 이 청동상을 보게 되었다. 비록 복제품이었지만, 그리스 여행을 다녀온 지 10개월 만에 한국에서 이 명작을 다시 보게 되어 감회가 무척 새로웠다.

아폴론 신전으로 향하는 성스런 길

단독 전시실에 전시된 델피의 전차경주자상 구경을 끝으로 박물관 밖으로 나왔다. 이제 오늘 답사의 하이라이트인 델피성역을 구경할 차례다. 우리는 유적지 매표소를 지나 천천히 델피성역 안으로 들어섰다. 아폴론 신전이 있는 델피성역은 파르나쏘스 산의 남서쪽에 위치한 파이드리아데스 절벽의 가파른 경사면에 자리 잡고 있다. 고대 그리스인은 세상의 중심이라 여겼던 이곳에서 자신이나 국가의 운명에 대하여 신탁을 물었다. 아폴론이 이 땅을 차지하기 전인 초기 미케네 시대(BCE 14-11세기)에도 델피는 원시신앙의 중심을 이루는 신성한 땅이었다. 그 무렵 델피는 대지의 여신 가이아를 숭배하였다. 그리스 신화에 따르면, 가이아의 아들로 이곳을 지키던 거대한 뱀 퓌톤(Python)을 아폴론이 화살을 쏴 죽였고 그 후로 델피는 아폴론을 숭배하는 성소가 되었다고 한다. 델피의 아폴론 신전은 기원전 8세기부터 차츰 명성을 얻으면서 올림피아의 제우스 신전, 델로스 섬의 아폴론 신전과 함께 그리스의 종교 중심지가 되었으며 기원전 6세기에는 지중해 세계에서 가장 중요한 신탁소가 되었다. 그리스인과 외국의 고위관리, 국왕과 일반인들은 델피 지성소로 순례를 하고 델피 신탁에 큰돈을 지불했다. 지성소는 겨울철을 제외한 일 년에 아홉 달 동안만, 그것도 한 달에 불과 며칠간만 신탁을 위한 의식을 실시했기 때문에 신탁의뢰인이 많을 경우에는 몇 달씩 이곳에 묵으면서 자기 차례를 기다렸으며, 다른 사람들보다 빨리 신탁을 받으려면 웃돈을 지불해야 했다고 한다.

3-16. **델피성역의 건축물과 기념물** 1. 헬레니스틱 스토아 2. 아르고스 왕의 엑시드라 3. 시프노스 보물창고 4. 테베 보물창고 5. 보이오티아 보물창고 6. 아테네 보물창고 7. 낙소스 스핑크스 8. 아테네 스토아 9. 다각형 옹벽 10. 플라타이아이 세발의자 11. 아폴론 신전제단 12. 아폴론 신전 13. 극장 14. 서쪽 스토아

그러나 기원전 2세기 중반에 로마가 그리스를 점령하면서 델피는 쇠락의 조짐을 보이기 시작했다. 왜냐하면 중요한 정치적 의사결정을 로마의 상원의원들이 내렸기 때문에 델피신탁이 더 이상 끼어들 여지가 없었기 때문이었다. 델피는 점점 재정적으로 어려움을 겪었다. 설상가상으로 로마인들이 델피의 보물을 꺼내서 배에 싣고 로마로 가져갔다. 기원전 1세기 후반부터 아폴론 신전은 내리막길을 걷기 시작했는데 이것은 과거에는 상상도 할 수 없는 사태였다. 온전히 숭배되던 과거와 달리 지성소는 완전히 무시되기 시작했다. 마침내 기원후 390년, 로마황제 테오도시우스 1세가 기독교를 국교로 삼고 이교 금지령을 내림으로써 델피의 역사도 막을 내렸다. 이후 중세시대에는 성역의 폐허 위에 마을이 세워져 아폴론의 성역마저 자취를 감추었다. 19세기말이 되어서야 프랑스의 고고학자가 유적 발굴에 착수하여 마을의 서쪽을 재건하고 델피라 이름을 지었다.

델피성역의 전성기였던 기원전 6세기에 이곳은 높다란 담으로 둘러쳐져 있었고 동쪽과 서쪽에 출입구가 있었다. 그 옛날 성스런 길을 따라 주변에 세웠던 화려했던 봉납창고와 갖가지 기념물은 완전히 사라지고 기단부만 간신히 남아 있어 신성한 길 주변에서 크게 눈여겨볼 만한 유적은 없었다. 이곳에서 관광객의 감탄사를 불러일으키는 것은 웅장한 산과 깊은 계곡이 눈앞에 펼쳐진 호쾌한 풍경이다. 우리는 주변경치를 감상하면서 아테네 보물창고를 향해 천천히 발걸음을 옮겼다.

아테네 보물창고

아폴론 신전으로 올라가는 성스런 길은 보이오티아 보물창고 터 앞에서 'ㄴ'자로 확 꺾인다. 여기까지 올라오는 동안에는 길 오른쪽의 높다란 석축에 가려 전혀 보이지 않던 자그마한 보물창고가 꺾인 길로 들어서는 순간 갑자기 눈앞에 나타나 방문객의 눈길을 잡아끈다. 그 이유는 이 아담한 보물창고 건물이 델피성역에서 온전한 형태로 복원된 유일한 건물이기 때문이다. 건물 앞에는 약간 허접한 옴파로스가 놓여 있는데, 이 배꼽 돌은 그리스 신화에서 이곳이 세계의 중심이라는 상징물로 제우스가 박아놓았다는 바로 그 배꼽 돌을 관광객을 위해서 복원해 놓은 것으로 보인다. 약간 엉성해 보이긴 하지만 델피의 상질물인 옴파로스가 없는 것보다는 훨씬 나아 보였다.

길에서 올려다 보이는 건물의 벽면이 남쪽 벽이다. 도리아 양식으로 지은 건물의 남쪽 벽 상단은 아테네의 영웅 테세우스의 활약상이 메토프 부조로 장식되었다. 건물의 출입구는 신전처럼 동쪽을 향해 있고, 나오스 또는 셀라로 불리는 방의 왼쪽과 오른쪽 벽이 앞쪽으로 튀어나와서 프로나오스(pronaos)라 불리는 공간을 만들면서 삼각형 박공을 지탱하고 있다. 이처럼 건물을 정면에서 바라보았을 때, 좌우 양끝에 있는 사각 벽기둥을 그리

3-17. **아테네 봉납창고** 델피 유적지에서 온전한 형태로 복원된 유일한 건물로 BCE 510-480년 사이에 지어진 것으로 추정된다. 건물 정면의 양쪽 끝에 있는 사각 벽기둥을 그리스 건축에서 안타(anta)라고 부른다.

스 건축에서는 안타(anta)라고 부르며, 두 안타 사이에 두 개의 원형 돌기둥이 있으면 이주식(distyle) 건물이 된다. 출입문이 있는 동쪽 프리즈는 아마존 전쟁을 주제로 메토프를 꾸몄지만 마멸이 심하여 조각의 구체적인 모습을 알아보기는 매우 어렵다.

델피의 뱀 기둥

아폴론 신전을 향해 완만한 오르막 계단을 천천히 오르면 계단 오른쪽에 높이 솟아있는 델피의 뱀 기둥(serpent column)이 시야에 들어온다. 이 뱀 기둥은 BCE 479년 제2차 페르시아 전쟁의 승패를 결정지은 최후의 플라타이아이 전투에서 그리스 연합군이 승리한 것을 기념하기 위해 그 이듬해에 이곳에 세운 것으로, 플라타이아 세발의자(plataean tripod) 또는 델피 세발의자(delphi tripod)라고도 불린다. 지금부터 무려 2천5백년 전 유물인 오리지널 작품은 현재 터키 이스탄불(콘스탄티노폴리스)의 술탄아흐메트 광장에 있고, 현재 델피에 세워진 뱀 기둥은 2015년 하반기에 세운 복제품이다. 이 멋진 기념비가 고향 델피를 떠나 이스탄불로 이사하게 된 것은 로마황제 콘스탄티누스 때문이다. 그는 수도를 로마에서 비잔티움(콘스

3-18. **델피의 뱀 기둥과 키오스의 제단** 세 마리의 뱀이 서로 몸을 칭칭 꼬아 꽈배기처럼 보이는 뱀 기둥은 그리스-페르시아 전쟁의 전승기념비이다. 현재는 몸통부분 5m만 남았다. 아폴론 신전 돌기둥 앞에 놓인 담벼락같이 보이는 것이 키오스의 제단이다.

탄티노폴리스)으로 옮기면서 새 수도를 멋지게 장식하기 위해 그 해에 델피의 청동 뱀 기둥을 비잔티움으로 옮겼다.[31] 세 마리 뱀이 서로 몸을 칭칭 꼬면서 상승하는 모습의 뱀 기둥 전체높이는 8미터였으나 뱀 머리 세 개는 떨어져 나갔고 이 위에 얹은 세발의자는 오래 전에 사라지는 바람에 현재는 몸통 부분 5미터만 남아 있다.[32] 꽈배기처럼 비비 꼬인 뱀 기둥 아랫부분에 플라타이아 전투에 참여했던 31개 도시국가 이름이 각인되어 있다. 뱀의 몸통 굵기는 꼬리로 갈수록 얇아지기 때문에 세 마리 뱀이 몸을 비비 꼬아 만든 꽈배기의 간격도 아래로 갈수록 촘촘하다. 이 청동 기념비 역시 로스트 왁스법으로 주조하여 꽈배기 속은 텅 비어 있다. 뱀 기둥은 정말 사실적이다! 이런 청동작품을 볼 때마다 거의 신의 경지에 오른 고대 그리스인의 금속주조기술에 참으로 감탄하게 된다.

---

31) 비잔티움이 콘스탄티노폴리스로 이름이 바뀐 해는 330년이며, 오스만제국이 이곳을 지배한 1453년 이후부터 이스탄불로 불리고 있다.
32) 떨어져나간 뱀 머리 하나는 현재 이스탄불 고고학박물관에, 또 다른 하나는 영국박물관에 있다.

3-19. **델피 아폴론 신전** 신전 정면의 기둥 개수가 6개인 헥사스타일의 도리아 신전이다. 현재 6개의 돌기둥만 간신히 살아남았지만, 돌기둥에서 뿜어져 나오는 원초적 포스가 매우 강렬하다.

아폴론 신전

아폴론 신전 앞에 마치 두툼한 담벼락처럼 보이는 것은 키오스의 제단으로, BCE 4세기 에게 해의 키오스 섬 주민들이 세운 것이다. 이 제단은 지진으로 무너졌던 아폴론 신전을 다시 지을 때 주 제단이 되었으며, 맨 아래 기단부와 맨 위쪽 코니스는 하얀 대리석으로, 나머지는 검은 색 대리석으로 만들었다. 기단부에 새겨진 명문에 의하면, 델피 신전의 사제들이 키오스 시민들에게 프로만테이아(promanteia·다른 도시국가보다 먼저 신탁을 받게 해주는 특전)를 부여했다고 한다. 이 제단은 아폴론 신전의 무녀인 퓌티아가 신탁의식을 거행할 때 어린 염소를 여기에 올려놓고 희생제를 치르는 용도로 사용되었다고 한다.

어느덧 시간은 오후 5시에 가까워졌다. 서쪽 하늘에는 흰 구름이 넓게 깔려 있어 태양의 강렬한 햇빛을 적당히 가려주었다. 현재 우리가 보고 있는 고전기 아폴론 신전의 건축구조는 돌기둥을 신전의 네 면을 빙 돌아가면서 한 줄로 세운 단일 주랑식 신전(peripteral temple)이며, 정면에서 보았을 때 기둥의 개수가 6개인 헥사스타일의 도리아 신전이다. 현재 살아남은 6개의 돌기둥은 모진 세월의 풍상을 겪은 탓에 상처투성이지만, 파란 하늘을 배경에 둔 원기둥은 여전히 아름다울 뿐만 아니라 돌기둥에서 뿜어져 나오는 원초적 포스가 매우 강렬했다.

그리스 신전의 내부공간은 보통 프로나오스-나오스-아뒤톤-오피스토도모스로 구획된다. 고대 기록에 의하면, 신전의 문간방에 해당하는 프로나오스의 벽면에 다음과 같이 유명한 델피격언(Delphi maxim) 세 개가 각인되어 있었다고 한다.

$\gamma\nu\tilde{\omega}\theta\iota\ \sigma\varepsilon\alpha\upsilon\tau\acute{o}\nu$ (know thyself): 너 자신을 알라.
$\eta\delta\grave{\varepsilon}\nu\ \check{\alpha}\gamma\alpha\nu$ (nothing in excess): 중용을 지켜라
$\mathrm{E}\gamma\gamma\acute{\upsilon}\alpha\ \pi\acute{\alpha}\rho\alpha\ \delta'\ddot{\alpha}\tau\eta$ (make a pledge and mischief is nigh): 지킬 수 없는 약속은 하지마라.

고대기록에 따르면, 이 격언은 그리스의 칠현인 가운데 한 명 혹은 몇 명이 말했던 것으로 전해지고 있다. 그러나 현대 학자들의 연구에 의하면, 이 경구는 당시에 이미 대중에게 널리 알려진 것으로 누가 맨 처음 말했는지는 불확실하다고 한다. 그리스 대중에게 델피격언은 상당히 인기가 있었다. 1960년대 초, 아프가니스탄의 북동쪽 지역에서 오래전 사라진 고대 그리스 도시 아이하눔이 우연히 발견되었는데, 여기서 발굴된 석비 받침의 정면에는 다음과 같은 명문이 새겨져 있다.

(왼쪽 명문) 성지 퓌토에 헌정된, 명성이 자자한 옛 현인들의 귀한 말씀들,

3-20. **아프가니스탄의 고대 그리스 도시, 아이하눔의 석비 받침대와 명문(자료사진)** 아이하눔은 헬레니즘 시기에 아프가니스탄에 자리 잡은 그리스-박트리아 왕국의 주요 도시였다. 이곳에서 발굴된 석비 받침대에 델피격언 가운데 인생훈에 해당하는 맨 마지막 5개 격언이 새겨져 있다.

> 클레아르코스(Klearchos)가 이 격언들을 정성껏 베껴,
> 멀리 빛나도록 키네아스의 성소에 격언을 새긴 비를 세운다.
>
> (오른쪽 명문) 어려서는 예의를 배워라.
> 젊어서는 스스로를 절제하라.
> 중년이 되어서는 공평하라.
> 노년에는 좋은 조언을 주라.
> 그리고 후회 없이 죽어라

성지 퓌토(holy Pytho)는 델피의 또 다른 이름이다. 알렉산드로스 대왕을 따라서 아시아로 간 그리스인들이 BCE 3세기 중반 아프가니스탄에 세운 그리스-박트리아 왕국의 도시, 아이하눔에서 델피까지 거리는 대략 10,000km이다. 그리스인 클레아르코스는 왕복 20,000km에 이르는 엄

청난 거리를 무릅쓰고 옛 현인들의 귀한 말씀인 델피격언을 정성스럽게 베껴와 아이하눔의 비석에 새겨 놓았다. 147개에 달하는 델피격언을 새겨놓은 비석은 사라지고 없지만 인생훈(人生訓)에 해당하는 맨 마지막 5개 격언이 비석 받침에 새겨져 오늘날까지 전해지고 있다.

아뒤톤은 신전의 본전에 해당하는 나오스의 가장 안쪽에 있는 방으로 '들어갈 수 없는' 또는 '접근할 수 없는'이란 뜻이다. 단어의 뜻이 의미하듯이 이곳은 오직 사제만이 들어갈 수 있는 방으로 신전에서 섬기는 신상을 모셔둔 신전 속의 사당이다. 델피의 무녀 퓌티아는 신탁을 받기 위해 나오스와 지하계단으로 연결된 아뒤톤으로 내려가 옴파로스 옆에 놓인 세발의 자에 앉았다. 그녀는 한 손에는 월계수 가지를 쥐고 또 다른 한 손에는 카쏘티스 샘물을 담은 접시를 든 채 지하의 갈라진 바위틈에서 새어나오는 에틸렌 가스를 들이마셔 무아지경 상태에 빠진 후에 사람이 알아들을 수 없는 말을 웅얼거렸다. 그러면 지성소의 신관이 그녀의 신탁을 이해할 수 있는 말로 해석해서 신탁 의뢰인에게 전달했다. 하지만 신탁의 내용은 대개 비밀스럽고 모호했기 때문에 신탁의 자의적 해석에 따라 운명이 바뀌는 경우가 종종 있었다.

예를 들면, 리디아의 왕 크로이소스가 이웃 국가인 페르시아와 전쟁을 벌여도 될지 알아보기 위해 신탁을 구했을 때가 그러했다. 그는 "당신이 전쟁을 일으킨다면, 위대한 제국을 파괴할 것이다."라는 신탁을 받았다. 그는 신탁의 예언에 용기를 얻어 전쟁을 일으켰지만 페르시아의 키루스 대왕에게 패배했을 뿐만 아니라 포로로 붙잡혀 결국 리디아 왕국은 멸망하였다. 신탁에서 얘기한 위대한 제국은 페르시아가 아닌 자신의 왕국 리디아였던 것이다. 이와 반대로, 제2차 그리스-페르시아 전쟁에서 전황을 반전시킨 살라미스 해전은 신탁의 해석을 정확히 한 그리스 정치가이자 장군인 테미스토클레스 덕분이었다.

페르시아 제국의 두 번째 침공으로 두려움에 빠진 그리스인들은 전쟁에서 승리하려면 어떻게 해야 하는지 델피에 물었다. 그들은 퓌티아로부터 "나무 성벽만이 함락되지 않을 것이다."라는 애매한 신탁을 받았다. 나무 성벽이 의미하는 바에 대해 아테네인들 사이에 의견이 분분했다. 어떤 이들은 나무 성벽이 아테네의 아크로폴리스를 둘러싼 가시덤불이라 주장하고 아크로폴리스에서 농성전을 펼쳐야 한다고 주장했다. 그러나 테미스토클레스는 나무 성벽이 페르시아의 재침에 대비해서 지난 몇 년간 서둘러 건조했던 함선(목선)을 뜻하는 것이라 해석하였다. 그는 시민들을 설득하여 코린토스로 피난시키고 힘 쓸 수 있는 장정들을 끌어 모아 200척의 전함에 승선시켰다. 마침내 페르시아 대군에 의해 아테네는 함락되었고 아크로폴리스는 불에 탔지만 테미스토클레스가 이끄는 그리스 연합해군이 살라미스 해전에서 대승을 거둠으로써 전황은 그리스에 유리하게 바뀌었다. 이듬해 벌어진 플라타이아 평원의 전투에서 그리스 연합군이 또 다시 승리를 거둠으로써 전쟁은 그리스의 승리로 마침표를 찍게 되었다.

오늘날 아폴론 신전에는 아뒤톤의 흔적은 남아 있지 않고 세월의 거센 풍파에 시달린 돌기둥 6개와 기단부에 해당하는 스틸로베이트만 간신히 남았지만, 주변 풍광과 잘 어울리는 도리아 신전은 여전히 기품이 넘치는 아름다움을 뽐낸다. 신전 구경을 마친 우리는 아폴론 신전을 뒤로 하고 바로 위쪽에 있는 극장을 향해 언덕을 올라갔다.

원형극장과 스타디움

아폴론 신전 앞에 펼쳐진 장쾌한 산과 깊은 계곡이 한눈에 보이는 장소에 원형극장이 있는데, 이곳에서 아폴론이 왕뱀 퓌톤을 활로 쏴죽이고 자신의 신탁소를 세운 것을 기념하기 위한 퓌티아 제전(Pythia festival)이 열렸다. 아폴론 신은 음악의 신이었기에 이 축제는 델피 아래 크리싸 평원에

3-21. **극장 위 언덕에서 바라본 델피성역 전경** 이곳이 델피성역의 뷰포인트이다. 여기서 사방을 둘러보면 델피성역은 확실히 신기가 서린 곳이라는 것을 느낄 수 있다. 이곳은 완벽한 배산임수의 명당자리이다.

서 8년마다 열리는 음악 경연대회로 시작되었다. 퓌티야 제전은 BCE 582년부터 장소를 델피로 옮겨 매 4년마다 열렸으며 BCE 5세기경부터 음악경연 이외에 운동경기와 전차경주가 추가되었다.

　고대 그리스 시절에 만든 원형극장은 사라졌다. 우리가 지금 보는 극장은 CE 1세기 로마제국 초기에 만든 것으로 반원형 관객석에는 5천명이 앉을 수 있다 한다. 극장 구경을 마치고 퓌티아 제전의 체육경기가 열렸던 스타디움을 구경하기 위해 다소 가파른 오솔길을 올라 극장 위쪽으로 갔다. 발 아래로 원형극장과 아폴론 신전이 훤히 내려다보이는 이곳이 델피성역의 뷰포인트이다. 정면(남쪽)은 가슴이 시원할 만큼 탁 트여 있고 병풍처럼 에워싼 동쪽 암벽은 마치 강물을 차고 뛰어오르는 물고기의 비늘처럼 햇빛을 받아 은빛으로 반짝이며 정면에 펼쳐진 육중한 산맥의 깊숙한 계곡에는 프레이스토스 강이 흐른다. 이 강은 이곳에서 동북쪽으로 12km 떨어진 파르나쏘스 산에서 발원하여 델피 아래 계곡을 지나 올리브 나무가 울

3-22. **퓌티아 경기가 열린 델피 스타디움** 고대 그리스에서 출발과 도착지점 간 거리는 스타디움 길이의 척도인 스타디온으로 나타내었다. 퓌티아 경기장의 1 스타디온은 177.55m에 해당한다. 아래 네모 칸의 사진은 달리기 경기의 출발선을 보인 것이다.

창한 크리싸 평원을 거쳐 코린트만으로 흘러들어간다. 여기서 사방을 둘러보면 델피 성역은 확실히 신기가 서린 곳이라는 것이 느껴진다. 이곳은 완벽한 배산임수의 명당자리이다!

언덕 위에서 델피성역의 장엄한 풍경을 조망하고 다시 언덕길을 따라 300미터 정도 더 걸어 올라가면 고대 스타디움의 동쪽 출입구가 나오는데 입구로 가는 길목에 출입금지 줄이 쳐져 있다. 운동장을 구경하려면 여기서 솔밭 길을 따라서 200미터를 더 직진하여 스타디움의 서쪽으로 가야 한다. 델피 솔밭 길은 우리나라 산사 입구를 연상케 하여 걸어가는 길은 정겹기만 했다. 그리스 스타디움은 현대 스타디움보다 폭은 좁고 길이는 길어 길쭉한 직사각형 형태이지만 전체적인 모양은 그때나 지금이나 거의 똑같이 생긴 데다 관중석 중앙의 맨 아래에는 등받이가 있는 귀빈석도 몇 개 놓여 있어 감탄하게 된다. 원래 이 운동장이 처음 만들어졌던 BCE 5세기에는 관객석이 따로 없었고 관중은 경사진 땅바닥에 앉아 경기를 구경했다. 현재와 같은 대리석 관중석이 있는 스타디움의 모습을 갖춘 것은 로마 제국의 최전성기였던 CE 2세기 하드리아누스 황제 때였다.

퓌티아 제전은 지중해를 둘러싼 수많은 그리스 도시국가가 참가했던 4대 범그리스 경기(올림피아, 퓌티야, 네메아, 이스트미아 경기) 가운데 하나였으며 제우스신을 기리는 올림피아 경기 다음으로 중요하게 여겼다. 이 제전은 6일 내지 8일간 열렸는데 나흘간에 걸친 축제를 마친 다음 이곳 스타디움에서 운동경기를 하였고 경기 우승자에게는 템피 계곡에서 자라는 월계수 가지를 꺾어 만든 월계관을 수여하였다.[33] 트랙의 출발선과 도착선은 일등병 계급장(=)처럼 구멍이 두 줄로 뚫린 납작한 돌을 일렬로 깔아 표시했으며 이 출발선에 17-18명의 선수가 동시에 발을 디디고 달리기를 겨루었다. 고대 그리스에서 출발과 도착지점 간 거리는 스타디움 길이의 척도인 스타디온(stadion)으로 나타내었는데, 퓌티아 경기장의 1 스타디온은 177.55m이다.[34] 스타디움에서 열린 운동경기에는 스타디온(180m 달리기), 디아우로스(스타디온의 2배를 뛰는 경기), 히삐오스(스타디온의 4배를 뛰는 경기), 도리코스(스타디온의 24배를 뛰는 장거리 달리기) 그리고 5종경기인 펜타쓰론(달리기, 레슬링, 멀리뛰기, 원반던지기, 창던지기의 다섯 종목을 겨루는 복합경기)이 있었다. 퓌티아 체육대회는 호프리토드로모스(투구와 정강이받이를 착용하고 방패를 들고 스타디온의 2-4배를 달리는 무장경기)를 겨루는 것을 끝으로 막을 내렸다. 현대 올림픽 경기에서 세계에서 가장 빠른 사람을 뽑는 100m 달리기가 가장 인기가 높듯이, 고대 그리스의 운동경기에서도 스타디온이 가장 인기가 많아서 이 종목의 우승자를 전차경주까지 포함한 전체 경기의

---

33) 신화에 의하면, 아폴론이 활을 쏴서 죽인 왕뱀 퓌톤은 대지모신 가이아의 아들이었다. 아폴론은 살인죄를 씻기 위해 템페 계곡에서 몸을 씻었다고 전해진다. 월계수는 아폴론을 상징하는 나무이다.
34) 보통 1스타디온=180m이다.

MVP로 쳐주었다고 한다.

　그렇다면, 델피의 전차경주는 어디에서 열렸을까? 전차경기는 대회 마지막 날에 이곳 델피 스타디움이 아닌 델피성역 아래 크리싸 평원에 있는 히포드롬(경마장)에서 열렸다. 경마 종목에는 승마경기, 말 두필이 끄는 전차경기(synoris), 말 네 필이 끄는 전차경기(tethrippon)가 있었고, 승마경기는 인기가 없어 일찌감치 올림픽 종목에서 퇴출됐다고 한다.

　스타디움 관람을 끝으로 델피성역 구경을 모두 마쳤다. 이제 이곳에서 동쪽으로 1.5km 떨어진 아테나 프로나이아 지성소 구경만 남았다. 우리는 박물관 앞에서 잠시 쉰 다음 아테나 신전을 향해 길을 나섰다. 오후 6시를 넘으니 길가에 줄지어 서있던 승용차도 많이 빠져 나가 주차공간에는 빈 자리가 많았다. 아테나 성역을 향해 길을 따라 걸어가다 보면 중간쯤에서 도로가 그리스 알파벳 람다(Λ)처럼 크게 꺾이는 곳이 나타난다. 이곳은 파이드리아데스 암벽이 고대에 지진에 의해 둘로 쪼개지면서 계곡을 이룬 곳이다. 나무가 울창한 이곳에는 카스탈리아 샘(Castalia spring)으로 불리는 샘이 세 군데 있는데, 길 바로 옆에 있는 카스탈리아 샘은 BCE 6세기 초에 만들어졌기 때문에 아르카익 파운틴(archaic fountain)으로도 불린다. 이것은 바위를 직사각형으로 깊게 파내고 측면에 석축을 쌓아 만들었다. 욕조 바닥에는 평편한 돌을 깔았고 석벽을 따라 석재 벤치를 둘렀으며 바위를 깎아 만든 수로를 통해서 흘러들어온 물은 네 개의 사자머리 주둥이를 통해서 욕조로 쏟아졌다. 델피 신전에서 아폴론 신탁을 받기 위한 제의를 시작할 때, 퓌티아 여사제와 신관은 이 샘에서 몸을 씻고 성수를 마시는 정화의식을 거행하였다. 신탁 의뢰인들도 이곳에서 몸을 씻어 자신의 몸을 정화한 다음 사제의 행렬을 쫓아 월계수 나뭇가지를 들고 아폴론 신전으로 올라갔다고 한다.

　길 위에서 카스탈리아 샘을 내려다보다 문득 시간을 살펴보니 어느새 오후 6시 반이었다. 오늘 여기서 메테오라 쪽으로 가려면 핀도스 산맥을 넘어야 했는데 이 길은 험한 산길인데다 초행길이라서 깜깜해지기 전에 산을 빠져나오려면 출발을 서둘러야 했다. 우리는 걸음을 재촉하여 아테나 프로나이아 성역으로 갔다.

아테나 프로나이아 지성소

아테나 프로나이아 지성소는 고대 그리스 건축을 대표하는 건물 가운데 하나인 톨로스(tholos)를 포함한 다수의 신전과 보물창고로 이루어져 있다. 프로나이아(pronaia)는 '신전 앞(before the temple)'이란 뜻으로 순례자가 델피신전으로 갈 때 만나게 되는 첫 번째 지성소였다. 아테나 프로나이아 성역은 협소한 계곡에 터를 잡은 탓에 대지가 길쭉한 직사각형 모양이다. 현재 성역의 진입로는 서쪽에 나 있지만 원래 신전의 출입구는 동쪽 끝에 있었다. 하지만 정말 안타깝게도 성역 주변으로 단층대가 여러 개 지나가는 바람에 옛 신전 건물은 이곳을 몇 차례 강타한 강력한 지진으로 완전히 파괴되어 현재는 기초석만 남아있다.

원기둥처럼 생긴 건물을 일컫는 톨로스는 아테나 프로나이아 성역의 한가운데에 세워져 있었다. 이곳의 톨로스는 후기 고전기에 속하는 기원전 4세기(BCE 380-360년)에 세운 것으로 고대 그리스 건축을 대표하는 명작 가운데 하나이다.[35] 이 건물은 검은 색깔의 엘레우시스 석재를 사용하여 삼단으로 된 계단식 플랫폼을 만들고 이 위에다 아티카 지역에서 나는 하얀색 펜텔릭 마블로 원기둥 모양의 셀라를 세우고 바깥을 도리아 기둥으로

---

35) 델피의 톨로스는 에피다우로스에 있는 아스클레피온의 톨로스를 설계한 건축가, 테오도로스(Theodorus)가 설계하였다. 지진으로 완전히 파괴된 것을 1938년에 일부 복원하였다.

3-23. **아테나 프로나이아 지성소의 톨로스** 기원전 4세기 초에 지은 원형 건물로 고대 그리스 건축을 대표하는 명작 가운데 하나이다. 극히 일부만 복원되었음에도 건물이 내뿜는 아우라는 대단하다. ⓒ후다(Huda)

빙 둘렀다. 그런데 이 멋진 건물에 관한 어떤 명문이나 기록도 남아 있지 않아 중요한 신상을 보관했을 것으로 짐작만 할 뿐 아직까지 건물용도는 밝혀지지 않았다. 톨로스는 아테나 성역의 여러 건물 가운데 유일하게 일부 복원되어 관광객을 맞이하고 있다. 극히 일부만 복원되었음에도 건물이 내뿜는 아우라는 정말 대단하여 관광객 중에는 이 건물이 아테나 신전인 줄 착각하는 경우도 있다.

톨로스 구경을 끝으로 4시간에 걸친 델피 구경을 모두 마쳤다. 시계를 살펴보니 7시가 다 되었고 해는 서산을 뉘엿뉘엿 넘어가면서 나무 그림자를 길게 드리웠다. 출발 시간이 너무 늦어 3년 전에 들렀던 박물관 너머 델피 마을에는 들를 수가 없었다. 내일 여행지인 메테오라는 여기서 239km 떨어져 있다. 오늘 중으로 메테오라까지 가기는 틀렸기에 일단 그리스의 백두대간인 핀도스 산맥을 벗어나는 것을 목표로 북쪽으로 달리다가 호텔이 있을 만한 도시가 보이면 그곳에서 묵기로 하였다. 우리는 내비게이션이 가리키는 대로 델피-릴리아-테르모필레-라미아를 거쳐 메테오라로 가는 길을 선택하고 출발했다.

　우리는 48번 국도를 타고 아라호바 마을 방향으로 가다가 Y자로 갈라지는 길목에서 내비가 가리키는 왼쪽의 좁은 산길로 올라섰다. 이 길은 산비탈에 자리 잡은 아라호바 마을의 서북쪽 외곽을 거쳐 핀도스 산맥을 넘는 매우 꼬불꼬불한 산길이다. 우리는 산머리를 향해 S자로 휘어진 길을 두어 차례 휘돌며 힘차게 올라갔다. 차가 산머리 길을 달릴 때, 저 멀리 서쪽 하늘을 오렌지색으로 물들인 노을이 점차 빛을 잃고 어둠이 장막처럼 내려오기 시작했다. 이제부터 부지런히 밤길을 달려 핀도스 산맥을 벗어나야 했다. 이 산길은 가로등이 전혀 없는데다 S자로 크게 휘어진 내리막길의 연속이라서 조심스레 달려야했다.

　어둠으로 덮인 산은 차량통행이 거의 없어 적막했다. 달리는 차 앞으로 산짐승이 뛰어들까봐 신경이 약간 쓰였지만 그럭저럭 야간운전을 할 만했다. 사람이 살지 않는 폐가 네댓 채가 길가에 방치되어 있는 어떤 마을을 지나칠 때는 마치 유령마을에 들어선 듯 머리털이 쭈뼛 곤두서기도 했다. 그래서 어쩌다 가끔 맞은편에서 전조등을 켜고 다가오는 승용차나 화물차를 만나게 되면 마치 험한 등산길에서 사람을 만난 양 반가웠다. 호텔이 있을 만한 도시를 만나기까지 대략 두어 시간 동안 쉼 없이 달렸고 그 사이에 큰 산맥 한 개와 작은 산맥 한 개를 넘었다. 시각은 어느덧 밤 9시 반을 훌쩍 넘어섰다. 나는 피곤하기도 하고 하품도 나오기 시작해서 호텔이 있을 만한 곳이면 아무 곳이나 들어가기로 했다. 산맥을 무사히 넘고 평지를 한동안 달리고 있을 때, 멀리 떨어진 앞쪽에 불빛이 휘황한 도시가 보여 우리는 이름 모를 이 도시에서 하룻밤을 묵기로 했다. 길치인 나는 시내로 진입할 수 있는 출구를 두어 차례 놓친 끝에 어렵사리 이 도시로 진입하는데 성공했다. 우리는 큰 도로에서 벗어나 무작정 어느 동네로 차를 몰고 들어가 호텔을 찾았다. 다행히 허름한 한 호텔을 발견하여 이곳에서 여장을 풀었다. 다

3-24. **그리스 여행을 함께 한 나의 애마, 현대 i30 승용차** 자동차 여행은 이동성이 좋다는 것과 차창 밖으로 펼쳐진 풍광을 온전히 감상할 수 있다는 점이 매력적이다.

음날 아침에 휴대폰의 구글지도로 검색해 보니 이 도시 이름은 라미아였다. 이렇게 난생 처음 해 본 유럽 자동차 여행의 첫날이 무사히 지나갔다.

제4장
장쾌하구나, 메테오라여!

테르모필레
메테오라 수도원

장쾌하구나, 메테오라여!

테르모필레/메테오라 수도원

전날 밤늦게 도착한 라미아의 이름 모를 호텔에서 잠을 푹 잤더니 다음날 아침에 몸이 가뿐했다. 호텔 1층의 자그마한 식당에는 우리 부부밖에 없었다. 아침식사를 맛있게 먹고 짐을 챙겨 나오니 다른 때보다 한참 이른 9시였다. 오늘은 이곳에서 20여분 거리에 있는 테르모필레의 레오니다스 추모비를 구경하고 메테오라 수도원에 가기로 했다. 테르모필레(thermopylae)는 그리스 중부의 마리안 걸프(Malian gulf)에 접한 폭이 좁은 육상 통로인데, 이 근처에 뜨거운 유황 온천수가 흐르고 있어 고대부터 테르모(thermo·열, 뜨거운)와 필레(pylae·문)를 합쳐 테르모필레(hot gates·뜨거운 문)로 불리었다. 여기서 BCE 480년에 일어난 제2차 그리스-페르시아 전쟁의 서막을 열었던 테르모필레 전투가 벌어졌는데, 그 역사현장을 직접 보고 싶었다.

테르모필레

라미아에서 테르모필레로 가는 길은 매우 한적했다. 레오니다스와 300용사 추모비는 넓은 길을 사이에 두고 콜로노스 언덕의 맞은편 벌판에 서 있다. 왼손으로 호프론 방패를 거머쥐고 오른손으로 창을 높이 쳐든 레오니다스 청동상이 한가운데에 있고, 테르모필레 전투 장면을 새긴 대리석

4-1. **스파르타의 레오니다스 왕과 300용사 추모비** 페르시아 전쟁에서 영예로운 죽음을 택한 스파르타의 레오니다스 왕과 300용사를 기리기 위해 실제 전투가 벌어졌던 콜로노스 언덕 맞은편 벌판에 세웠다.

부조가 좌우에 병풍처럼 펼쳐져 있다. 레오니다스 왕의 청동상 좌대 상단에는 '몰론 라베(MOΛΩN ΛABE)'라는 글자가 적혀있는데, 이는 '와서 가져가라'라는 뜻이다.

페르시아 제국의 크세르크세스 대왕은 선왕이 10년 전에 시도했다 실패했던 그리스 정벌을 위해 적게는 7만에서 많게는 30만으로 짐작되는 육군과 수백 척의 해군함선을 이끌고 그리스 본토를 침공했다. 그의 일차적인 군사목표는 그리스에서 가장 강력한 도시국가인 아테네를 굴복시키는 것이었다. 이를 위해 페르시아 육군은 제국의 영토인 소아시아에서 가장 가까운 유럽 땅(갈리폴리 반도)에 상륙하여 북쪽의 트라케 지방을 거쳐 해안선을 따라 남쪽의 아테네로 진군했다. 페르시아 함대 역시 그리스 해안선을 따라 북쪽에서 남쪽으로 이동했다. 크세르크세스 대왕의 제국군은 그리스 중부 테살리아에서 보이오티아로 진입하는 관문인 테르모필레 패스(고갯길)에 이르렀다. 오른쪽의 높다란 산과 왼쪽의 바다 사이에 있는 이 좁은 통로만 통과하면 보이오티아 평원을 가뿐히 돌파하여 아테네를 공격할 수 있었다.

오늘날 테르모필레의 지형은 페르시아 전쟁 후 2,500년 세월 동안 강물 및 유황온천수의 퇴적작용과 해수면의 변화로 인해 바다가 안 보일 정도로 너른 평야지대가 되었지만, 전투 당시에는 해안가 통로의 폭이 불과 100m에 불과하여 소수의 병력으로 대군을 방어하기에 최적의 장소였다고 한다. BCE 480년 여름에 크세르크세스 대왕이 지휘하는 페르시아 제국군과 스파르타의 레오니다스 왕이 이끄는 그리스 연합군(6-7천명)이 이곳에서 맞닥뜨렸다. 크세르크세스 대왕은 끝이 안 보이는 페르시아 군대를 본 그리스 군이 공포에 질려 도망가길 기대하면서 나흘을 기다렸으나 그리스군은 요지부동이었다. 마침내 그는 레오니다스에게 사절을 보내 항복을 권하는 메시지를 전달하였다. "무기를 내려놓는다면, 목숨만은 살려주겠다." 이에 레오니다스는 다음과 같이 응수했다. "와서 가져가라." 스파르타 인들은 말을 할 때 주절주절 길게 얘기하지 않고 핵심만 간결하게 말하는 것으로 유명했는데, 이를 스파르타가 속한 라코니아 지방(laconia)의 이름을 따서 라코닉 표현(laconic phrase) 또는 라코니즘(laconism)이라 부른다.

크세르세스 대왕은 크게 화를 내며 공격을 명령했다. 사흘간에 걸친 처절한 전투 끝에 레오니다스 왕과 그의 부하들은 장렬한 최후를 맞이했다. 하지만 이곳에서 대치하면서 일주일간 시간을 끈 덕분에 아테네 시민들은 코린토스로 피난할 수 있었고, 전열을 가다듬은 그리스 연합군은 그해 9월말에 맞붙은 살라미스 해전과 이듬해 플라타이아 평원의 전투에서 대승을 거둠으로써 마침내 그리스-페르시아 전쟁에서 승리하였다. 그리스인들은 레오니다스 왕의 이름이 오랫동안 기억될 수 있도록 최후의 전투가 벌어졌던 콜로노스 언덕에 사자 석상을 세웠다고 한다. 그러나 세월이 흐르면서 이 사자 석상은 사라지고 말았는데, 1955년 미국의 그리스 교포들이 힘을 합쳐 레오니다스 왕과 300용사 추모비를 이곳에 세웠다. 여기서 왼쪽으로 50m 떨어진 곳에는 또 다른 기념비인 테스피안 모뉴먼트(Thespian monument)가 있다. 이것은 가끔 무명용사의 비로 잘못 소개되기도 하지만, 테르모필레 전투에서 스파르타 군과 함께 최후까지 맞서 싸운 700명의 테스피아이 용사를 추모하기 위해 그리스 정부가 1997년에 세운 기념비이다. 테스피아이(Thespiae)는 그리스 중부지역인 보이오티아에 있는 자그마한 도시국가로, 테르모필레가 뚫리면 자신들의 도시도 함락될 위험에 처하였기에 스파르타나 테베보다 더 많은 수의 호플리테스를 파병하였다.

인적이 없는 추모비 주변 환경은 썩 좋지는 않았다. 추모비 가까이에 고압송전탑이 하나 서 있어 여러 줄의 고압송전선이 기념비 뒤쪽으로 지나간다. 이제 추모비 맞은편에 있는 테르모필레 최후의 격전지 콜로노스 언덕에 올라가 볼 차례이다. 레오니다스 추모비와 콜로노스 언덕 사이에는 왕복 2차선 도로가 있는데 이곳에서만 갑자기 폭이 넓어져 마치 8차선 도로가 가로막고 있는 것처럼 보였다. 근처에 건널목이 없어 어쩔 수 없이 무단횡단을 해야 했다. 다행히 이 도로는 차량통행이 적어 매우 한산했다. 그래도 무단횡단인지라 우리는 재빠르게 도로를 가로질러 콜로노스 언덕 위로 올라갔다. 언덕 위에는 다음과 같은 내용의 묘비명이 적힌 붉은 판석이 세 단으로 이루어진 기단의 한가운데에 놓여 있다.

"오, 지나가는 나그네여, 라케다이몬(스파르타) 사람들에게 전해주오.
그들의 명령에 따라 우리가 여기에 누워 있다고."

이 묘비명은 전쟁이 끝난 후 아테네의 시인 시모니데스가 지은 것이다. 고대에 그의 묘비명을 적은 판석을 여기에 두었지만 사라졌고 현재 우리가 보는 것은 1955년에 다시 만든 것이다. 무려 2천5백년 전에 나와 전혀 상관없는 지역에서 벌어진 전투였지만, 자유를 억압하고 굴종을 강요하는 외적의

4-2. (왼쪽)콜로노스 언덕 위에는 시모니데스 시인의 묘비명을 적은 판석이 있다. 고대의 것은 사라졌고 1955년에 다시 만든 것이다. (오른쪽)콜로노스 언덕에서 바라본 테르모필레 협로 풍경.

침략에 맞서 격렬한 투쟁 끝에 죽음조차 기꺼이 받아들인 이름 모를 그리스 영웅을 떠올리자니 갑자기 코끝이 시큰해졌다. 그것은 일제의 침략에 맞서 이역만리 타국에서 자신의 몸을 불살랐던 우리 독립군이 떠올랐기 때문이었다. 묘비명은 나에게 "오, 지나가는 나그네여, 우리는 민족의 명령에 따라 투쟁하고 민족의 제단에 누웠노라. 조국이 독립하면 고향땅에 묻어주오."하고 말하는 듯했다. 하루하루 끼니를 걱정해야 했고 무기조차 변변치 않은 열악한 상황에서 우리 선열들은 치열하게 일본과 독립전쟁을 벌였다. 이들의 고귀한 희생이 없었다면 대한민국 건국의 역사는 얼마나 초라했을 것인가? 일부 노예근성의 지식인들이 일제강점기를 찬양하면서 조선인에 대한 일본의 강제노역과 성노예 착취를 부정하고 독립투쟁을 폄하하는데 그들은 한반도에 대대로 땅을 딛고 이 땅에서 나는 채소와 고기를 먹고 살면서도 자신들이 얼마나 비굴한 인생을 사는지조차 모르는 인간들이다.

나는 갑자기 울컥하여 붉어진 눈시울을 아내에게 들킬까봐 얼른 시선을 돌려 테르모필레 패스를 내려다보았다. 왼쪽에는 산들이 병풍처럼 둘러쳐져 있고 산비탈에는 나무가 우거져 있는데 새소리조차 들리지 않고 무척 한가로웠다. 자연은 인간세상에서 일어나는 모든 것을 그저 무심히 품어주

4-4. **메테오라 가는 길(A3 고속도로)** 그리스 중부 테살리아주의 씨니아다(남쪽)와 트리칼라(북쪽)를 이어주는 왕복 4차선 고속도로이며 2017년 12월에 개통되었다. 운행 차량이 적은데다 경치가 아름다워 해외운전 초보자에게는 환상적인 드라이빙 코스였다.

는 듯하였다. 이렇게 테르모필레 구경을 모두 마치고 시간을 살펴보니 오전 10시에 가까웠다. 여기서 라미아를 거쳐 메테오라 수도원이 있는 칼람바카까지는 승용차로 2시간 거리인 161km이다. 오늘은 메테오라 수도원을 구경하고 최소한 디온까지 가서 하룻밤을 묵을 생각이었기에 서둘러야 했다. 우리는 내비가 일러주는 대로 라미아를 거쳐 중부 그리스의 A3 고속도로에 들어섰다. A3 고속도로는 그리스 중부지방인 테살리아의 남쪽 (라미아 근처에 있는)씨니아다와 북쪽 (칼람바카에서 가까운)트리칼라를 연결하는 왕복 4차선 도로로 2017년 12월에 개통되었다. 고속도로 전체구간 중에서 처음 1/3은 핀도스 산맥의 완만한 경사를 이루는 산허리를 가로질러 달리다가 이후 나머지 2/3 정도는 지평선이 보일 정도로 광활한 평원을 달리는 도로이다.

메테오라 수도원

그리스 고속도로는 수도 아테네 주변 지역을 벗어나면 대체로 한산했는데 이곳은 아테네로부터 한참 벗어난 그리스 중부 테살리아의 남북을 잇는 도로라서 더욱 한산했다. 개통한 지 10개월 된 고속도로의 노면상태는 매우 좋아 달리는 차의 승차감은 쾌적했고 한참 동안 달려도 도로에는 내 차만 있을 뿐이어서 운전에 신경 쓸 일이 거의 없었다. 그리스 고속도로는 최대 주행속도는 시속 120km이지만 차량통행이 적어서 그런지 속도위반 감시카메라가 거의 없어 해외운전 초보자에게는 최고의 드라이빙 코스였다. 한동안 A3 고속도로를 달리다가 트리칼라를 지나 유로피안 루트 E92로 접어들었다. 여기서부터 칼람바카까지는 거의 일직선 도로였다. 가는 중간에 주유소에 들러 기름을 가득 충전하고 다시 출발했다. 우리는 칼람바카 시내를 관통하고 자그마한 카스트라키 마을을 지나 메테오라에서 가장 낮은 곳에 위치한 성 니콜라스 아나파우사스 수도원 앞 주차장에 도착했다. 눈앞에 거대한 암벽이 치솟아 있는 것을 보니 살짝 흥분되었다.

까마득히 먼 옛날에 메테오라 지역은 지대가 낮은 호수였다고 한다. 호수 바닥에 쌓인 두터운 퇴적층(역암층과 사암층)이 6천만년 전에 일어난 일련의 지각운동에 의해 위로 치솟아 오르면서 고원지대가 되었다. 오랜 세월에 걸쳐 물과 바람 그리고 심한 온도 변화가 역암층과 사암층에 풍화와 침식작용을 일으키면서 지금과 같은 기기묘묘한 지형이 되었다. 우리나라의 경우에는 전북 진안의 마이산이 비슷한 시기에 이런 원리로 만들어졌다. 그리스어 메테오라(Μετέωρα)는 '공중에 떠 있는'이란 뜻으로 거대한 암반 꼭대기에 아슬아슬하게 올라앉아 있는 정교회 수도원으로 유명하다. 이곳에 정교회 수도승들이 머물기 시작한 것은 11세기부터였다. 초기에는 터키 카파도키아처럼 벼랑에 동굴을 파고 그 안에서 은둔생활을 하였는데, 동로마 제국이 쇠퇴하기 시작한 14세기 무렵에 보다 안전한 수도처의 필요성을 느낀 수도승들이 사다리와 밧줄 또는 바구니를 사용해서 건축자재를 바위기둥 꼭대기로 옮겨와 건물을 지었다. 오늘날 터키의 전신인 오스만 제국이 그리스를 약 400년간 지배했을 때는 정교회 수도원이 그리스 언어, 문화, 전통, 종교를 보존하는 역할을 하였다. 한창때는 이곳에 수도원이 무려 24

4-4. **성 니콜라스 아나파우사스 수도원에서 바라본 주변 풍경** 발 아래로 카스트라키 마을이 보이고, 벌판 너머로 핀도스 산맥이 가로방향으로 지나간다.

개나 있었지만 현재는 대부분 폐허가 되거나 폐쇄되었고 실제 운영되는 곳은 6곳이다. 현재 이곳에서 생활하는 성직자는 50여 명 남짓으로 이 가운데 약 80%는 수녀라고 한다. 우리가 방문했을 때 각 수도원의 입장료는 3유로였으며 수도원 박물관을 제외한 성소 촬영은 금지되었다. 또 일부 수도원의 경우, 매표소 앞에서 여성 관광객에게 기다란 두르개를 빌려주고 허리에 두른 후 입장하도록 하였다. 그래서 설혹 여성 관광객이 다리가 드러나는 반바지를 입고 왔을지라도 수도원 입장을 못하는 경우는 없었다. 바위산의 해발고도는 메테오라 초입에 있는 성 니콜라스 아나파우사스 수도원의 바위가 300m로 가장 낮고, 산꼭대기에 있는 대 메테오론 수도원의 바위가 613m로 가장 높다. 우리는 자동차 길을 따라 낮은 곳에서 높은 곳으로 이동하면서 6개 수도원을 차례로 방문하였다.

4-5. **그리스 국기와 정교회 깃발** 그리스 정교회를 상징하는 엠블럼은 노란색 바탕에 머리가 둘 달린 검은색 독수리가 한쪽 발로 칼을 잡고 다른 한쪽 발로는 왕관을 씌운 공을 붙잡고 있는 모양이다. 이것은 동로마 제국의 마지막 황실에서 사용했던 쌍두 독수리에서 따온 것이다.

    성화로 가득 찬 수도원 내부를 대충 구경하고 나서 수도원에서 가장 높은 곳에 위치한 테라스로 나가 주변 경치를 감상했다. 정면으로는 초록빛 들판이 드넓게 펼쳐져 있고 왼쪽과 오른쪽에는 거대한 회색빛 암벽이 마치 병풍처럼 둘러쳐져 있다. 아, 정말 장쾌하다! 이곳은 바람골인 듯, 높은 곳에 올라오니 바람이 제법 세차게 불어 모자를 깊숙이 눌러쓰지 않으면 벗겨져 날아갈 정도였다. 테라스의 돌난간 한가운데에 십자가를 가운데에 두고 V자 모양으로 기울인 두개의 깃대에 그리스 국기와 정교회 깃발이 힘차게 나부꼈다. 그리스 정교회를 상징하는 엠블럼은 노란색 바탕에 머리가 둘 달린 검은색 독수리가 한쪽 발로 칼을 잡고 다른 한쪽 발로는 왕관을 씌운 공을 붙잡고 있는 모양이다. 이것은 정교회를 국교로 삼았던 동로마 제국의 마지막 황실(팔레올로고스 가문)의 상징이었던 쌍두 독수리에서 따온 것이다. 사실, 쌍두 독수리를 처음 사용한 나라는 오늘날 터키의 아나톨리아 반도에 터를 잡고 고대 이집트 왕국과 쌍벽을 이루었던 히타이트 제국(BCE 1600-1179년)이었다. 이후에, 셀주크 제국, 동로마 제국, 신성 로마제국, 러시아 제국이 국가의 엠블럼으로 쌍두 독수리를 사용했거나 사용 중이다.

    차를 몰고 이곳 산자락의 중간 높이에 있는 루사노 수도원으로 갔다. 이 수도원은 16세기에 지은 것으로 1988년 수녀원으로 바뀌었고 현재 수녀들이 운영하고 있다. 이곳은 산 정상으로 오르는 오르막길 바로 옆에 있어 주차공간이 부족한 곳인데 우리는 정말 운 좋게도 도착하자마자 빈자리를 하나 발견했다. 여름철 관광성수기를 살짝 넘긴 9월 중순이었지만 여기엔 여전히 수많은 관광객과 차량으로 붐비고 있었다. 높다란 계단을 따라 수도원으로 오르니 저 멀리 바위병풍 꼭대기에 발람 수도원이 보이고, 북쪽으로는 산 정상부로 향하는 자동차 길과 함께 V자로 패인 계곡이 펼쳐졌다. 수도원마다 색다른 풍광을 보여주니 보는 눈이 즐거웠다.

이곳에서 잠시 머물다 다시 차를 몰고 산 정상을 향해 올라갔다. 산머리 쯤 올라가니 도로가 T자로 갈렸다. 왼쪽으로 핸들을 돌리면 발람 수도원과 대 메테오론 수도원이 나타나고 오른쪽으로 꺾으면 성 트리니티 수도원과 성 스테판 수녀원으로 가게 되는데, 자동차 길은 T자형 길목에서 왼쪽으로 더 자연스럽게 이어져 있어 우리는 발람 수도원을 먼저 들렀다. 발람 수도원은 메테오라에서 두 번째 큰 수도원으로, 14세기 중엽, 발람 수도사에 의해 건립되었는데 그의 사후 200년간 폐사지로 남았다가 16세기 초에 재건축된 것이다. 이곳은 산 정상 부근에 위치해 있어서 6개 수도원 가운데 주차공간이 가장 넉넉했다. 수도원은 좁은 계곡을 사이에 두고 맞은편 바위 꼭대기에 있다. 계곡에 설치된 철제다리를 건너려던 차에 때마침 맞은편 벼랑 위 수도원에서 도르래를 사용해서 물건을 가득 실은 포대를 끌어올리는 광경을 목격했다. 말로만 듣던 바구니를 이용한 물건 운반 장면을 눈으로 직접 보니 무척 재미있었다.

철제다리를 건너 발람 수도원의 출입구로 연결되는 높다란 계단을 오를 때 눈 아래로 펼쳐지는 풍경이 장관이다. 조금 전 들렀던 루사노 수도원이 훤히 내려다보이는데 붉은 지붕의 수도원 건물과 웅장한 바위덩어리가 환상적인 조화를 이루고 있다. 발람 수도원에는 다양한 형태의 건물이 모여

4-6. **발람 수도원에서 내려다본 풍경** 수도원 입구로 이어지는 계단을 오르면서 아래를 내려다보면 루사노 수도원이 보인다. 붉은 지붕의 수도원 건물과 웅장하면서 기기묘묘한 바위덩어리가 환상적인 조화를 이루고 있다.

있어 아기자기했다. 한쪽에 그리스 정교회 건물이 있는가 하면 반대쪽에는 터키 오스만 스타일의 건물도 보여 특이하다고 생각했다. 오스만풍 가옥의 특징은 이층이 앞쪽으로 약간 돌출해 있고 이 돌출부를 나무지지대가 떠받치고 있는 형태이다. 나오는 길에 잠깐 들른 박물관에는 주로 비잔틴 스타일의 성화가 많이 전시되어 있었다. 정교회는 우상숭배를 금지하는 성경 말씀에 근거하여 예수나 성모의 이콘(icon)으로 그림만 허용되고 조각상은 금지되어 있다. 그래서 조각상이 없는 정교회 박물관을 구경하면 조금 심심한 느낌이 든다.

현대 그리스인의 90%가 믿고 있으며 그리스인의 삶과 밀착된 정교회(orthodox church)란 무엇인가? 'orthodox'란 '바른(right, correct)', '참된

4-7. **발람 수도원 건물** (1)정사각형 십자가 평면에 팔각형 돔을 얹은 건물 두 채를 이어붙인 정교회 건물이 보인다. (2)옥외 테라스에서 내려다보는 경치가 장쾌하다.

(true)'이란 뜻으로 정교회는 바른 교회, 참된 교회란 뜻이다. 정교회는 오늘날 기독교의 3대 분파(가톨릭, 정교회, 개신교) 가운데 하나이다. 4세기 후반, 로마제국이 기독교를 국교로 받아들인 후 제국의 영토에는 가톨릭이라 부르는 보편교회 하나만이 있었다. 그러나 수백 년 지나 8-9세기에 이르게 되면 서방과 동방교회는 언어·문화·종교의례·세계관 측면에서 차이를 보이면서 성상파괴운동이나 필리오케 논쟁으로 갈등이 쌓이기 시작했다. 두 지역의 교회는 특히 로마교황의 수위권 인정여부를 두고 오랫동안 갈등을 빚다가 1054년에 일어난 쌍방파문 끝에 종교적으로 갈라서게 되는데, 이를 기독교의 대분열 또는 동서교회의 분열이라고 부른다. 그런데 이 사태는 약 150년 후에 일어날 비극의 서막에 불과했다. 1202-1204년에 서유럽의 기독교국가가 십자군을 구성하여 같은 기독교국가인 동로마 제국의 수도 콘스탄티노폴리스를 침공하는 제4차 십자군 전쟁을 일으켜 약 60년간 동로마 제국의 영토를 지배하는 사건이 일어났다. 이 전쟁을 계기로 동서교회는 완전히 갈라섰고 두 번 다시 합쳐지지 않았다. 정교회는 동로마 지역(그리스를 포함한 발칸지역)과 러시아가 믿는 기독교를 일컫는다. 우리나라에는 1900년 러시아 정교회가 들어왔으나 1904년 러일전쟁의 패전과 1917년 러

시아 공산혁명의 여파로 유명무실하다가 1950년 한국전쟁 때 참전한 그리스군의 정교회 종군사제를 통해서 다시 일어섰다. 현재 서울시 마포구 아현동 언덕에 전형적인 그리스 정교회 건물과 한국정교회 대교구청이 있다.

우리는 다시 차를 몰아 인접한 대 메테오론 수도원(The Monastery of Great Meteoron)으로 갔다. 이 수도원은 메테오라에서 가장 오래되고, 가장 크고, 가장 높은 곳에 위치해 있다. 1340년에 아토스 산에서 온 아타나시오스라는 학승이 이 지역에서 가장 높은 해발고도 613m의 거대한 바위덩어리에 공중에 떠있는 거대한 장소라는 뜻의 '대 메테오로(Megalo Meteoro)'라는 이름을 붙이고 여기에 수도원을 세웠다. 이렇게 해서 메테오르란 이름은 나중에 이 지역의 거대한 바위군과 수도원 전체를 일컫는 단어가 되었다. 그렇다면 대 메테오론 수도원은 이곳에 있는 모든 수도원의 맏형 격인 셈이다. 큰 형님 수도원답게 이곳에는 수도원에서 생을 마감한 성직자들의 유골을 모신 방, 성직자들이 실제 사용했던 옛 생활도구가 전시된 방, 15세기에 그린 프레스코 성화를 비롯한 기독교 벽화가 많이 있다. 그런데 가는 날이 장날이라고 우리가 방문한 화요일에 수도원 문이 닫혀 있어 구경을 못하였다. 메테오라의 수도원 6곳은 일주일에 하루씩 돌아가면서 쉰다고 한다.

문득 시간을 살펴보니 오후 3시가 다 되었다. 오늘 중으로 디온까지 가려면 서둘러 나머지 수도원을 구경해야 했다. 우리는 다시 차를 몰고 동쪽에 있는 성 스테판 수녀원으로 갔다. 이곳으로 가는 도중에 야외 전망대가 두어군데 눈에 띠었다. 전망대는 따로 시설을 설치해둔 것이 아니라 도로 옆에 차를 댈 수 있는 좁은 주차공간과 그 앞쪽에 전망 좋은 바위로 건너갈 수 있도록 통로만 설치해 놓은 것이다. 이곳은 메테오라 최고의 뷰포인트이다. 아무리 바빠도 여기를 그냥 지나칠 수 없어 우리는 차를 세웠다. 정말 아름답고 장쾌한 풍경이 발아래 펼쳐졌다.

4-8. (1) 야외 전망대에서 바라본 메테오라 풍경 ⓒ누라(Noora) (2) 성 스테판 수녀원의 무궁화

　가는 길에 만난 성 트리니티 수도원은 영화 007의 촬영지로 유명세를 탄 곳이지만 시간이 부족해서 멀리서 바라보는 것으로 만족했다. 여기서 차를 조금 더 몰아 성 스테판 수도원에 도착했다. 이 수녀원은 14세기 중엽에 건립된 것으로 벼랑 사이를 가로지른 돌다리만 건너면 수녀원으로 들어갈 수 있어 접근성이 매우 좋았는데, 다른 수도원보다 정원이 넓었고 정갈하게 잘 가꾸어져 있었다. 정원 한 곳에 무궁화나무가 자라고 있어 무척 반가웠다. 우리나라에서 흔히 보는 무궁화보다 꽃이 큼지막한데다 꽃잎 사이가 크게 벌어진 것이 마치 바람개비를 보는 것처럼 시원했다. 언젠가 은퇴 후에 시골집에서 살게 된다면 울타리 나무로 여러 종류의 지중해 무궁화를 구해다 길러보고 싶다. 이곳에서 벼랑 아래 칼람바카 마을이 잘 보였다. 참으로 평화롭고 아름다웠다. 나는 마을을 한동안 내려다보면서 한반도에도 이처럼 평화가 가득하기를 기원했다.

제5장

제우스의 도시 디온에서
조르바를 만나다

공중목욕탕과 하이포카스트
방패 기념비
로마 저택
디오니소스 빌라
디온 유적공원(신전 유적지)
디온 박물관
베마타와 이시스 여신 부조
이시스-튀케 여신상
템플론 칸막이 돌과 산딸나무꽃무늬
파이프 오르간

제우스의 도시 디온에서
조르바를 만나다

디온 유적공원/디온 박물관

　아테네에서 테살로니키까지 그리스 북쪽 여행을 위해서 렌터카를 타고 아테네를 출발한 지 이틀째 되는 날이다. 평소보다 일찍 서둘렀지만 테르모필레와 메테오라를 구경하고 나니 오후 4시가 되었다. 오늘 최종 목적지는 정해놓지 않았지만, 마케도니아 왕국에서 신성한 장소로 여겼던 디온을 구경하고 하루를 마치려면 서둘러 출발해야 했다. 구글지도 길찾기 기능을 이용해서 확인해보니 세 가지 경로가 탐색되었다. 이 가운데 우리나라 동서고속도로처럼 그리스 중부를 서쪽에서 동쪽으로 가로지르는 유로피안 루트 E92를 따라서 칼람바카-라리싸 구간을 이동한 다음, 라리싸에서 다시 E75 고속도로(아테네-테살로니키 구간의 A1 고속도로)로 갈아타고 템페 계곡을 건너 디온으로 가는 반시계 방향의 코스를 선택하였는데, 이동 시간은 2시간 남짓이다. 우리는 왔던 길을 되짚어 카람바카에서 라리싸까지 86km의 테살리아 평원을 달렸다. 이 구간은 간혹 지평선이 보일만큼 너른 평원이어서 운전하는 내내 눈 맞이 시원하였다. 그리스에서 도시 간 이동은 가능하면 유로피안 루트를 타고 가는 것이 운전하기에 편한 것 같다.
　라리싸 외곽을 지나 E75 고속도로로 갈아타고 북동쪽으로 13km 정도 올라가면 그리스 신화와 역사에서 유명한 템페(Tempe) 또는 템피(Tempi)

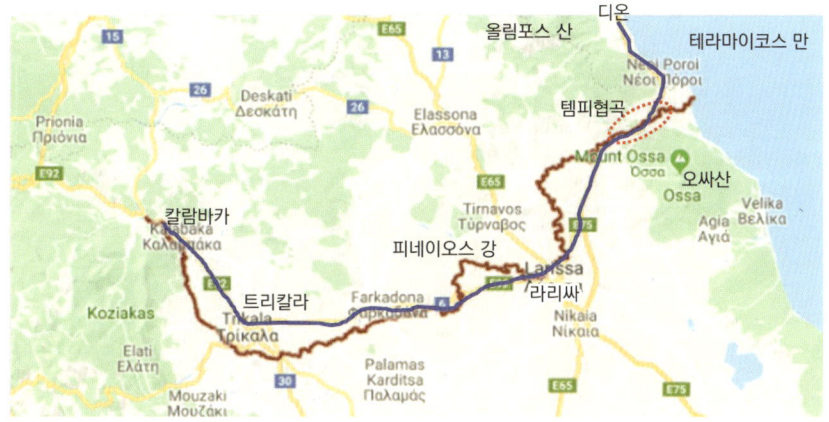

5-1. **메테오라에서 디온 가는 길** 메테오라에서 디온으로 갈 때, 테살리아주의 주도인 라리싸를 거쳐서 가는 유로피안 루트 E92-E75 코스를 택하였는데 매우 쾌적하고 안전했다. 이 루트는 그리스 중부에 위치한 테살리아주의 피네이오스 강이 흐르는 방향과 거의 일치한다.

라 불리는 협곡이 나온다. 템피 협곡은 북쪽의 올림포스 산과 남쪽의 오싸산 사이에 있는 10km 길이의 V자 협곡으로, 절벽의 최대 높이는 500m에 달하며 절벽 아래로는 피네이오스(Pineios) 강이 흐른다.[36] 이 강은 그리스에서 세 번째로 긴 강으로, 그리스 중부 테살리아주의 북서쪽에 위치한 핀도스 산맥에서 발원하여 테살리아 평원을 가로질러 흐르다가 라리싸에서 북동쪽으로 방향을 틀어 템피 계곡을 통과한 후 에게 해(테라마이코스 만)로 흘러든다. 사실 우리 차가 달리는 E92-E75 루트(칼람바카-라리싸-디온)는 피네이오스 강줄기와 방향이 거의 일치한다. 그리스 고속도로는 현재 A1부터 A8까지 총 7개가 있으며(A4는 없다) 대부분 2009년-2017년 사이에 완공되었다. 우리나라로 치면 경부고속도로에 해당하는 A1 고속도로(아

---

[36] 강의 이름은 피네이오스(Pineios), 페네이오스(Peneios), 또는 피니오스(Pinios)로 불리고 있는데 그리스 신화에 등장하는 테살리아의 강의 신, 페네오스(Peneus)에서 비롯된 것이다. 그리스는 주요 강마다 강의 신, 하백의 이름이 있다.

5-2. **템피 협곡(자료사진)** 북쪽의 올림포스 산과 남쪽의 오싸 산 사이에 있는 10km 길이의 V자 협곡으로 절벽 아래로 피네이오스(Pineios) 강이 흐른다. 과거에는 이곳의 국도에서 대형 교통사고가 잦았다. 현재는 오싸산 중턱에 뚫은 템피 터널을 통해서 협곡을 안전하게 건널 수 있다.

테네-테살로니키-에브조노이)에서 공사가 가장 험난했던 템피 터널구간은 A1의 다른 구간에 비해 한참 늦은 2017년 4월에 개통되었다. 우리가 자동차 여행을 했던 2018년 9월은 그리스 전역에 걸쳐 주요 도시가 고속도로로 연결되어 차로 이동하기가 무척 편했고 도로가 완공된 지 얼마 안 된 시점이라 노면 상태도 최상이어서 나처럼 해외운전 초보자에게 드라이빙의 즐거움을 한껏 누릴 수 있게 해주었다.

A1 고속도로의 템피 구간은 편도 2차선의 터널 세 개가 연속해서 이어져 있다. 터널 세 개의 총길이는 11km이고 가장 긴 두 번째 터널(T2 터널)의 길이는 6km이다. 차를 몰고 템피 터널에 진입했을 때 나의 시야에 실선이 아닌 점선으로 표시된 차선이 보였다. 이것은 우리나라와 달리 굴속에서도 차로 변경을 허용한다는 뜻이다. 실제로는 통행 차량이 거의 없어 차로 변

경을 할 일이 없지만 이는 상당히 합리적인 도로교통법규라 생각된다.[37] 자동차 문화의 선진국이라 할 수 없는 그리스에서도 이런 제도를 시행하고 있는 것을 보니, 아마도 유럽에서는 굴속이나 다리 위에서 주행차량의 차로변경을 허용하고 있는 것 같다.

템피 협곡은 그리스 신화에 여러 차례 등장할 정도로 고대 그리스 세계에서는 잘 알려진 신성한 장소였다. 신화에 의하면, 본래 테살리아 지방은 사방이 산으로 꽉 막힌 호수였는데 바다의 신 포세이돈이 자신의 삼지창으로 산맥을 내리쳐 템피 계곡을 만들어줌으로써 고여 있던 호수 물이 계곡을 통해 바다로 빠져나갔다고 한다. 또한 이곳은 예언의 신인 아폴론이 대지의 여신 가이아의 아들이자 델피 신탁소의 원주인인 왕뱀 퓌톤을 활로 쏴 죽이고 델피를 차지한 후 살인죄를 씻기 위해 자신의 몸을 정화한 장소로도 알려져 있다. 그래서 고대 그리스인들은 아폴론의 영광을 기리기 위해 델피에서 4년마다 열리는 퓌티아 경기의 우승자에게 템피 계곡의 월계수 가지로 만든 월계관을 씌워주었다. 지리적으로 템피 협곡은 북쪽의 마케도니아 해안지대와 남쪽의 테살리아 평원을 연결시켜주는 좁은 통로였기에 그리스 역사에서 이곳은 외적의 침략 루트가 되었다. 제2차 그리스-페르시아 전쟁 때, 스파르타의 레오니다스 왕이 이끄는 6-7천 명의 그리스 연합군은 이 템피 협곡에서 페르시아 대군을 저지하려 했으나 올림포스 산 주위로 우회로가 있다는 것을 알게 되자 방어에 적당치 않다고 판단해서 이곳을 포기하고 더 남쪽에 있는 테르모필레 협로를 차단하였다. 제2차 세계대전 중에는 1941년 4월 그리스를 침공한 독일군이 테살로니키를 점령한 후 이 협곡을 통과하여 아테네로 진군했다.

---

37) 우리나라도 2019년부터 시범적으로 일부 장대터널에서 차로 변경을 허용하기 시작했다.

템피 터널과 이어진 플라타몬 터널을 빠져 나와 해안가에 넓게 펼쳐진 마케도니아 평원을 따라서 한동안 달렸다. 도로 표지판이 곧 디온에 도착한다고 알려주어 시간을 살펴보니 유적지 문 닫을 시간이 거의 다되었다. 우리는 잠시 망설이다 일단 디온에 들러보기로 했다. 다행히 유적지 입장이 허용되면 후딱 둘러보고, 만약 문이 닫혔으면 여기서 90km 떨어진 베르기나로 가서 하룻밤을 묵기로 했다. A1 고속도로를 빠져나와 오른쪽으로 크게 회전하여 디온 마을로 향하는 시골길로 접어들었다. 왼쪽 차창 밖으로 올림포스 산맥이 길게 펼쳐졌는데 해가 산줄기 너머로 뉘엿뉘엿 기울면서 구름이 잔뜩 낀 서쪽 하늘을 붉게 물들였다. 디온 마을로 향하는 한적한 시골길을 달릴 때, 오늘 아침 라미아를 출발하여 300km를 달려 디온까지 순조롭게 온 내 자신이 대견하게 생각되었다. 그리고 유적지 문이 닫혀 있으면 베르기나로 가자고 말은 했지만 알렉산드로스 대왕의 흔적이 남아 있는 디온 유적지를 보고 싶은 마음이 컸다. 그래서 나는 큰소리로 지껄였다.

"디온 주민들은 저 멀리 꼬레아에서 온 동방박사를 영접하라!"

"동방박사께서 디온을 빛내 줄 것이다!"

나의 치기어린 우스갯소리에 아내는 배꼽을 잡고 웃었다. 차창 왼쪽으로 나지막한 산들이 펼쳐지고 오른쪽으로 바다가 힐끗 보이는 한적한 해안 길로 접어들었다. 얼마간 이 길을 달리니 조용한 디온 마을이 나타났고 마침내 마을의 동쪽 끝자락에 있는 디온 유적공원 주차장에 도착했다. 유적지 관리인으로 보이는 두 남자가 주차장에서 큰 소리로 대화를 나누고 있었다. 문 닫을 시각에 웬 승용차가 주차장으로 진입하니 관리인 가운데 한 중년남자가 나를 흘끔흘끔 쳐다봤다. 급기야 그는 차에서 내리는 나를 향해 다가와 물었다.

"어디서 오셨소?"

"꼬레아에서 왔소이다."

"꼬레아! 그런데 이렇게 늦은 시각에 여길 오시다니. 숙소는 정하셨소?"

"아직 정하지 못했소. 그나저나 디온을 구경하려고 멀리서 왔는데, 몇 시까지 개장합니까?"

"문 닫을 시간 다 됐소이다."

예상은 했지만 문 닫을 시간이 다 됐다는 중년남자의 대답에 실망감이 밀려왔다. 오늘 아침 일찍 라미아를 출발하여 테르모필레와 메테오라를 거쳐 이곳까지 왔지만 인연이 닿지 않는가보다 싶었다. 빡빡한 내일 일정으로 인해 베르기나로 곧장 가서 하룻밤을 묵을까 하다가 그에게 이곳에 호텔이 있는지 물어보았다. 그는 있다면서 자신이 아는 호텔을 예약해 주겠다고 했다. 그는 잠시 어딘가에 전화를 하고는 나에게 무언가를 열심히 설명해주었다. 그러나 그의 영어발음에는 그리스 억양이 짙게 배어 있어 나는 그가 하는 말을 뜨문뜨문 알아들을 수밖에 없었다. 그래서 약간 어리둥절해 있는데, 그는 손으로 숲이 우거진 곳을 가리키면서 차를 타고 저리로 가보자고 했다. 승용차 뒷좌석에 그를 태우고 주차장 너머에 있는 숲을 향해 천천히 차를 이동시켰다. 차가 숲길로 접어드니 철조망으로 둘러친 유적지가 좌·우에 나타났다. 나는 그가 시키는 대로 왼쪽 출입문 옆에 바짝 차를 세웠다. 차에서 내린 그는 유적지 안쪽에 자리한 자그마한 건물 앞에 서 있던 어느 아주머니와 큰 소리로 이야기를 주고받더니 이제 됐다는 듯이 성큼성큼 출입문으로 다가갔다. 그는 출입문에 채워진 자물쇠를 열고 안으로 들어가라는 손짓을 했다. 그제야 비로소 나는 그의 의도를 눈치 챘다. 우리 세 사람은 인적이 끊겨 고즈넉한 디온 고적공원의 남북 방향으로 길게 뻗은 대로를 따라 천천히 발걸음을 옮겼다.

디온 유적공원(도시 유적)

21세기 로마제국이라 볼 수 있는 미국에서는 동서 방향의 도로와 남북

5-3. **고대 디온의 카르도 막시무스** 이 길은 남북 방향으로 뻗은 폭 6m의 카르도 막시무스(남북대로)였다. 거친 박석으로 대로를 포장한 것이 고대 마케도니아 왕국의 신성한 도시였던 디온에 잘 어울렸다.

방향의 도로를 각각 스트리트(street)와 에비뉴(avenue)로 구분해서 부르듯이, 고대 로마제국도 동서 방향의 도로를 데쿠마누스(decumanus)로, 남북 방향의 도로를 카르도(cardo)라 불렀다. 마주 오고 있는 두 대의 전차가 서로 비껴 지나갈 수 있도록 폭이 6m로 넓은 대로에는 막시무스(maximus)란 단어를 덧붙여 데쿠마누스 막시무스 또는 카르도 막시무스라고 불렀는데, 디온의 남북대로는 카르도 막시무스였다. 인적이 끊긴 카르도 막시무스는 표면이 거친 잿빛 박석으로 포장되어 있고 길 양옆으로는 가로수만큼이나 키 큰 야생의 나무가 일렬로 도열해 있었다. 표면이 매끈한 대리석 대신 이처럼 거친 박석으로 도로를 포장한 것이 고대 마케도니아 왕국의 신성한 도시였던 디온에 잘 어울린다고 생각했다.

우리 부부를 안내한 유적 관리인은 마케도니아인 조르바처럼 매우 유쾌하고 호탕한 성격의 중년 사내였다. 지금도 그와 통성명을 못한 것이 못내 아쉽기만 한데 여기서는 편의상 그를 조르바로 부르기로 한다. 조르바는 도로 양 옆에 펼쳐진 로마유적에 대해 나에게 열심히 설명해주었다. 공원의 북쪽 출입문 가까이에 있는 이곳은 대목욕탕 복합단지(the great bath complex)라 불리는 곳이었다. 이 복합단지는 로마제국의 전성기였던 2세기 말에 지어진 것으로 강력한 지진으로 파괴된 3세기 후반까지 사용되었다

5-4. **고대 로마도시 디온의 화장실과 오데온** (1)터키 에페소스에서 못보고 지나쳤던 공중화장실을 이곳에서 볼 수 있었다. (2)지붕이 씌워진 소극장을 뜻하는 오데온은 2세기에 지은 것으로 이곳 대목욕탕 건물군의 일부였다.

고 한다. 카르도 막시무스 오른쪽에 있는 공중화장실에 대해 열심히 설명해 주던 조르바가 손가락으로 길 앞쪽을 가리키면서 계속 구경하라고 말하고는 자신의 휴대폰으로 어디론가 전화를 걸었다. 한참 동안 큰 소리로 얘기를 나누던 그가 성큼성큼 나에게 다가오더니 휴대폰을 건네주면서 전화 상대방에게 나의 국적과 이름을 말하라고 했다. 조르바가 건네주는 휴대폰을 얼떨결에 받아들었지만 영문을 몰라 망설이는 나에게 그는 큰소리로 국적과 이름을 말하라며 재촉했다. 도대체 무슨 영문인지 모르겠지만, 호텔 예약에 필요한가 싶어 내 국적과 이름을 큰 소리로 말하고 그에게 휴대폰을 건네줬다. 휴대폰을 받아든 그가 다시 상대방과 한참 동안 얘기를 주고받다 끊더니 우리 부부에게 길 왼쪽에 있는 한길 높이의 나지막한 둔덕으로 올라가자고 했다. 둔덕을 오르니 평지가 펼쳐지면서 앞쪽에 두 개의 돌기둥이 서 있고 그 뒤로 반달형의 계단식 객석이 있는 붉은 색깔의 오데온이 보였다. 조르바는 우리 부부에게 오데온을 배경으로 작은 바위에 걸터앉으라고 하더니 내 휴대폰을 건네받아 우리 부부를 촬영하기 시작했다. "꼬레아에서 왔지요?"하고 묻더니 그는 흥이 난 듯 노래를 부르기 시작했다. 가만히 첫 소절을 들어보니, 제2차 세계대전 무렵 구소련에서 작곡되

5-5. **고대 로마의 공중목욕탕** (1)로마인들은 우리네 온돌과 비슷한 하이포카스트(hypocaust)라 불리는 중앙난방시스템을 사용하여 난방을 하였다. (2)규모가 큰 공중목욕탕에는 팔라에스트라(노천운동장), 아포디테리움(탈의실), 테피다리움(미온탕), 칼다리움(온탕), 프리기다리움(냉탕)이 구비되었다.

어 현재까지 러시아 민중이 애창하는 대중가요이자 군가이기도 한 카츄샤(Katyusha)였다. 노랫가락은 대충 알고 있었지만 가사는 전혀 모르기에 나는 조르바가 부르는 노랫소리에 맞춰 "라-라 랄-라 랄라랄라 라-라" 하고 장단을 맞추면서 1절을 신나게 불렀다. 조르바와 나는 노래를 마치고 서로 쳐다보면서 한바탕 깔깔대고 웃었다. 갑자기 그가 오랜 친구라도 된 듯 정겹게 느껴졌다.

공중목욕탕과 하이포카스트

그가 앞쪽을 손으로 가리키면서 구경하라고 말했다. 한길 높이로 설치된 관람로에 올라 아래를 내려다보니 공중목욕탕 건물터였다. 사각형 구들장을 떠받쳤던 벽돌기둥이 열 지어 서있는 모습이 가장 먼저 눈에 들어왔다. 이것은 로마시대에 공중목욕탕이나 공공건물의 난방에 사용된 하이포카스트(hypocaust)라 불리는 중앙난방 시스템의 잔해였다. 하이포카스트는 그리스어에서 비롯된 단어로 하이포(hypo)는 '아래(under)'를 뜻하며, 카스트(caust)는 '불에 탄(burnt)'이란 뜻이다. 하이포카스트는 불을 때는 아궁이, 일정 간격으로 배열된 기둥으로 떠받친 구들과 뜨거운 연기가 빠져나

5-6. **디온 공중목욕탕의 바닥을 장식한 모자이크 문양** (1)꽃무늬 모자이크, (2)로마의 십자형 꽃무늬는 우리네 '칠보무늬'의 원형에 해당하며 4-5천년 역사를 지닌 유라시아 대륙의 전통문양이다.

가는 다수의 연통으로 구성되어 있어 난방원리는 우리네 온돌과 매우 비슷하다.

하이포카스트 온돌 시스템은 고대 그리스에서 고안되었지만, 디온의 하이포카스트처럼 정형화된 구조를 갖추게 된 것은 로마시대였다. 로마인은 목욕탕 건물 주위에 체력 단련장, 도서관, 또는 신전을 세울 만치 목욕탕은 목욕시설이면서 피트니스 센터이자 커뮤니티 센터였고 사회생활의 중심 역할을 하였다. 로마시민은 대개 정오 무렵이면 하루 일과를 마치고 오후 2-3시경에 공중목욕탕에 들렀다. 그들은 먼저 목욕탕 옆에 마련된 팔라에스트라(palaestae)로 불리는 노천운동장에서 체력단련을 하면서 땀을 흠뻑 뺐다. 운동을 마치면, 아포디테리움(apodyterium)이라 부르는 탈의실에 들어가 옷을 벗어 노예에게 맡기곤 테피다리움(tepidarium·미온탕)-칼다리움(caldarium·온탕)-프리기다리움(frigidarium·냉탕) 순으로 목욕을 하면서 친구와 수다를 떨었다. 때로는 나타티오(natatio)라는 노천 수영장에서 수영을 하거나 라코니쿰(laconicum) 또는 수다토리움(sudatorium)이라 불리는 사우나 실에서 한증막을 하면서 땀을 흠뻑 빼기도 했다. 목욕을 끝내면 정원을 산책하거나 도서관에 들르거나 공연장에 들러 곡예사의 공연을 즐겼다. 고대 로마식 목욕법은 몸의 청결유지뿐만 아니라 운동과 사교가 적절히 조화되어 현대 기준으로 볼 때도 참으로 이상적인 목욕문화였다.

우리는 로마식 목욕탕 관람로를 따라서 한 바퀴 돌았다. 땅바닥 군데군데 꽃과 황소를 표현한 아름다운 모자이크가 보였고, 로마인들이 좋아했던 십자형 꽃무늬 모자이크도 어김없이 있었다. 이 문양에 대한 나의 오랜 연구에 따르면, 로마의 십자형 꽃무늬는 우리네 '칠보무늬'의 원형에 해당하며, 대략 4-5천년이라는 오랜 역사를 지닌 유라시아 대륙을 대표하는 전통문양이다.

방패 기념비

부지런히 관람을 마치고 조르바가 기다리고 있는 카르도 막시무스로 서둘러 갔다. 그는 카르도 막시무스의 북쪽 끝을 가리키면서 우리에게 더 보고 오라고 말하였다. 나는 조르바의 호의가 정말 고마웠지만 이미 유적지 폐장 시간을 한참 넘긴 이곳에 얼마 동안 더 있어도 되는지 모르는데다 아까 주차장에서 그를 처음 만나 이야기를 나눌 때, 디온 박물관도 구경시켜 주겠다고 말했던 것 같았기에 이제는 이곳 유적지 구경을 그만 마치고 더 늦기 전에 박물관으로 가야하는 것 아닌가 하는 생각이 들어 조바심이 일어났다. 그의 호의와 나의 미안함 사이에서 갈피를 못 잡고 잠시 머뭇거리고 있는데, 그는 태평하게 카르도 막시무스의 북쪽 끝을 손으로 다시 가리키면서 얼른 구경하고 오라며 재촉했다. 우리는 서로 걱정스런 눈빛으로 바라보다가 앞으로 발걸음을 옮겼다. 80m 정도 걸어가니 길 왼쪽에 군인들의 흉갑과 방패 모양을 부조로 새긴 나지막한 담벼락이 나타났다. 이것은 방패 기념비(monument of shields)로 불리는 것으로, BCE 4세기 후반에 아고라에 세웠던 공공건물의 벽체를 장식한 부조의 일부였다.

고대 그리스 방패인 호프론을 왼팔에 거머쥐고 허리춤엔 칼을 차고 오른

5-7. **방패 기념물** (1)디온의 방패 기념비는 마케도니아 왕국의 용맹과 승리의 영광을 나타낸 것이다. (2)아테네 국회의사당 동쪽 벽에 무명용사의 비가 있고, 그 왼쪽과 오른쪽 계단의 난간을 동그란 청동방패로 장식하였다. 이것은 승리의 영광을 방패 기념물로 표현하는 고대 그리스 전통을 계승한 것으로 보인다.

손으로 도리(dory)라 부르는 장창을 움켜쥔 그리스 중장보병을 호플리테스(hoplites)라 부르는데, 호플리타이(hoplites의 복수형)가 거대한 밀집대형을 이루면서 공격과 방어를 하는 보병전술을 팔랑크스라고 부른다. 팔랑크스 방진법은 기원전 25세기경 인류 최초의 청동기 문명인 수메르에서 고안된 것으로, 이 오래된 보병 전술이 BCE 7세기 무렵 그리스에 도입된 이래 오랜 세월에 걸쳐 그리스 도시국가간 전쟁을 통해 개량을 거듭하면서 직경 90㎝의 원형 방패와 길이 2.4m의 창으로 무장한 호플리테 팔랑크스(hoplite phalanx)로 진화하였다. 호플리테 팔랑크스가 위력을 떨친 것은 BCE 490년 제1차 그리스-페르시아 전쟁의 승패를 결정지은 마라톤 평원의 전투였다. 이후 BCE 4세기경 마케도니아 왕국의 필리포스 2세에 의해 길이 6m에 이르는 사리사(sarisa·장창)를 든 마케도니아 팔랑크스로 발전하였고, 그의 아들 알렉산드로스는 마케도니아 팔랑크스와 헤타이로이(hetairoi·정예기병)를 활용한 망치와 모루 전법(hammer and anvil tactic)으로 페르시아 제국을 정벌하여 그리스, 서아시아, 중앙아시아를 거쳐 북인도에 이르는 대제국을 건설하였다. 디온의 방패 기념물은 이러한 마케도니아 왕국의 용맹과 승리의 영광을 나타낸 것이다. 이와 같은 방패 기념비는 그리스 전역에 몇 개가 남아 있는데 테베가 스파르타와 싸워 이긴 것을 기념하여 세운 레욱트라 승전 기념비가 가장 유명하다. 또 이런 오랜 전통을 되살려 아테네 무명용사의 비 좌·우측 계단의 난간을 동그란 청동방패로 장식하였다.

로마 저택

끝이 어딘지 모르게 길게 뻗은 카르도 막시무스를 따라서 마냥 걸어갈 수는 없었다. 중간 어딘가 적당한 지점에서 되돌아 나올 요량으로 앞쪽을 살펴보니 20m 앞 오른편에 돌기둥 2~3개가 세워져 있는 집터가 보였다. 저곳까지 빨리 가서 사진이나 찍고 돌아오겠다고 아내에게 말하곤 나 혼자 잰걸음으로 걸어갔다. 집터 앞에 세워진 유적 설명문을 읽어보니 디오니소스 빌라였다. 중산층 로마인의 집(domus)은 보통 출입구-아트리움(atrium·안뜰이자 응접실)-타블리눔(tablinum·집주인의 집무실)-페리스틸리눔(peristylinum·주랑식 정원)이 일직선상에 놓이는 여(呂) 자 구조를 하고 있다. 채광과 환기를 위해 지붕이 없는 열린 공간인 아트리움과 페리스틸리눔 주위에는 침실, 방 또는 부엌을 설치하였고, 여(呂) 자 구조의 중앙에 위치한 타블리눔 근처에는 식당인 트리클리니움(triclinium)을 배치하였다. 손님을 맞이하는 응접실이자 안뜰인 아트리움의 중앙에는 빗물받이 저수조인 임플루비움(impluvium)을 설치하고 그 주위를 산딸나무꽃무늬와 같은 아름다운 모자이크 문양으로 장식했으며, 일종의 안채 마당인 페리스틸리눔의 한가운데에는 아름다운 정원을 꾸몄다. 우리네 한옥의 중심 공간이 대문과 본채 사이에 있는 안마당이라면, 로마식 저택구조의 중심 공간은 아트리움이다. 아트리움에 설치된 임플루비움의 네 구석에는 4개의 대리석 기둥을 세워 사방 지붕에서 길게 뻗어 나온 처마를 떠받쳤다. 우리네 한옥에서는 이런 용도의 기둥을 활주라고 부른다. 디오니소스 빌라에서 본 3개의 높고 낮은 돌기둥은 바로 임플루비움의 돌기둥이었다.

5-8. **디오니소스 빌라와 로마인의 집 구조** (1)디오니소스 빌라는 주택단지였다. 사진의 앞쪽은 어느 저택의 아트리움이고, 뒤쪽에 지붕이 덮인 곳은 연회장이다. (2)로마인의 집은 보통 출입구-아트리움-타블리눔-페리스틸리눔이 일직선상에 놓이는 여(呂)자 구조를 하고 있다. 로마 주택의 중심공간은 아트리움이다.

    로마식 아트리움이라는 공간, 즉 건물 안으로 들어서면 곧바로 마주치게 되는 탁 트인 공간은 현대 빌딩건축에서도 그대로 채용되고 있다. 예를 들면, 서울시 삼성동 코엑스와 같은 대형 빌딩의 현관문을 열고 들어섰을 때, 일단 층고가 높아 탁 트인 느낌이 들면서 햇빛이 사방의 유리창을 통해 쏟아져 들어와 환하게 밝은 공간, 우리가 흔히 로비라고 부르는 열린 공간이 바로 그것이다. 한편 열주로 에워싸인 페리스틸리눔은 로마시대의 정원이자 텃밭이었다. 우리네 한옥의 안채마당에는 화단을 꾸미지 않았지만, 로마인들은 페리스틸리눔의 안마당에 장미, 로즈마리, 수선화, 히야신스, 사프란과 같은 화초를 심거나 허브, 야채와 같은 식용식물을 키웠다. 때로는 키가 낮은 분재용 나무를 심기도 했고 사이프러스와 같이 키 큰 나무도 심었다. 로마인들에게 페리스틸리눔은 도시생활에 지친 몸에 생기를 불어넣어주고 번잡한 일상에 평온함을 가져다주는 안식처 역할을 하였다.

디오니소스 빌라

    로마제국의 전성기였던 2세기 후반에서 3세기 초에 세워진 디오니소스 빌라는 4개의 아트리움, 여러 개의 방, 커다란 연회장, 도서관, 디오니소스 사당, 일련의 가게와 공방, 그리고 커다란 목욕탕이 미로처럼 연결된 주택단지였다. 가까이 다가가 살펴본 아트리움의 뒤쪽에는 마치 축사처럼 지붕을 씌운 곳이 있었다. 너무 허름해 보여 가봤자 별 것 없겠거니 지레짐작하고 되돌아 나왔는데, 나중에 확인해 보니 이곳이 바로 디온을 대표하는 명품 가운데 하나인 디오니소스 모자이크 그림으로 바닥을 화려하게 장식했던 연회장이었다. 이 모자이크 그림은 '디오니소스의 출현(epiphany of Dionysos)' 또는 '디오니소스의 승리(triumph of Dionysos)'로 불리는데, 디오니소스 신이 자신의 상징 동물인 검은 표범 두 마리가 이끄는 전차 위에 당당하게 올라탄 채 술잔을 높이 쳐들고 있는 모습을 표현한 것으로 로마시대에 유행했던 매우 정형화된 그림이다. 그리스인은 술과 축제의 신인 디오니소스를 무척 좋아하여 수많은 석상이나 부조를 남겼는데, 그리스 문명을 계승한 로마인도 디오니소스의 로마식 이름인 바쿠스(Bacchus)를 무척 좋아하여 대저택의 연회장이나 거실 바닥을 바쿠스 모자이크로 장식하곤 하였다. 이것을 보면, 디오니소스는 로마인의 인생관이었던 카르페 디엠(carpe diem·오늘을 잡아라)이나 본 비반트(bon vivant·인생을 즐기는 사람)를 상징하는 신이었음을 짐작할 수 있다.

디온 유적공원

시간이 너무 늦은 것 같아 디오니소스 빌라의 아트리움 사진만 서둘러 찍고 카르도 막시무스의 남쪽 출입문을 향해 걸음을 재촉했다. 출입문 밖에서 기다리던 조르바는 구경 잘 했냐고 묻고는 우리에게 맞은편 유적지도 보자며 굳게 닫힌 맞은편 출입문의 자물쇠를 열고 또 다시 우리를 안내하기 시작했다. '아니, 볼거리가 아직도 남아 있단 말인가?' 나는 약간 놀란 표정을 지으며 아내를 바라봤다. 나는 박물관 구경에 관심이 더 많았기에 조르바의 유적지 설명이 빨리 끝나기를 바라면서 그의 뒤를 따라갔다. 디

5-9. **고대 디온의 도시 조감도** 북쪽(오른쪽)에 사각형 모양의 성벽으로 에워싸인 도시가 있었고, 성벽 밖 남쪽에 제우스신을 비롯한 여러 남신과 여신을 모신 신전과 고대극장이 있었다.

온 고대도시는 성벽으로 에워싸인 도시 지역(북쪽지역)과 여러 신들의 신전과 야외극장이 몰려있는 성문 밖 성역(남쪽지역)으로 이루어졌다. 두 영역은 고대에는 서로 분리될 수 없는 하나의 생활공간이었지만 현재는 두 영역 사이로 비포장 자동차 길이 나 있고 유적지 주위에 철조망이 각각 둘러쳐지면서 완전히 분리되었다. 고대도시를 보호했던 성벽은 대부분 사라졌고 현재는 도시 지역의 서남쪽 끝자락에 일부 남아있다.

우리는 성문 밖 신들의 처소를 향해 걸어갔다. 조르바는 출입문 가까이 위치한 농경과 풍요의 여신인 데메테르의 신전 터 앞에 이르러 이곳의 유적에 대해 한참 동안 설명을 해주었다.

"그리스에서 가장 높은 올림포스 산에서 비롯된 여러 강줄기가 디온이 있는 평원을 지나 테르마이코스 만으로 흘러듭니다. 올림포스 산 덕분에 디온은 그리스의 다른 지역과 달리 수량이 풍부하고 샘도 많아 수목이 울창하고 땅은 비옥하였기에 옛날부터 사람들이 모여들어 농사를 짓고 살았습니다. 기원전 5세기 초가 되자 인구가 늘고 농업이 활발히 이뤄지면서 그리스 다른 지역과 마찬가지로 자연스레 농경과 풍요의 신인 데메테르를 모시는 신전을 가장 먼저 세웠습니다. 기원전 5세기 말에는 마케도니아의 아르켈라오스 왕이 제우스 신과 9명의 무사이[38]를 기리는 신전을 세우고 9일간에 걸쳐 올림픽 제전을 실시하고 연극 경연을 했습니다. 이후 이곳은 마케도니아 사람들에겐 신앙의 중심지가 되었습니다. 알렉산드로스 대왕의 죽음 후에 맞이한 헬레니즘 시기에는 여러 신들을 모신 사당이 연이어 세워졌습니다. 디오니소스와 아테나에게 봉헌된 신전이 제우스와 뮤즈 신전 근처에 세워졌고, 아프로디테 신전이 데메테르 신전 옆에 세워졌습니다. 조금 더 세월이 흘러, 저기 보이는 숲 건너편에 있는 바퓌라스 강 주변에는 이집트 여신인 이시스(Isis)를 모신 신전이 세워졌습니다." 그는 잠시 숨을 고르고 나서 말을 계속 이어갔다. "이 도시에서 가장 오래된 신전인 제우스 신전과 데메테르 신전 주변으로 다양한 남신과 여신을 모신 많은 신전이 세워지고 숭배되었지만, 가장 중요한 신은 당연히 올림피아 제우스였습니다. 사실 디온이란 도시 이름도 제우스의 소유격(of Zeus)을 뜻하는 그리스어 디오스($\Delta\iota o\varsigma$·Dios)에서 비롯된 것입니다."

그는 말을 마치고 나서 우리에게 충분히 둘러보라고 말했다. 우리는 흔적만 남은 데메테르 신전과 제우스 힙시스토스 신전을 지나 이시스 신전을 구경하였다. 이집트의 대지 모신인 이시스 여신을 모신 신전이 바퓌라스 강 옆에 자리 잡고 있다. 그리스와 로마에서 이집트 여신을 숭배했던 이유는 무엇인가? 아무리 그리스·로마인들이 만신을 섬겼다 해도 신들의 목록에 이집트 신까지 포함시켰다는 사실은 무척이나 흥미롭다. 기원전 330년, 마

---

[38] 무사이는 제우스와 기억의 여신, 므네모시네 사이에 난 9명의 딸로 각각 예술, 문학, 역사 및 천문을 관장한다.

케도니아 왕국의 알렉산드로스 대왕은 페르시아 제국의 다리우스 3세를 무찌르고 이집트에서 중앙아시아에 이르는 페르시아 제국의 광활한 영토를 그대로 이어받았다. 알렉산드로스 대왕이 10년이라는 짧은 세월에 고대세계에서 가장 넓은 땅을 정복할 수 있었던 것은 바로 그 땅이 페르시아 제국의 영토였기에 가능한 일이었다. 그런데 알렉산드로스 대왕은 자신의 후계자를 정하지 못한 채 바빌론에서 갑자기 사망하였다. 대왕이 지배했던 그리스와 옛 페르시아 제국의 광활한 영토는 디아도코이(diadochi·후계자)로 불리는 알렉산드로스 대왕의 부하 장군에 의해서 네 조각으로 분할되었다. 그리스, 이집트, 서아시아 및 중앙아시아에 각기 세워진 그리스계 왕조에 의해 전파된 그리스 문명은 토착문명과 융합되어 헬레니즘이라는 새로운 인류문명을 탄생시켰다.

디아도코이 가운데 한 명으로 그리스계 이집트 왕조의 시조가 된 프톨레마이오스 1세는 성공적인 통치를 위해 토착민인 이집트인과 이주민이자 지배계급인 그리스인의 통합이 필요했다. 그는 그리스 신화에서 지하세계의 왕이자 풍요를 상징하는 하데스에 비견되는 이집트의 오시리스(Osiris)와 신성한 소 아피스(Apis)를 결합시켜 세라피스(Serapis)라는 새로운 신을 만든 후, 오시리스의 아내이면서 태양신 호루스(Horus)의 어머니이자 모든 신들의 어머니인 이시스 여신과 함께 그의 백성들이 숭배하도록 하였다. 이집트 신인 세라피스와 이시스 숭배는 당시에 그리스인이 지배하였던 지중해 세계로 확산되었고, 지역에 따라서 이시스 여신은 이시스-데메테르, 아테나, 니케, 튀케, 아프로디테, 혹은 아르테미스와 같이 셀 수 없을 정도로 많은 이름으로 불리었다. 그리스인들이 이시스 여신을 열렬히 숭배하게 된 것은 이시스 여신이 갖고 있는 그리스 신들의 여러 속성 때문이었다. 즉, 그녀는 푸르른 신록의 여신이자 곡식의 여신이며 풍요의 여신이었고, 억울하게 죽은 남편 오시리스를 부활시킨 마법과 지혜의 여신이었으며 처녀로서 아

5-10. **디온의 이시스 신전** (1)CE 2세기 로마제국 시대에 이집트 여신을 모신 신전이다. (2)이시스 신전은 현재 기단과 계단만 남아있다. 오른쪽 여인상은 신전건축의 기부자인 '루리아 안렉산드라'의 대리석상이다.

들 호루스를 잉태한 생명의 여신이자 왕권 수호의 여신이었다. 또한 그녀는 하늘과 우주를 지배하는 여신이었으며 바다를 항해하는 배를 안전하게 인도하는 항해의 여신이었다.

기원전 1세기 무렵 헬레니즘 문화가 로마로 흡수되었을 때, 이시스 컬트는 로마 종교의 일부분이 되었다. 여신은 로마제국의 전 영토에서 숭배되었으며, 로마제국의 초기 황제였던 칼리굴라, 네로, 도미티아누스와 2세기에 들어 지중해 연안의 모든 길이 로마로 통하도록 만들었던 트라야누스와 하드리아누스 황제는 이시스 여신의 열렬한 지지자였다. 4세기 후반인 380년에 테오도시우스 1세 황제가 기독교를 국교로 정하고 이시스 숭배를 공식적으로 금지하면서 이시스 신전은 파괴되거나 교회로 개조되었다. 이후 이시스 숭배는 로마인의 생활에서 차츰 멀어졌지만 모든 신의 어머니이며 오시리스를 부활시키고 호루스를 보호하여 왕좌를 되찾게 한 마법과 지혜를 갖춘 이시스 숭배는 기독교 시대까지 계속 이어졌다고 한다.

디온의 이시스 신전은 이곳에서 가장 늦게 건립된 신전으로 기원후 2세기 로마제국의 최전성기 때 이집트 여신을 모시기 위해 지은 신전이다. 정식 명칭은 이시스-로키아 지성소(sanctuary of Isis-Lochia)로 로키아는 아이를 출산한 젊은 부인의 수호자를 일컫는다. 이시스 신전은 출입문이 동쪽을 향하는 세 개의 지성소로 이루어져 있다. 정면에서 신전을 바라봤을 때, 한가운데에 이오니아식 기둥 네 개가 삼각형 지붕을 떠받치고 있는 테트라스타일 포르티코(tetrastyle portico)가 있는 이시스-로키아 지성소가 있었고, 왼쪽과 오른쪽에 이보다 규모가 작은 이시스-튀케(Isis-Tyche) 지성소와 아프로디테 하이포럼피디아(Aphrodite Hypolympidia) 지성소가 있었다. 신전 정면에는 제단을 두었고, 제단 앞쪽에는 이시스 여신의 고향인 이집트의 나일강을 상징하는 수로를 동서방향으로 길게 배치하였다.

이시스 신전 구경을 마치고 빠른 걸음으로 조르바가 있는 출입구로 갔다. 조르바는 다 구경했냐고 묻고는 그러면 이제 유적지 주차장으로 돌아가자고 했다. 해는 이미 서산 너머로 지고 황혼이 깃들기 시작한 주차장에 차를 세우고 우리 셋은 내렸다. 나는 그의 입에서 이제 그만 호텔로 가자고 할까, 아니면 박물관으로 가자고 할까, 아니면 어떤 말이 나올까 궁금해 하면서 그의 얼굴을 바라봤다. 조르바는 푸근한 표정으로 나를 바라보며 박물관 직원에게 우리가 간다고 연락을 해놨으니 얼른 가보라고 말했다. 와우! 내가 기대했던 말이 그의 입에서 나오자 "정말입니까?" 하고 반문하면서 박물관이 어디에 있냐고 물으니 그는 앞쪽 길을 손으로 가리키면서 이 길을 따라 500m 정도 쭉 가면 박물관이 나올 것이라 했다. 나는 환한 표정으로 진심을 가득 담은 감사의 인사를 전하고 승용차에 올라탔다. 시각을 확인해보니 박물관 폐장시간인 8시까지 20여분 남아 있었다. 서둘러 스마트폰의 구글지도를 켜고 디온 박물관을 입력한 다음 박물관을 찾아 나섰다. 천천히 차를 몰아 구글지도가 가리키는 목적지로 갔더니 박물관이 아니었다. 구글지도가 틀릴 수도 있다는 것을 상상해 본 적이 없기에 약간 당황스러웠다.[39] 이 주변을 두 번씩이나 차로 빙빙 돌면서 찾았지만 박물관처럼 생긴 건물은 전혀 보이질 않았고 급기야 어둠마저 깔리기 시작해서 나는 약간 초조해지기 시작했다. 조금 전에 헤어진 조르바의 말대로라면 박물관 직원은 퇴근하지 않고 우리를 기다리고 있을 것이 틀림없기에 박물관 찾기를 포기할 수도 없는 상황이었다. 문득 조르바가 아직 퇴근하지 않았다면 주차장 옆 관리사무소에 혹시 있을지도 모른다는 생각이 들어 차를 몰아 출발지였던 주차장으로 다시 가보았으나 관리사무소 건물은 불이 다 꺼져 어둠에 잠겨 있었고 조르바도 보이질 않았다. 그때서야 비로소 오늘 저녁 나에게 호의를 베풀어 준 조르바와 통성명도 하지 않았고 그와 명함 교환도 하지 않았다는 것을 깨달았다. '왜 진즉에 이런 생각을 하지 못했을까?' 조르바에게 연락을 취할 방도가 없어 후회가 몰려왔다.

어둠이 짙게 깔린 시골마을 디온은 너무나도 조용했고 마을길에는 사람도 안보여 길을 묻기도 어려웠다. 막막한 가운데 아까 조르바가 나에게 한 말을 다시 상기해보았다. 이 주차장 앞쪽으로 살짝 휘어진 길을 따라 500m만 가면 박물관이 나온다고 했으니 조금 전에 다녀왔던 이 길을 따라 다시 한 번 쭉 올라가 보기로 했다. 500여 미터쯤 올라가니 이파리가 우거진 넝쿨나무를 떠받친 파이(Π)자 모양의 지지대가 폭 2차선 골목길 절반을 차지하고 있는 곳이 나타났다. 좁아진 길을 조심해서 지나쳐 올라가니 6개의 골목길이 한곳에서 만나는 교차로 앞에 이르렀다. 아까 한 차례 왕복했던 길이었다. 하릴없이 교차로 앞에 차를 세우고 "어떻게 해야지?" 하고 아내와 의논하던 중에 우리 앞쪽으로 걸어오는 중년여인이 보였다. 나는 서둘러 조수석 창문을 열고 디온 고고학박물관이 어디 있는지 그녀에게 물어봤다. 그녀는 우리 차 뒤쪽을 가리키면서 "저 앞에 있어요, 지금은 박물관 관람시간이 지나 문이 닫혀 있으니, 내일 아침에 들르셔야 합니다."

---

39) 여행을 마친 필자가 구글지도 측에 디온 박물관의 위치가 잘못됐음을 알리고 위치 수정을 요청하여 바로 잡았다.

5-11. **디온 박물관** 박물관을 찾느라 헤매면서 구글 지도도 틀릴 수 있다는 것을 알게 됐다.

하고 미소 띤 얼굴로 말하였다. 나도 살짝 웃으면서 고맙다는 인사와 함께 손을 흔들었다. 교차로에서 차를 돌려 방금 지나왔던 골목길 아래로 천천히 내려가니 약 100m 아래 오른쪽으로 박물관처럼 보이는 건물이 나타났다. 골목길 절반을 차지하고 있는 넝쿨나무와 이웃하고 있는 이층 건물이었는데, 그리스 건물이 대개 그렇듯이 시골학교처럼 생긴 소박한 건물인데다 구글지도가 가리킨 곳도 아니어서 세 번씩이나 그냥 지나쳤던 곳이었다.

디온 박물관

박물관 정문 앞에 바싹 차를 세우고 차창을 통해 경내를 살펴봤다. 박물관 건물엔 인기척이 전혀 없고 정문은 굳게 닫혀 있었다. 너무 늦었나보다 싶어 그냥 떠날까도 생각했지만 진한 아쉬움에 쉽사리 떠날 수도 없었다. 하릴없이 차에서 내려 굳게 닫힌 정문 앞으로 다가가 인기척이 없는 박물관 건물과 안마당을 이리저리 살펴보기도 하고 자물쇠가 잠긴 쇠창살문을 가볍게 흔들어도 봤다. 철문 앞에서 서성이는 우리 부부의 행동이 흥미로웠는지 박물관 맞은편 가게 앞에 놓인 테이블에서 맥주잔을 기울이며 이야기를 나누던 네 명의 나이 지긋한 남녀 그리스인들이 우리를 흘끔흘끔 바라봤다. 어둠이 짙게 깔린 늦은 시각에 박물관 정문 앞에서 서성이자니 조금 민망했다.

'조르바에게 연락할 수도 없고 철문은 잠겼고 어떡하지?' 잠시 고민하던 차에 박물관 현관문이 열리면서 한 중년 남자가 나오더니 철문 앞에 서있는 우리를 발견하곤 성큼성큼 다가왔다. 그를 보자 마치 구세주를 만난 듯 몹시 반가웠다. 나는 그에게 "디온 고적공원 관리인의 소개로 박물관을 구경하러 온 한국인, 미스터 홍입니다." 하고 영어로 유창하게 소개하고 싶었지만 공원관리인이란 영어 단어에서부터 막히는 바람에 머릿속이 복잡해지면서 그의 얼굴을 그냥 바라볼 수밖에 없었다. 다행스럽게도 박물관 직원이 눈치를 챘는지 쇠창살문의 자물쇠를 열면서 안으로 들어오라는 뜻으로 크게 손짓했다. 그는 박물관 안마당에 우리를 잠시 세워두고 가로등 불빛이 환히 비추고 있는 옆 건물을 손으로 가리키며 뭔가를 설명하려 했으나 너무 늦은 시각이라 포기한 듯 이내 손을 내리면서 박물관 안으로 들어가자며 우리 부부를 안내했다. 그가 가리킨 서쪽 건물은 지은 지 얼마 안 된 새 건물처럼 산뜻하게 보였다. 여행을 다녀와서 확인해보니, 그 건물은 아르카이오티키(Archaeothiki)라 불리는 일종의 박물관 별관으로 건물 일층 바닥에 디오니소스 빌라 연회장에서 발굴된 디오니소스 모자이크가 전시된 곳이었다. 이 거대 모자이크는 보다 완벽한 보존을 위해 2015년 가을에 이 건물로 옮긴 다음 복원처리를 하고 2017년 6월부터 일반인에게 공개하고 있다고 한다.

　그를 따라서 디온 고고학박물관 안으로 들어서니 퇴근하지 못한 4-5명의 박물관 여직원이 데스크에서 우리 부부를 맞이했다. 나는 "늦어서 미안합니다."라고 말하면서 정중히 머리 숙여 인사를 했다. 박물관 여직원 한 명이 "두 분을 환영합니다. 천천히 구경하세요." 하고 말하며 1층 전시실을 손으로 가리켰다. 나는 거듭 감사의 인사를 전하고 나지막한 계단으로 이어진 1층 전시실로 들어섰다. 디온 유적공원과 이곳에서 가까운 피드나(Pydna)에서 발굴된 유물을 주로 전시하고 있는 전시실의 규모는 그리 크지 않았으나 이 박물관에서만 볼 수 있는 독특한 유물이 몇 점 있다.

5-12. **베마타와 이시스 여신** (1)순례자의 발자국을 새긴 대리석 판석을 '베마타'라고 한다. (2)이집트 여신 이시스가 걸친 옷의 오른쪽에 '이시스의 매듭'이라 불리는 티에트(tyet)가 보인다.

베마타와 이시스 여신 부조

　유적공원에서 보았던 이시스-로키아 신전의 프로나오스(pronaos·고대신전에서 성소 앞 문간방) 앞 계단에서 발견된 베마타(bemata)라 불리는 순례자의 발자국을 새긴 대리석 판석과 이시스 여신을 새긴 부조를 살펴보자. 순례자의 발자국을 새긴 대리석 판석은 2세기 로마시기 유물로 발자국 아래에 명문이 있다. 작은 석판에는 사제의 이름이, 큰 석판에는 여인의 이름이 새겨져 있는데 좌우 발자국의 크기가 달라 눈길을 끈다. 베마타는 이곳 말고도 스페인 세비야 박물관에도 여러 개가 전시되어 있는데 좌우 발자국의 모양과 크기가 거의 똑같다. 기원전 헬레니즘 시기에 제작된 이시스 여신의 부조를 살펴보자. 여신이 입은 옷의 오른쪽 어깨 부위에 독특한 매듭이 있는데, 이것은 이시스의 매듭이라 불리는 티에트(tyet)이다. 따라서 이 여신은 이시스임에 틀림없다. 또 여신은 오른손으로 보리나 밀과 같은 곡식 단을 들고 있고 왼쪽엔 홀장이 있다. 곡식 단과 홀장은 데메테르의 상징물이므로 이 여신은 이시스-데메테르라 불린다. 부조의 왼쪽 상단에는 다음과 같은 명문이 있다. "세라피스, 이시스, 아누비스를 경배하며, 칼리

마코스와 크레타는 방랑하는 여신에게 감사의 공물을 바친다." 세라피스, 이시스, 아누비스는 지중해 연안의 헬레니즘 왕국과 뒤를 이은 로마제국에서 널리 숭배된 이집트 삼신이다. 명문에서 언급된 방랑하는 여신은 이시스 또는 데메테르를 지칭한다. 그리스의 데메테르-페르세포네 신화에는 이보다 훨씬 오래된 이집트의 이시스-오시리스 신화에서 일부 줄거리를 빌린 듯한 장면이 몇 군데 나온다. 모든 신의 어머니인 이시스는 억울하게 죽은 남편 오시리스의 시신을 찾기 위해 이집트 전역과 지중해 연안을 방랑하였고, 대지와 풍요의 여신 데메테르는 염라대왕 하데스에게 납치된 그녀의 딸 페르세포네를 찾기 위해 세상을 방황했다.

이시스-튀케 여신상

이시스-튀케 지성소에서 발굴된 이시스-튀케 또는 이시스-포르투나 여신상은 2세기 로마시대 작품이다. 여신은 왼손으로 풍요를 상징하는 코르누코피아(cornucopia·풍요의 뿔)를 잡고 있다. 이집트 최고의 여신 이시스의 이름 뒤에 기회, 운, 운명을 상징하는 그리스의 튀케 또는 로마의 포르투나 여신의 이름을 덧붙인 이유가 궁금하다. 이집트 신화에서 이시스 여신은 암소 및 배의 방향타인 키와 밀접한 관계가 있다. 그녀는 풍요와 재탄생을 가져다주는 신성한 암소이자 운명을 인도하는 여신이었다. 고대 이집트 신전의 벽면에 새겨진 이집트 텍스트에 의하면, 이시스 여신은 그녀의 신성한 키를 사용해서 인생이라는 배를 저어가는 이시스 펠라기아(Isis Pelagia)로 표현됐다. 이시스 펠라기아는 바다의 이시스(Isis of the sea)란 뜻이다. 모든 뱃사공들은 지중해를 건널 때면 위험으로부터 벗어나기 위해 이시스 여신의 안내와 보호를 기원했다. 방향키라는 심볼은 지중해 세계에서 꽤 오랫동안 풍요와 번영을 상징하기도 했다. 헬레니즘 세계에서 방향키는 행운을 뜻하는 아가테 튀케(agate tyche, 영어: good fortune)의 상징물이었고, 아가

5-13. **이시스-튀케 여신상** (1) 왼손에 풍요의 뿔을 쥐고 있는 이시스-튀케 여신상.(디온 박물관) (2)이시스-포르투나 여신을 그린 프레스코 벽화. 여신은 왼손에 '풍요의 뿔'을 쥐고 있고 오른손으로 운명의 방향키를 조정하고 있다.(이태리, 폼페이)

테 튀케의 로마식 이름이 포르투나 여신이다. 그녀는 로마세계에서 매우 인기가 좋았다. 거의 모든 로마황제들은 제국의 영토에 행운을 가져다주길 바라면서 자신의 잠자리에 포르투나 이미지를 부적처럼 지녔다고 한다.

포르투나의 상징 심볼은 여신이 지배하는 세계를 뜻하는 '운명의 바퀴', 풍요를 상징하는 '코르누코피아', 운명을 결정하는 '방향키', 도시의 번영을 상징하는 '성벽관(mural crown)'이다. 포르투나가 특히 '이시스 포르투나'로 묘사될 때, 여신은 이집트에서 사랑과 풍요의 상징인 하토르 여신이 썼던 왕관을 썼다.[40] 즉, 이시스 포르투나 여신상에서는 풍요를 뜻하는 이집

---

40) 하토르 여신의 왕관은 암소의 기다란 두 뿔 한가운데 붉은 태양이 있다.

5-14. **레다와 고니 대리석상** (1)레다의 집에서 발굴된 대리석상(디온 고고학박물관) (2)BCE 1세기 중반의 그리스 원작을 복제한 CE 2세기 로마시대 대리석상(베니스 국립고고학 박물관)

트의 암소와 행운을 상징하는 방향키가 하나로 통합된다. 튀케와 마찬가지로, 포르투나는 종종 장님으로 묘사되었다. 그것은 포르투나 여신이 인간에게 건네주는 운이라는 선물이 행운일 수도 있고 액운일 수도 있기 때문이었다. 그래서 "모든 인간은 자신만의 포르투나를 갖는다."라는 속담도 생겨났다. 사실 이시스 여신이 튀케 혹은 포르투나와 강하게 결합된 것은 바로 이 때문이다. 이시스는 장님하고는 거리가 멀다. 그녀는 미래를 내다볼 수 있고 그녀를 숭배하는 자들의 욕구가 무엇인지 알아차리는 여신이다. 그녀는 불교에서 중생의 번뇌와 고통을 들어주고 자비를 베풀며 소원을 들어주는 십일면관음보살과 같은 존재였다. 헬레니즘 시대의 그리스인과 그 뒤를 이은 로마인들은 미래를 알 수 없는 장님 튀케, 혹은 장님 포르투나에게 소원을 빌기보다는 이시스 튀케, 또는 이시스 포르투나에게 빌면서 자신들이 내다볼 수 있는 운명을 소원하였다. 즉, 그들은 숙련된 운명의 항해사이자 현명하고 친절한 이시스 여신이 방향키를 움직이는, 보다 상서로운 운명을 기원하였던 것이다.

2세기에 제작된 제우스와 레다 신화에 바탕을 둔 대리석상도 전시되어 있다. 관능적인 내용의 이 신화는 본 비반트였던 로마인들이 무척 좋아했던지 레다와 고니를 주제로 한 수많은 프레스코 벽화, 테라코타 및 석상을 남겼다.[41] 그리스 신화에서 레다는 스파르타의 왕 틴다레오스의 아내였다. 바람둥이 제우스는 레다의 아름다움에 반했다. 그녀와 정을 통하기를 원했던 제우스는 독수리에게 쫓기는 고니로 변해서 레다의 품에 안겼고 그녀와 교합하는데 성공했다. 제우스와 동침한 그 날 레다는 남편하고도 동침한 후 나중에 알을 두개 낳았다고 한다. 한 개의 알에서 헬레네와 폴리데우케스가 태어났고, 또 하나의 알에서 카스토르와 클리타임네스트라가 태어났다. 어머니를 뛰어넘는 그리스 최고의 미녀로 자란 헬레네와 이에 못지않게 예뻤던 자매 클리타임네스트라는 나중에 트로이 전쟁의 시작과 끝을 장식하는 비극의 주인공이 된다.

템플론 칸막이 돌과 산딸나무꽃무늬

3세기 중반 이후, 로마제국의 국력이 쇠잔해지면서 그리스에 이웃한 이민족의 침입이나 지진과 홍수와 같은 자연재해로 인해 디온의 위세는 점차 기울기 시작했다. 디온이 마지막으로 영화를 누린 것은 교회가 디온을 주교좌로 임명했던 4세기 무렵이었다. 4-5세기에 걸쳐 디온에 주교 교회가 건설되었다. 비잔티움 교회는 (서쪽)출입구-예비 신자석-신도석-후진(동쪽)으로 이루어져 있다. 후진에는 성례를 치루기 위한 제단이 있는데 이를 신도

---

41) 스완(swan)의 순 우리말은 고니이다. 백조는 일본식 한자어라고 한다.

5-15. **템플론과 산딸나무꽃무늬** (1)템플론은 제단과 신자석을 구분하기 위해 설치한 칸막이다 (10세기, 아테네의 거룩한 사도교회), (2)십자형 꽃무늬가 장식된 템플론 칸막이 돌(디온 박물관) (3)고려 청자베게의 칠보무늬. 동·서양의 두 문양은 완전 판박이다.

석과 분리하기 위해서 울타리를 설치했다. 이것을 템플론(templon) 또는 챈슬 배리어(chancel barrier·성단소 칸막이)라 부른다. 템플론의 하단에는 문양이 새겨진 칸막이 돌을 설치했는데 디온 박물관에 전시된 템플론 칸막이 돌이 바로 이 용도로 사용된 것이다. 칸막이 돌에 새겨진 문양은 로마인들이 좋아했던 십자형 꽃문양이다. 나의 연구에 의하면, 이 꽃문양은 우리네 고려청자에서 널리 사용되었던 칠보무늬의 원형이다.

폐장 시간을 15분 정도 남기고 박물관을 방문했기 때문에 여기서 오래 머물면 박물관 직원들에게 민폐를 끼치게 된다. 우리는 1층 전시실을 주마간산으로 구경하고 안내 데스크에서 기다리던 박물관 여직원들에게 허리를 굽혀 정중하게 감사 인사를 한 다음 출입문을 향해 발걸음을 옮기려 했다. 그런데 여직원 가운데 한 명이 살짝 웃으면서 이층에도 전시실이 있으니

마저 구경하란다. '아니, 이층 전시실도 있었어?' 나는 놀람과 함께 구경하고픈 마음이 순간 일어났지만 퇴근을 못하고 있는 직원들에게 너무 미안해서 괜찮다고 말하였다. 그런데 그 여직원은 다시 손으로 2층을 가리키며 천천히 구경해도 된다며 한 번 더 관람을 권하는 것이었다. 두 번이나 권유를 받았기에 나는 미안함을 거두고 그녀에게 정말 고맙다고 말하곤 계단을 통해 이층 전시실로 올라갔다. 이층 전시실은 일층과 마찬가지로 그리 넓지 않은 공간이 하나로 탁 틔어 있었고 아래층과 비슷하게 다수의 석상이 진열되어 있었다.

파이프 오르간

이층 전시실의 바닥에 설치된 메두사 모자이크 맞은편 공간에 디온 박물관의 얼굴이라 말할 수 있는 고대 파이프 오르간(hydraulis)이 전시되어 있었다. 그리스여행을 떠나기 전에는 만약 디온 박물관을 방문하게 되면 파이프 오르간 실물을 꼭 봐야겠다고 마음먹었는데 막상 이곳에 왔을 때는 까맣게 잊고 있었다. 전혀 생각지 못했던 그리스 보물과 마주치는 순간, 이층 전시실을 보고 가라고 거듭 권했던 박물관 여직원이 정말 고마웠다. 이 파이프 오르간은 1992년 여름에 '디오니소스의 승리' 모자이크가 발견된 빌라의 맞은편에 있는 2세기말 건물터에서 발굴되었다고 한다. 이 오르간은 BCE 1세기에 만든 것으로, 세계에서 가장 오래된 건반악기이자 교회 오르간의 선조이다. 이 파이프 오르간은 종종 수력 오르간(water organ)으로 번역되기도 하는데, BCE 3세기 헬레니즘 시기에 알렉산드리아의 기술자였던 크테시비우스가 발명한 악기와 매우 비슷하다고 한다.

디온의 고대 오르간은 (1) 공기 공급을 위한 피스톤이 달린 펌프 (2) 파이프에 일정 압력의 공기를 공급하기 위한 프니게우스(pnigeus) (3) 24개의 건반 (4) 길이가 서로 다른 24개의 굵은 파이프와 16개의 가는 파이프 세

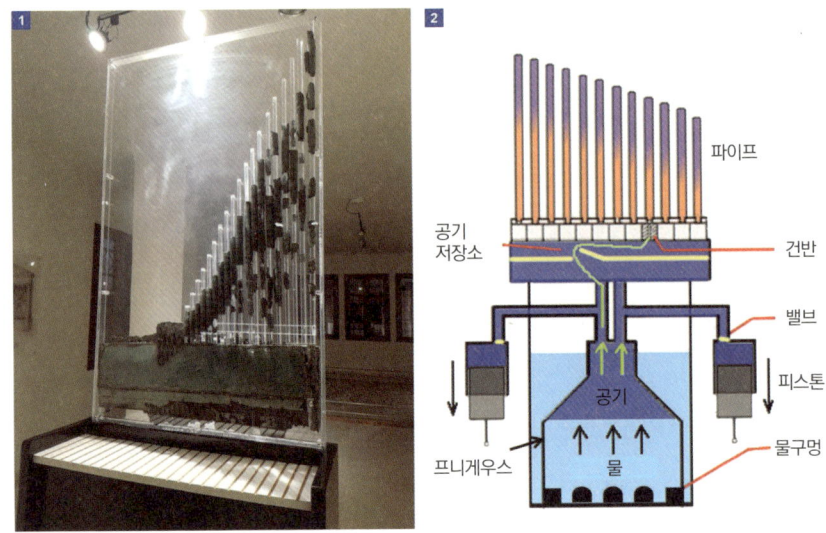

5-16. **디온의 파이프 오르간** (1)지금까지 발견된 세계에서 가장 오래된 건반악기이자 교회 오르간의 선조이다. (2) 공기를 공급하는 피스톤이 달린 두 개의 펌프, 소리를 내는 파이프에 일정압력의 공기를 공급하기 위한 프니게우스, 24개의 건반과 소리를 내는 파이프로 이루어져 있다.

트로 이루어져 있다. 여기서, 프니게우스는 원래 고대 그리스에서 사용되던 토기로 만든 휴대용 오븐을 말하는데, 깔때기를 뒤집어 놓은 모양의 공기 공급 장치가 프니게우스를 빼닮아서 그런지 똑같은 이름으로 불리고 있다.

프니게우스는 물이 반 이상 채워진 용기 안에 담가두었는데 물에 잠긴 프니게우스의 맨 아래쪽 벽에 구멍이 뚫려 있어 이곳을 통해 물이 자유롭게 들락거린다. 피스톤이 달린 펌프와 프니게우스는 관으로 연결되어 있어 펌프질을 하면 압축공기가 관을 타고 프니게우스 내부를 꽉 채우게 되며, 내부를 꽉 채운 일정 압력의 공기는 건반의 공기 저장소로 이동한다. 공기 저장소에는 팬 플루트처럼 목가적인 소리를 내는 기다란 파이프가 연결되어 있고 연결 길목에서 건반의 슬라이더가 공기 통로를 가로막고 있다. 건반을 누르면 슬라이더가 빠지면서 압축공기가 파이프로 흘러들고 파이프에 뚫린 구멍을 통해 공기가 빠져 나올 때 파이프 길이에 비례한 특정 옥타브의 소리를 내게 된다. 파이프가 오랫동안 소리를 내려면 건반의 공기 저장소에 일정 압력의 공기를 충분히 공급해줘야 하는데 이 펌프 역할을 물통에 담긴 프니게우스가 담당했다. 고대 그리스의 파이프 오르간은 소리가 커서 주로 야외 대중 공연에서 연주되었으며 로마제국 말기인 5세기까지 사용되었다고 한다. 고대 문헌기록과 디온의 실물을 참고하여 복원된 파이프 오르간 연주를 들어보면 팬 플루트처럼 감미롭고 목가적인 소리가 난다.

디온 박물관의 이층 전시실 관람도 서둘러 마쳤다. 퇴근을 못하고 일층에서 기다리고 있던 박물관 직원들에게 고개 숙여 감사를 전하고 건물 밖으로 나왔다. 주변은 칠흑 같은 어둠이 깔리고 가로등불이 환하게 골목길을 비추고 있었다. 박물관 정문까지 우리를 배웅한 남자 직원에게 근처에 호텔이 있는지 물었다. 그가 박물관 맞은편 가게 앞 테이블에 앉아 맥주를 마시던 네 명의 주민에게 큰 소리로 물으니 주민들이 일제히 손을 앞으로 가리키면서 뭐라고 말했다. 아마 이 앞에 호텔이 있다는 뜻 같았다. 나는 알았다는 뜻으로 고개를 몇 번 끄덕였다. 박물관 직원과 작별인사를 나누고 차를 몰아 앞으로 천천히 나아갔다. 그런데 아까 박물관을 찾으려고 이 골목길을 세 차례나 오르락내리락 할 때 호텔처럼 생긴 건물을 본 기억이 전혀 없었다. 우리는 골목길 좌우를 열심히 살피면서 앞으로 나갔지만 호텔을 발견하지 못하고 결국 또 다시 6개의 골목길이 마주치는 교차로에 이르렀다.

'도대체 호텔이 어디에 있지?' 나 혼자 중얼거리듯 말하곤 걱정스런 표정을 짓고 있는데, 어디선가 '휘익~ 휘익~' 하는 휘파람 소리가 밤의 정적을 깨고 희미하게 들려왔다. 머리를 돌려 소리가 나는 뒤쪽을 살펴보니 휘파람 소리가 더 크게 들려왔다. 깜깜해서 보이진 않았으나 우리에게 호텔 위치를 알려주었던 주민들이 내는 휘파람 소리임에 틀림없었다. 순간 이 휘파람 소리가 무슨 뜻인지 알아채고, 차를 천천히 후진시켜 박물관 쪽으로

5-17. **디온에서 하룻밤을 묵은 호텔과 전원 풍경** (1)사페티스 아파트먼트 호텔의 전경 (2)서쪽의 올림포스 산 꼭대기는 흰 구름이 두껍게 덮여 있어 신비스러움을 자아낸다. 너른 평원에 포도나무처럼 보이는 것은 키위이다.

다시 갔다. 주민 가운데 한 사람이 일어나 내 차 옆으로 오더니 바로 코앞에 있는 오른쪽 건물을 가리키는 것이었다. 차문을 열고 바라보니 전혀 호텔처럼 생기지 않은 디근자형 이층 건물이었다. 그는 호텔로 가더니 대문을 몇 차례 두드렸다. 조금 뜸을 들이고 한 남자가 나오는데 두 사람이 뭐라 이야기를 나누고 나서 나에게 돌아와서 하는 말이 "저 분이 호텔 여주인에게 전화를 할 것입니다. 그녀가 10분 후면 도착할 것 같으니 길옆에 주차를 하고 짐을 들고 호텔 문 앞에 가 계세요." 하는 것이었다. 나는 우리를 친절하게 안내해준 네 명의 마을 주민에게 감사 인사를 하고 호텔 앞에서 여주인이 나타나길 기다렸다.

10여 분 후에 호텔 여주인이 승용차를 급히 몰고 우리 앞에 나타났다. 중년의 그녀는 환히 웃으면서 우리를 호텔 이층 방으로 안내했다. 호텔 방값은 아침식사비를 포함하여 하룻밤에 70유로였는데 일단 방이 넓어서 좋았고 따뜻한 색조의 방안 분위기와 깨끗한 침구류가 무척 마음에 들었다. 오늘 아침 9시부터 밤 9시까지 12시간을 돌아다녀서 그랬는지 이날 밤은 세상 모르게 잠에 빠져 들었다. 다음날 아침, 호텔 앞마당 식탁에 차려진 아침식사를 맛있게 들고 커피를 마시면서 새 소리만이 들리는 조용한 디온의 마을풍경을 마음속에 담아두었다. 호텔 맞은편 울창한 나무숲 사이로 디오니소스의 승리 모자이크가 전시된 박물관 별관의 흰색 벽이 보였다. 코앞에 있는 이 별관의 일층에 디오니소스 모자이크가 있다는 것을 알았다면 당연히 만사를 제치고 들렀을 텐데 지금도 이 모자이크를 직접 보지 못한 게 못내 아쉽다. 서쪽의 올림포스 산 꼭대기는 흰 구름이 두껍게 덮여 있어 신비스러움을 자아냈고, 높은 산 아랫마을이라 그런지 9월 중순임에도 아침공기는 정신이 번쩍 들 만큼 서늘했다.

아침식사를 마친 후 호텔방으로 올라와 짐을 꾸리면서 테이블 위에 놓여 있는 방명록에 디온 박물관 직원과 주민들의 친절에 감사한다는 글을 남겼다. 여주인과 작별인사를 나누고 호텔을 나섰다. 나는 어제 저녁 우리에게 환상적인 디온 유적공원 투어와 박물관 관람을 할 수 있도록 친절을 베풀어준 조르바와 작별인사를 나누고 싶어 승용차를 몰고 디온 유적공원 주차장으로 갔다. 이른 아침인데다 한적한 시골마을이라 관광객은 보이지 않았다. 공원 안내사무소 옆 잔디밭에는 야외 테이블이 몇 개 놓여 있었는데 일단의 남자들이 앉아 잡담을 나누고 있었다. 혹시 이들 중에 조르바가 있을까싶어 두리번거리면서 찾았으나 보이질 않았다. 출입문이 열려 있는 안내사무소 입구로 가서 안쪽을 기웃거려 보았으나 그를 찾을 수가 없었다. 혹시나 그를 만날까싶어 하릴없이 주차장에서 5분 정도 기다려보았지만 그는 나타나지 않았다. 어제 저녁, 그와 헤어질 때 명함 교환을 하지 못한 것이 못내 아쉬웠다. 시간도 아침 10시를 훌쩍 넘겼기에 나는 멀리 꼬레아에서 온 동방박사를 친절하게 영접해준 조르바에게 마음속으로 감사인사를 전하고 다음 목적지인 베르기나로 출발하였다. 우리는 키위 농장 사이로 난 한적한 시골길을 벗어나 유로피안 루트 E75에 올라탄 다음 마케도니아 왕국의 첫 수도였던 아이가이(Aigai)를 향해 달려갔다.

제6장
베르기나의 들국화는 고려청자에 피어날지어이

아이가이 왕궁
아이가이 극장 및 왕실무덤 박물관
페르세포네의 납치
마케도니아 왕실무덤(2호분)

베르기나의 들국화는
고려청자에 피어날지어이

아이가이 왕궁유적지/왕실무덤박물관

디온에서 테살로니키까지 A1 고속도로(유로피안 루트 E75)는 에게 해의 테라마이코스 만에 접한 너른 평원을 남북 방향으로 달리는 도로이다. 그리스는 산악 국가이지만 이곳은 지평선도 볼 수 있을 정도로 시야가 탁 트여 있어 운전하는 내내 눈 맛이 시원하였다. 우리는 크리디 근처에서 내륙으로 진입하는 동서 방향의 A2 고속도로(유로피안 루트 E90)로 옮겨 타고[42] 한동안 달리다 클루라 근처에서 좁은 시골길로 접어들었다. 길옆에 억새가 우거진 한적한 시골길을 따라 9km를 더 들어가니 베르기나(Vergina) 마을이 나타났다. 중부 마케도니아 주의 이마티아 군에 속해 있는 이 작은 마을은 그리스-터키 전쟁(1919-1922)이 끝나고 두 나라 사이에 인구 교환 협정을 맺는 과정에서 터키 영토에서 쫓겨난 그리스 주민이 정착한 마을이다. 베르기나란 마을 이름은 난민들이 이곳에 정착할 때 알리아크모나스 강을 사이에 두고 서로 마주보고 있는 베로이아(Veroia) 마을에서 제안한 이

---

[42] 그리스에서 가장 긴 A2 고속도로(이고메니트사-테살로니키-알렉산드로폴리)는 유로피안 루트 E90(포르투갈-터키)의 그리스 구간 도로이다.

름으로[43], 전설에 의하면 이 강 근처 어딘가를 지배했다고 전해지는 베르기나란 여왕의 이름에서 따왔다고 한다. 하지만 세상 사람들에게 베르기나는 이런 가슴 아픈 사연보다는 고대 마케도니아 왕국의 첫 수도였던 아이가이(Aigai)로 더 잘 알려져 있다. 아이가이에서 발굴된 왕궁과 왕실 무덤은 1996년 유네스코 세계문화유산으로 등재되었는데, 그 등재 사유로 "유럽문명이 고전기 도시국가에서 헬레니즘과 로마시대로 대표되는 제국으로 전환되는 데 있어 획기적인 발전을 보여주는 탁월한 증거"라고 언급하였다. 서양문명사에서 마케도니아 왕국이 차지하는 위상은 유럽문명이 도시국가 규모에서 거대 제국으로 확장될 수 있는 길을 닦은 데 있다.

아이가이 왕궁

우리는 아이가이 왕실 무덤 박물관에 가까운 마을 유료주차장에 차를 세우고 먼저 왕궁 터를 찾아 나섰다. 조금 전 우리와 비슷한 시간에 주차장에 도착한 대형 관광버스에서 한 무리의 서양 관광객이 내리면서 그들의 왁자지껄한 소리에 시골 마을에는 잠시 활력이 돌았지만 이들이 금방 어디론가 흩어지면서 마을에는 다시 정적이 감돌았다. 왕궁(the palace of Aigai) 표지판에 그려진 화살표 방향으로 걸어가니 널따란 공용주차장이 나타났고 주차장을 오른쪽에 끼고 돌아나가니 길이 두 갈래로 나뉘는데 정면의 오르막길이나 왼쪽의 내리막길이나 너무 한적해서 방향을 정하기가 어려웠다. 갈림목에 있어야 될 유적 방향 표지판이 설치되어 있지 않아 스마트폰의 구글지도를 켜봤지만 신호가 잡히지 않아 소용없었다. 여기서 나

---

43) 신약성경의 사도행전에서 사도바울의 기독교 전도지로 언급된 베레아(Berea)가 바로 베로이아 마을이다. 베르기나에서 14km 떨어져 있고, 사도바울은 AD 50년-57년에 이곳을 두 번 방문했다.

6-1. **아이가이 왕궁 앞길에서 내려다 본 마케도니아 평원** 풍경 아이가이는 고대 마케도니아 왕국이 수도로 삼기에 부족함이 없는 비옥한 땅이다. 이곳에서 직선으로 5km 떨어진 곳에 그리스에서 가장 긴 알리아크모나스 강이 흐른다.

이 지긋한 어느 외국인 부부와 함께 왕궁으로 가는 길을 찾느라 잠시 헤매다가 저쪽인 것 같다는 소리에 정면의 오르막길로 올라갔다. 오르막길 왼쪽으로는 아직 발굴 중으로 보이는 에우클레이아(Eucleia)[44] 지성소 터가 보였고, 여기서 조금 더 올라가 길이 다시 왼쪽으로 크게 꺾이는 지점에 이르러서야 왕궁 안내판이 나타났다. 이곳에서 동쪽 테르마이코스 만을 향해 드넓게 펼쳐진 마케도니아 평원이 한눈에 내려다보였다. 거칠 것 없는 호쾌한 풍경이다. 많은 인구가 모여 사는 수도에는 식수와 해운에 이용할 강이 있게 마련인데, 베르기나 역시 이곳에서 북쪽으로 5km 떨어진 거리에 그리스에서 가장 긴 알리아크모나스(Aliákmonas) 강이 동쪽 테라마이코

---

44) 좋은 평판(good repute)과 영광을 상징하는 여신이다. 주로 보이오티아, 마케도니아와 같은 지방에서 숭배되었다.

6-2. **아이가이 왕궁 터 앞 풀숲에 핀 '너도 사프란' 꽃** (1)사프란 꽃에는 붉은색의 암술대가 세 개 있다. 이것을 채취하여 말린 다음 가루를 내서 음식이나 차에 황금빛 색깔을 내는데 사용한다. (2)아이가이 사프란 꽃의 암술대는 붉은 색이 아니었고 이파리도 없었다. 나는 이 꽃에 '너도 사프란'이란 이름을 지어주었다.

스 만 방향으로 흐르고 있다.[45] 참으로 아이가이는 고대 마케도니아 왕국이 수도로 삼기에 부족함이 없는 비옥한 땅이었다.

우리보다 조금 앞서 오솔길을 걸어간 서양인 부부가 길가 풀숲에서 뭔가를 발견한 듯 멈춰 서서 얘기를 나누더니 뒤따라 온 우리에게 풀숲을 손으로 가리키면서 말을 걸어왔다.

"이걸 보세요. 사프란 꽃입니다."

그가 가리키는 풀숲을 살펴보니 사프란을 빼닮은 화초 너덧 포기가 마른 잎과 잡초 사이로 꽃대를 쭉 올려 연보랏빛 꽃을 활짝 피우고 있었다.

"와우, 맞아요. 사프란입니다."

나는 그에게 머리를 끄덕이며 활짝 웃어주었다. 사프란 꽃에는 붉은색의 암술대가 세 개 있다. 이것을 채취하여 말린 것을 손가락으로 비벼 부순 다음 음식이나 차에 넣으면 황금빛 색깔이 난다. 스페인 볶음밥으로 우리에게도 널리 알려진 파에야(Paella)의 샛노란 색깔은 조리 중에 사프란 암술

---

45) 영어로는 할리아크몬(Haliacmon) 강이라 부른다. 우리도 베르기나로 진입할 때 이 강을 건넜는데 강 중간을 댐으로 막아서 그런지 댐에서 멀리 떨어진 다리 부근은 강이 아니라 실개울이었다.

대 가루를 한 옴큼 넣어서 만든 색깔이다. 사진으로만 봤던 사프란 꽃을 직접 보게 되니 무척 기뻤다. 나는 사진을 몇 장 찍고 여행을 다녀와서 이 꽃이 진짜 사프란인지 조사해 보았다. 아쉽게도 우리가 본 아이가이 사프란 꽃은 암술대의 색깔이 붉지 않았고 특유의 뾰족한 이파리도 없었다. 나는 이름 모를 이 꽃에 '너도 사프란'이란 이름을 지어주었다.

오솔길은 복원 작업이 한창인 왕궁 터 입구 매표소로 연결되었다. 입장료를 내고 아이가이 왕궁 터에 들어섰는데 공사 작업자의 개인정보 보호를 위해 사진촬영을 금한다는 안내판이 서 있었고 여성 안내원 한 명이 우리에게 사진촬영은 안 된다고 다시 상기시켜주었다.

아이가이 왕궁은 알렉산드로스 대왕의 아버지인 필리포스 2세의 집권기(BCE 359-336년)에 건설되었는데 파르테논 신전과 더불어 고전기 그리스를 대표하는 가장 중요한 건물이다. 피에리 산맥 아래 나지막한 언덕에 세워진 이 거대한 왕궁은 크기가 파르테논 신전의 세 배에 달할 만큼 고전기 그리스에서 가장 컸으며 마케도니아 평원 어디서나 볼 수 있었다고 한다. 즉 이 건물은 마케도니아 권력의 상징이자 아름다움을 뽐내는 경이적인 랜드 마크였다. 아이가이 왕궁은 그 당시에 완전히 혁명적이고 아방가르드적인 독특한 건물이었는데 할리카르나쏘스의 마우솔레움(mausoleum·마우솔로스 영묘)을 지은 것으로 알려진 당대의 천재 건축가 퓌테오스(Pytheos)가 필리포스 2세를 위해 설계한 것으로 알려져 있다. 이 건물은 헬레니즘 시대와 그 이후에 지어진 모든 바실레이아(Basileia·왕궁)의 원형이 되었다. 미음자(ㅁ) 형태로 지어진 이 독특한 건물의 가장 매력적인 요소는 독창적인 건축 개념이다. 즉, 미음자 건물구조에서 한가운데 위치한 사각형 중정을 열주로 에워싸고 건물의 파사드는 삼각형 박공을 기둥으로 떠받친 포르티코(Portico·현관 정문)를 중앙에 두고 그 좌우에 기와지붕을 덮은 회랑을 길게 배치하였는데, 이것은 당대 건축양식에서 혁신적인 설계기법이었으며 오늘

6-3. **아이가이 왕궁 유적(자료사진)** (1)2020년 완공을 목표로 부분 복원작업이 진행 중인 왕궁 터. 노란색 화살표 위치에 모자이크가 있다. (2)BCE 4세기 후반에 건설된 이 왕궁은 파르테논 신전과 더불어 고전기 그리스를 대표하는 중요한 건물이었다. 붉은색 화살표가 왕궁의 정면 출입구를 가리킨다. (복원 후 조감도)

날 유럽에서 흔히 볼 수 있는 왕궁의 원형이 되었다.

그러나 안타깝게도 기원전 168년 피드나 전투에서 승리한 로마군이 마케도니아 왕국의 옛 수도(아이가이)와 새 수도(펠라)를 완전히 파괴하고 모든 건물을 불태웠다. 이것은 알렉산드로스 대왕의 군대가 페르시아 제국의 수도였던 페르세폴리스를 불태웠던 것처럼, 한때 세계의 절반을 차지했던 마케도니아 왕국이 재기하지 못하도록 아예 뿌리를 뽑아버린 것이었다. 폐허가 된 도시는 로마제국 시기에 재건되기는 했으나 1세기경 산사태로 인해 다시 파괴되었고, 2-5세기 무렵에는 주민들이 점차 옛 도시가 있던 피에리 산맥의 산기슭을 떠나 평원으로 내려감으로써 이곳은 땅속에 묻힌 전설 속의 고대도시가 되었다. 19세기에 프랑스 고고학자의 발굴 작업으로 드러난 건물 잔해(석재)의 상당수는 터키에서 쫓겨난 그리스 난민이 이곳에 정착하면서 집 짓는데 사용했다고 한다.

현재 부분적으로 복원공사가 진행 중인 왕궁을 넓게 조망할 수 있도록 한 길 높이의 관람대가 왕궁 터 측면에 설치되어 있어 올라가 보았다. 미음자형 왕궁은 플랫폼과 일부 모자이크만 복원된 상태라서 사실 크게 볼 만한 것은 없었지만 아테네에서도 볼 수 없었던 그리스 모자이크를 여기서 처

6-4. **아이가이 왕궁의 식당 바닥을 장식한 모자이크(자료사진)** 왕궁에서 우연히 오리지널 그리스 모자이크를 보게 되었을 때 마치 그리스 요구르트를 처음 맛 볼 때처럼 색다른 맛이 느껴졌다. 사각형 네모서리마다 포트니아 테론을 닮은 여신이 있어 눈길을 끈다.

음 볼 수 있었다. 나는 몇년 전 소아시아의 고대도시 에페소스를 구경할 때까지만 해도 모자이크를 로마인이 창안한 줄로만 알고 있었기에 아이가이 왕궁 터에서 우연히 그리스 모자이크를 보게 되었을 때 약간 놀랍기도 하고 반갑기도 하였다. 반가웠던 이유는 오래된 나의 궁금증(고대 그리스에도 모자이크가 있었을까?)이 싹 풀렸기 때문이었다. 여행을 하다보면 이처럼 평소에 갖고 있었던 궁금증이 우연찮게 풀리는 경험을 가끔 하게 되는데, 이것이 나에겐 여행의 즐거움 가운데 하나이다. 로마 모자이크가 쫀득하면서 생과일의 향긋한 맛이 느껴지는 이태리 젤라또 맛이라면, 그리스 모자이크는 그리스 요구르트의 담백한 맛처럼 생동하는 기운이 느껴진다. 아이가이 왕궁의 모자이크가 용케 살아남은 방의 용도는 식당이었다. 정사각형 방바닥에 내접하는 원은 고대 그리스인들이 좋아했던 파도무늬와 만(卍)자가 있는 메안데르 패턴으로 치장했고, 원의 안쪽은 로제트(들국화) 무늬

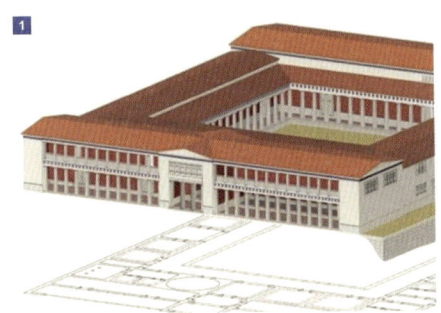 

6-5. **아이가이 왕궁 복원도** (1)아이가이 왕궁의 독특한 면은 열주로 둘러싸인 중정과 삼각형 박공을 떠받치고 있는 건물의 정면부이다. (2)우리나라 덕수궁 석조전은 19세기 유럽에서 유행한 신고전주의 양식으로 지은 서양식 궁궐이다. 두 건물은 서로 닮은꼴이다.

를 한가운데에 두고 팔방으로 뻗어나가는 화초무늬로 채웠는데, 꽃이 활짝 핀 화초와 넝쿨에서 힘찬 생동감과 생명력이 느껴진다. 사각형의 네 모서리에는 고대 서아시아에서 유행한 동물의 여신인 '포트니아 테론(Potnia Theron·야생의 여신, 지모신)을 닮은 여인상이 있어 흥미롭다. 포트니아 테론은 중앙의 여신을 중심으로 좌우에 동물 1쌍을 배열하거나 혹은 중앙의 여신이 양팔로 동물을 한 마리씩 붙잡고 있는 도상을 말하는데, 여기서는 여신이 동물 대신 넝쿨식물의 줄기를 잡고 있는 것이 특이하다.

마무리 단계로 접어들었지만 여전히 복원공사가 진행 중인 이 왕궁을 일반인에게 공개한 때가 우리가 이곳을 방문하기 불과 3개월 전이었다. 사실 나는 베르기나에 필리포스 2세의 왕궁이 있는지도 모르고 와서 이정표를 보고 찾아갔다가 폐허가 된 왕궁 터에서 그동안 궁금하게 여겼던 그리스 모자이크 문양을 우연히 보았던 것이다. 고대문양에 관심이 많은 나에게 자그마한 행운이 따른 셈이었다. 왕궁의 복원공사 완료 시기는 2020년 봄이라고 한다. 이때에는 베르기나에 새 박물관도 짓고 특별 전시실에는 아이가이 왕궁의 정면 일부를 복원해 놓을 예정이라고 한다. 우리나라에도 그리스·로마의 신고전주의 양식으로 지은 서양식 궁궐이 있는데 바로 1910

년에 지은 경운궁(덕수궁) 석조전이다. 이 건물의 파사드를 보면 아이가이 왕궁을 많이 닮았다는 것을 알 수 있는데, 아이가이 왕궁이 2200여년의 세월을 뛰어넘어 유라시아 대륙의 동쪽 끝에 있는 대한제국의 수도 한양에서 새롭게 탄생했다는 것이 나에겐 경이롭게 받아들여진다.

아이가이 극장 및 왕실무덤 박물관

이 왕궁으로 진입하는 오솔길 옆에 1982년에 발굴된 고대극장이 있다. 철조망으로 둘러친 이 극장은 왕궁을 지을 때 함께 지은 건물로 BCE 336년 필리포스 2세가 이곳에서 열린 딸(클레오파트라)의 결혼식 때 자신의 경호원에 의해 살해된 비극의 장소로도 알려져 있다. 이 극장은 왕궁의 부속 건물이어서 그런지 다른 야외극장에 비해 규모는 작아 보인다. 현재 이곳엔 약간의 기초석과 잔디로 덮인 경사진 흙더미만 남아 있어 여기에 고대 극장이 있었음을 쓸쓸하게 알려줄 뿐이었다.

왕궁 터 구경을 마치고 다시 마을로 돌아와서 마치 경주의 대릉원처럼 마을 안에 자리 잡고 있는 아이가이 왕실무덤 박물관(museum of the royal tomb of Aigai)을 구경했다. 이곳은 원래 아이가이 성문 밖에 위치한 왕실의 공동묘지인 로얄 네크로폴리스 영역에 속한 곳으로, 경주 대릉원의 황남대총처럼 아이가이 고대무덤 가운데 가장 큰 봉분이 있었다. 1977년부터 시작된 본격적인 발굴 결과, 작은 신전 형태로 지은 4개의 무덤과 1개의 히어로온(heroon·영웅을 모신 신전형태의 작은 사당)이 서로 가까이 모여 있는 떼무덤이라는 것이 확인되었다. 1호분에서 3호분까지는 필리포스 2세로 추정되는 인물과 그의 부인 및 손자의 무덤이며, 4호분은 필리포스 2세 가문(아르게아스 왕조)과 상관없는 후대 왕의 무덤이다. 도굴 당하지 않은 처녀분인 2호분과 3호분에서 엄청난 양의 진귀하고 아름다운 부장품이 쏟아져 나와 이곳에다 아예 지하 박물관을 짓고 아이가이 왕실무덤 박물관

6-6. **아이가이 극장 및 대릉** (1)BCE 336년, 딸의 결혼식에 참석한 필리포스 2세가 암살당한 장소이다. (2)대릉에서 출토된 유물을 전시한 아이가이 왕실무덤 박물관이 지하에 있다.

이라 이름을 붙였다.

　매표소에서 표를 사고 봉분의 왼쪽에 있는 입구로 들어갔다. 어두운 실내조명으로 인해 박물관 내부는 마치 하데스가 지배하는 지하세계에 내려온 듯 엄숙한 분위기가 감돌았고 무덤에서 출토된 황금유물은 어둠 속에서 은은한 광채를 발하였다. 마케도니아 왕국은 펠로폰네소스 반도의 아르고스에 살던 도리아인이 기원전 8세기에 그리스 반도의 동북 지역으로 이주하여 세운 나라라고 한다. 그래서 나라를 세운 첫 왕조를 '아르고스의', 또는 '아르고스로부터'란 뜻의 그리스어 '아르게아스 왕조(Argead dynasty)'라 부른다. 기원전 7세기쯤 페르디카스 1세가 베리아 주변에 첫 도읍인 아이가이를 세운 이후 이 도시는 약 400년간 왕국의 수도로서 번영을 누렸다. 기원전 4세기 초, 아르켈라오스 1세가 여기서 북쪽으로 58km 떨어진 펠라(pella)로 수도를 옮겼고, 마케도니아 왕국의 최전성기를 가져온 필리포스 2세와 그의 아들 알렉산드로스 3세는 펠라에서 태어났다. 그럼에도 불구하고, 아이가이는 여전히 마케도니아 왕국의 성스러운 도시, 전통적인 컬트 센터, 왕궁과 왕릉의 소재지로서 중요한 역할을 그대로 유지하고 있었다. 이런 이유로 필리포스 2세는 여기에 새로운 왕궁을 짓고

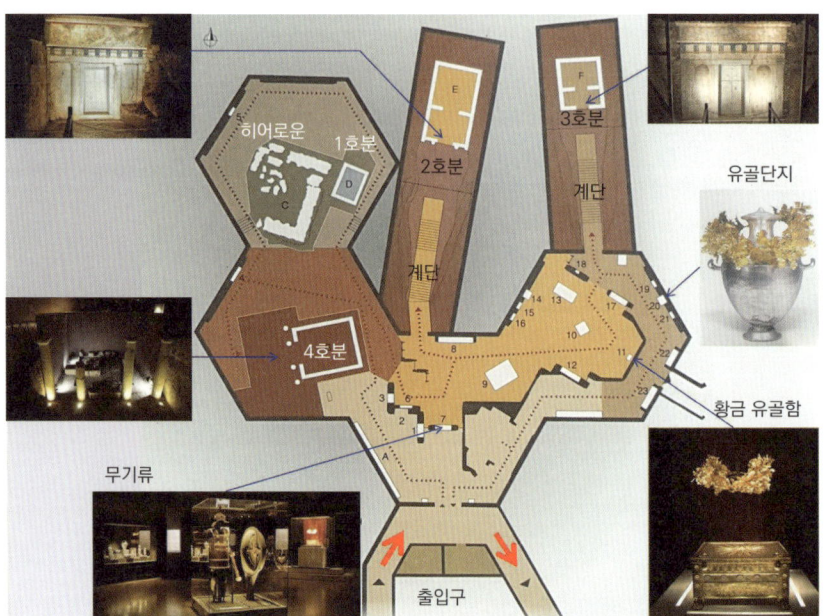

6-7. **아이가이 왕실무덤 박물관의 내부구조** 1호분에서 3호분까지는 필리포스 2세와 그의 부인 및 손자의 무덤이며, 4호분은 필리포스 2세 가문과 상관없는 후대 왕의 무덤이다.

딸의 결혼식에 맞춰 그리스 전역의 유력자들을 자신의 왕궁으로 초대했다. 하지만 불행히도 그가 하객들로 꽉 찬 극장으로 들어서는 순간, 자신의 경호원에게 살해되었다. 알렉산드로스 3세는 부하 장수들에 의해 곧바로 후임 왕으로 추대되었으며 그는 그리스 역사에서 가장 호화롭게 아버지 장례식을 거행하였다.

페르세포네의 납치

1호분은 이미 고대에 도굴된 고분이지만, BCE 350년에 제작된 도기와 25세의 젊은 여인과 갓 태어난 어린 아기의 뼈가 이곳에서 발견되었다. 마케도니아 왕가는 일부다처제를 실시하고 있었기에 필리포스는 일곱 명의

6-8. 하데스에 의한 페르세포네의 납치(자료사진) 1호분의 북쪽 벽에 그려진 프레스코 그림이다. 하데스의 억센 왼손에 낚아 채인 반나체의 페르세포네가 비명을 지르면서 두 손을 허공에 뻗은 채 아버지(제우스)에게 도움을 청하는 모습은 전통적으로 그려왔던 페르세포네 여신의 모습이 아니다.

부인을 두었는데 이 가운데 한 명의 무덤으로 짐작되고 있다. 무덤의 네 벽면 중에 동쪽, 북쪽, 남쪽의 세 벽면에 프레스코 벽화가 그려져 있다. 북쪽 벽면에는 저승의 왕 하데스가 네 마리의 말이 이끄는 이륜전차를 타고 페르세포네를 납치하는 신화의 한 장면이 그려져 있다. 벽화의 맨 오른쪽에 그려진, 화들짝 놀라면서 땅바닥에 주저앉아 두려움에 떠는 여인은 페르세포네와 함께 꽃을 꺾으며 놀던 여자 친구이다. 사진에는 안보이지만, 벽화의 맨 왼쪽에는 죽은 자를 저승으로 안내하는 길잡이인 헤르메스가 왼손으로 말굴레를 쥐고 큰 보폭으로 성큼성큼 서쪽(죽은 자의 땅)으로 전차를 인도하는 모습이 그려져 있다.

이 북쪽 벽화와 접해 있는 동쪽 벽에는 페르세포네의 엄마이자 곡식의 신인 데메테르가 혼자서 바위에 걸터앉아 멍하니 납치 장면을 바라보는 장면이 그려져 있고, 맞은편 남쪽 벽면에는 운명의 세 여신, 모이라이(Moirai)

가 모여 무언가 이야기를 나누고 있다.

하데스가 페르세포네를 납치한 것은 단지 홀아비가 성욕을 해소하기 위해서인가, 아니면 결혼하기 위해서인가? 페르세포네의 납치 이야기가 등장하는 호메로스의 데메테르 찬가[46]에는 하데스가 욕정을 못 이겨 여조카를 납치하는 몹쓸 짓을 한 것이 아니라 페르세포네의 아버지 제우스에 의해 미리 정해진 결혼을 하는 것으로 이야기되고 있다.[47] 대부분의 고대문화가 그러했듯이, 고대 그리스의 딸들은 대부분 아버지의 재산으로 간주되었기에 아버지에 의해 신랑이 결정되는 중매결혼을 하였다. 천하의 바람둥이 제우스는 어두컴컴한 지하세계에서 많은 손님을 혼자 응대하는 형님 하데스가 안쓰럽게 생각되어 자신의 딸과 결혼하라고 부추겼는지도 모른다.

비명소리만 메아리로 남기고 감쪽같이 사라진 딸을 찾기 위해 데메테르는 먹지도, 마시지도, 목욕하지도 않은 채 아흐레 밤낮에 걸쳐 온 대지를 돌아다녔지만 찾을 수가 없었다. 열흘째 되는 날, 그녀는 지상의 모든 것을 볼 수 있는 태양신 헬리오스로부터 딸이 하데스에 의해 지하세계로 납치됐다는 사실을 알게 되었다. 비통에 잠긴 그녀는 페르세포네의 납치를 묵인하고 있는 제우스에 대해 심한 분노와 배신감을 느꼈다. 그녀는 신들이 사는 올림포스 산을 내려와 노파로 변장한 채 세상을 떠돌아다니다 아테네 근교 엘레우시스(Eleusis)로 가서 그곳 주민들에게 자신의 신전을 짓도록

---

46) 호메로스 찬가(the Homeric Hymn)는 작자 미상인 총 33편의 고대 그리스 찬가집으로, 그리스의 각 신들을 찬양하는 내용으로 이루어져 있다. 데메테르 찬가는 기원전 7세기 후반-6세기 초(아르카익 시기)에 쓰인 것으로 짐작된다.
47) the Homeric Hymn to Demeter(line 30-31): She was being taken, against her will, at the behest of Zeus, by her father's brother, the one with many names. 호메로스의 데메테르 찬가(30-31행): 그녀(페르세포네)는 제우스의 명령에 따라, 자신의 의지에 반하여 여러 이름으로 불리고 있는 삼촌(하데스)에게 끌려갔다.

하고 비밀스런 종교의식을 가르쳤다. 곡식과 추수의 여신이 돌보기를 포기하자 땅에서는 아무 것도 자랄 수 없었고 어떠한 생명도 태어날 수가 없었다. 급기야 올림피아의 신들을 위해 바칠 제물들과 희생양들도 모자라게 됐다. 신들이 회유에 나섰지만 그녀는 페르세포네가 자신에게 돌아올 때까지 절대로 올림포스 산에 돌아오지 않을 것이며 어떤 것도 자라지 못하도록 하겠다고 말했다. 마침내 제우스가 나서지 않을 수 없었다. 그는 데메테르의 요구를 들어주기로 하고 자신의 전령이자 저승사자이기도 한 헤르메스를 하데스에게 보내 페르세포네를 데려오도록 지시했다. 그런데 거기에는 한 가지 조건이 있었다. 페르세포네가 지하세계에 있을 동안 아무것도 먹지 않았어야 한다는 것이다. 하지만 하데스는 페르세포네를 속여 석류씨앗 네 알을 먹도록 했고 그 결과, 페르세포네는 온전히 엄마 곁에 돌아올 수 없게 되었다. 일 년 중 8개월은 지상으로 나와 어머니와, 나머지 4개월(겨울철)은 지하세계에서 하데스와 보내야만 했다. 데메테르는 제우스의 결정을 따랐고, 불모의 땅에 다시 생명력을 불어넣었다. 마침내 바싹 메말랐던 대지에는 다시 꽃이 활짝 피고 씨앗과 과일이 풍성하게 맺혔다.

　페르세포네는 고대 그리스인의 신앙과 제식에서 데메테르와 함께 매우 중요한 위치를 차지했다. 실제로, 고대 그리스의 많은 지역에서는 매년 테스모포리아 축제(Thesmophoria festival)를 열어 풍요의 신인 데메테르와 페르세포네를 기렸다. 고대 아테네의 대표적 희극작가인 아리스토파네스(Aristophanes)가 쓴 희극, 테스모포리아주사이(Thesmophoriazusae·테스모포리아 축제의 여인들)에 언급되고 있는 이 축제는 자유 신분의 여성 가운데 결혼한 여성만이 참가할 수 있었으며 극히 일부 지역을 제외하곤 밀알을 파종하는 10월말에 열렸다. 페르세포네는 또한 엘레우시스 밀교(Eleusinian mystery)와 관련되어 숭배되는 신이었다. 이 종교 조직은 페르세포네의 연례 귀환을 축하하기 위해 비밀 종교의식을 거행했다. 페르세포네는 다산과 풍작을 가져오는 풍요의 신이지만 또 한편으로는 죽음과 저승세계와 강하게 연결된 신이기도 하다. 고대 그리스인들은 그녀가 지니고 있는 생명과 죽음이라는 이중적 속성에 매력을 느꼈는데, 그것은 자신들의 필요와 사정에 따라 여신의 어느 한쪽 신성에 기대어 호소할 수 있었기 때문이었다.

고대 그리스 미술의 도상학에서 페르세포네 여신은 혼자 있거나 그녀의 배우자 하데스와 함께 등장하는데 흔히 편안한 자세로 권좌에 앉아 있는 안주인의 모습을 하고 있다. 그녀는 항상 옷을 입었으며 결코 상반신을 드러내거나 완전 나체로 나오는 경우는 없다. 아르카익 시기의 데메테르 찬가에 묘사된 페르세포네의 납치 신화가 도기화에 등장하는 시기는 기원전 5세기 초였다. 기원전 5세기 후반에 이르러 아티카 지역에서 제작된 도기화에 여인의 납치 또는 강간 묘사가 등장하기 시작했는데, 여기에 처음으로 전차가 등장하였다. 고대 그리스에서 결혼식은 어둠이 깔린 후 신부가 얼굴을 베일로 가리고 전차나 수레를 타고 신랑 집으로 향하는 것으로 시작했기 때문에 전통 도상학에서 전차는 결혼식을 뜻하기도 한다. 기원전 4세기에는 그리스 식민도시가 있던 이태리 남부지방에서 제작된 도기화에서도 납치신화 그림이 자주 등장하였다. 이태리 남부의 고대도시 아푸리아(Apulia)에서 제작된 적색인물상 도기에 그려진 페르세포네 납치 그림을 살펴보자.

아푸리아의 페르세포네 여신은 마치 여왕과 같은 복장을 하고 보석으로 치장한 채 곧 남편이 될 하데스의 전차에 함께 올라탔다. 페르세포네의 얼굴 표정에는 두려움이나 불안감, 또는 비통함이나 자포자기 심정 같은 것은 전혀 찾아볼 수 없다. 오히려 그녀의 얼굴은 행복해 보이고 허리춤에는 권위의 상징인 홀장이 비끄러매져 있다. 그녀의 여자 친구는 마치 신부의 수행원처럼 횃불을 들고 전차를 뒤따라가고 있으며, 경쾌한 발걸음을 내딛는 네 마리의 말 옆에서 저승길로 인도하는 헤르메스는 큰 목소리로 백성

6-9. **하데스에 의한 페르세포네의 납치(자료사진)** 이태리 남부 아푸리아 지방에서 BCE 340년에 제작된 크라테르의 표면에 그려진 그림이다. 이 도기화의 주제는 페르세포네의 납치이지만 풍기는 분위기는 축복받는 결혼식처럼 보인다.

들에게 여왕의 결혼을 알리려는 듯 아주 신이 났다. 쿼드리가의 맨 앞에서 폴짝 뛰어오르는 토끼는 고전기 그리스에서 활력, 번영, 풍요 또는 행운을 상징했다. 그래서 이 도기화의 주제는 페르세포네의 납치이지만 풍기는 분위기는 축복받는 결혼식처럼 보인다. 이 도기는 아이가이 무덤 벽화의 제작 시기와 거의 비슷한 BCE 340년에 만든 것으로, 이때까지만 해도 하데스의 납치에 저항하는 페르세포네의 이미지는 매우 드물었다.

다시 아이가이의 고분벽화로 돌아가 보자. 하데스의 억센 왼손에 낚아채인 반나체의 페르세포네가 비명을 지르면서 두 손을 허공에 뻗은 채 아버지(제우스)에게 도움을 청하는 모습은 결코 이전에는 묘사된 적이 없었다. 이처럼 다소 무기력한 모습의 페르세포네는 전통적으로 그려왔던 여신의 모습이 아니었다. 아이가이 무덤 벽화를 그린 화가는 이런 전통을 철저히 무시했다. 그는 하데스의 안주인이 될 페르세포네를 죽음을 피할 수 없는 자가 마지막 삶에 집착하는 모습으로 그리는데 전혀 거리낌이 없었고, 그녀의 얼굴과 몸짓에서 공포감, 비통함, 자포자기, 그리고 위대한 여신의 파토스를 보여주는데 성공했다.

마케도니아 왕실무덤(2호분)

계단을 따라 아래로 내려가면 마주하는 2호분은 정면부가 작은 신전처럼 지어진 고대 마케도니아 양식의 무덤으로 이 안에는 돌방이 두 개 있다. 고고학자들 사이에 의견이 완전히 일치하는 것은 아니지만, 이 무덤은 필리포스 2세와 그의 20대 젊은 왕비 메다(Meda)의 유골을 안치한 곳이다. 필리포스 2세는 BCE 339년 그리스 북쪽 흑해연안의 스키타이 유목왕국과 전쟁을 치르고 돌아올 때 트라키아의 공주 메다와 결혼했다. 필리포스 2세가 사망하자 당시 트라키아 지방의 풍습을 쫓아 메다 왕비는 자결을 한 것으로 짐작되고 있다.[48] 무덤 정면은 도리아 양식의 이주식(distyle) 건물이다. 신전건물이라면 맞배지붕을 얹고 정면을 삼각형 박공으로 장식하겠지만 이 무덤은 원통형 천장(barrel vault)으로 지붕을 씌웠기 때문에 일종의 정면 가림막으로 직사각형의 이오니아 프리즈를 한 층 올리고 왕실 남자들의 사냥 장면을 묘사한 벽화로 장식했다. 이 벽화 한가운데에는 젊은 알렉산드로스로 추정되는 인물이 말을 타고 사냥하는 장면이 그려져 있다.

2호분의 전실(antechamber)에서 왕비의 황금유골함이, 벽을 사이에 두고 대리석 문으로 연결된 후실(main chamber)에서 필리포스 2세의 황금유골함이 각각 대리석관에 담긴 채 발견되었다. 두 황금유골함 속에는 피

---

48) 2013년 유골을 다시 정밀 분석하였는데, 뼈의 주인공은 30-34세 되는 여인으로 판명되었다. 나이대로 보아 20대의 젊은 메다라고 보기엔 어려웠다. 또한 정강이뼈가 안짱다리인 점과 그녀의 무덤방에서 청동 정강이 보호대가 발견되었다는 점에서 유골의 주인공은 메다가 아니라 말을 즐겨 탔던 스키타이 여전사일 것이라는 주장도 있다.

6-10. 아이가이 왕실무덤(2호분)의 파사드(자료사진) 작은 신전처럼 지어진 2호분은 필리포스 2세와 그의 젊은 부인, 메다의 무덤으로 추정되고 있다. 이오니아식 프리즈에는 왕실 남자들의 사냥 장면을 묘사한 벽화가 그려져 있는데 알렉산드로스 왕자로 추정되는 그림이 있다.

장자의 화장 후 유골이 천에 담겨 있었고, 이 위에 황금화관이 놓여 있었다. 필리포스 2세의 황금화관은 제우스를 상징하는 도토리나무 화관이며, 젊은 왕비의 황금화관은 미의 여신 아프로디테를 상징하는 은매화나무(도금양 나무) 화관이다. 황금으로 만든 참나무 가지에 맺힌 황금 도토리 열매의 깍정이엔 비늘까지 섬세하게 새겨 놓았고, 황금 은매화 가지에 활짝 핀 황금 꽃에는 꽃술까지 일일이 심어 놓아 황금화관은 마치 잘 만든 드라이 플라워를 보는 듯 매우 사실적이면서 화려하다. 필리포스 2세의 화장 후 유골을 담은 황금유골함은 24k 순금으로 제작되었는데 무게만 8kg에 달하여 고대 그리스 세계에서 가장 재료비가 비싼 유물이라고 한다. 이 유골함은 장례식을 위해 특별히 제작한 것이 아니라 실제 마케도니아 왕실에서 귀중품을 보관하는 용도로 사용되었던 것이다. 이 황금유골함의 뚜껑에

6-11. 아이가이 왕실무덤(2호분)에 안치된 피장자의 황금유골함(자료사진) (1)필리포스 2세의 황금유골함과 황금 도토리나무 화관. 유골함 뚜껑에 마케도니아 왕국의 엠블럼인 '베르기나의 태양'이 있다. (2)왕비의 황금유골함과 황금 은매화나무 화관. '베르기나의 별'이 새겨진 황금원판 수십 개를 뒤편에 부착해 놓아 마치 밤하늘의 별처럼 반짝이는 느낌이 든다.

는 베르기나의 별 혹은 마케도니아의 별이라고도 알려진 베르기나의 태양이 장식되어 있다. 이 문양은 현재 그리스의 국가공식 태양 심벌이다.

황금유골함의 가운데와 다리 네 곳에는 일정 간격으로 로제트 무늬가 있다. 로제트를 보통 장미로 번역하지만, 실제로 보면 장미가 아니라 들국화처럼 보인다. 아이가이 황금유골함을 장식한 로제트(들국화) 문양은 미케네 문명 이래로 그리스에서 널리 사용된 문양이다. 물론 이 문양은 아시아 지역의 고문명인 히타이트, 아시리아, 바빌로니아와 페르시아 제국에서도 흔히 사용되었다. 특히 아시리아 제국의 부조에 자주 등장하여 서양에서는 '아시리아 데이지(Assyrian daisy)' 문양으로 부르기도 한다. 그런데 정말 놀랍게도 이 문양은 12-14세기에 제작된 고려청자에서도 볼 수 있다. 우리나라 고미술사학계에서는 이것을 국화문양이라 부르지만, 누가 봐도 이 문양은 국화보다는 구절초와 같은 들국화를 쏙 빼닮았다. 나는 고려청자의 들

6-12. **고대문명의 들국화 문양** 지중해 연안의 고대문명에서 즐겨 사용한 들국화 문양은 권위, 고귀함, 번영을 상징하는 왕실문양이었다. (1)미케네 문명의 도기(BCE 1400년) (2)아시리아 제국의 부조 (3)히타이트 제국의 부조(BCE 750년) (4)신바빌로니아 제국의 타일(BCE 575년) (5)페르시아 제국의 페르세폴리스 부조(BCE 5세기) (6)고려청자 (CE 13세기)

국화 문양 역시 로마의 십자형 꽃무늬랑 사이좋게 어깨동무하고 실크로드를 따라서 한반도로 건너온 문양으로 보고 있다.

들국화와 십자형 꽃무늬와 같은 지중해 문양이 북인도에서 중국을 거쳐 한반도까지 먼 길을 걸어올 수 있었던 것은 알렉산드로스 대왕의 동방원정, 북인도 쿠샨제국에서 대승불교와 불상의 탄생, 그리고 대승불교의 동점(동쪽으로 전파)과 같은 일련의 역사적 사건에 기인한다. 이에 대해서는 제8장에서 자세히 다뤄보기로 하고 여기서는 간단히 짚고 넘어가자. 페르시아 제국의 영토를 차지한 알렉산드로스 대왕은 중앙아시아와 북인도(파키스탄, 아프가니스탄)의 주요 거점에 자신의 이름을 딴 알렉산드리아를 건설하여 그리스 문명과 토착문명이 융합된 헬레니즘 문명이 꽃피울 수 있도록 씨앗을 뿌렸다. 그의 사후, 대제국은 곧바로 분열되어 몇 개의 크고 작은 왕국으로 나뉘었다. 오늘날 아프가니스탄과 우즈베키스탄의 아무다리야 강 일대(옛 지명은 소그디아나)에는 그리스계 헬레니즘 왕국인 박트리아(BCE 256-125년)가 자리 잡았다. 이 무렵 인도 마우리아 제국의 아소카 대왕은 인도 아대륙을 최초로 통일하고 아프가니스탄으로 진출하여 박트리아와 국경을 접하면서 아이하눔과 같은 그리스 접경도시로부터 헬레니즘 문명을 받아들였다. 우리는 이에 대한 증거를 마우리아 제국의 수도였던 파탈리푸트라의 왕궁 터에서 발굴된 건물 기둥의 주두(anta capital of Pataliputra)에서 확인할 수 있다.[49]

파탈리푸트라 주두는 그 생김새로부터 헬레니즘의 영향을 크게 받았다는 것을 알 수 있지만 여기에 장식된 들국화, 염주, 파도형 소용돌이, 불꽃 형상 팔메트, 이오니아식 소용돌이 문양은 대표적인 그리스 전통문양이다. 즉, 알렉산드로스 대왕의 동방원정 이후 약 100년이 지난 기원전 3세기 무렵이 되면 헬레니즘 문화가 중앙아시아, 북인도 및 인도에 깊숙이 뿌리를 내린다. 이런 분위기에서 박트리아를 멸망시키고 북인도를 차지한 쿠샨제국의 간다라 지방에서 기원후 1세기 무렵 헬레니즘 스타일의 불상이 처음 등장하게 된다. 이때부터 시작하여 신라의 혜초스님이 인도 본토와 북인도를 순례했던 8세기에 이르는 수백 년 동안 인도-중국-한반도를 잇는 실크로드를 통해서 종교를 포함한 문명교류가 끊임없이 이루어졌고 그리스, 페르시아, 헬레니즘 및 로마의 전통문양이 이 무렵에 동쪽으로 건너왔다. 이러한 정황을 보여주는 유물이 중국 북송(CE 10-11세기)의 도철무늬 청자향로이다. 사진을 살펴보면, 청자향로의 몸통에서 소용돌이 문양(running spiral)

---

49) 파탈리푸트라는 인도 동북쪽 갠지스 강 하류에 있던 고대도시로 현재는 파트나(Patna)로 불리고 있다. 이 도시 주변에 불교의 4대 성지(탄생지: 룸비니, 대각지: 보드가야, 초전설법지: 사르나트, 입멸지: 쿠시나가르)가 있다.

6-13. **소용돌이 띠 장식 문양** 그리스 문양이 북인도를 거쳐 중국으로 전달되었음을 이 세 유물에서 확인할 수 있다. 노란색 화살표로 표시한 소용돌이 문양의 (아래)확대 사진을 보라. 세 문양은 완전 판박이다. (1)코르키라 보물창고의 지붕시마(BCE 580년) (2)인도 마우리아 제국의 파탈리푸트라 주두(BCE 3세기) (3)중국 북송의 도철무늬 청자향로 (CE 10-11세기)

을 볼 수 있는데 이 문양은 대표적인 고대 그리스 문양이다. 우리는 그리스 코르푸 섬의 고대 도시국가였던 코르키라(Korkyra)가 BCE 580년에 델피에 세운 보물창고의 낙숫물 홈통(시마) 및 인도 마우리아 제국의 파탈리푸트라 주두에서 이와 똑같이 생긴 소용돌이 문양을 발견할 수 있다. 정말 놀랍게도 이 세 유물의 소용돌이 문양은 한 치의 오차도 없이 완전 판박이다. 소용돌이 문양을 포함하여 중국과 우리나라에서 발견되는 다양한 지중해 문양(들국화무늬, 십자형꽃무늬, 당초무늬, 팔메트무늬)은 인도 대승불교의 동점이 이루어지던 시기(CE 1-8세기)에 서역에서 건너온 것으로 보인다.

언젠가 베르기나를 다시 방문하게 된다면, 그 때는 마케도니아 평원에 들국화가 활짝 필 무렵이면 좋겠다. 나는 평원을 하얗게 물들인 베르기나의 들국화를 찬미하고 싶다.

베르기나의 들국화는 고려청자에 피어날지어이

베르기나 가을 들판을 하얗게 물들인 들국화
페르세포네처럼 하얀 옷 예쁘게 차려 입고
노란 황금화관을 머리에 썼네

들국화는 알리아크모나스 강이 흐르는 고향 베르기나를 떠나
그리스에서 가장 동쪽에 있는 알렉산드리아 에스카티 너머
해 뜨는 동방으로 순례를 떠나기로 작정했지

계절의 여신이자 풍요의 여신 데메테르는
그녀의 홀장으로 노란 황금화관 어루만지며
해 뜨는 동방에서 자손만대 번성을 축원해 주었다네

꽃의 여신 클로리스는 따스한 입김을 불고
서풍의 신 제피로스는 푸른 날개 펄럭여
에게 해 너머 동방으로 들국화를 순례 보냈지

순례 길은 알렉산드로스 대왕이 말 달린 길
바빌론, 박트라, 베그람, 불상의 도시 간다라를 거쳐
구름도 쉬어가는 파미르 고원 너머로 끊임없이 이어졌네

이 길은 수많은 구법승과 소그드인들이 다니던 서역의 길
호탄, 쿠차, 둔황, 장안을 거쳐
마침내 도착한 순례의 종착지는 동방의 나라 고려였네

천년 세월, 이만 리 길을 날아온 베르기나의 들국화는

지친 몸을 흙 속에 누이고 깜박 잠이 들었다가
어느 도공의 부드러운 손길에 잠을 깨웠네

불꽃의 춤사위에 들국화는 다시 꽃망울을 맺고
비췻빛 하늘을 바라보며 하얀 꽃을 다시 피웠지
페르세포네처럼 노란 황금 화관을 머리에 쓰고

    우리는 조명이 어두운 왕실 무덤 관람을 마치고 환한 밖으로 나왔다. 박물관 안에서 관광객 두서너 명만 보았을 뿐, 마을이고 박물관이고 사람을 보기가 어려웠다. 박물관 도록을 사려고 기념품점을 찾았으나 보이질 않아 할 수 없이 정문 앞 가게에 들러 유물사진이 풍부하고 설명도 충실해 보이는 책을 한 권 골랐다.[50] 시계를 보니 오후 2시가 다 되었다. 이번 그리스 북부여행의 최종 목적지인 테살로니키 가는 길에 마케도니아 왕국의 두 번째 수도였던 펠라에 들러볼까도 생각했지만, 오후 6시로 정해 놓은 차량 반납시간에 쫓길 것 같아 포기하였다. 우리는 마케도니아 왕국의 영광과 비극을 간직한 베르기나를 뒤로 하고 테살로니키를 향해 서서히 차를 몰았다.

---

50) 왕실무덤 박물관의 유물 설명은 대부분 이 책에서 인용하였다. Angeliki Kottaridi; 『A tour through the Museum of the Royal Tombs of Aigai』(Kapon Editions, 2011)

제7장

개성상인의
테살로니키 둘러보기

승리거리, 아리스토텔레스 광장, 백탑
알렉산드로스 대왕의 청동기마상
테살로니키 고고학박물관
들국화 무늬
리라와 아울로스
장례용 비석과 메두사
알렉산드로스 대왕 주화
아테나 여신의 투구와 손기정 기증 청동투구
데르베니 크라테르
에그나티아 거리
갈레리우스 개선문
개성상인의 로툰다 관람기
서양 기독교 교회의 건축양식
서방 가톨릭교회의 건축양식
동방정교회의 건축양식
템플론, 이코노스타시스, 이콘
하기아 소피아 교회
오시오스 다비드 교회
아기오스 디미트리오스 교회
파나기아 덱시아 교회

개성상인의 테살로니키 둘러보기

아리스토텔레스 광장/백탑/알렉산드로스 동상/테살로니키 박물관/에그나티아 거리/
갈레리우스 개선문/로툰다/하기아 소피아 교회/오시오스 다비드 교회/
아기오스 드미트리오스 교회/파나기아 덱시아 교회

    아테네를 떠난 지 사흘만에 그리스 북쪽 여행의 종착지인 테살로니키로 향했다. 베르기나에서 테살로니키의 숙소까지는 92km이고 승용차로 1시간 정도 걸린다. 지평선이 보이는 한적한 고속도로를 한동안 달리다 테살로니키 외곽에 들어서니 운행차량이 점점 많아졌다. 우리가 오늘 묵을 숙소는 시내 중심가에서 많이 벗어난 '파노라마'로 불리는 언덕 꼭대기에 위치해 있다. 이번 그리스 여행은 난생 처음 해보는 완전한 자유여행으로 여행코스뿐만 아니라 그동안 배낭여행사에 맡겨왔던 숙소까지 내가 정하였다. 숙소 정하기는 부킹닷컴이나 트립어드바이저와 같은 여행 전문 사이트에서 가격, 평점, 사용 후기를 참고하여 선택했지만, 테살로니키 숙소는 어느 여행블로그에서 소개한 호텔이 괜찮아 보여 크게 망설임 없이 예약하였다. 그런데 여기엔 함정이 있다는 것을 예약 당시엔 몰랐다. 나는 호텔 도착 후 승용차를 부둣가 근처에 있는 H 렌터카 업체에 반납해야 했고 시내 구경을 마치고 파노라마 호텔로 돌아올 때는 시내버스를 이용해야 했다. 우리 차가 테살로니키에 진입해서 외곽도로를 따라 파노라마 언덕으로 가는 동안 문득 이 사실을 깨닫게 된 나에게 대중교통편 알아보기가 숙제처럼 다가왔다.

7-1. **파노라마 언덕에서 내려다 본 테살로니키 전경** 파노라마 언덕은 시내 중심가-파노라마 언덕-테살로니키 공항으로 이루어진 삼각형의 꼭짓점에 위치해 있다. 이 언덕 이름이 왜 파노라마인지는 호텔 방 창문을 열고 밖을 내다봤을 때 알 수 있었다.

그런데 우리 차가 구불구불한 파노라마 언덕길을 올라갈 때 시내버스가 우리 차 앞에 불쑥 나타났다. 누가 나 대신 숙제를 풀어준 것인 양 너무 쉽게 고민거리가 해결되어 "와, 버스다! 이건 튀케 여신이 우리한테 준 행운의 선물이야." 하고 기쁜 표정으로 아내에게 말했다. 독실한 기독교 신자인 아내는 "이건 신이 내린 축복이야." 하고 활짝 웃으면서 말을 받았다. 나도 크게 웃으며 "그래 맞아. 이 버스는 튀케 여신이랑 신이 함께 우리한테 준 선물임에 틀림없어." 하고 맞장구를 쳐주었다. 파노라마 언덕 꼭대기에 위치한 호텔에 도착한 시각은 오후 3시였다. 이 언덕 이름이 왜 파노라마인지는 호텔 방 창문을 열고 밖을 내다보았을 때 알 수 있었다. 눈앞에 시원하게 펼쳐진 U자형 테라마이코스 만을 따라서 공항과 빌딩숲이 파노라마처럼 장쾌하게 펼쳐졌다.

테살로니키는 2300년 이상 오랜 역사를 갖고 있는 유서 깊은 도시이다. 이 도시는 기원전 315년에 마케도니아의 카산드로스 왕이 건설하였는데 그는 자기 부인의 이름을 따서 이 도시를 테살로니케(thessalonike)라 불렀다. 테살로니케는 테살로스(thessalos)와 니케(nike·승리)를 합친 말로 테살리아의 승리(thessalian victory)를 뜻한다.[51] 오늘날에는 테살로니키 또는 살로니키라 부르기도 하고, 라틴어 명칭인 테살로니카나 살로니카로 부르기도 한다.

BCE 168년에 벌어진 피드나 전투에서 로마군에 패한 마케도니아 왕국은 멸망하였다. 로마의 그리스 지배시기에 테살로니키는 마케도니아 속주의 주도가 되었는데, 발칸반도 서쪽의 디라키움(dyrrachium)과 동쪽의 비잔티움(byzantium)을 연결하는 '비아 에그나티아(via egnatia)'로 불린 로마가도에 자리 잡은 덕분에 무역과 상업의 허브도시로 크게 성장하였다. 로마제국 시기에는 발칸반도에 위치한 지정학적 중요성까지 더해져 그리스 지방의 수도가 되었으며 동서로마로 분리되기 전 사두정치 시기에는 동방 부제 갈레리우스(Galerius)가 테살로니키에 황궁을 짓고 이곳에 머문 덕분에 황제도시로 불리기도 했다.

중세의 끝 무렵인 14세기가 되자 오늘날 터키공화국의 전신인 오스만 제국이 영토 확장을 위해 소아시아에서 가장 가까운 유럽의 발칸반도에 상륙하였고, 마침내 1430년 술탄 무라트 2세는 비잔티움 제국(동로마 제국)의 영토였던 테살로니키를 점령했고, 이로부터 23년 후 비잔티움 제국은 콘스탄티노폴리스의 함락과 함께 역사 속에서 사라졌다. 기독교 국가에서 이슬

---

51) 마케도니아 왕 필리포스 2세는 제3차 신성전쟁(BCE 356-346년) 중에 일어난 크로커스 평원의 전투에서 마케도니아-테살리아 연합군을 이끌고 포키스 군대를 크게 격파하였다. 그는 이 승리를 기념하기 위해 자신의 딸(알렉산드로스 대왕의 이복누이) 이름을 테살로니케로 지어줬다.

람 국가인 오스만 제국으로 도시의 통치권이 넘어갔지만 황제도시와 무역의 허브도시라는 테살로니키의 위상은 바뀌지 않았고 이슬람 제국의 관용정책으로 다양한 인종과 종교가 어우러진 국제도시가 되었다. 한편, 이베리아반도(스페인)를 800년간 지배한 아랍왕국을 북아프리카로 내쫓은 기독교인들은 15-16세기에 걸쳐 이베리아반도의 유대인들을 국외 추방하였는데 이들 중 상당수는 테살로니키로 몰려왔다. 이후 테살로니키는 유럽에서 유대인이 가장 많이 거주하는 도시가 되었으며, 19세기에 이르러서는 투르크인과 그리스인을 제치고 테살로니키에서 가장 높은 인구비율(47%)을 차지했다. 그리스가 9년간에 걸친 독립전쟁 끝에 오스만 제국의 400년 통치로부터 벗어나 독립국가로 인정받은 해가 1832년이었지만 테살로니키를 비롯한 그리스 북부지역은 여전히 오스만 제국의 영토로 남아 있었다. 하지만 오스만 제국이 몰락해가던 20세기 초, 두 차례에 걸쳐 일어난 발칸전쟁(1912-1913년) 끝에 마침내 테살로니키는 그리스 영토로 귀속되었다.

이처럼 테살로니키의 역사는 헬레니즘 시대에서 출발하여 비잔티움 제국과 오스만 제국 시대를 거쳐 오늘날까지 2300년 이상 중단 없이 계속되었다. 현재 비잔티움 성벽으로 둘러싸인 도심에 남아 있는 유적은 주로 3세기 말-4세기 초의 로마시대와 CE 395년 동서로마 분리 후 비잔티움 제국 시기의 것이다. 초기 기독교 교회 13개와 비잔티움 시대 유적 2개(성벽, 목욕탕)가 1988년 유네스코 세계유산 목록에 등재된 테살로니키는 고대 그리스와 로마 유적이 많이 남아 있는 아테네하고는 여러 모로 다른 색깔과 향기를 지닌 도시이다.

승리거리, 아리스토텔레스 광장, 백탑

우리는 시내 부둣가 근처에 있는 H 렌터카에 승용차를 반납하고 해안거리를 걸었다. 이 해안거리의 이름은 승리거리(nikis avenue)로, 서쪽의 자

7-2. **테살로니키 시 중심가 지도(비잔티움 성벽 안쪽)** 파란색 점선과 실선으로 표시한 곳이 비잔티움 성벽이며 성벽 안쪽이 도심이다. 테살로니키 시의 남북 방향 중심축은 아리스토텔레스 광장과 로만 아고라를 잇는 아리스토텔레스 거리이고, 동서 방향 중심축은 에그나티아 거리이다.

유 광장에서 시작하여 중앙의 아리스토텔레스 광장을 지나 동쪽의 백탑(white tower)까지 이어지는 500m 길이의 2차선 도로와 인도로 되어 있다. 이 부둣가 도로는 갈레리우스 개선문이 있는 에그나티아 거리(egnatia street)와 함께 테살로니키에서 가장 번화하고 관광객이 즐겨 찾는 거리이다. 승리거리 한쪽에는 시퍼런 지중해 바다가 넘실거린다. 호메로스는 지중해를 '와인처럼 어둑한 바다(wine-dark sea)'로 묘사했지만 나는 '청화백자처럼 짙푸른 바다'라고 말하곤 한다. 눈이 시리도록 짙은 푸른빛을 띤 테라마이코스 만을 가로지르며 돛대 달린 고풍스런 유람선 한 척이 미끄러지듯 달렸다. 짙푸른 바다와 해안가를 따라 줄지어 늘어선 하얀 그리스식 건물을 시야에 두고 승리거리를 걸으니 내 마음도 덩달아 들떠 올랐다. 얼마 안 가 널찍한 아리스토텔레스 광장이 길 건너에 보여 들어가 보았다.

7-3. **승리거리** 서쪽의 자유 광장에서 시작하여 중앙의 아리스토텔레스 광장을 지나 동쪽의 백탑(white tower)까지 이어지는 500m 길이의 2차선 도로와 인도로 되어 있다. 길 끝에 백탑이 보이고, 오른쪽 바다는 에게 해의 테라마이코스 만이다.

   아리스토텔레스 광장은 아테네의 신타그마 광장과 함께 그리스에서 가장 유명한 광장으로, 테살로니키의 각종 정치집회, 축제, 크리스마스와 사육제 행사가 이곳에서 열린다고 한다. 테살로니키는 그리스 영토로 편입된지 5년 후인 1917년에 대화재가 발생하여 도시의 2/3가 폐허가 되었다. 당시 그리스 정부는 오래된 도시를 긴급히 원상복구하기보다는 유럽 스타일의 신도시로 재건하기로 결정하고, 이듬해 프랑스 건축가에게 의뢰하여 알렉산드로스 대왕의 청동기마상이 우뚝한 아리스토텔레스 광장을 설계하였다. 그러나 심각한 재정 문제와 제2차 세계대전의 발발로 인해 별다른 진전이 없다가 1950-60년대에 도시재건이 시작되어 현재와 같은 모습을 갖추었다. 로마시대 이래로 테살로니키 시의 동서 방향 중심축은 에그나티아 거리이며, 남북 방향 중심축은 로마시대에는 로툰다-개선문-갈레리우스 황궁을 잇는 거리였지만 현대에는 아리스토텔레스 광장-로만 아고라를 잇는 아리스토텔레스 거리이다.

   분수나 동상이 없어서 다소 심심한 광장의 오른쪽에 아리스토텔레스 동상이 눈에 띄었다. 사각형 돌 의자에 걸터앉아 왼손으로 강의노트를 쥔 채

먼 곳을 바라보는 아리스토텔레스. 그는 인간 지식의 모든 영역에서 체계적이고 과학적인 탐구를 처음 시도했던 고대 그리스의 철학자로, 소크라테스-플라톤-아리스토텔레스로 이어지는 가장 위대한 그리스 철학자 삼인 가운데 한 명이다. 소크라테스는 끊임없는 문답을 통해 무지를 깨닫게 했고, 플라톤은 인간의 오관(눈, 혀, 입, 코, 귀)으로 감지할 수 있는 감각세계, 즉 현실세계는 항상 변화하지만 수학과 기하학이 지배하는 형상(이데아)의 세계는 변하지 않는다고 믿었다. 스승과 제자 사이인 플라톤과 아리스토텔레스는 이처럼 변하지 않는 형상의 세계가 참된 실재(reality)이고 진리(episteme)라고 보았으며, 따라서 이것만이 오직 사유의 대상이라고 주장했다. 그러나 실재, 즉 형상이 감각의 대상과 분리되어 있다고 생각했던 플라톤과 달리 아리스토텔레스는 감각의 대상이 실재성(이데아)을 갖는다고 보았다. 질그릇을 예로 들어보자. 질그릇은 찰흙(질료)에 형상(이데아)이 부여된 것으로 감각의 대상인 질그릇에는 형상이 내재되어 있다는 것이다. 즉, 아리스토텔레스는 모든 형상은 사물에 내재할 뿐 결코 분리될 수 없다고 주장했다.[52] 이런 인식상의 차이 때문에, 아리스토텔레스는 감각경험을 촉발하는 대상인 사물을 자세히 관찰함으로써 진정한 지식, 즉 진리(이데아)를 얻을 수 있다고 생각했다.

'형상과 질료' 철학이라 불리는 아리스토텔레스 사상은, 형상이 없는 순수질료가 가장 아래에 자리하고, 그 위에 질료와 형상으로 이루어진 현실계가 놓여 있고, 다시 이 위에 질료가 없는 순수형상(이것이 기독교 신학에서는 하느님이 된다.)이 최고위로 있는 위계적 세계관이다. 그의 철학사상은 중세 초기에 교회신부에게 차용되어 교부철학이 되었으며 기독교 교리로 자리 잡았다. 교부철학은 중세 중기에 이르러 스콜라철학으로 발전하였으

---

[52] 도올 김용옥 교수의 '서양 철학사 강의: 아리스토텔레스'에서 인용한 것이다.

7-4. **아리스토텔레스 동상** 아리스토텔레스는 그의 시대에 만물박사로 통했다. 그리스 학생들 사이에는 아리스토텔레스의 발가락을 만지면 '더 현명하게' 돼서 대학 입학시험에 합격할 수 있다는 속설이 있다고 한다. 그래서인지 아리스토텔레스 동상의 왼쪽 엄지발가락이 유난히 황금빛으로 반짝인다.

며 중세 1천년 동안 서양의 정신세계를 지배하였다. 중세 서양에서는 인간의 삶의 목적은 하느님이 부여한 형상을 구현하는 것이라 가르쳤다. 따라서 중세 때는 "내가 존재한다."고 말할 수 없었고 교회를 통하지 않고서는 구원도 없었다. 서양에서 '존재하는 나'를 깨닫기 시작한 것은 중세의 끝자락인 15세기에 이태리에서 일어났던 르네상스를 통해서였다. 서기 1500년, 르네상스 시대의 독일 화가인 알브레히트 뒤러는 자신의 정면을 그린 그림, '모피코트를 입은 자화상'에서 인간 존재에 대한 자각을 불후의 색채로 당당히 표현했다. 그림 속에서 그는 이렇게 말하는 듯하다. "내가 여기 있다!"

화제를 다시 아리스토텔레스 동상으로 돌려보자. 그리스는 2019년 10월 현재 청년실업률이 35.6%로 높은 편이다. 주력산업이 관광업, 해운업, 농업이고 이렇다 할 만한 제조업이 없어서 대학을 졸업해도 좋은 직장을 얻기가 어렵다고 한다. 그래서인지 졸업 후 비교적 취업이 잘 되는 명문대학에 입학하기 위해 그리스 고등학생들은 우리나라처럼 방과 후 과외를 한다는 이야기도 들린다. 미국의 하버드 대학교 안에는 기부자 존 하버드의 청동 좌상이 있는데, 동상의 발끝을 만지면 하버드 대학교에 입학한다는 속설이 있어 이곳을 방문한 청소년들은 그의 왼쪽 구두를 만지며 사진을 찍곤 한다. 그리스 학생들 역시 만물박사였던 아리스토텔레스의 발가락을 만지면 '더 현명하게' 돼서 명문대학의 입학시험에 합격할 수 있다는 속설이 있다고 한다. 그래서인지 아리스토텔레스 동상의 왼쪽 엄지발가락이 유난히 황금빛으로 반짝였다. 나는 이제 시험하고는 무관한 나이이지만 성현으로부터 좋은 기운을 받기 위해 그의 반짝이는 왼쪽 엄지발가락에 내 오른손 검지를 살짝 갖다 대 보았다.

우리는 아리스토텔레스 광장을 떠나 멀리 보이는 백탑을 향해 승리거리를 따라 걸었다. 백탑은 눈에 잘 띄는 해안가에 자리 잡고 있는데다 제법 오랜 건축역사를 갖고 있어 오늘날 테살로니키에서 가장 잘 알려진 기념물이자 도시의 상징건물이다.[53] 이 탑은 1430년 테살로니키를 점령한 오스만 제국이 16세기 이후 항구 방어를 강화하기 위해 해안가 남쪽 성벽과 동쪽 성벽이 만나는 모퉁이에 세운 보루로, 우리네와 비교하자면 경복궁의 동쪽 망루였던 동십자각(東十字閣) 같은 것이었는데, 19세기 말에 해안가 성벽이 철거되면서 동십자각처럼 길거리에 나앉게 된 것이다.

---

53) 백탑은 오스만 제국시절 군대의 주둔지나 감옥으로 사용되었다. 감옥으로 사용되면서 '피의 탑(tower of blood)'으로 알려졌는데, 1891년에 하얗게 칠을 한 이후부터 '백탑(white tower)'으로 불리기 시작했다.

7-5. **알렉산드로스 대왕의 청동 기마상** 뉴 비치(new beach)란 뜻의 네아 파랄리아(Nea Paralia) 지역의 알렉산드로스 대왕 정원 안에 있다. 바다 가까이 세워져 에게 해와 멋진 조화를 이룬다.

알렉산드로스 대왕의 청동기마상

백탑 근처에 있는 유람선 선착장을 지나면 알렉산드로스 대왕의 청동기마상을 만나게 된다.[54] 아래로 가볍게 늘어뜨린 오른손은 칼을 쥐고 그의 애마 부케팔로스에 늘름하게 올라탄 알렉산드로스 대왕! 누군가에게 그는 고대 세계의 절반을 차지한 위대한 정복자로, 또 누군가에게는 위대한 페르시아 제국의 수도였던 페르세폴리스를 불태운 잔인한 파괴자로 기억되겠지만, 나에게 알렉산드로스는 헬레니즘 문명의 창시자이자 그리스문명과 고려문명을 연결시켜준 위대한 문화 전파자이다. 이번 그리스 북쪽 여행의 종착지에서 우연히 그를 만났을 때 나는 정말 반가웠다. 대왕의 청동기마상을 물끄러미 올려다보던 나는 마음속으로 그에게 속삭였다.

"알렉산드로스 대왕이시여, 등자(발걸이)도 없는 말을 타고 불과 10년 만에 유럽과 아시아에 걸쳐 대제국을 건설한 당신은 진실로 영웅이었습니다. 비록 그것은 페르시아의 영토였지만 불과 10년 만에 그것을 성취한다는 것

---

54) 그리스 조각가 무스타카스(Moustakas)가 만든 것으로 1974년에 세워졌다. 부케팔로스(Bucephalus)는 황소머리(ox-head)란 뜻이다.

은 결코 쉬운 일이 아니었습니다. 천하의 영웅인 당신도 전장에서 몇 차례 죽을 고비를 넘긴 것이 이를 말해줍니다." 이어서 나는 머나먼 동방에서 테살로니키까지 온 이유를 대왕에게 설명해 주었다.

"2300년과 8500km라는 시공간의 벽을 뛰어넘어 저를 이곳으로 이끈 것은 대왕께서 아시아에 씨앗을 뿌린 헬레니즘 문명이었습니다. 제 이야기를 들으시면 아마 대왕께서도 놀라시겠지만, 헬레니즘 문명은 북인도와 중국을 거쳐 고려청자에 예쁜 문양으로 부활하였습니다. 저는 아테네를 출발하여 이곳으로 오는 동안 아폴론의 성지 델피, 제우스의 도시 디온, 그리고 당신 아버지께서 잠든 아이가이에서 그 씨앗을 직접 확인할 수 있었습니다. 대왕이시여, 당신은 질긴 인연의 끈으로 고대 그리스문명과 고려문명을 이어주었습니다."

나는 우리 청자의 장식문양을 풍요롭게 만들어준 대왕께 진심어린 감사를 전하였다. 알렉산드로스 대왕의 동상은 바다 가까이 세워져 있어 에게해와 멋진 조화를 이룬다. 나는 이곳에 더 머물며 느긋하게 바닷가 풍경을 눈에 담고 싶었지만 어느덧 시각은 6시를 향하고 있어 그에게 작별인사를 하고 서둘러 근처에 있는 테살로니키 고고학박물관으로 발걸음을 옮겼다.

테살로니키 고고학박물관

1962년에 건축된 테살로니키 박물관은 테살로니키 시와 마케도니아 지방에서 출토된 선사시대(신석기와 청동기 시대)부터 그리스시대(아르카익, 고전기, 헬레니즘)를 거쳐 로마시대에 이르는 유물이 전시되어 있는데, 특히 '마케돈의 황금' 전시실에는 마케도니아 지역의 고분에서 출토된 황금, 은, 또는 청동으로 제작된 금속유물이 많이 전시되어 있다. 건물 뒤쪽의 야외에는 로마시대 석관과 모자이크가 바닥에 전시되어 있다. 이곳에서 필자가 흥미롭게 보았던 유물 몇 개를 소개해 본다.

7-6. **마케도니아 황금 장식과 고려청자의 들국화 문양** (1)여성 피장자 무덤에서 나온 황금 장신구의 일부로 수의를 장식하는데 사용되었던 황금 로제트(신도스 묘지, BCE 560년) (2)청자 상감 국화무늬 잔과 잔 받침(고려, 13세기)

들국화 무늬

테살로니키 서쪽 교외지역인 신도스(sindos)의 어느 묘지에서 출토된 황금장식의 들국화 무늬는 고려청자 들국화 무늬와 서로 빼닮았다. 앞장에서 이미 언급한 바 있지만, 나는 지중해 문명(미케네, 히타이트, 아시리아, 신바빌로니아, 페르시아, 그리스)의 들국화 문양이 우리네 들국화 문양의 원형이라고 판단하고 있다. 고려청자를 아름답게 장식한 들국화를 지중해 문명의 그것과 비교했을 때 눈에 보이는 가장 큰 차이점은 잎사귀와 하얀 꽃망울이다. 우리네 청자 들국화를 살펴보면, 하얀 꽃 주위를 빙 돌아가며 유약을 묻힌 붓으로 잎사귀 몇 개를 툭툭 찍어 그리거나 곧 피어날 하얀 꽃망울을 기다란 줄기 끝에 그려 넣은 경우가 아주 흔하다. 고려 들국화 이미지에 대한 나의 도상학적 해석은 다음과 같다. 보통 8-16개 사이의 꽃잎을 갖는 동그란 꽃은 풍요와 번영을 상징하며, 꽃망울은 새 생명과 다산을, 꽃 주위에 배치한 잎사귀는 풍요속의 여유로움을 뜻한다. 그래서 고려청자

들국화는 아름다운 장식문양이면서 동시에 풍요, 번영, 다산과 여유로움이 느껴지는 한 폭의 동양화이기도 하다. 나는 이것이 지중해 들국화 문양에서는 볼 수 없는 우리네 들국화 문양만의 멋이라고 생각한다.

리라와 아울로스

고대 그리스에서 널리 사용된 현악기로 리라(lyre)[55]와 키타라(kithara)가 있다. 리라는 청아하면서 평화로운 음색을 내는데, 사교모임에서 실내연주에 사용되거나 어린이에게 음악을 가르칠 때 사용하였다. 키타라는 4줄 또는 7줄짜리 리라를 전문악사가 연주할 수 있도록 개량한 것이다. 민요를 연주하는 단순한 리라와 달리, 키타라는 키타로데스로 불리는 전문악사가 연주했으며, 주로 음악경연이나 야외행사에서 사용되었다. 신화에 의하면, 리라는 제우스와 요정 마이아 사이에 태어난 헤르메스가 고안했다. 아침에 태어난 헤르메스는 그날 정오에 거북이를 붙잡아 등껍질에 황소 창자로 만든 줄을 걸어 리라를 만들었다. 리라 줄을 튕기며 신나게 놀던 헤르메스는 그날 저녁에 아폴론이 키우는 소 50마리를 훔쳐 잡목 숲에 숨겼다. 잃어버린 소떼를 찾아 온 세상을 헤맨 아폴론은 마침내 헤르메스의 동굴을 찾아냈고 요람에 누워 시치미를 떼는 갓난아기 헤르메스를 붙잡아 아버지 제우스 앞으로 끌고 갔다. 자초지종을 들은 제우스의 중재로 헤르메스는 훔친 소떼를 아폴론에게 돌려주면서 사과의 의미로 자신이 만든 리라를 아폴론에게 선물로 주었다. 아폴론은 이때부터 리라의 명연주자가 되었다고 한다.

고대 그리스에서 가장 중요한 관악기는 아울로스(aulos)로 불리는 쌍피

---

55) 리라는 그리스어로 '라이라(λύρα)'로 발음된다. 생김새는 작은 하프처럼 생겼지만, 악기분류상으론 기타와 같은 루트(lute) 계열로 분류된다. 서정시를 낭독할 때 보통 리라 연주를 곁들였다.

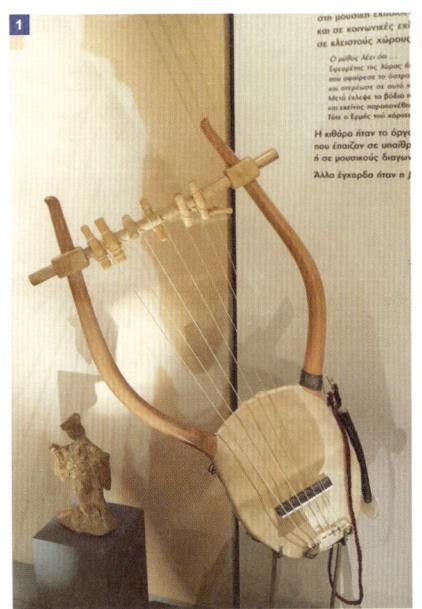 

7-7. **고대 그리스의 전통악기** (1)7줄짜리 리라 (2)아울로스 (피드나 출토, BCE 400년)

리이다. 아울로스의 음색은 목가적인 플루트보다는 스코틀랜드의 전통 관악기인 백파이프 소리에 가까워 강렬하면서도 사람의 마음을 달뜨게 만드는 소리를 낸다. 그래서 아울로스는 종교제식, 행진, 희생제, 극장 및 심포지엄에서 연주되었다. 그리스 신화에서, 아울로스는 마르시아스(Marsyas)로 불리는 사튀르가 고안한 악기라고 전하기도 하고, 또 다른 전승에 의하면, 아테나 여신이 처음 만들었다고도 한다. 아테나 전승을 따르는 아울로스에 얽힌 재미난 신화가 다음과 같이 전해져 내려온다.

피리를 만들어 신나게 불던 그녀는 어느 날 청동거울에 비친 자신의 얼굴 모습을 보게 되었는데, 피리를 불 때 빵빵해진 두 볼이 매우 우스꽝스럽게 보였다. 그녀는 자신의 미모를 망치는 아울로스가 갑자기 싫어져 올림포스 산 밖으로 내던졌다. 숲속에 떨어진 아울로스를 마침 지나가던 마르시아스

7-8. **마르시아스와 아폴론의 악기연주 대결을 그린 도기화** 마르시아스가 바위에 걸터앉아 쌍피리를 불고 있고, 오른쪽에 월계관을 쓴 아폴론이 월계수 나뭇가지를 왼손에 쥔 채 그의 연주를 듣고 있다. 두 여인은 음악 대결의 심판인 뮤즈이다.(크라테르, BCE 430-410년, 영국박물관)

가 발견했다. 놀기 좋아하는 마르시아스는 열심히 쌍피리를 불어 명인의 경지에 이르렀는데, 자만에 빠진 그는 아폴론에게 음악 대결을 신청하였다. 둘은 시합에서 이긴 자가 진 자에게 무엇이든 원하는 대로 할 수 있는 내기를 걸었다. 대결의 심판은 뮤즈들이 맡았다. 리라의 명연주자인 아폴론 못지않게 마르시아스도 쌍피리의 달인이었던지라 둘의 연주는 막상막하여서 심판은 판정을 내릴 수 없었다. 이에 아폴론이 악기를 거꾸로 들고 연주를 하자고 (혹은 연주를 하면서 노래를 부르자고) 제안했는데 일차 무승부에 취한 마르시아스가 덜컥 동의했다. 아폴론은 리라를 거꾸로 들고 (혹은 노래를 곁들여) 멋진 연주를 했다. 그러나 피리를 거꾸로 문 마르시아스는 소리를 낼 수조차 없어서 (혹은 피리를 불면서 노래를 부를 수가 없어서) 결국 지고 말았다. 아폴론은 휘브리스(hubris·오만)에 빠져 감히 올림포스 신에게 도전한 마르시아스를 소나무에 거꾸로 매달아 산 채로 가죽을 벗겼다. 마르시아스가 흘린 피와 이 모습을 보고 슬퍼한 요정들이 흘린 눈물이 합해져 강을 이루었다고 한다.

키타라(리라)가 이성과 질서를 상징하는 아폴론의 악기라면 아울로스는 황홀경과 무질서를 상징하는 디오니소스의 악기였다. 고대 그리스인들은 '함께 마신다'라는 뜻의 심포지온(symposion)을 즐겼다. 나이 30세 이상의 상류층 남자들이 참가했던 심포지온은 저녁 식사 후에 열리는 연회였는데, 침대처럼 생긴 긴 소파에 기대어 와인을 마시면서 서로 대화를 나누기도 하고 때로는 헤타이라이(hetairai)라 불리던 엔터테이너를 초빙하여 키타라나 아울로스 연주를 듣기도 했다. 심포지온에는 반드시 함께 마실 술이 있어야 했기에 그리스인들은 크라테르라 불리는 주둥이가 넓은 술항아리에 막걸리처럼 걸쭉한 와인 원액을 담고 물을 1:1~1:4 비율로 섞어 희석시킨 후 퀼릭스라 부르는 전용 술잔에 따라 마셨다. 와인 항아리인 크라테르의 몸체에는 신화의 한 장면이나 심포지온 장면을 그려 넣었는데 고대 그리스인들에게 아폴론과 마르시아스의 대결은 흥미로운 이야기꺼리였는지 이 음악경연 장면을 그린 도기화가 전해져 내려온다. 16세기 이후에는 유럽의 몇몇 화가들이 이를 주제로 해서 그린 그림을 여러 점 남겼다.

장례용 비석과 메두사

일가족 네 명을 반신상으로 새겨 넣은 장례용 비석을 구경해 보자. 가족으로 짐작되는 네 명의 인물을 마치 사진관에서 가족사진 찍듯이 정면에 새겨 넣었고, 위쪽에는 그리스 신전의 페디먼트(삼각형 박공)를 조각했으며 아래쪽에는 기단에 꽂기 위한 사각형 돌기를 만들어 두었다. 재미난 것은 이 비석의 뒷면에도 가족사진이 희미하게 남아있다는 것이다. 이 비석의 설명문에는, 조각가가 비석의 뒷면에 먼저 가족상을 새겼는데 아마도 이 뒷면의 조각상은 조각가 자신 또는 의뢰자를 만족시키지 못하여 정면에다 다시 새긴 것이며, 삼각형 박공의 중앙에 있는 인물은 태양신 헬리오스를 나타낸 것 같다고 적혀 있었다.[56] 그런데 나는 이 설명문을 읽어보기 전에 비

---

56) 테살로니키 박물관의 유물 설명은 다음과 같다.: At the center of the obverse pediment is a figure that may represent Helios.

7-9. **대리석 양면에 일가족을 새긴 장례용 비석** 조각가가 비석의 뒷면에 먼저 가족상을 새겼는데 이 조각상이 마음에 들지 않았는지 앞면에다 다시 새긴 것이다. (1)비석의 정면 (2)비석의 뒷면(CE 160-180년)

  석의 부조를 살펴보면서 박공 중앙의 인물은 메두사일 것이라 짐작하였다. 왜냐하면 인물의 생김새가 메두사를 쏙 빼닮은 데다, 고대 로마인들은 메두사 얼굴 이미지를 일종의 액막이 부적처럼 즐겨 사용했기 때문이다. 실제로 이 비석의 제작시기인 2세기에 로마의 공공건물, 신전 및 석관에서 메두사 얼굴을 아주 쉽게 볼 수 있다. 이것은 우리나라 삼국시대에 고구려, 백제, 신라인들이 도깨비 문양의 와당으로 한옥의 처마 끝을 장식했던 것과 똑같은 이치였다. 그래서 나는 메두사를 '서양 도깨비'라고 부른다.

  적어도 메두사만큼은 잘 안다고 자부하고 있었는데 유물 설명문은 "자네, 틀렸어." 하고 나에게 말하는 듯했다. 정답을 맞히지 못한 내 실력에 살짝 실망했지만, 박공의 인물상을 아무리 요모조모 뜯어봐도 헬리오스를 닮은 구석이 전혀 보이질 않아 일단 물음표를 남겨놓고 자리를 옮겼다. 그런데 까맣게 잊고 있다가 이 여행기를 쓰면서 그 때 찍었던 유물사진을 살펴보다가 문득 여기에 물음표를 붙여놨던 기억이 떠올랐다. 테살로니키 박물관에 전시된 장례용 비석은 로마제국의 전성기인 2세기에 제작된 것이다. 비석의 박공에 새겨진 인물상을 동일시기에 제작된 석관이나 신전에 새겨진 메두사와 비교해보면, 얼굴 모습(부릅뜬 두 눈과 굳게 다문 입을 보라), 머

7-10. **로마시대(2세기)에 제작된 메두사 얼굴상** 로마인들은 메두사 얼굴을 액막이용 부적으로 사용했다. 메두사는 서양도깨비였다. (1)장례용 비석(테살로니키 박물관, 그리스) (2)석관(안탈리아 박물관, 터키) (3)아폴론 신전의 아키트레이브(디디마, 터키) (4)석관(이스탄불 박물관, 터키)

리카락 표현(메두사 신화에 의하면, 머리털 한 올 한 올이 뱀으로 변했다.), 턱 아래에서 질끈 동여맨 끈(실은 뱀 두 마리가 서로 몸을 꼰 것이다.)까지 서로 닮았음을 볼 수 있다. 헬리오스는 태양신이다. 그의 머리에서 사방으로 뻗어 나가는 태양빛은 결코 꺾일 수가 없다. 헬리오스 신상을 본떠 만든 뉴욕의 자유여신상을 떠올리면 이해가 쉽게 된다. 그녀의 왕관에는 선인장 가시처럼 뾰족뾰족 튀어나온 것이 여러 개 있는데 바로 태양빛을 상징하는 것이다. 반면 비석 박공에 새긴 인물상의 머리에서 뻗어 나온 것은 하나같이 중간에서 꺾여 있음을 볼 수 있다. 따라서 이것은 태양빛이 아니라 구불구불한 뱀을 표현한 것이다. 이 비석은 장례용이기에 태양신 헬리오스보다는 망자와 그의 가족을 잡귀와 액으로부터 보호해줄 메두사가 더 필요했을 것이다. 그리스 박물관 학예사의 설명을 반박하기는 쉽지 않지만, 내 판단으로는 이 비석 박공의 주인공은 헬리오스가 아닌 메두사일 가능성이 매우 높다.

알렉산드로스 대왕 주화

고대 그리스는 주화의 나라이기도 했다. 박물관에는 지금부터 2천3

백년 전 알렉산드로스 대왕의 집권기와 그의 사후 헬레니즘 시기에 제작된 은으로 주조한 드라크마(silver drachm)와 테트라드라크마(silver tetradrachms), 그리고 금으로 주조한 스타테르(gold stater) 3종류가 전시되어 있다.[57] 기원전 5-4세기 무렵, 드라크마 1개는 숙련노동자나 호플리테 보병의 하루치 품삯에 해당했다고 하며, 테트라드라크마는 드라크마 4개의 값어치에 해당한다.[58] 드라크마 은화를 발행한 주목적은 군인의 급여를 지불하거나 세금을 거둬드리기 위해서였다. 부수적으로 주화는 그리스인이 점령한 광활한 영토에서 교역을 촉진시키는데도 기여했다.

앞면에 대왕의 얼굴이 새겨진 알렉산드로스 대왕의 금·은·동화는 그의 집권기뿐만 아니라 그의 사후 제국의 영토를 권역별로 나눠 가진 디아도코이에 의해서 250년간 수 천만 개에 달하는 엄청난 수량의 주화가 발행되었다. 한창 때는 그리스 본토의 마케도니아 왕국, 이집트의 프톨레마이오스 왕국 및 아시아의 셀레우코스 왕국에 흩어져 있는 52개 주조소에서 알렉산드로스 주화를 제조하였다. 알렉산드로스 주화의 앞면에는 사자머리 가죽을 투구처럼 뒤집어쓴 알렉산드로스 대왕의 얼굴 옆모습을 새겼다. 이 사자머리 가죽은 고대 그리스신화의 영웅, 헤라클레스가 자신에게 부여된 12가지 과업 중에서 첫 번째 과업이었던 네메아의 괴물사자를 맨손으로 졸라 죽이고 가죽을 벗겨 머리에 뒤집어썼던 것과 생김새가 똑같다. 알렉

---

57) 드라크마(drachm, drachma)는 고대 그리스의 아르케익 시대부터 고전기-헬레니즘을 거쳐 로마시대까지 거의 1천년 동안 사용된 그리스 화폐단위이다. 현대에는 그리스가 오스만 제국으로부터 독립한 1832년부터 유로 존에 가입한 2001년까지 사용된 그리스 화폐단위이다.
58) 드라크마는 직경 16-17mm, 무게 약 4g이고, 테트라드라크마는 직경 24-30mm, 무게 약 17g이며, 황금 스타테르는 직경 17-19mm, 무게 약 8g 정도였다. 테살로니키 박물관에 전시된 황금 스타테르는 1/4 스타테르이며 무게는 약 2g이다. 스타테르(stater)는 표준(standard)이란 뜻이다.

7-11. **알렉산드로스 주화** (1)대왕의 생전 무렵에 발행된 테트라드라크마. 제우스의 두 발이 가지런히 모아져 있다.(주조소: 바빌론) (2)대왕의 사후에 발행된 테트라드라크마. 제우스의 한 발이 뒤쪽에 있다.(주조소: 밀레토스) (3)1/4 황금 스타테르의 코린트식 투구를 쓰고 있는 아테나 여신(주조소: 암피폴리스) (2)손기정 기증 코린트식 청동 투구(높이 23cm, BCE 6세기)

산드로스는 자기 자신을 헤라클레스와 동일시하였음을 이 주화에서 미루어 짐작할 수 있다.

알렉산드로스 주화는 뒷면에 새긴 제우스의 자세를 기준으로 2종류로 구분된다. 하나는 의자에 앉은 제우스가 두 다리를 가지런히 앞쪽에 모은 모습이다. 이것은 대개 알렉산드로스 대왕의 생전 무렵(BCE 320년 이전)에 발행된 것이다. 또 다른 한 종류는 제우스의 다리 하나를 뒤쪽에 둔 것인데, 이것은 그의 사후에 디아도코이에 의해 발행된 것이다. 고대 그리스 동전에는 요즘처럼 주화의 발행 연도가 각인되어 있지 않아서 제작시기를 정확히 알기는 어렵지만, 주화 스타일과 주화 뒷면에 각인된 다양한 기호와 모노그램(monogram·혼성문자)으로 대략적인 발행 시기와 제작 도시(주조소)를 알아낼 수 있다. 주화 뒷면에서 두 종류의 명문이 발견된다. 거의 대부분은 '알렉산드로스의'로 번역되는 'ΑΛΕΞΑΝΔΡΟΥ(알렉산드로이)'가 찍혀 있는데, 이것은 알렉산드로스 대왕의 주화임을 나타내는 것이다. 가끔은 '알렉산드로스 왕의'로 번역되는 'ΒΑΣΙΛΕΩΣ ΑΛΕΞΑΝΔΡΟΥ (바실레오스 알렉산드로이)'가 찍혀 있기도 하다.

아테나 여신의 투구와 손기정 기증 청동투구

고대 그리스 주화는 은화가 대부분이었지만 금화나 동전도 만들었다. 고대에는 금광석에서 순금을 추출하는 정련기술이 없었기에 얕은 강에서 채집되는 사금의 일종인 일렉트룸(electrum)으로 금화를 만들었다. 일렉트룸은 금(순도: 45-55%)과 은이 섞인 천연합금이다. 기원전 7세기 초, 소아시아의 리디아(Lydia)왕국은 일렉트룸을 사용해서 세계 최초로 금화를 만들었는데, 이로부터 얼마 안 가 주화제조기술은 에게 해를 건너 그리스 본토로 전수되었다. 사진 속의 금화는 알렉산드로스 생전 무렵에 그리스 북동부 도시 암피폴리스에서 일렉트룸으로 만든 1/4 스타테르로, 앞면에는 코린트식 투구를 쓴 아테나 여신이 새겨져 있다. 여신이 머리에 쓴 코린트식 투구는 눈과 입을 제외한 모든 부분을 보호할 수 있도록 감싼 것이 특징이다. 이 투구는 BCE 7세기 무렵 코린트에서 처음 등장하였는데 대략 100년 주기로 디자인이 조금씩 바뀌었다. 요즘 자동차 디자인처럼 옛 그리스 투구도 페이스리프트(facelift) 모델이 100년마다 출시된 셈이었다. 아테나 여신이 쓴 것은 BCE 5세기 무렵의 고전기에 등장한 디자인으로 안면을 가린 부분이 유난히 길고 직선형이어서 강인한 인상을 준다. 아테네 황금시대를 연 페리클레스도 코린트식 투구를 머리 위에 얹은 모습으로 자주 묘사되었다. 그런데 정말 놀랍게도 우리나라에는 BCE 6세기에 제작된 코린트식 투구가 있는데, 그것은 바로 '손기정 기증 청동투구'이다. 우리나라에서 보물로 지정된 유일한 서양유물인 이 청동투구는 손기정 선수가 1936년 제11회 베를린 올림픽 마라톤 경기에서 세계신기록으로 우승하고 부상으로 받은 것이다. BCE 6세기에 제작된 코린트식 투구의 특징은 머리에서 목으로 이어지는 부분이 잘록하게 들어갔다 목 부분에서 나팔처럼 커지는 곡선미이다.

데르베니 크라테르

세계 어느 박물관이든 각 박물관마다 간판 유물이 있게 마련이다. 테살로니키 박물관의 대표 유물은 '데르베니 크라테르(Derveni krater)'이다. 이 유물은 BCE 4세기경 아테네 또는 테살리에서 만든 청동제 크라테르(포도주 항아리)로, 1962년 테살로니키에서 그리 멀지 않은 데르베니의 옛 무덤에서 발견되었는데 화장 후 남녀의 골분을 담은 유골함으로 사용된 것이다. 크라테르 뒷면의 구연부(입구의 테두리)에 그리스 문자로 크라테르 소유자의 이름(아낙사고라스의 아들, 라리싸 태생의 아스티오네이오스)이 은으로 상감되어 있는데 이 유골함에 담긴 골분의 주인공과 동일인물인지는 밝혀지지 않았다. 높이가 약 90cm에 달하여 상당히 우람하게 느껴지는 크라테르는 두 장의 청동 판을 사용하여 목 부분과 몸통 부위를 두드림 기법으로 따로 만든 다음 목 부분에서 접합시킨 것이다. 크라테르의 어깨부위에 올려놓은 작은 인물상(디오니소스, 사튀르, 두 명의 마에나드)과 소용돌이 손잡이, 그리고 밑 부분은 따로 주조하여 만든 후 몸통에 붙였다. 고대 그리스 예술품으로 대형 금속제 용기나 청동상이 지금까지 살아남은 것은 매우 드물다.[59] 데르베니 크라테르는 현재까지 살아남은 헬레니즘 시기에 제작된 매우 뛰어난 작품으로 무게는 40kg이며, 구리에 주석이 15% 섞인 청동으로 만들었다. 구리에 주석을 첨가하면, 주석 함유량에 따라 구리합금의 색깔이 변하게 되는데, 주석함량 3%까지는 구리의 붉은 기가 남아 있으나 그

---

[59] 금속의 부식으로 인해 사라진 것도 있겠지만, 대부분은 후세 사람들이 녹여서 다른 용도로 사용했기 때문이다.

7-12. **데르베니 크라테르** 원래 포도주 원액을 담는 용기지만, 화장 후 골분을 담은 유골함으로 사용되었다.(데르베니 무덤 출토, BCE 4세기) (1)몸통 정면에 디오니소스 신과 아리아드네 공주의 결혼을 상징하는 부조가 새겨져 있다. (2) 몸통 뒷면에는 황홀경에 빠져 춤을 추는 마에나드가 새겨져 있다.

이상 첨가하면 차츰 노랗게 되고, 20%를 넘으면 회청색이 된다. 데르베니 크라테르 재질에는 금이 전혀 섞여 있지 않지만 살짝 황금빛 광택이 난다.

  청동제 크라테르의 몸체에 조형된 프리즈의 도상은 술의 신이면서 죽음과 부활을 상징하는 신인 디오니소스에게 바치는 찬가로 구성되어 있다. 앞면에는 디오니소스와 아리아드네의 신성한 결혼식이 묘사되어 있고, 뒷면에는 디오니소스 밀교의 신비의식에 참가한 여인(마에나드)들이 황홀경에 빠진 모습이, 측면에는 광기에 빠진 여인들의 난폭한 행동이 조형되어 있다.[60] 신성한 결혼식이 묘사된 용기의 앞면을 자세히 살펴보자. 정면 한가운데에 배치한 남자 인물상은 프리즈의 다른 인물상보다 두 배 정도 크게 조형되어 있다. 이 남자의 머리 위를 가로지르는 포도넝쿨과 그의 뒤쪽에 앉아 있는 표범이 이 남자가 디오니소스임을 암시한다. 디오니소스는 온

---

60) 그리스 신화에서 디오니소스 신을 추종하는 열성신자 그룹을 티아소스(Thiasus)라고 불렀는데, 이들 중 가장 많은 수를 차지한 것은 광신적인 여성 추종자였다. 이들을 마에나드(Maenad)라고 불렀으며, 마에나드(스)는 직역하면 "미쳐 날뛰는 사람(들)"이란 뜻이다. 로마시대엔 바칸테스(Bacchantes)라고 불렀다.

몸을 드러낸 채 편안하게 몸을 기대고 자신의 머리 위에 오른팔을 올려놓았다. 이것은 신성을 상징하는 동작으로 여기서는 디오니소스 신의 신성한 출현을 나타낸다. 또 그의 오른쪽 다리는 아리아드네 신부의 무릎 위에 친근하게 올려져있고, 신부는 오른손으로 면사포를 살짝 들어 올리면서 남편을 바라보고 있는데 이것은 전통적으로 결혼을 암시하는 제스처이다.[61] 디오니소스의 두 손은 따로 주조하여 갖다 붙였다. 이로 인해 부조의 높이가 높아져서 이 남자 인물상을 더 주목하게 만든다. 용기의 뒷면을 살펴보면, 마에나드들이 황홀경에 빠져 춤을 추고 있다. 자신의 옷을 벗어 힘껏 내던지고 있는 오른쪽 여인은 제풀에 지쳐서 의자에 앉아있는 또 다른 마에나드의 무릎 위로 쓰러지고 있다. 이 여인처럼 자신의 윗몸을 거리낌 없이 드러내면서 팔을 들어 올려 자신의 뒤통수에 손을 갖다 대는 동작은 무아지경의 상태, 즉 엔투시아모스(enthousiasmos)에 빠진 것을 나타낸다. 아래로 쭉 뻗은 그녀의 오른손은 팔을 둘둘 감고 있는 뱀 머리를 움켜잡고 있다. 뱀은 청동기 벽에 은으로 표현했는데 현재는 약간의 흔적만 남아 있다. 그녀의 왼쪽에서 춤추는 또 다른 마에나드는 몸을 활처럼 휜 채 뒤를 돌아보고 있다. 이 댄서 앞에는 거시기를 빳빳이 곧추세운 실레노스가 있다. 그는 반인반수인 사튀르로서 어린 디오니소스를 님프들과 함께 양육하고 그에게 와인제조법을 가르쳐준 양아버지였다.

디오니소스 컬트는 고대 그리스의 몇몇 미스터리 컬트 가운데 하나였으며 죽음과 사후세계에 관한 그리스인의 관념과 연결되어 있었다. 디오니소

---

61) 신화에 의하면, 아테네 왕자 테세우스는 크레타 섬의 공주 아리아드네의 도움으로 미궁에 갇힌 반인반우 괴물인 미노타우로스를 몽둥이로 때려죽이고 미궁을 빠져나올 수 있었다. 아테네로 귀국하던 테세우스는 낙소스 섬에 아리아드네를 버리고 혼자 아테네로 돌아갔다. 이때 낙소스 섬의 주인인 디오니소스가 공주를 발견하여 아내로 맞이하였다.

스 컬트 추종자들이 믿는 사후세계는 심포지온(술 파티)을 닮았다. 그래서 컬트 멤버의 무덤엔 종종 술과 관련된 용기, 심포지온에 사용되는 긴 의자, 그리고 축제 관련 용기를 매장하였다. 또한 디오니소스 신화는 불사의 몸으로 태어난 다른 신들과는 달리 죽음과 부활의 이야기를 담고 있다. 그래서인지 고대 그리스인의 장례용기에는 지상의 심포지온과 사후세계의 삶 사이를 연결시키기 위해 디오니소스의 생애나 술 파티로부터 따온 장면을 자주 보여주고 있다.[62]

에그나티아 거리

우리는 2시간 남짓 테살로니키 고고학박물관 구경을 마치고 밖으로 나왔다. 시각은 저녁 8시를 향하고 있었고 어둠이 내리기 시작했다. 우리는 갈레리우스 개선문(triumphal arch of Galerius)을 보기 위해 이곳에서 약 600m 떨어진 에그나티아 거리를 향해 발걸음을 옮겼다. 현대 테살로니키 시의 동서를 관통하는 '에그나티아'라는 도로명은 옛 로마시대에 발칸반도를 동서로 횡단하는 로마가도를 일컫는 '비아 에그나티아(Via Egnatia)'에서 따온 이름이다.[63] 그러나 비아 에그나티아는 주목적이 군사용 도로였기 때문에 테살로니키 시를 통과하지 않고 북쪽으로 우회해서 14km 동쪽에 있는 코로니아 호수와 볼비 호수 주변으로 길이 나 있었다. 우리는 에그나

---

62) 데르베니 크라테르의 부조에 대한 설명은 다음 두 문헌을 인용하였다. The Derveni Krater: Artistic Internationalization in Fourth-century B.C. Macedonian Metalwork(Alice Chapman, Indiana university, 2012) 및 The Eschatological Iconography of the Derveni Krater(https://books.openedition.org/inha/3976)
63) 이태리반도의 로마와 발칸반도의 콘스탄티노폴리스는 비아 아피아(Via Appia: 로마-부룬디시움) 및 비아 에그나티아(Via Egnatia: 디라키움-테살로니키-콘스탄티노폴리스)로 불린 로마가도로 연결되어 있었다.

티아 도로가 지나가는 신트리바니 광장(sintrivani square)에 도착했다. 그리스어 신트리바니는 분수라는 뜻이니 이곳은 우리말로 분수광장이다. 그런데 광장이란 단어가 주는 느낌과 달리 이곳은 오스만 제국 말기에 세운 아담한 분수가 설치된 손바닥만 한 터였다.

　신트리바니 광장이 있는 오거리는 고대 로마시절에 테살로니키로 진입하는 동쪽 성문(카산드리아 게이트)이 있던 곳이다. 우리는 분수광장 오거리에서 길을 건너 지금은 사라지고 없는 동쪽 성문으로 들어가 에그나티아 거리를 따라서 갈레리우스 개선문이 있는 서쪽으로 발걸음을 옮겼다. 고대 로마도시는 기본적으로 장방형 구조였다. 로마인들은 마주 오는 전차 2대가 서로 비껴 지나갈 수 있는 동서 방향의 대로를 데쿠마누스 막시무스라고 불렀고 남북 방향의 대로를 카르도 막시무스라고 불렀다. 폼페이나 테살로니키와 같은 로마의 대도시는 데쿠마누스 막시무스와 카르도 막시무스가 교차하는 지점을 중심으로 삼아 도시 전체를 바둑판처럼 구획한 다음 여기에 맞춰 건물을 세웠다. 현대 테살로니키의 동서대로인 에그나티아 거리는 땅 밑에 파묻힌 옛 로마의 데쿠마누스 막시무스 옆으로 평행하게 달린다.

갈레리우스 개선문

　지금부터 이천 년 전 기독교 전도를 위해 빌립보를 출발하여 데살로니가에 온 사도바울도 데쿠마누스 막시무스를 따라서 도심으로 들어왔지만 그때는 개선문이 세워지기 전이었다. 개선문은 CE 298년, 동부 로마의 카이사르(caesar·부제)였던 갈레리우스가 아르메니아의 사탈라 전투에서 사산조 페르시아 군대를 격파한 것을 기념하기 위해 298-303년 사이에 세운 것이다. 우리는 비잔티움 스타일로 지어진 육중한 아치 앞에 도착했다. 거친 세월의 풍파를 겪으면서 개선문은 원형의 1/3정도만 간신히 살아남았

7-13. **갈레리우스 개선문** 서기 298년, 사산조 페르시아 전쟁에서 승리한 것을 기념하기 위해 동서대로와 남북대로 교차점에 세웠다. (1),(2) 개선문의 앞쪽(동쪽)에 있던 4개는 전부 사라졌고 뒤쪽(서쪽)에 있던 4개 기둥 가운데 3개만이 현재 남아있다. (3),(4) 남북대로를 따라 개선문과 로툰다가 있다.

지만, 유라시아 대륙의 동쪽 끝에서 온 동방박사에게 나도 한때 잘 나갔던 시절이 있었음을 보여주려는 듯 은근한 포스를 뿜어냈다. 개선문은 그리스어로 아치를 뜻하는 카마라(kamara)로 불리기도 한다. 카마라는 테살로니키 젊은이들의 만남의 장소라서 늘 사람들로 북적인다는데, 이 날도 코끼리 다리처럼 생긴 육중한 사각기둥 주위로 청춘남녀들이 삼삼오오 무리지어 있어 초저녁 거리에는 생기가 넘쳐났다.

　이 승리의 아치는 동서대로인 데쿠마누스 막시무스(현재 에그나티아 거리)와 남북대로인 행진거리(현재 디미트리오 고나리 거리)의 교차점에 세운 것이다. 그런데 이곳에는 개선문만 홀로 있는 게 아니었다. 남북대로인 행진거리를 따라서 북쪽에서 남쪽 방향으로 로툰다-갈레리우스 개선문-갈레리우스 황궁 복합단지가 줄지어 세워져 있었다. 이 기념비적인 로마 건축물은 모두 3세기 말부터 4세기 초에 걸쳐 갈레리우스 황제의 명으로 세워진 것이다. 그는 왜 하필 테살로니키에 황제 건축물을 잔뜩 세웠을까? 유물은 아는 만큼 보이게 마련이므로 그것에 얽힌 역사 배경을 알고 구경하면 훨씬 보는 재미가 있다. 그러니 약간 지루하더라도 기원후 3세기 로마제국의 정세를 간단히 짚어보자.

로마제국은 BCE 27년 옥타비아누스가 첫 황제가 되어 '존엄한 자'라는 뜻의 아우구스투스 칭호를 받은 이후 200년간 번영과 평화를 누렸는데 이를 팍스 로마나(Pax Romana·로마에 의한 평화) 시대라고 부른다. 그런데 CE 235년 북방 게르만족 원정에 나선 알렉산데르 세베루스 황제가 부하에게 암살당하는 사건이 일어났다. 이 전대미문의 사건이 기폭제가 되어 로마제국의 각 지역을 관할하고 있던 장군들이 황제권좌를 차지하기 위해 오랫동안 내전을 벌이게 되었고, 이로 인해 로마제국은 큰 위기에 빠졌다. CE 235-284년에 이르는 약 50년간 25명의 황제가 바뀔 정도로 혼란했던 이 시기를 서양사에서는 군인황제시대(military anarchy) 또는 3세기의 위기(crisis of the third century)라고 부른다. 오랜 내전으로 인해 로마제국의 정치는 불안정해졌고 국경수비는 크게 약화되었으며 이를 틈타 과거보다 훨씬 강력해진 이민족이 빈번하게 국경을 침범했다. 로마황제는 전비마련을 위해 높은 세금을 부과하였는데 이로 인해 상업이 크게 쇠퇴하고 각지에서 소작농의 반란에다 역병까지 돌아 로마제국은 붕괴 일보직전이었다.

3세기의 위기에 빠진 로마제국의 대혼란을 수습하고 황제 중심의 통치체제를 다시 회복시킨 이가 디오클레티아누스 황제(재위기간: CE 284-305년)였다. 그는 지중해를 호수처럼 에워싼 드넓은 로마제국의 영토를 황제 한 명이 감당하기엔 벅차다고 판단하여 사두정치(tetrarchy)를 창안하였다. 이것은 제국을 동서로 양분하여 두 명의 정제(augustus·아우구스투스)가 나누어 맡고 각 정제는 부제를 한명씩 두어 방위를 분담하는 통치방식이었다. 디오클레티아누스 황제는 제국의 동방정제가 되고 부제로 갈레리우스를 임명하면서 그에게 제국의 동방에 위치한 발칸반도의 방위를 맡겼다. 갈레리우스는 부제였던 3세기 후반에 자신의 통치권 안에 있는 테살로니키에 황궁을 건설하기 시작했다. CE 298년, 아르메니아에서 사산조 페르시아의 나르세 1세가 이끄는 페르시아 군을 격파한 그는 로마에 매우 유리한 강화조약을 맺고 발칸으로 돌아와 테살로니키 황궁에 머물렀고 이 무렵에 갈레리우스 개선문을 세웠다. 디오클레티아누스가 305년 스스로 정제의 자리에서 물러난 후, 갈레리우스는 당시 동부제국의 수도 역할을 했던 니코메디아에서 동방정제로 취임하였다.[64]

테살로니키는 갈레리우스가 부제 시절이었던 CE 299-303년과 정제 시절이었던 CE 308-311년 두 기간에 걸쳐 황제도시가 되었다. 갈레리우스가 테살로니키에 머물렀다는 사실은 테살로니키에 주조소(mint)를 설치하고 자신의 얼굴 옆모습을 새긴 동전을 발행한 것과 현재까지 남아 있는 황궁 터, 그리고 로마 영토의 수호자로서 자신의 당당한 모습을 새긴 개선문의 프리즈에서 확인할 수 있다. 테살로니키는 갈레리우스 황제가 다스리는 동부로마의 본부 역할을 했던 시기에 이 지역에서 가장 중요한 정치군사의 중심지로 부상하였다. 갈레리우스는 311년 심각한 병에 걸려 서거했다. 여우가 죽을 때는 자기가 살던 언덕을 향해 머리를 둔다는 수구지심(首丘之心)이란 말은 동서양을 막론하고 인지상정인 듯, 그는 자신이 심혈을 기울여 건설했던 테살로니키가 아닌 자신의 고향인 펠릭스 로물리아나(Felix Romuliana)로

---

64) 니코메디아는 현대 터키공화국의 이즈미트이며, 이스탄불에서 동쪽 아시아 방면으로 100km 떨어져 있는 항구도시이다. CE 330년, 콘스탄티누스 황제가 로마의 수도를 비잔티움(이스탄불)으로 옮기기 전까지 동부로마의 임시수도였다.

돌아가 그곳에 묻혔다.[65]

　우리는 개선문의 코끼리 다리에 부착된 대리석 패널(프리즈)의 부조를 살펴보기 위해 가까이 다가갔다. 갈레리우스 개선문의 외관은 우리가 흔히 알고 있는 로마 개선문, 예를 들면, 이태리 로마의 포로 로마노에 있는 콘스탄티누스 개선문과는 완전히 다르게 생겨 생소한 느낌이 든다. 이 개선문은 동서대로와 남북대로의 교차지점에 굵직한 벽돌기둥을 8개 세우고 이 위에 벽돌아치를 얹고 다시 이 위에 맞배지붕과 돔을 얹은 구조이다. 험난한 세월을 겪으면서 원형 돔이 얹혔던 지붕과 동쪽 벽체는 흔적도 없이 사라졌고 서쪽 벽체에 딸린 기둥 4개 가운데 3개만 간신히 살아남았다. 정중앙 아치를 지탱하는 코끼리 다리 두개에는 사면을 빙 둘러 대리석 패널이 부착되어 있다. 대리석 패널에는 개선문을 세우게 된 역사적 사건과 로마 미술에서 승리를 나타낼 때 흔히 사용하는 상징적 장면이 부조로 묘사되어 있다.

　이 개선문은 현대 테살로니키에 남아 있는 문화유적 가운데 가장 오래된 유적일 뿐만 아니라 3세기 말-4세기 초 로마제국의 사두정치시대에 지어진 기념비적 건축물이다. 그럼에도 불구하고 갈레리우스 개선문이 세계문화유산에 선정되지 못한 이유는 단순했다. 유네스코 세계문화유산에 등재된 테살로니키의 15개 건축물은 모두 비잔티움 시대를 대표하는 초기 기독교 교회와 건축물로 한정되어 있다. 갈레리우스 동방부제의 지시로 테살로니키의 남북대로(행진거리)를 따라서 세운 세 개의 건축물, 즉 로툰다-개선문-황궁 복합단지 중에서 로툰다만이 세계문화유산 목록에 등재되었는데, 그 이유는 이 건물이 비록 비잔티움 시대 이전에 지어졌지만 4세기말 이후 기독교 교회로 사용되었기 때문이다.

---

65) 펠릭스 로물리아나는 그의 어머니, 로물라(Romula)의 이름에서 따온 것이다. 로물리아나는 현대 세르비아 동부의 감지그라드(Gamzigrad) 마을 근처에 있다.

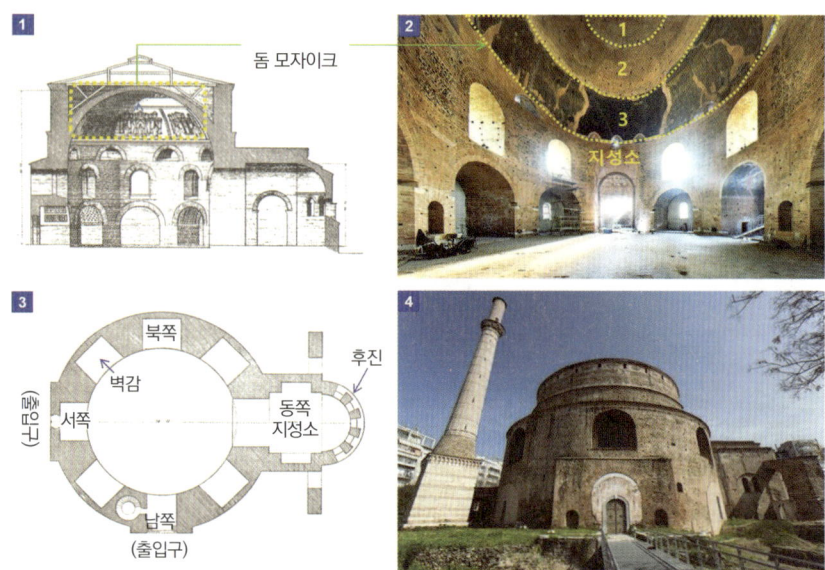

7-14. **로툰다** (1)땅바닥에서 돔 꼭대기까지 높이는 30m이고 돔 높이만 10m이다. 돔 위에는 지붕을 씌웠다. (2)로툰다 내부. 둥실한 천정(돔)을 세 영역으로 나누어 모자이크로 장식했다. (3) 평면도 (4)출입문이 있는 남쪽에서 바라본 로툰다

개성상인의 로툰다 관람기

  개선문이 세워진 사거리에서 북쪽으로 125m 떨어진 거리에 조명으로 훤히 밝힌 로툰다(rotunda)가 보였다. 로툰다는 바닥이 둥근 원형건물을 일컫는 건축용어로, 로마의 판테온(pantheon·범신전)도 로툰다이다. 테살로니키 로툰다는 직경 24.5m의 원기둥 벽체에 둥근 돔을 얹은 것으로 지상에서 돔 중앙까지 높이가 30m에 달하는 상당히 우람한 벽돌 건물이다. 그런데 원기둥 모양의 바깥 벽체가 둥그런 돔 위쪽으로 치솟은 탓에 외부에서는 거대한 돔이 보이지 않는다. 로마 건축가가 이렇게 설계한 이유는 돔을 보호하기 위한 기와지붕을 얹기 위해서였다. 높이가 30m이면 대략 10층 건물에 해당한다. 로툰다처럼 10층 높이의 벽돌건물이 무너지지 않으려면 벽체가 두꺼울 수밖에 없다. 그래서 로툰다 하단의 벽체 두께는 자그마

치 6.3m나 되는데 로마 건축가는 이 두터운 벽체에 둥근 아치천장을 갖는 8개의 벽감을 일정 간격으로 설치하여 단조로움을 피하면서 건물의 안정성을 확보하였다. 로툰다의 용도는 명확히 밝혀지지 않았다. 일설에 의하면 이 건물은 갈레리우스 황제가 자신의 마우솔레움(mausoleum·무덤)으로 사용하기 위해 지은 것이라 하고, 또 다른 설에 의하면 로마의 판테온 신전을 본따 지은 황제 숭배 신전이었거나 제우스 신전이었다고도 한다.

CE 306년 무렵에 지은 것으로 짐작되는 로툰다는 수십 년간 사용하지 않다가 테오도시우스 1세 황제의 지시로 4세기 말에 기독교 교회로 바뀌었다. 그렇다면 로툰다는 세계에서 가장 오래된 교회 가운데 하나이자 테살로니키에서 가장 오래된 교회이다. 초기 기독교 시대는 교회 건축양식이란 게 따로 없던 시절이라 로툰다나 바실리카와 같은 기존 공공건물을 교회로 개조하여 사용하였다. 테살로니키 기독교인들은 원형 건물을 교회로 사용하기 위해서 동쪽 벽감의 벽을 허물고 여기에 반원형 후진으로 마감한 직사각형 모양의 지성소를 이어 붙였다. 또한 이 시기는 아직 기독교 미술이 정립되지 않은 때라서 교회 내부를 어떤 도상학적 콘셉트로 꾸미느냐, 예수 그리스도를 어떻게 표현하느냐가 당면한 숙제였다. 당연히 초기 기독교 예술가들은 처음부터 모든 것을 새로 만들어낼 수는 없었다. 그들은 머리를 감싸 쥐고 궁리한 끝에 세상에서 가장 존귀한 자인 아우구스투스(로마황제)가 머무는 황궁의 장식과 황제 숭배 컬트에서 일부 이미지를 빌렸다.

자, 그러면 초기 기독교 예술가가 어떤 도상학적 콘셉트로 세계 최초의 교회 가운데 하나인 로툰다 내부를 꾸몄는지 안으로 들어가 구경해보자. 이를 위해 우리는 개성상인으로 변신하고, 13세기말 동서무역을 위해서 고려 벽란도를 출발하여 오늘 오전에 테살로니키 항구에 도착했다고 상상해보자. 고려청자는 비잔티움 제국에서도 최고 인기를 누렸다. 고려 무역선이 도착했다는 소식을 들은 황제는 신하를 급히 보내 산딸나무꽃무늬나 들국화무늬가 장식된 최상품 고려청자 수십 점을 싹쓸이 해갔다. 나머지 중하품은 로만 아고라에 풀어놓기가 무섭게 테살로니키 부자들과 중간상인들이 모두 사갔다. 배에 싣고 온 고려청자 수천 점을 불과 반나절 만에 팔아치운 개성상인은 이국정취가 물씬한 테살로니키에서 가장 볼 만하다는 로툰다 구경에 나섰다. 로툰다 교회는 원형의 건축물과 내부를 장식한 모자이크 성화가 아름다워 로툰다 주변은 순례자로 북적였다. 개성상인은 길게 늘어선 순례행렬의 꽁무니에 붙어서 로툰다 출입구인 남쪽 통로를 통해서 교회 안으로 들어갔다. 통로의 둥근 아치천장에는 황궁의 벽이나 거실바닥을 꾸미는데 사용됐던, 지극히 세속적이지만 아름답기가 이루 말할 수 없는 예쁜 새와 과일 문양으로 풍성하게 장식되어 있었다. 통로에 들어선 순례 일행과 개성상인은 처음 보는 멋진 장식문양에 이끌려 일제히 천장을 올려다보면서 장식문양의 아름다움에 저마다 경탄을 하였다. 모자이크로 치장된 통로는 지상세계에 살고 있는 기독교인들을 건물 중앙의 거대한 돔에 표현된 천상의 세계로 인도하는 길이었다. 통로를 통과하여 중앙의 돔에 의해 만들어진 널찍한 공간, 즉 네이브(신자석)로 들어선 순례자들은 거대한 돔을 360도 빙 돌아가면서 돔 표면을 장엄하게 장식한 모자이크를 일제히 바라보았다. 비잔티움 예술가가 창안한 돔 모자이크 구성의 주제는 천상의 세계(the heavenly world)였다. 그는 천상의 세계를 극적으로 드러내기 위해서 거대한 돔을 삼분할하고 각 영역마다 특정 주제를 모자이크로 나타내었다.

로마제국이라는 현실세계는 황제-귀족-평민-노예로 구성된 계급사회이었듯이, 중세 초기의 기독교 예술가가 상상한 천상의 세계는 예수 그리스도-천사 또는 열두 제자-순교자-일반 기독교인이 계층을 이루는 위계적 세계였다. 로툰다 돔의 맨 아래 부분은 순교자 영역이다. 돔의 아래쪽 원둘레는 65.5m이며, 여기를 360° 빙 돌아가면서 순교자를 그린 8개의 패널이

7-15. **로툰다 돔의 모자이크** 비잔티움 예술가가 창안한 돔 모자이크의 주제는 천상의 세계였다. 그는 천정 돔을 삼분할하고 아래부터 위로 순교자, 천국의 뜨락, 예수 그리스도의 출현(오른쪽 위 사진)을 표현했다.

일정 간격으로 배치되었다. 지진으로 인해 파괴된 지성소 바로 윗부분(동쪽 패널)을 제외하고 7개 패널이 현재까지 살아남았다. 각 패널마다 두 명 또는 세 명의 순교자가 그려져 있는데, 이들은 두 팔을 양 옆으로 벌리고 손바닥을 하늘을 향해 펼친 채 기도하는 자세로 서 있다. 이들의 배경에는 헬레니즘 시대나 로마시대 극장의 무대 정면(scaenae fron)을 닮은 장엄한 건축물이 있는데 이것은 천국의 문을 상징한다. 돔의 중간 부분인 두 번째 면은 거의 다 파손되고 샌들을 신은 발 흔적만 남아 있다. 따라서 여기에 어떤 도상이 있었는지는 추측할 수밖에 없는데 예수의 제자인 사도들이라는 주장도 있고 천사들이라는 주장도 있다. 아무튼 이곳의 도상학적 주제는 천국의 뜨락(the heavenly court)이었을 것이다.

　순례자 일행의 눈길은 순교자들이 맞이하는 천국의 문을 통과하여 천국의 뜨락을 지나 마지막으로 돔의 맨 꼭대기에 있는 천계의 왕, 예수 그리스도로 향하게 된다. 이곳을 장식한 모자이크의 도상학적 주제는 영광스런 예수 그리스도의 출현(theophany of Christ)이다. 동그란 원반으로 표현된 천국을 네 명의 날개 달린 천사가 두 손으로 떠받들고 있다. 천국은 몇 개

7-16. **예수 그리스도, 로마황제, 붓다의 상 비교** 공통적으로 '두려워 말라'는 손동작을 하고 있다. (1)예수 그리스도의 모자이크(4세기 초, 이태리의 산타 코스탄차 성당) (2)로마제국의 테오도시우스 1세 황제의 모습을 새긴 주화 뒷면(CE 379-395년) (3)쿠산제국의 카니슈카 대왕의 금화 뒷면. 붓다를 뜻하는 보도(Bo⊿⊿o)라는 글자가 새겨져 있고, 얼굴과 몸에는 동그란 광배가 표현되어 있다.(CE 120년) (4)서산 용현리 마애불(7세기, 백제)

의 동심원으로 둘러싸여 있는데, 동심원 내부는 과일나무나 빛나는 별과 같이 황궁을 꾸미는데 사용된 장식문양으로 채워져 있다. 마침내 순례자는 경외감이 가득 찬 눈으로 동심원의 중심에 있는 그리스도를 바라본다.

    비잔티움 예술가는 예수 그리스도를 어떻게 표현해야 할지 여러 날 고민했을 것이다. 오랜 고민 끝에 그는 여전히 황제 숭배 컬트의 자취가 곳곳에 남아 있는 로마제국에서 가장 존귀한 자인 아우구스투스(황제)의 이미지를 빌리기로 했다. 19세기 말에 유럽에서 자동차가 처음 등장했을 때 자동차의 형상은 영락없이 마차를 닮았듯이, 문명의 과도기에는 앞선 세대의 형상을 차용하는 것은 흔히 볼 수 있는 현상이다. 로툰다 돔 중앙의 예수 그리스도 모자이크는 지진으로 파괴되어 사라졌지만 목탄으로 그린 밑그림이 살아남아 있어 전체적인 모습을 대략 추정해 볼 수 있다. 그 형상은 비슷한 시기에 만든 이태리 로마의 산타 코스탄차(Santa Costanza) 성당의 예수 그리스도 모자이크와 비슷한 모습으로 밝혀졌다. 산타 코스탄차의 예수 모자이크에서 볼 수 있듯이, 로툰다 돔의 예수 그리스도는 로마황제를 상징하는 보라색과 존귀함을 상징하는 황금색으로 물들인 옷을 입고 오른손을 위로 치켜 올린 자세로 서 있다. 이것은 테오도시우스 1세 동전의 뒷면에 새긴 황제의 자세와 매우 비슷하다. 우리는 동시대에 제작된 두 유물의 비교를 통해서 로마황제의 상징요소가 초기 기독교 미술에 크게 영향을 미쳤다는 것을 짐작할 수 있다.

그런데 사진에 보인 황제의 제스처는 사실 이보다 훨씬 앞선 고대 그리스 미술에서 유래된 것이다. CE 1-4세기에 북인도에 자리 잡았던 쿠샨제국의 카니슈카 대왕(재위기간: 120-144년)의 동전 뒷면에 새긴 붓다상을 살펴보자. 쿠샨제국은 아프가니스탄 유역의 그리스계 헬레니즘 왕국인 박트리아를 멸망시킨 유목민족(월지족)이 세운 나라이다. 박트리아는 기원전 4세기 말에 알렉산드로스 대왕의 동방원정에 따라나선 그리스인의 후예가 기원전 3세기 중엽에 아프가니스탄 유역에 세운 나라이며, 박트리아 왕국을 멸망시킨 쿠샨제국은 헬레니즘문명을 고스란히 흡수하였다. 쿠샨제국의 역대 왕들도 고대 그리스 양식의 주화를 발행하였는데 그리스 주화처럼 정면에는 왕의 옆모습을, 뒷면에는 그리스, 페르시아 또는 인도 신의 모습을 새겨놓았다. CE 2세기에 제작된 카니슈카 대왕의 금화 뒷면을 장식한 붓다상을 살펴보자. 그의 왼손은 옷자락을 붙잡고 있고 오른손은 어깨 높이로 들어 올리고 손바닥을 앞으로 내보이고 있다. 이것은 그리스 왕이나 제우스 신의 제스처에서 유래된 것으로 '두려워 말라(no fear)'라는 뜻을 담고 있다.

이러한 불상의 자세와 손동작을 한자로 시무외인(施無畏印)이라 하는데 '시무외'는 두려움을 없애준다는 뜻이다. 시무외인을 취하고 있는 석가모니불은 불상을 처음 만들었던 쿠샨제국의 간다라와 마투라에서 1-2세기 무렵에 등장하였다. 우리나라 삼국시대 불상은 거의 대부분 시무외인을 하고 있다. 이 가운데 가장 유명한 불상은 백제말기에 제작된 서산 용현리 마애여래삼존상의 석가모니불이다. 서산 마애불의 시무외인 손동작이나 로툰다의 예수 그리스도의 오른손 손동작은 왕이나 황제의 권위와 힘을 상징하는 제스처에서 비롯된 만큼, 비록 시대와 종교는 다르지만 같은 뿌리를 갖고 있는 두 신상의 자세에는 어딘가 모르게 서로 닮은 점이 있다. 로툰다 돔 모자이크는 단일하고 통일된 도상해석학에 입각하여 꾸민 것으로 모자이크의 구성은 극도로 상징적이고 영광이 넘치며 위계적이다. 이 작품은 대략 4-6세기에 만든 것으로 초기 기독교 미술과 비잔티움 예술의 결정체를 보여준다.

돔 구경을 모두 마친 개성상인은 테살로니키의 기독교 순례자들이 예수 그리스도라 부르는 인물상이 자신이 믿는 붓다와 너무 빼닮아서 한편으론 놀랍기도 했고 또 한편으로는 무척 혼란스러웠다. 자신의 고향에서 붓다라고 부르는 신을 이곳 사람들은 예수라 부르는가 싶기도 하였다. 너른 세상에는 알가다도 모를 일이 정말 많다는 생각이 들었다. 순례자들과 헤어진 개성상인은 지금 아니면 또 언제 새살낙니기(塞薩洛尼基)에 와서 로툰다 구경을 할 수 있을까 하는 생각이 들자 아직 구경하지 못한 모자이크를 마저 구경하기로 했다.[66]

그는 지성소 맞은편에 있는 서쪽 통로로 발걸음을 옮겼다. 이곳 천장에는 로마인들이 거실바닥이나 벽면을 꾸미는데 즐겨 사용했던 기하문양이 빼곡히 들어차 있었다. 개성상인이 천장을 올려다 본 순간, 기절초풍하여 쓰러질 뻔하였다. 왜냐하면 이 천장문양은 그가 오전에 비잔티움 황제에게 판매한 청자베개의 투각문양을 고스란히 빼다 박은 십자형 꽃잎무늬였기 때문이었다. 개성상인은 여러 청자문양 가운데 특히 이 십자형 꽃무늬

---

66) 테살로니키를 한자로 표기(음차)하면 새살낙니기(塞薩洛尼基)가 된다. 중국어 발음은 '새싸로니치'이다.

7-17. 로툰다의 산딸나무꽃무늬 모자이크 (1)-(2)서쪽 통로의 둥근 천장을 장식한 모자이크와 노란색 동그라미 부분의 확대 사진 (3)-(4)중앙 돔 모자이크(순교자 영역)에서 배경 건물의 아키트레이브를 장식한 모자이크와 노란색 동그라미 부분의 확대 사진

를 좋아했다. 고려왕실의 화원들은 이 문양을 '칠보무늬'라고 부르지만 개성상인은 그런 따분한 이름보다는 '산딸나무꽃무늬'라고 부르는 것을 더 좋아했다. 그런데 로툰다의 십자형 꽃잎은 한술 더 떠서 불교에서 즐겨 사용하는 만(卍)자 문양으로 멋까지 부렸으니 독실한 불교신자인 개성상인은 코가 막히고 기가 막힐 일이었다.

개성상인은 놀란 가슴을 쓰다듬고 혹시나 싶어 로툰다의 돔 모자이크 어딘가에 숨어 있을지도 모를 고려청자 문양을 계속 찾아보기로 하였다. 이것은 숨은 그림 찾기였다. 장사꾼의 예리한 촉은 최첨단 3차원 스캐너가 되어 중앙 돔 모자이크의 순교자 영역을 스캔하기 시작했다. 또 찾았다! 순교자 영역에서 배경으로 사용한 천국 문의 아키트레이브 한 귀퉁이에 숨

7-18. **로툰다와 고려청자의 산딸나무꽃무늬** 두 문양은 완전히 닮은꼴이다. (1)남쪽 통로의 둥근 천장을 황실문양(새, 과일, 별)으로 꾸미고 산딸나무꽃무늬로 테두리를 둘렀다. (2),(3)고려청자 합 뚜껑의 테두리를 산딸나무꽃무늬로 둘렀다.

어있는 산딸나무꽃무늬를 발견한 것이다. 여기 산딸나무꽃무늬는 한 줄로 늘어서 있어서 얼핏 보면 엽전무늬처럼 보이기도 했다. 그러나 동전무늬로 불리기도 하는 엽전무늬는 사실 산딸나무꽃무늬의 착시문양이다. 개성상인의 머리털은 주뼛 곤두섰다. 고려청자 문양을 새살낙니기에서 보게 될 줄은 꿈에서조차 상상해본 적이 없었기 때문이었다.

그는 아까 들어왔던 남쪽 통로로 발걸음을 옮겨서 둥근 천장을 올려다봤다. 아까 입장할 때 보았던 새, 과일, 별 문양 모자이크의 바깥 테두리 장식문양으로 사용한 산딸나무꽃무늬가 그제야 눈에 들어왔다. 오늘 오전에 로만 아고라에서 팔았던 고려청자 합의 뚜껑에 그려진 산딸나무꽃무늬와 비교해보면 두 문양은 한 치의 오차도 없이 완전 닮은꼴이다. 청자 고유문양으로 알고 있었던 산딸나무꽃(칠보문)이 로툰다의 지상과 천국에서 무리지어 활짝 핀 광경을 목격한 개성상인은 벌어진 입을 다물 수가 없었다. 여기서 붓다를 닮은 예수상을 봤을 때는 참으로 희한하다고 생각했지만, 산딸나무꽃무늬를 보고나서는 이게 도대체 무슨 조화인가 싶어 개성상인은 놀란 가슴을 진정시키면서 한동안 그 자리에 굳은 듯 서 있었다.

이 이야기는, 너무 늦은 시각이라 실제 구경하지 못했던 로툰다 모자이크를 설명하기 위해서 13세기 개성상인이라는 가공인물을 설정하여 지어낸 것이다. 꾸며낸 이야기이지만 로툰다의 산딸나무꽃무늬는 논픽션이다. 필자가 5년 동안 틈틈이 연구한 산딸나무꽃무늬의 전파경로와 전파과정에 대해서는 이 여행기의 제8장에서 마치 인디아나 존스의 모험영화를 한 편 보듯이 흥미진진하게 풀어나갈 것이다.

로툰다는 교회로 전환된 후 약 1천년 동안 기독교 교회로 사용되었다. 그러나 테살로니키를 점령한 오스만 제국에 의해 1591년에 모스크로 바뀌면서 건물 바깥에 이슬람사원의 뾰족탑(미나레트)이 덧붙여졌다. 다행히 회교도들은 모자이크 벽화를 파괴하지 않고 단지 회칠하여 덮음으로써 모자이크는 크게 훼손되지 않고 살아남았다. 1912년 테살로니키가 해방되었을 때 로툰다는 다시 교회가 되면서 성 게오르기우스 교회로 불리게 되었다. 게오르기우스는 초기 기독교 순교자 가운데 한 명으로 오늘날 가톨릭교회와 정교회에서 널리 추앙받는 수호성인이다. 성인에 관한 수많은 전설 가운데 11세기에 등장한 용을 죽인 이야기가 가장 유명한데 그 줄거리는 다음과 같다.

성인이 어느 나라를 지나가다 독을 토해내는 용한테 제물로 바쳐진 공주를 만났다. 공주로부터 자초지종을 들어보니, 이 나라에서는 매일 한 마리의 양을 연못에 사는 독용에게 제물로 바쳤는데 양들이 바닥나자 사람을 제물로 바치기 시작했다는 것이다. 순번대로 사람을 바치다 이제 공주의 순서가 된 것이었다. 연못에서 독용이 나타나자 성인은 십자가 모양을 만들어 보이고, 말을 타고 창으로 찌른 다음, 공주의 허리띠로 용의 목을 묶어 도시로 끌고 갔다. 성인은 왕과 백성들에게 "만일 예수 그리스도를 믿고 세례를 받는다면 용을 죽이겠다."고 하자 왕과 1만5천 명의 백성

7-19. **백마 탄 기사가 나타나 위기에 빠진 공주를 구하는 이야기** (1)독용에게 제물로 바쳐진 공주를 구하는 게오르기오스 성인. 용의 목에 흰줄(허리띠)를 거는 이가 공주이다. (2)바다괴물에게 제물로 바쳐진 안드로메다 공주를 구하는 페르세우스. 이 그림에서는 페르세우스가 날개 달린 샌들을 신고 하늘을 날고 있지만, 천마 페가수스에 올라탄 그림도 있다.

들이 기독교로 개종했다고 한다. 성인은 칼을 뽑아 용의 목을 자르고 몸뚱이를 도시 밖으로 버렸다. 왕은 독용이 죽은 자리에 교회를 세웠는데 제단에서는 독용이 퍼뜨린 질병을 치유하는 성수가 흘러내렸다고 전한다.

그런데 이 전설은 어디서 많이 들어본 것 같지 않은가? 백마 탄 기사가 나타나 위기에 빠진 공주를 구하는 이야기. 그렇다. 이 이야기는 게오르기우스 성인을 페르세우스로, 이름 모를 공주를 안드로메다 공주로, 십자가를 메두사 얼굴로, 왕과 백성의 기독교 개종을 영웅과 공주의 결혼식으로 바꿔놓으면 고대 그리스 신화의 페르세우스와 안드로메다 공주 이야기와 판박이다. 이처럼 고대 그리스 신화는 알게 모르게 중세 기독교 전설 속으로 녹아들어갔다. 현재 성 게오르기우스 교회(로툰다)의 남쪽 출입문 위 벽면에는 백마를 타고 창으로 독용을 찌르는 게오르기우스 수호성인이 그려진 패널이 부착되어 있다.

어느덧 시각은 저녁 8시 30분을 가리켰다. 배도 출출해져 우리 부부는 고나리 거리의 남쪽으로 내려가 식당을 찾아보기로 했다. 이 길은 갈레리우스 황제 시절에 로툰다-개선문-갈레리우스 황궁을 잇는 거리로 행진거리로 불렸다. 그래서 이 길을 따라 개선문 남쪽으로 200여 미터 내려가면 지금은 폐허가 된 갈레리우스 황궁이 나타난다. 우리는 황궁 터 바로 옆에 있는 나바리노 광장에 도착했다. 광장 주변에는 카페와 음식점이 줄지어 있어서 이곳 역시 젊은이들의 만남의 장소로 알려진 곳이지만 저녁 9시를 넘긴 늦은 시각이라 그런지 사람이 별로 보이질 않았다. 우리는 천막이 설치된 광장 옆 노천 식당에 들러 저녁식사를 주문했다. 아테네를 출발하여 테살로니키까지 그리스 북쪽 자동차여행을 순조롭게 마친 것을 자축하기 위해 우리는 맥주 한 병을 시키고 홍합을 곁들인 파스타와 오징어 튀김으로 느긋하게 저녁을 먹었다. 늦여름 한낮의 열기도 많이 가라앉아 밤공기는 시원하였다. 저녁을 마친 우리는 다시 개선문이 있는 에그나티아 거리로 가서 튀케 여신과 하느님의 선물인 58번 시내버스를 타고 파노라마 호텔로 돌아왔다.

다음날 아침, 여느 때보다 일찍 호텔에서 아침식사를 마치고 길을 나섰다. 테살로니키 국제공항에서 오후 4시에 출발하는 코르푸행 비행기를 타려면 관람시간은 오전밖에 없었기에 서둘러야 했다. 우리는 호텔 가까이에 있는 파노라마 버스정류장에서 58번 버스를 잡아타고 시내 중심가인 에그나티아 거리의 개선문 근처 정류장에서 하차한 다음, 첫 답사처인 하기아 소피아 성당으로 걸어갔다. 오늘 방문 목록에 올린 교회들은 시내 중심가에 있는 하기아 소피아 광장부터 아노 폴리(ano poli·윗동네)라 불리는 북쪽 언덕까지 남북선상에 위치한 교회들이다. 어제도 그랬지만 오늘 관광 콘셉

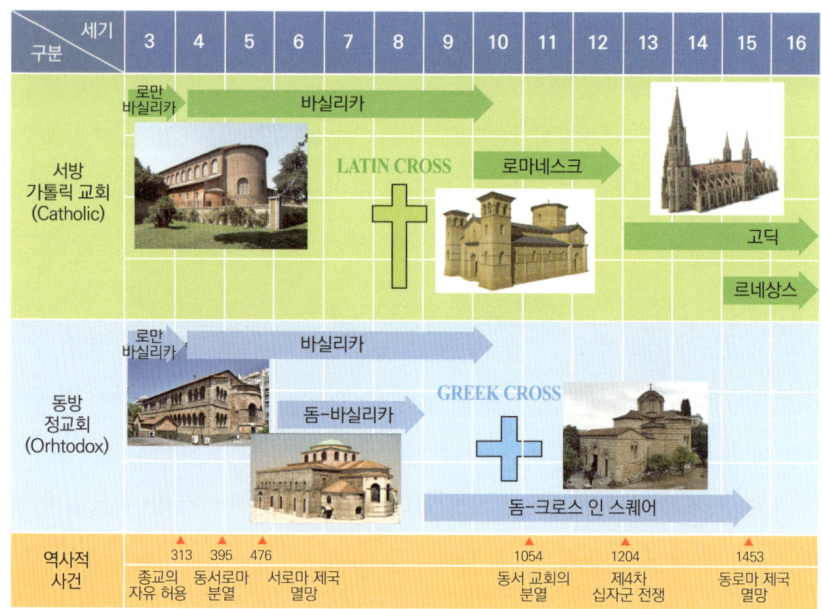

7-20. **서양 기독교 교회의 시대별 건축양식의 변화** 바실리카 교회로 출발한 유럽의 기독교는 서방 가톨릭교회와 동방정교회로 나뉘면서 각기 서로 다른 교회 건축양식을 발전시켰다.

트도 '뚜벅이'였다.

서양 기독교 교회의 건축양식

서양 기독교 교회의 건축양식은 시대에 따라 크게 변하였다. 여행을 하면서 골치 아프게 공부를 해야 하나 싶기도 하지만, 문화유산을 보고 느끼는 감동의 크기는 딱 아는 만큼에 비례하므로 여기서 핵심사항만 간단히 짚고 넘어가자. 로마제국에서 기독교가 허용된 4세기 초부터 동로마 제국이 멸망하는 15세기에 이르기까지 약 1천년 동안, 서방 가톨릭교회와 동방정교회는 두 지역의 언어·문화·역사의 차이만큼 서로 다른 교회 건축양식을 발전시켰다. 이를 요약하면 다음과 같다.

서방가톨릭교회는 (4세기) 바실리카 → (10세기) 로마네스크 → (13세기) 고딕 → (16세기) 르네상스 양식으로 변화했으며, 동방정교회는 (4세기) 바실리카 → (6세기) 돔 바실리카 → (9세기) 돔 크로스-인-스퀘어(cross-in-square) → (15세기) 동로마 제국이 멸망함으로써 비잔티움 양식은 인접한 슬라브계 국가로 확산되었다.

서방 가톨릭교회의 건축양식

CE 313년, 로마황제가 반포한 밀라노 칙령에 의해 마침내 로마제국에서 종교의 자유가 허용되었다. 지하묘지인 카타콤에서 예배를 드렸던 기독교인은 성체성사와 같은 예배의식을 거행할 수 있는 제대로 된 교회가 필요했으나 새로운 건축양식을 고안하려면 많은 시간이 필요했다. 따라서 4-5세기에는 로마시대의 공공건물인 바실리카(basilica)를 교회로 사용했다. 바실리카란 단어를 사전에서 찾아보면, 고대 로마의 공공건물과 초기 기독교 교회건물이라는 두 가지 뜻으로 풀이되는 이유가 여기에 있다.

사진에 보이는 것처럼, 최초의 교회 건축양식인 바실리카 교회의 평면구조는 직사각형이다. 직사각형 내부에 길이 방향으로 2열 또는 4열의 기둥을 세워 내부 공간을 3분할하거나 5분할하면 삼랑식 바실리카(three-aisled basilica) 또는 오랑식 바실리카(five-aisled basilica)가 된다. 이렇게 열주로 구획하여 만든 중앙의 넓고 긴 공간을 신자석 또는 신랑(nave)이라 하며, 양 측면의 좁고 긴 회랑을 측랑(aisle)이라 부른다. 중앙의 신자석 공간은 지붕 높이까지 뻥 뚫려 있어 웅장한 느낌을 준다. 측벽의 꼭대기에는 환기와 채광을 위한 광창(clerestory)을 설치했고 삼각형으로 짠 목재골조로 천장을 만들었다. 좌·우측 측랑은 보통 이층구조로 만들었는데 신자석을 내려다볼 수 있도록 만든 이층을 갤러리(gallery)라고 부른다. 후진(apse)이라 부르는 동쪽의 반원형 공간에는 제대를 설치하고 예배의식을 거행했는데 이 제대 주변 공간을 성단소(chancel) 또는 베마(bema)라고 하

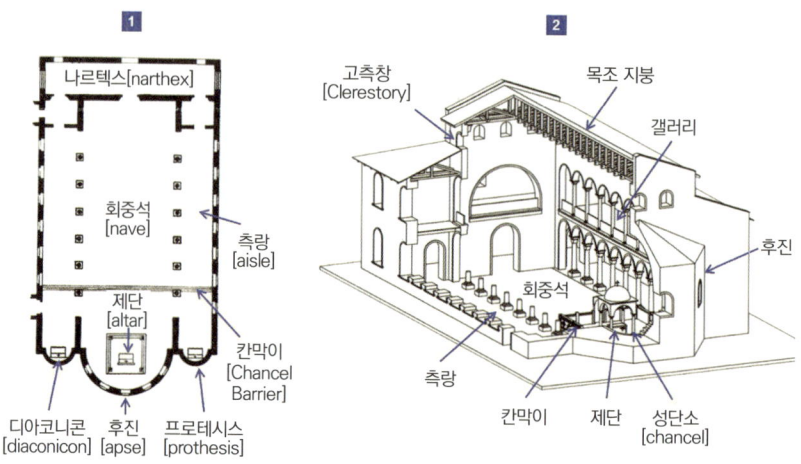

7-21. **바실리카 교회** 초기 기독교 시대에는 로마의 공공건물인 바실리카를 교회로 사용했다. (1)삼랑식 바실리카 교회 평면도 (2)삼랑식 바실리카 교회의 내부 구조

며, 이 성스런 공간을 신자석과 구분하기 위해 제대 주위에 템플론 또는 성단소 울타리로 불리는 석재 울타리를 둘렀다. 초기 기독교 교회에서는 로마의 바실리카를 개조하여 후진의 좌우에 각각 작은 방을 두기도 했는데, 성직자가 성체성사에 필요한 빵과 포도주를 보관하는 오른쪽 공간을 프로테시스(prothesis)라 불렀고, 예배의식에 사용될 제기, 성경 및 제의를 보관하는 왼쪽 공간을 디아코니콘(diaconicon)이라 불렀다. 후진의 반대쪽인 서쪽에는 나르텍스(narthex)와 출입구를 두었다. 유럽에서 바실리카 교회는 동서를 막론하고 상당히 오랜 기간에 걸쳐 꾸준히 지어졌다.

 CE 476년, 서로마 제국이 멸망하면서 정치·경제·문화의 중심지는 동로마 제국의 수도였던 콘스탄티노폴리스로 옮겨갔다. 동로마 제국은 유럽의 전 지역에서 예술가와 장인을 불러 모아 비잔티움 제국의 문화와 예술을 영토 밖으로 확산시킨 반면, 서방에서는 중세 초기(5-8세기)에는 건축과 미술을 포함하여 의미 있는 예술 활동이란 것이 사실상 없었다. 하지만 이 시기에도 서방교회는 계속 번성했고 인간 삶의 모든 영역에서 교회의 영향력은 더욱 커졌으며, 7-8세기에는 속세를 떠나 하느님께 헌신하려는 수도원 운동이 서유럽 전역에서 들불처럼 거세게 일어났다. 열성적인 수도자 그룹의 세력이 커짐에 따라서 더 큰 수도원과 교회가 필요하게 되었는데 이러한 시대적 요구에 호응해서 10세기에 로마네스크(romanesque)라 불리는 새로운 건축양식이 서유럽에서 탄생하였다.

일단 로마네스크 교회는 돌로 지은 성채를 연상시킬 만큼 크고 육중한 것이 특징이다. 평면구조는 '라틴 크로스(latin cross)'라 불리는 길쭉한 십자가 형태이며, 로마건축에서 유래된 둥근 아치(round arch)를 출입문이나 창에 적용했는데 건물 크기에 비해서 창의 크기는 매우 작았다. 육중한 건물의 무게를 지탱하기 위해 벽체는 엄청 두꺼웠는데 이것만으로도 부족해서 외벽에 버트레스라 부르는 지지대를 덧대었다. 천장구조는 바실리카 교회의 평편한 목재천장에서 로마네스크 초기에는 반원통형 아치천장(barrel vault)으로, 후기에는 교차형 아치천장(groin vault)으로 바뀌었다. 또 출입구가 있는 나르텍스의 양쪽 및 신랑과 익랑의 교차지점(crossing)에 탑을 세웠다. 이 양식을 대표하는 가장 유명한 건물은 로마네스크 유행시기의 끝 무렵에 완공된 이태리의 피사 대성당이다.

서유럽의 로마네스크는 중세 후기에 고딕(gothic) 건축양식으로 발전하였다. 13세기 프랑스에서 시작된 고딕 교회는 로마네스크 양식보다 더 얇은 벽체와 더 커다란 창을 가지고 있으며, 출입문과 창문은 끝이 뾰족한 첨두아치(pointed arch)이고, 고딕 양식의 특징인 뾰족한 첨탑을 가지고 있다. 더 높고 더 얇아진 벽체는 마치 고래 갈비뼈처럼 생긴 공중부벽(flying buttress)으로 지지하여 무너지지 않도록 했으며, 창문에는 스테인드글라스를 설치하여 오묘하고 신성한 실내 분위기를 연출하였고, 천장은 보다 날렵한 늑골궁륭(ribbed vault)으로 지탱했다. 서유럽 어디를 가나 고딕성당을 볼 수 있지만,

7-22. **바실리카 및 로마네스크 양식의 우리나라 성당** (1)1906년에 건립된 대한성공회 온수리성당은 바실리카 양식의 한옥성당이다. (2)1926년에 세운 대한성공회 서울주교좌성당은 로마네스크 양식의 성당이다.

가장 오래되고 아름다운 고딕성당으로는 13세기 초에 지어진 프랑스 샤르트르 대성당을 으뜸으로 친다. 이후 유럽의 건축은 15세기 이태리에서 고안한 르네상스 양식을 거쳐 17세기 바로크 양식으로 넘어간다.

그런데 정말 놀랍게도, 우리나라에도 대한제국 시기에 지은 바실리카, 로마네스크 및 고딕양식의 교회가 있다. 바실리카 교회는 강화도 온수리에 있는 대한성공회 온수리성당(건립: 1906년)이 대표적이다. 특히 이 건물은 서양의 바실리카 양식과 전통 한옥 구조를 절묘하게 융합시킨 한옥성당으로 유명하다. 2004년에는 그 옆에 유럽풍 바실리카 성당을 새로 지었다. 서울시청 맞은편에 있는 대한성공회 서울주교좌성당(건립: 1926년)은 우리나라의 근대 로마네스크 건축을 대표한다. 라틴 크로스 평면구조에 두터운 외벽, 둥근 아치, 좁은 창, 신랑과 측랑의 교차점에 세운 종탑은 로마네스크 건축의 특징을 잘 보여주고 있다. 고딕양식의 교회로는 서울시 명동대성당(건립: 1898년)이 잘 알려져 있다. 라틴 크로스 평면구조에 뾰족한 첨탑, 첨두아치가 있는 출입문과 창문, 스테인드글라스, 늑골궁륭으로 이루어진 천장구조는 이 성당이 고딕양식으로 지어진 성당임을 보여준다.

서양건축사 또는 서양교회건축사를 이야기할 때, 시대 순으로 로마 바실리카-로마네스크-고딕-르네상스 양식을 말하지만 이것은 유럽의 반쪽인 서

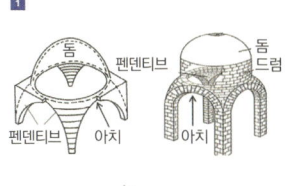
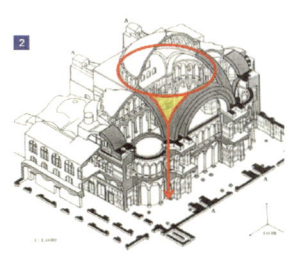

7-23. **동로마 제국의 돔-바실리카 교회** (1)네 개의 사각기둥 위에 아치와 펜덴티브(삼각궁륭)를 이용해서 돔을 얹는 방법 (2)537년에 건립된 하기아 소피아 성당의 구조 (3)하기아 소피아 성당의 내부. 돔의 하중은 아치와 펜덴티브를 통해서 네 개의 돌기둥으로 골고루 전달된다.

유럽에만 적용되는 서유럽건축사이다. 동로마 제국이 지배했던 발칸반도의 동유럽과 지중해 동쪽에 위치한 소아시아·레반트 지역에서는 비잔티움 양식으로 불리는 독자적인 교회 건축양식이 있었다.

동방정교회의 건축양식

서유럽과 달리 황제가 건재했던 동로마 제국에서도 초기에는 로마의 공공건물인 바실리카를 교회로 사용하거나 바실리카 교회를 새로 지었다. 5세기 이후에 바실리카 교회는 동로마 제국의 영토에서 매우 흔하게 되었다. 서로마 제국이 멸망한 직후 동로마 제국의 반짝 전성기를 가져온 유스티니아누스 황제 때인 6세기에 바실리카의 한가운데에 동그란 돔을 얹은 돔-바실리카 교회가 등장하였는데 이것이 바로 인류건축사에서 열손가락 안에 꼽는 하기아 소피아(Hagia Sofia) 성당이다. 돔-바실리카 교회의 평면은 정사각형이다. 정사각형 구조물의 한가운데에 네 개의 거대 기둥을 세우고 이 위에 원형의 돔을 얹는다는 것은 당시 건축기술로는 엄청난 도전과제였다. 당시 건축가는 네 개의 기둥 위에 반원형 아치를 동서남북으로 세운 다음,

아치 사이의 빈틈을 삼각궁륭(pendentive)으로 메꿔 원형의 개구부를 만들고 이 위에 직경 33m의 돔을 얹는데 성공하였다. 거대한 돔의 하중을 네 개의 아치와 펜덴티브를 통해서 네 개의 거대기둥으로 골고루 분산시킴으로써 돔 구조의 안정성을 확보하는 '돔 온 펜덴티브(dome on pendentive)'라는 건축기술은 당시에는 획기적인 신기술이었다. 원형의 개구부 위에 돔을 얹는 방식은 콘스탄티노폴리스의 하기아 소피아 성당처럼 곧바로 돔을 얹는 방식과 테살로니키의 하기아 소피아 교회처럼 드럼(drum)이라 부르는 낮은 높이의 원기둥을 세우고 이 위에 돔을 얹는 방식이 있다.

6세기에 확립된 비잔티움의 돔 건축은 제국의 영토에서 널리 유행했으며 수세기에 걸쳐 유럽의 건축에 커다란 영향을 미쳤다. 동로마 제국이 유난히 돔 구조를 선호한 이유는 다소 단조롭고 정적인 느낌을 주는 바실리카의 천장에 둥그런 돔을 얹음으로써 천국이라는 극적인 공간을 연출할 수 있기 때문이었다. 기독교인들에게 천국은 위계적 질서가 있는 신의 영역이었기에, 원형 돔의 맨 꼭대기에는 '모든 것의 지배자'를 뜻하는 '판토크라토르 그리스도(Christ Pantocrator)'를 배치하였고, 그 바로 아래에는 천사나 성인을 그려 넣었으며, 순교자나 황제는 보통 돔의 맨 아랫부분이나 돔 아래 벽면에 그려 넣었다. 예배의식을 거행하는 장소인 후진의 상부에는 보통 아기예수를 앉고 있는 성모(Theotokos)를 배치하였다.

9세기 후반에 작은 크기의 크로스-인-스퀘어(cross-in-square) 교회가 널리 유행하였는데, 이는 도시 인구의 감소로 인해 대형 바실리카 교회가 더 이상 불필요하게 되었기 때문이다. 사진에서 볼 수 있듯이, 크로스-인-스퀘어 양식은 정사각형의 일층 내부를 3×3으로 구획하고, 한가운데 교차랑 주위로 네 개의 기둥을 세우고 이 위에 원형 돔을 올린 것이다. 원통형 천장구조의 신랑과 익랑은 길이가 똑같기 때문에 중앙 돔 주위로 네 변의 길이가 똑같은 그리스 십자가(Greek cross) 형상이 만들어진다. 크로스-

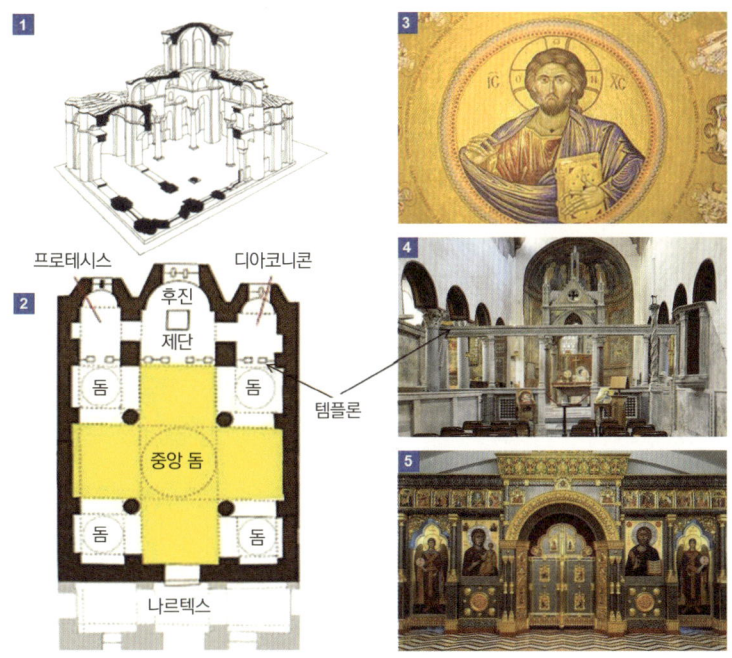

7-24. **동로마 제국의 크로스-인-스퀘어 교회** (1)단면도 (2)평면도 (3)중앙 돔 꼭대기를 장식한 판토크라토르 그리스도 성화 (4)제단 영역과 신자석을 분리하는 템플론 (5)동방정교회는 템플론의 기둥과 기둥 사이를 나무판으로 가리고 이콘(성화)을 그려 넣었다. 이것을 이코노스타시스(성화벽)라고 한다.

인-스퀘어 교회는 중세 전기에 해당하는 5세기에 지중해 연안의 아시아 지역에서 맨 처음 시작된 양식이다. 그런데 7세기 들어 이 지역을 장악한 이슬람 세력에 의해 맥이 끊기게 되고, 중세 중기 이후에 동로마 제국의 유럽 지역에서 널리 유행하게 된다. 오늘날 이스탄불, 테살로니키, 아테네를 여행하다 보면 길거리에서 우연히 마주칠 정도로 흔하고, 정교회 하면 머리에 떠올려지는 것이 바로 크로스-인-스퀘어 교회이다.

13세기 초, 동로마 제국의 수도인 콘스탄티노폴리스가 서방 라틴 기독교 세력에게 점령당하고 약 60년간 지배를 받게 되었을 때, 동로마 제국의 예술가들은 도시를 탈출하여 정교회 수호자를 찾아 제국의 국경 너머에 있는 세르비아, 불가리아, 러시아로 흩어졌다. 슬라브계 민족이 살고 있는 이 지역에서는 처음에는 비잔티움 건축양식을 그대로 받아들였으나 세월이 흐르면서 점차 토착적인 건축양식이 가미되었다. 대표적인 것이 16세기에 세워진 러시아 모스크바의 성 바실리 대성당의 양파 돔(onion dome)으로, 이것은 눈이 많이 내리는 지역적 특성이 가미되어 지붕에 눈이 쌓이지 않도록 설계된 것이다. 14세기에 접어들면서 제국의 영토가 도시국가 규모로 쪼그라든 동로마 제국은 마침내 1453년 오스만 제국에 의해 멸망하였고 그리스를 포함한 발칸반도는 사오백 년간 오스만 제국의 지배를 받게 되었다. 서로마 제국의 멸망 이후 천 년 동안 유지되었던 동로마 제국은 역사에서 사라졌고 유럽의 중세도 막을 내렸다. 이로써 동유럽의 주도권은 러시아로 넘어갔고, 오스만 제국에 의해 동서교역로가 막힘에 따라 육상 실크로드를 대체할 새로운 항로 개척이 15세기말-16세기 초에 걸쳐 포르투갈과 스페인을 중심으로 활발히 이루어지면서 유럽의 중심 무대는 지중해에서 대서양으로 옮겨지게 된다.

템플론, 이코노스타시스, 이콘

비잔티움 교회에서는 제단이 차려진 공간과 예식을 준비하는 공간(프로테시스, 디아코니콘) 앞에 석재 울타리인 템플론을 설치하여 신자석과 구분하였다. 템플론의 정중앙에는 제단으로 향하는 입구가 있고 예식이 없을 때는 입구를 커튼으로 가렸다. 중세 후기인 14세기에 이 커튼이 나무판자로 된 가림판으로 바뀌면서 여기에 이콘(icon·성화)을 그려 넣었는데, 이것이 정교회의 실내장식에서 가장 특징적인 이코노스타시스(iconostasis)로 우리말로는 성상 칸막이 또는 성화벽이라고 부른다. 그리스·로마의 고전미술이 대상을 사실적으로 표현하는 데 역점을 두었다면 중세 비잔티움 미술은 종교적 이미지나 메시지를 어떻게 하면 효과적으로 대중에게 전달할

7-25. 정교회와 조선향교의 삼문 구조 (1)정교회 성화벽의 삼문. 한가운데 왕의 문은 제례를 주관하는 신부만이 출입할 수 있다. (2)유교 향교(과천 향교)의 외삼문. 한가운데 길(신도)과 가운데 문(신문)은 제례를 주관하는 헌관만이 드나들 수 있다.

수 있을지에 관심이 많았다. 그래서 중세 성화는 교회 내부를 장엄하게 장식하는 본래 목적 이외에도 대부분 문맹이었던 중세 기독교인에게 성경의 메시지를 시각적으로 전달하는 도구로도 활용되었다. 이 때문에 중세 기독교 성화는 '보는 그림'이 아니라 '읽는 그림'이라고 말할 수 있다. 성경 내용에 대해 깊은 지식이 없는 나 같은 사람들은 중세 기독교 성화 앞에 오래 머물지 못하고 금방 발걸음을 옮기는 이유는 성화에 담긴 메시지를 '읽어내기'가 어렵기 때문이다.

이콘으로 장식한 정교회의 성화벽에는 문이 세 개 있다. 매우 장엄하게 꾸민 가운데 큰 문은 '거룩한 문' 또는 '임금의 문(royal door)'이라고 부르는데 이렇게 부르는 이유는 영광의 임금인 예수 그리스도가 이 문을 통해서 친히 성찬예식에 참여한다고 믿기 때문이다. 예배의식을 드릴 때면 임금의 문을 활짝 열어 두고 전례를 주관하는 신부가 드나들며 보제와 복사들은 보제의 문이라 부르는 양쪽 문으로 드나든다. 이것은 우리네 향교나 서원에서 볼 수 있는 출입문, 즉 신문(神門)의 구조 및 출입 방법과 비슷하다.

조선시대 향교와 서원의 건물 배치는 보통 외삼문-누각-강당-내삼문-사당이 일직선상에 놓인 구조로, 유생에게 성리학을 교육시키는 강학 공간(강당)을 앞쪽에 두고 성현의 신주를 모시고 제사를 올리는 배향 공간(사당)을 뒤쪽에 두었다. 정문에 해당하는 문을 외삼문, 뒤쪽 사당의 출입문을 내삼문이라 부르는데, 여기에는 문이 세 개 달려 있어 삼문이라 부른다. 출입문을 세 칸으로 나누어 만든 것은 신이나 혼의 출입과 사람의 출입을 구분하기 위해서인데, 가운데 가장 큰 문을 신이나 혼이 출입하는 신문이라 하고 양쪽에 있는 작은 문을 사람이 출입하는 인문(人門)이라 부른다. 신문은 평소에는 닫아 두다가 3월과 9월에 개최하는 춘추제향이나 삭망 때만 열어 제례를 주관하는 헌관(獻官)이 이곳으로 출입한다. 인문은 평소에도 열어두는데, 일반 제관이나 참배객은 제례 때 동문으로 들어가서 서문으로 나온다(이를 동입서출이라 한다). 이처럼 시대와 종교가 다름에도 문의 구성과 각 출입문의 용도가 닮은 점이 흥미롭다.

    성화벽의 폭은 다섯 폭부터 시작해서 건물 규모에 따라 매우 다양하다. 각 칸막이마다 특정한 이콘이 그려져 있는데 그 위치는 엄격히 정해져 있다. 일곱 폭을 갖는 성화벽을 기준으로 설명하면 다음과 같다. 보통 임금의 문에는 이콘이 없다. 임금의 문을 기준으로 오른쪽 성화벽에는 그리스도의 이콘과 세례자 성 요한의 이콘이 차례로 있고, 임금의 문 왼쪽에는 테오토코스(성모)의 이콘과 교회의 수호성인 이콘이 배치되며, 양쪽 보제의 문에는 대천사(성 가브리엘, 성 미카엘) 이콘이 자리하게 된다. 이를 기본으로 해서 공간 사정과 관습에 따라 또 다른 이콘이 추가되거나 빠지기도 한다. 임금의 문 위쪽에는 보통 삼각형 박공이나 둥근 아치를 두고 예수와 열두 제자들이 등장하는 최후의 만찬이 그려지는데, 이것은 예수가 주관하는 최후의 만찬에서 교회의 기초가 되는 성체성사(Eucharist)가 처음으로 이루어졌다는 것을 기억하기 위해서이다.

동방정교회에서는 믿음과 영성수양의 도구로 성화만 인정하며 서방 가톨릭교회와 달리 입체로 된 조각품은 우상숭배로 간주하여 금지하고 있다. 이콘으로 대표되는 중세 비잔티움 미술의 특징은 정면성, 평면성 및 상징성이다. 이콘으로 그려진 그리스도, 성모, 천사, 성인은 (순전히 나의 느낌이지만)무표정한 얼굴로 앞을 바라본다. 이러한 표현기법을 정면성의 원리(frontality)라고 하는데, 고대 이집트나 메소포타미아와 같은 고대 오리엔트 미술에 뿌리를 둔 것으로 신 또는 왕과 같은 절대자의 권위와 초인간적 위대함을 표현하는 데 사용되었다. 또 대상을 사실적으로 표현하는 것보다는 메시지를 시각적으로 전달하는 것이 훨씬 더 중요했기에 중세 성화에서 인물을 그릴 때면 선과 색깔을 강조하였고 삼차원적 입체감은 부여하지 않았으며 원근법을 무시하고 배경을 그렸다. 이러한 표현기법을 평면성의 원리(flatness)라고 부른다. 또한 대부분의 종교화가 그렇듯이, 신과 인물의 얼굴 표정, 손동작, 몸의 자세, 옷차림새와 지물은 정형화되어 있고 창작이나 변형은 금지되어 있다. 그래서 중세 비잔티움 교회를 몇 군데 들러 성화 구경을 하다보면 이 그림이 저 그림 같다는 느낌이 드는 이유는 바로 이 때문이다.

마지막으로, 원래 정교회에서는 신도들이 서서 예배를 드리는 전통이 있었다. 그래서 서방 가톨릭교회와 달리 신자석에 의자를 두지 않았으나 시대가 변한 오늘날에는 그리스 정교회 신도들도 의자에 앉아 예배의식에 참여한다. 그러나 코카서스 산맥에 자리 잡은 조지아 정교회에서는 서서 예배를 드리는 전통을 아직까지 고수하고 있다. 이상과 같이 서양기독교(서방가톨릭교회, 동방정교회)의 건축양식과 미술의 특징을 핵심만 요약해서 살펴보았으니, 이제부터 본격적으로 테살로니키의 초기 기독교 및 비잔티움 교회를 구경해보자.

하기아 소피아 교회

개선문에서 십여 분 걸어 광장 옆에 자리 잡은 하기아 소피아 교회로 갔다. 하기아 소피아(hagia sofia)는 '성스러운 지혜'라는 뜻으로, 정교회에서는 말씀(logos)이신 성자 예수 그리스도를 의미한다. 그러니까 이 교회는 예수 그리스도에게 바친 교회이다. 원래 이 자리에는 로마의 바실리카-아트리움 구조(가운데가 뻥 뚫린 'ㅁ'자 구조)의 거대 공공건물이 있었다고 한다. 5세기에 이 건물을 오랑식 바실리카 교회로 사용하였는데 지진으로 파괴되어 8세기 말에 현재와 같은 모습의 돔-바실리카 양식으로 다시 지었다. 현재 교회의 서쪽 출입구 앞에 있는 너른 뜨락은 옛 로마의 아트리움이 있던 자리이다. 건물 배치는 교과서적으로 지성소가 있는 후진을 동쪽에 두고 나르텍스와 출입문을 서쪽에 배치했다. 그래서 우리가 도착한 10시 반경에는 이미 해가 교회 건물 위로 솟구쳐 올라 역광이 심해서 건물 정면을 카메라에 담기가 어려웠다. 우리는 눈이 부신 햇빛을 피해서 그늘이 있는 건물 앞으로 다가섰다. 출입문이 있는 교회의 서쪽 벽은 하얀 석재와 붉은

7-26. **하기아 소피아 교회** 하기아 소피아(hagia sofia)는 '성스러운 지혜'라는 뜻으로, 말씀(logos)이신 성자 예수 그리스도를 의미한다. 8세기에 세운 이 교회는 예수 그리스도에게 바친 교회로 돔-바실리카 건축양식으로 지어졌다.

7-27. **하기아 소피아 교회의 돔 천장** 모자이크 사도행전(1:6-1:11)에 나오는 예수의 승천 장면을 돔에 그린 것으로 9세기 작품이다.

벽돌을 각 4층씩 번갈아 쌓아올려 횡선을 이루는 비잔티움 건축 특유의 벽 쌓기를 보여주고 있고, 둥근 아치형 출입구는 이 건물이 로마양식임을 말해준다.

이 교회에서 가장 볼 만한 것은 돔과 후진을 장식한 모자이크인데 제작 시기에 차이가 있다. 건축 당시에는 후진의 천장을 장식한 십자가 모자이크 외에 특별한 이콘은 없었는데 그것은 이 교회가 성상파괴운동이 한창이었던 8세기에 지어졌기 때문이다. 이 교회에서 가장 유명한 돔 꼭대기의 그리스도 승천 모자이크는 이스탄불의 하기아 소피아 성당의 모자이크처럼 성상파괴운동이 끝난 9세기 말에 제작한 것이며, 후진 벽의 성모 모자이크는 11세기에 만든 것이다.

우리는 교회 안쪽으로 들어가 먼저 돔 모자이크를 구경했다. 이 모자이크는 사도행전(1:6-1:11)에 나오는 예수의 승천 장면을 돔에 그린 것이다. 예수 제자들의 행적을 기록한 사도행전은 죽은 지 사흘 만에 부활하신 예수가 그의 제자들 곁에서 40일간 머물다 너희들은 성령으로 세례를 받고 땅 끝까지 가서 내 증인이 되라고 당부하고는 갑자기 하늘나라로 승천하는 장면으로 시작된다. 돔 꼭대기에는 하늘의 영광을 상징하는 동그란 원 안에 예수가 무지개 위에 앉아 있으며 이것을 두 명의 천사가 좌우에서 떠받들고 올라가는 장면이 그려져 있다. 그 아래 지상에는 초월적 표정의 성모 마리아가 두 팔을 어깨 높이로 올리고 손바닥을 하늘을 향해 펼치며 마치 기도하듯 서 있고, 양쪽에는 흰 옷 입은 천사가 서 있다. 이어서 12명의 사도가 천장 돔을 360도 빙 둘러 서 있는데 어떤 제자들은 머리에 손을 얹고 승천하는 예수를 올려다보기도 하고, 또 어떤 제자들은 볼이나 턱에 손을 괴고 몹시 황망한 표정을 짓고 있다. 이것은 부활하신 예수가 이 땅에 계속 머물면서 자신들을 인도해 줄 것으로 기대했던 제자들에게 당부의 말씀을 마치고는 승천하여 홀연히 구름 속으로 모습을 감추자 어찌할 바를 몰라 당황하는 제자들의 모습을 나타낸 것으로 보인다. 이때 흰옷을 입은 두 사람(여기 돔 모자이크에서는 천사)이 나타나 그들을 꾸짖는다. "갈릴리 사람들아, 어찌하여 서서 하늘을 쳐다보느냐?" 돔 천장의 예수 그리스도와 성모 모자이크 사이에 적힌 명문이 바로 이 구절이다. 이 명문에는 없지만 사도행전에는 다음과 같은 구절이 뒤를 잇는다. "너희 가운데서 하늘로 올려지신 이 예수는 하늘로 가심을 본 그대로 오시리라 하였느니라." 즉 이 그림에는 예수의 승천과 재림의 약속이 담겨 있다.

여기서 동로마 제국의 화가들이 제작한 예수 승천도와 중국 서위의 화가들이 그린 붓다 설법도의 구도를 비교해 보는 것은 무척이나 흥미롭다. 왼쪽 사진은 방금 설명한 예수 승천도이며, 오른쪽 사진은 둔황 막고굴(제249호굴)의 남쪽 벽 중앙에 그려진 붓다 설법도이다. 제249호굴은 중국 역사에서 남북조시대를 열었던 북위(386-535년)가 막판에 동·서로 분열되어 생긴 서위(535-557년) 때 만든 것이다. 중국의 불상양식은 북위시대부터 인도식 불상에서 탈피하여 중국화가 이루어지는데 이 설법도에서 그 일면을 살펴볼 수 있다. 그러면 입자불설법도(立姿佛說法圖)라 불리는 제249호굴의 벽화를 먼저 감상해보자.

정사각형 화면의 한가운데에 붓다가 서있고 그의 머리와 온몸에서 마치 불꽃처럼 타오르는 빛이 발산되고 있다. 불교에서 빛은 무명(무지와 어리석

7-28. **예수 승천도와 붓다 설법도의 구도 비교** (1)테살로니키 하기아 소피아 교회의 돔 꼭대기에 그려진 예수 승천도(9세기) (2)둔황 막고굴 제249굴의 남쪽 벽에 그려진 입자불설법도(중국 서위, 6세기 초). 두 작품은 구도가 상당히 비슷하다.

음)을 일깨우는 붓다의 진리와 지혜를 상징한다. 붓다의 머리에서 나오는 빛을 두광(頭光) 또는 원광(圓光)이라 하고 온몸에서 발산하는 빛을 거신광(擧身光)이라 부르는데 이는 불교경전에 언급된 붓다의 신체적 특징 가운데 하나이다. 중국 불교에서는 5세기 이후에 사진에서 보는 것처럼 불꽃광배의 생김새가 유선형의 배를 닮은 주형거신광(舟形擧身光)이 등장한다. 이는 불상의 중국화를 보여주는 몇 가지 특징 가운데 하나이다. 또한 붓다가 걸치고 있는 가사는 인도의 간다라 불상처럼 몸의 윤곽이 그대로 내비치는 편단우견(오른쪽 어깨를 드러냄)이나 통견(양 어깨를 옷으로 덮어 드러내지 않음)이 아니라 황제가 입는 두툼한 곤룡포이며, 도포의 아랫자락이 마치 생텍쥐페리의 어린왕자가 입은 옷처럼 밖을 향해 활짝 펼쳐져 있다. 이것은 인도식 의상이 아닌 포복식(袍服式)이라 불리는 중국 복식으로 북위와 서위 시대에 제작된 불상 의상의 특징이다. 전체 화면은 붓다의 가슴부분에서 위아래로 이등분되어 아래쪽 좌우 빈 공간에 붓다상의 절반 크기로 협시보살을 그려 넣었고, 위쪽 좌우 빈 공간에는 하늘을 나는 천인을 그려 넣었다. 이 사각형 공간은 불국토를 나타낸 것으로 이곳을 천불상이 에워싸고 있는데 이것 역시 북위와 서위시대에 유행했던 중국식 도상이다.

그런데 9세기 말에 제작된 예수의 승천도가 6세기 초에 제작된 둔황의 입자불설법도의 구도를 그대로 모방한 것이 아닌가 싶을 정도로 그 구성이 너무나도 비슷하게 보인다. 사실 붓다의 두광과 하늘을 나는 비천상은 북인도 쿠샨제국에서 불상이 처음 만들어진 1세기부터 등장한 반면, 예수의 두광은 아무리 빨라야 4세기 이후에, 천사상은 이보다 훨씬 더 나중에 나타난다. 그래서 나는 이 기독교 도상학이 혹시 불교미술로부터 영향을 받은 것은 아닐까 하는 생각도 해본다. 아직은 나의 직감에 의존한 아이디어에 불과하지만 그 가능성에 대해 잠깐 살펴보기로 하자.

대승경전에서 언급되는 붓다의 신체 특징을 32상80종호라고 한다. 이 특징을 전부 다 만족시키는 것은 아니지만 불상을 제작할 때는 최대한 여기에 맞춰 조형되었는데, 32상80종호에 붓다의 신체 주위로 광채가 난다는 내용이 있다. 즉, 불교미술의 경우에는 원광이나 거신광을 표현하는 근거가 확실하여 불상이 최초로 조형된 1세기부터 원광이 등장하였다. 이에 반해서, 서양 기독교 미술의 경우 예수, 성모, 순교자의 머리에 원형의 두광이 등장하기 시작한 것은 기독교가 허용된 이후인 4세기 중엽부터였지만 두광을 표현하게 된 확실한 근거가 부족해 보인다. 만약 예수의 변신(transfiguration)을 언급한 마태복음 17장2절, "그들 앞에서 변형되사 그 얼굴이 해같이 빛나며 옷이 빛과 같이 희어졌다."는 구절에 근거하여 예수의 얼굴에 원광을 표현하기 시작했다면, 그게 왜 카타콤 미술에서는 보이지 않다가 4세기 중엽부터 갑자기 등장했는지 납득할 만한 설명이 필요하다.

우리는 지성소가 있는 후진의 천장에 그려진 테오토코스(성모) 모자이크와 제대 앞에 둘러쳐진 성화벽을 구경하고, 이 교회에서 나이가 가장 많은 회랑의 돌기둥을 구경하였다. 이 회색빛 돌기둥의 기둥머리를 장식한 아칸

7-29. **하기아 소피아 교회의 돌기둥과 주두 장식** 5세기 바실리카 교회의 돌기둥과 주두를 재활용한 것이다. 주두를 장식한 아칸서스 잎이 마치 바람에 휘날리듯 일제히 한쪽 방향으로 누웠다.

서스 잎은 마치 바람에 쓸린 듯 일제히 한쪽 방향으로 누웠는데, 이는 5세기에 유행했던 양식으로 일명 '테오도시우스 기둥(Theodosian column)'이라 부른다. 8세기에 지은 교회 건물의 나이보다 기둥의 나이가 더 오래된 것은 지진으로 파괴된 5세기 바실리카 교회의 기둥과 주두를 재활용했기 때문이다.

우리는 성 소피아 교회를 나와 이곳에서 아기아 소피아 거리를 따라서 북쪽으로 250m 떨어진 곳에 있는 파나기아 아히로피토스 교회로 걸어갔다. 이 교회는 5세기 중엽에 로마의 공중목욕탕 터에 세운 전형적인 삼랑식 바실리카로, 테살로니키에서 가장 오래된 교회이다. 아쉽게도 시간이 부족하여 이 고풍스런 교회의 건물 외관만 잠깐 구경하고 아노 폴리에 있는 오시오스 다비드 교회를 구경하러 하기아 소피아 거리의 북쪽으로 발걸음을 옮겼다. 아노 폴리로 가는 길은 아파트처럼 생긴 3층 높이의 그리스식 빌딩 사이로 난 경사진 언덕길이었다. 성 다비드 교회는 언덕길을 거의 다 올라와서 기역자로 꺾인 골목 안쪽에 숨어 있지만 스마트폰의 구글지도 덕분에 어렵지 않게 찾을 수 있었다.

오시오스 다비드 교회

오시오스 다비드 교회(성 다비드 교회)는 5세기 말에 옛 로마사원 터에 세운 돔이 있는 십자형 교회로, 원래는 라토모스 수도원에 딸린 카탈리콘(katholikon)이었다.[67] 동로마 제국에서 십자가 모양의 교회는 5세기경 제국의 영토였던 동방지역(시리아 일대)에서 순교자 무덤을 모신 교회를 세울 때 흔히 사용된 건축양식이다. 유럽지역에서는 성 다비드 교회가 가장 이른 시기에 십자가 형태로 지은 교회라고 한다. 여기서 첫 선을 보인 크로스-인-스퀘어 양식은 9세기 후반에 동로마 제국의 수도인 콘스탄티노폴리스에서도 등장하게 되었고 이후에 지배적인 건축양식이 되었다. 성 다비드 교회의 돔과 서쪽 출입구의 대부분은 지진으로 파괴되어 사라졌다. 그래서 현재 출입구는 남쪽에 있는데, 앞마당에서 교회건물을 바라보면 나지막한 지붕에 기와가 얹혀 있는 것이 마치 우리나라 한옥교회를 보는 듯했다. 이 교회 역시 오스만 제국의 점령기에 모스크로 개조되었다가 약 5백년 후인 1921년에 다시 그리스 정교회 건물이 되면서 현재 이름인 성 다비드 교회로 불리게 되었다.

규모가 매우 작고 외관도 다소 초라해 보이는 이 교회에서 볼 만한 것은 5세기 말에 만든 후진의 모자이크이다. 보통 후진에는 아기예수를 안고 있는 마리아, 즉 테오토코스(성모)를 모시기 마련인데 이 교회의 경우에는 수염이 없는 젊은 그리스도를 배치하였다. 이 모자이크의 제목은 '에스겔의 비전' 또는 '그리스도 임마누엘의 출현'[68]으로 불리는데, 오늘 첫 방문지였던 하기아 소피아 성당에서 보았던 예수 승천도의 그리스도 도상과 거의 비

---

67) 카탈리콘은 수도원에 딸린 교회를 일컫는다.
68) 임마누엘(Emmanuel)은 히브리어로 '우리와 함께 계시는 하느님'이라는 뜻이다. 예수를 임마누엘이라고 부를 때 메시아(구세주)라는 의미가 강하게 부각된다. 그리스어인 그리스토스 역시 메시아란 뜻이다.

7-30. **성 다비드 교회의 그리스도 임마누엘 모자이크** (1)사실적 표현을 강조한 헬레니즘 스타일로 그린 5세기 후반의 초기 기독교 도상으로, 예수의 오른손 동작은 제우스신과 로마황제의 제스처에 뿌리를 둔 것이다. (2)로마 최초의 황제인 아우구스투스의 대리석상(CE 1세기) (3)북인도에 위치한 인도-그리스 왕국의 헤르마이오스 소테르(재위: BCE 50-35년) 왕의 은화 뒷면에 새겨진 제우스신

숫하다. 두 그림의 차이라면 예수의 얼굴에 수염의 유무, 그래서 젊어 보이느냐 나이 들어 보이느냐의 차이이다. 모자이크의 전체 구성을 살펴보면, 신의 영광을 나타내는 둥근 원을 4복음서의 저자를 상징하는 네 개의 심볼(날개 달린 사자: 마가, 천사: 마태, 날개 달린 수소: 누가, 독수리: 요한)이 에워싸고 있으며, 둥근 원 안에는 수염이 없는 젊은 예수가 무지개에 걸터앉아 오른팔을 비스듬히 앞으로 뻗은 상태에서 오른손을 펼쳐 보이고 있으며, 왼손으로는 '우리의 신을 보라(Behold our God)'라는 글자가 적힌 두루마리를 쥐고 있다. 그의 머리 주위에는 원광이 있으며 몸에서는 빛이 발산하고 있다. 사진에서는 잘 안보이지만, 모자이크의 양쪽 끝에는 BCE 6-7세기 유대의 예언자였던 에스겔과 하박국이 그리스도 임마누엘의 출현을 목격하

고 있다.

신의 출현(theophany)을 묘사한 이 모자이크의 제목을 우리네 불화처럼 짓는다면 '시무외인 자세의 예수 기독도(seated Jesus Christ with abhaya mudra)'가 될 것이다. 도상학적으로, 시무외인은 제우스신이나 왕의 제스처에서 비롯된 것으로 붓다와 예수의 시무외인은 인간의 두려움을 떨쳐주고 안심시키는 손동작이다. 시무외인을 한 예수 기독도는 4세기말부터 6세기까지 유럽의 초기 기독교 미술에서 널리 사용된 도상이다. 이 모자이크를 미술사 관점에서 바라본다면, 정면성, 평면성, 상징성이 강조된 비잔티움 미술양식으로 그리지 않고 사실적 표현을 중요시한 헬레니즘 스타일로 제작된 초기 기독교 그림이라는데 가치가 있다. 교회 내부 구경을 마치고 밖으로 나오니 작은 종이 매달린 두 개의 나무기둥 너머로 테라마이코스 만이 시원하게 펼쳐졌다. 우리는 다음 행선지인 아기오스 디미트리오스 교회를 향해 아노 폴리의 언덕길을 천천히 내려갔다.

아기오스 디미트리오스 교회

성 디미트리오스 교회는 테살로니키의 카르도 막시무스에 위치한 로만 아고라 가까이에 있다. 디미트리오스 성인은 원래 로마 군인이었다. 종교의 자유를 허용한 밀라노 칙령이 반포되기 10년 전인 CE 303년, 그는 로만 아고라에서 자신이 기독교도임을 당당히 밝혔다가 갈레리우스 황제의 군대에 체포되어 로마목욕탕 건물에 갇힌 후 처형되었다. 기독교가 로마국교가 된 후 는 성인의 반열에 올랐으며, CE 5세기에 그가 순교한 옛 목욕탕 자리에 성인에게 바치는 삼랑식 바실리카 교회를 세웠다. 그러나 7세기 초에 화재로 불타버리는 바람에 처음보다 크게 오랑식 바실리카를 다시 세웠는데, 지금 우리가 보는 교회는 이때 만든 것이다. 우리나라 건축사와 비교해보면 백제 무왕 때 건립한 익산 미륵사와 나이가 비슷하다. 테살로니키의 수

7-31. **성 디미트리오스 교회** 7세기 초에 지은 오랑식 바실리카로, 초기 기독교 순교자인 디미트리오스 성인에게 바친 교회이다. (1)출입구가 있는 서쪽 면 (2)교회 내부

호성인이 된 디미트리오스에게 바친 이 교회 역시 오스만 제국의 점령기에는 모스크로 사용되다가 1912년 테살로니키가 해방되고 나서 다시 교회로 바뀌었다. 그런데 해방된 날이 수호성인의 축일과 똑같은 10월 26일이다.[69] 그래서 이 날이 되면 수많은 시민이 성 디미트리오스 교회로 향하는 축제 행렬에 참가한다.

이 교회는 1917년에 일어난 테살로니키 대화재 때 일층에 있는 후진과 네이브 좌우의 열주만 빼고 완전히 불에 타 무너져 내렸다. 파괴된 교회는 수십 년이 지난 1940년대에 복원되었기 때문에 비잔티움 미술과 건축 흔적은 네이브 좌우의 열주와 후진에만 남아 있다. 이 교회 지하에는 디미트리오스 성인이 묻힌 지하묘지가 있는데 이곳을 작은 박물관으로 꾸며 일반에게 공개하고 있다. 우리는 이 지하묘지 관람을 끝으로 테살로니키 구경을 모두 마쳤다.

---

69) 10월 26일은 안중근 대한독립군 중장이 조선 침략의 선봉장이자 초대 통감이었던 이토 히로부미를 하얼빈에서 사살한 뜻깊은 날이기도 하다.

7-32. **파나기아 덱시아 교회의 내부** (1)파나기아 덱시아는 아기 예수를 오른팔에 안고 있는 성모를 일컫는다. (2)돔 구조는 이처럼 창문을 통해 들어오는 빛줄기가 더해졌을 때 그 건축목표가 오롯이 완성될 수 있다. 돔에 작은 창문을 설치한 이유가 여기에 있다.

파나기아 덱시아 교회

파노라마 언덕으로 가는 58번 버스를 타기 위해 다시 개선문 앞으로 왔다. 개선문의 아치를 통과하는 데쿠마누스 막시무스는 한산한데 바로 옆 에그나티아 거리는 자동차로 가득했고 보도에는 어디론가 바삐 오고가는 사람들로 붐볐다. 만 하루만에 2300년 역사가 켜켜이 쌓인 유서 깊은 도시를 떠난다는 것이 못내 아쉬웠다. 그래서 어젯밤에 개선문을 구경할 때부터 눈에 띄어 내부가 어떻게 생겼을지 궁금하게 여겼던 개선문 근처 현대식 정교회 건물을 잠깐 구경하였다. 교회 이름은 파나기아 덱시아 교회였다. 파나기아(panagia)는 판(pan·모든)과 아기오스(hagios·성스런)의 합성어로 '완전한 성스러움(the all-holy)' 또는 '가장 성스러움(the most-holy)'이란 뜻이며 정교회에서 성처녀 마리아를 지칭하는 용어이다. 덱시아(deksia)는 오른쪽이란 뜻이다. 그래서 파나기아란 명칭이 붙은 정교회는 성처녀 마리아에게 헌정된 교회이며, '파나기아 덱시아'라고 하면 어린 아기 예수를 왼팔이 아닌 오른팔에 안고 있는 성모 마리아를 나타낸다. 전통적인 기독교 성화에서 성모 마리아는 대개 아기 예수를 정면이나 왼팔에 안고 있다. 교회 내부는 눈길이 미치는 곳마다 각종 문양과 이콘으로 꾸며져 있어 무척 화려했고 제단이 설치된 후진의 벽면에는 파나기아 덱시아가 그려져 있다. 문득 머리를 들어 중앙의 돔 천장을 올려다보는데, 판토크라토르 그리스도가 그려진 돔 천장 바로 아래 작은 창문을 통해 몇 줄기 빛이 들어오면서 장엄한 광경이 공중에 펼쳐졌다. '아, 바로 이것이구나!' 돔 구조는 하늘나라를 표현하기 위해 탄생한 건축양식이지만 이처럼 창문을 통해 들어오는 빛줄기가 더해졌을 때 그 건축 목표가 오롯이 완성될 수 있다는 것을 비로소 알게 되었다. 그리고 그 빛이 하늘에서 쏟아져 내려오듯 장엄한 분위기를 연출하려면 빛을 받아들이는 창문은 잘게 나뉘어야 한다. 나는 파나기아 덱시아 교회의 중앙 돔을 구경하고 나서야 비로소 비잔티움 제국의 돔 크로스-인-스퀘어 건축양식을 확실히 이해할 수 있게 되었다.

우리는 58번 버스를 잡아타고 파노라마 호텔로 간 후 짐을 챙겨 택시를 타고 공항으로 향했다. 다음 여행지는 코르푸 섬이었다. 코르푸 섬은 그리스 남쪽 여행을 떠나기에 앞서 잠시 쉬려고 들르는 곳이었다. 삼년 전 그리스 여행에서 에게 해를 보았으니 이번 여행에서는 그리스와 이태리 사이에 있는 이오니아 해가 보고 싶었다. 이 바다에는 TV 드라마 '태양의 후예'로 우리에게 잘 알려진 자킨토스 섬이 있지만 나는 코르푸 섬을 선택하였다. 이 섬은 아름다운 해변도 많지만 무엇보다 옛 아르테미스 신전의 박공을 장식한 원초적 이미지의 고르곤 부조를 꼭 보고 싶었다. ATR-42 쌍발 터보프롭 비행기는 테살로니키 공항을 이륙하여 테르마이코스 만 위를 지나 서쪽을 향해 날아갔다. 비행기 창문에서 내려다 본 올림포스 산 꼭대기는 가을철 하얀 목화송이처럼 생긴 뭉게구름이 몽실몽실 감싸고 있었다.

제8장

인디아나 존스,
산딸나무꽃무늬의 비밀을 풀다

산딸나무꽃무늬의 비밀
산딸나무꽃은 담장에도 피어나고
이제부터 대한민국은 꽃길만 걷자

인디아나 존스, 산딸나무꽃무늬의 비밀을 풀다

이 이야기의 시작은 6년 전으로 거슬러 올라간다. 터키 카파도키아의 으흘라라 계곡을 따라서 투어 일행과 함께 산책하던 중에 나는 오래된 기독교 석굴을 구경하였는데, 정말 뜻밖에도 이 석굴의 천정에서 칠보무늬와 똑같은 문양을 발견하였다. 이 석굴은 동로마 제국이 카파도키아를 차지했던 7-11세기에 개굴된 것이기에 석굴 천정에 그려진 십자형 꽃문양은 로마문양이다. 그런데 우리네 고려청자에 그려진 칠보무늬와 한 치의 오차도 없이 똑같게 생겨서 나는 깜짝 놀라지 않을 수 없었다. 왜냐하면, 이때까지만 해도 우리가 칠보무늬라 부르는 십자형 꽃문양은 우리나라와 중국의 전통문양으로 알고 있었기 때문이었다. 나는 직감적으로 이 우연한 발견이 흥미진진한 인디아나 존스의 보물찾기가 될 것 같다는 예감이 들었다. 이때부터 나는 십자형 꽃무늬에 빠져들어 틈나는 대로 문양의 기원에 대해 조사하였다.

연구를 시작한 지 오래지 않아 터키 카파도키아의 석굴에서 보았던 십자형 꽃문양은 로마제국과 동로마 제국 시대에 가장 널리 사용된 기하문양 가운데 하나임을 알게 되었다. 십자형 꽃문양은 로마인이 가장 사랑한 장식문양의 하나였다. 그들은 자신들의 방, 거실, 보도를 모자이크로 예쁘게

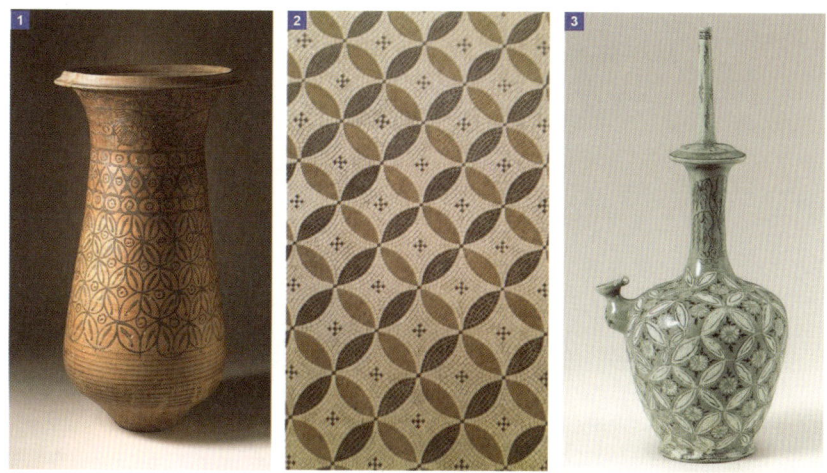

8-1. **십자형 꽃무늬(칠보무늬)가 장식된 세계 유물** (1)인더스 계곡 문명의 토기(BCE 2600- 2450년, 파키스탄 하라파 출토), (2)로마 모자이크(3세기, 스페인 세비야박물관), (3)청자 정병(12-14세기, 고려)

꾸밀 때면 '거의 항상'이라고 말할 수 있을 정도로 이 문양으로 수를 놓았다. 그런데 문득 내 머릿속에는 '건축, 조각, 모자이크로 대표되는 로마 문명은 에트루리아, 그리스, 메소포타미아, 이집트와 같은 선진 고대문명에서 배운 기술을 더욱 발전시켜 이룩한 문명이니, 그렇다면 혹시 이 십자형 꽃문양도 로마 이전 선진 문명에서 먼저 만든 것을 로마인이 보고 베낀 것은 아닐까?' 하는 의문이 떠올랐다.

  십자형 꽃문양의 원형이 분명히 어딘가에 숨어 있을 것이라는 나의 가정은 틀리지 않았다. 며칠간에 걸친 인터넷 검색을 통해서 나는 마침내 인류 4대 청동기문명 가운데 하나인 인더스계곡 문명(BCE 3300-1300년)이 만든 토기에서 십자형 꽃문양을 발견하였다. 사진에서 볼 수 있는 것처럼, 인더스 토기의 꽃문양은 로마 모자이크의 꽃문양과 고려청자의 칠보무늬와 완전히 똑같게 생겼다. 나는 이 토기 문양을 보는 순간, 나의 가설이 맞았다는 기쁨과 함께 '그렇다면, 어떻게 5천 년 전 인더스계곡 문명인이 고안한

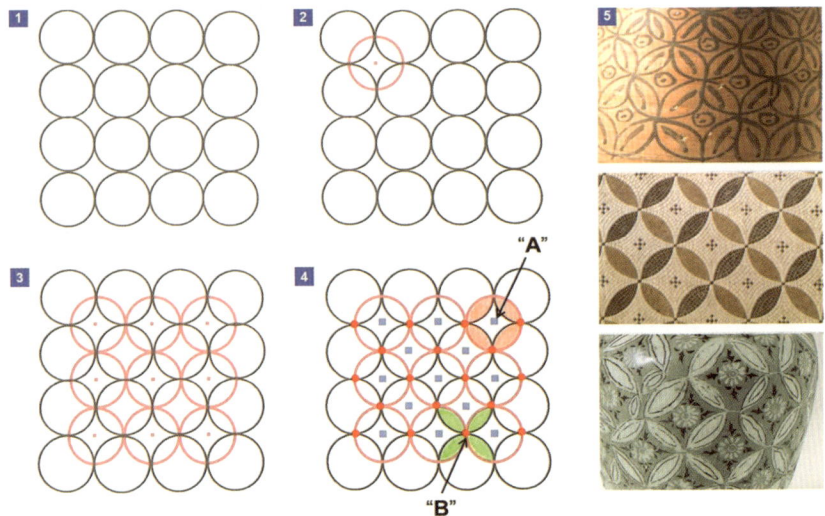

8-2. **십자형 꽃무늬(칠보무늬)의 작도법** (1) 4500년 전 하라파 토기의 꽃무늬 (2) 1800년 전 로마 모자이크의 꽃무늬 (3) 700년 전 고려청자 칠보무늬는 기하학적으로 완벽하게 똑같은 문양이다.

십자형 꽃무늬가 지중해를 돌아서 고려까지 올 수 있단 말인가?' 하는 또 다른 의문과 마주했다. 재미삼아 수수께끼를 하나 풀었더니 더 어려운 수수께끼가 나를 기다리고 있었다. 십자형 꽃무늬에는 뭔가 어마어마한 비밀이 숨어있는 듯 보였고, 나는 어느덧 인디아나 존스가 되어 이 비밀을 풀어가고 있었다.

산딸나무꽃무늬의 비밀

그런데, 고대 십자형 꽃무늬의 비밀을 풀기 위한 모험을 떠나기 전에 먼저 확인해야 할 일이 하나 있었다. 그것은 위에 언급한 세 문양이 기하학적으로 완벽하게 똑같은 문양이라는 것을 입증하는 것이다. 모험에는 많은 경비가 들기 때문에 인디아나 존스는 이번 여정이 고대미술사의 한 페이지를 다시 고쳐 써야 할지도 모를 매우 흥미진진한 모험이 될 것이라는 것을 후원자들에게 보여주고 설득해야만 했다. 인디아나 존스는 컴퍼스를 이용하여 십자형 꽃무늬를 그리기 시작했다. 사진에 보인 것처럼, 십자형 꽃무늬는 기하문양의 일종으로 작도법은 매우 간단하다.

1. 바둑판 눈금에 하얀 바둑돌을 올려놓듯, 컴퍼스를 이용해서 서로 외접하는 원을 그린다.
2-3. 인접한 네 개의 바둑돌 한가운데에 또 다른 바둑돌을 올려놓듯, 컴퍼스를 이용해서 이곳을 중심으로 하는 원을 사방연속으로 그린다.
4. 모든 원의 중심과 접점에 작은 동그라미, 사각형, 열십자, 또는 들국화 문양을 배치한다.

이 작도법을 이용하면, 4500년 전 하라파 토기의 꽃무늬, 1800년 전 로마 모자이크의 꽃무늬 및 700년 전 고려청자 칠보무늬를 손쉽게 그릴 수 있다. 다시 말해서, 세 문양은 기하학적으로 완벽하게 똑같은 문양이다. 또한 이 기하문양은 사진에 보인 것처럼, 파란색 사각형 'A'를 중심에 두고 문양을 바라보면 엽전(동전)처럼 보이지만 빨간색 원형 'B'를 중심에 두고 문양을 바라보면 꽃잎이 네 개인 십자형 꽃처럼 보인다. 여기서 한국의 고미술사학계에서 동전무늬라 부르는 문양은 십자형 꽃무늬의 착시문양임을 명백히 알 수 있다. 인디아나 존스의 명쾌한 설명에 모험클럽의 후원자들은 잘 알겠다는 듯 일제히 고개를 끄덕이고 모험경비를 흔쾌히 지원해주기로 하였다.

사무실로 돌아온 인디아나 존스는 세계지도를 펼쳐놓고 하라파, 로마, 개성의 위치를 찾아 펜으로 동그라미를 친 다음, 지난 5천년 동안 일어났던 역사적 사건에 비추어 십자형 꽃무늬의 이동경로를 상상해 보았다. 그는 이 문양의 전파경로가 인더스 계곡-메소포타미아-그리스·로마-서아시아-북인도-중국-고려일 것으로 추정하고, 십자형 꽃무늬는 두 단계를 거쳐서 유라시아 대륙에 전파되었을 것이란 가설을 세웠다. 전기에 해당하는 1차 이동 경로는 인더스 계곡-메소포타미아-그리스·로마이며, 후기에 해당하는 2차 전파경로는 그리스·로마-서아시아-북인도-중국-고려이다. 1단계 전파 시기는 기원전 2천년 전부터 알렉산드로스 대왕 시대까지이며, 2단계 전파 시기는 알렉산드로스 대왕의 동방원정부터 북인도에서 탄생한 대승불교가 파미르 고원을 넘어 중국에 전파되던 시기에 일어났을 것으로 보았다.

인디아나 존스는 먼저 십자형 꽃무늬의 1단계 전파 과정에 대해 검토하였다. 인더스문명과 메소포타미아문명 사이에는 청동기 시대에 이미 아라비아 해와 페르시아 만의 뱃길을 통해서 문물교류가 왕성하게 일어났었다. 16-17세기 유럽에서 아시아로 통하는 뱃길이 열렸을 때 유럽의 여러 왕실이 중국의 청화백자를 경쟁하듯 구입했던 사실을 떠올린다면, 고대세계에서 인더스 계곡의 예쁜 토기가 메소포타미아 지역에서 인기리에 팔렸으리란 것쯤은 어렵지 않게 상상할 수 있다. 일단 메소포타미아문명으로 건너간 십자형 꽃무늬는 오랜 세월에 걸쳐서 지중해의 후발문명이었던 그리스와 로마로 건너갔을 것이다.[70] 그러나 전기에 해당하는 십자형 꽃무늬의 1차 전파 과정은 너무나 오래 전 일이라서 입수할 수 있는 자료나 직접 확인할 수 있는 유물이 매우 제한적이어서 이 가설을 입증하는 것은 인디아나 존스가 만사를 제치고 뛰어든다 해도 매우 어려운 일이 될 것임은 분명했다.

그는 칠보무늬의 그리스·로마문양 기원설 가운데 전기에 해당하는 인더스 계곡-메소포타미아-그리스·로마에 이르는 1차 전파경로는 장기적으로 밝혀내야 할 숙제로 남겨두고, 후기에 해당하는 그리스·로마–서아시아–북

---

70) 그리스 본토 유물에서는 BCE 16세기에 제작된 미케네 청동 칼의 손잡이에서 황금과 청금석으로 상감된 십자형 꽃무늬가 관찰된다.

인도-중국-한반도로 이어지는 2차 전파경로를 탐구해보기로 했다. 잘 알다시피, 이 길은 우리에게도 익숙한 실크로드라 불리는 고대문명의 교통로이다. 유라시아 문명의 대동맥이었던 이 길을 따라서 어떻게 그리스·로마의 십자형 꽃문양이 고려까지 전달될 수 있었을까? 이 비밀을 밝히기 위해서 인디아나 존스는 동·서문명의 교차로였던 터키 이스탄불로 급히 향하였다. 그가 이곳에 온 이유는 이스탄불의 단골 골동품가게 주인으로부터 아주 오래된 지도 한 장을 입수했다는 이메일을 받았기 때문이었다. 골동품상으로부터 건네받은 옛 지도는 양피지로 만들었는데 한눈에 보기에도 예사롭지가 않았다. 색 바랜 고지도가 바스러질까 조심스레 펼쳐 보니, 세 겹 성벽으로 둘러싸인 고대미술의 성 한가운데에 황금 산딸나무 한 그루가 서 있었다. 지도의 맨 위에는 고대 박트리아 문자로 쓰인 짧은 문장이 적혀 있는데, 한 글자씩 짚어가면서 해독을 하니 '해시계 그림자가 한 눈금을 넘어서기 전에 세 겹 성벽을 통과하는 자는 황금 산딸나무를 손에 넣으리라'로 해석되었다. 젊은 시절 온갖 모험을 찾아 나섰던 인디아나 존스는 이제 황혼기에 접어들어 모험세계를 은퇴할 때도 되었지만 지도에 적힌 수수께끼 같은 글을 읽고 나니 온몸이 근질근질해지기 시작하였다.

　마침내 인디아나 존스는 황금 산딸나무를 찾아 모험의 길에 나섰다. 지도가 가리키는 험악한 산길을 따라 몇 굽이를 돌자 고대미술의 성이 홀연히 나타났다. 엔돌핀이 솟구치기 시작한 그는 긴장을 풀기 위해 심호흡을 몇 차례 하고 첫 번째 성문 앞에 다다랐다. 아치형 성문 위에는 '아틀라스의 문'이란 박트리아 글자가 각인되어 있고 대리석으로 만든 문은 굳게 닫혀 있었다. 인디아나 존스는 양피지 지도에 적힌 글자를 손가락으로 짚어가며 떠듬떠듬 읽어보았다. "5만 리 길을 단숨에 뛰어넘는 자만이 이 문을 열 수 있으리라." 도대체 이게 무슨 뜻이란 말인가? 테베의 스핑크스가 오이디푸스에게 낸 수수께끼도 이것보다 어렵지는 않았다며 인디아나 존스는 투덜댔지만 별 도리가 없었다. 그는 두 손으로 머리를 감싸 쥐고 문제를 풀어보려 애를 썼다.

그리스·로마의 십자형 꽃무늬가 고려에 전해져 칠보무늬가 되었다고 가정했을 때 마주하게 되는 첫 번째 문제는 지중해 연안과 한반도까지 지리적 거리이다. 일단 두 지역은 현대 아시아 하이웨이를 따라간다 해도 2만km, 즉 5만 리나 되어 너무 멀 뿐만 아니라 중간에 파미르 고원 같은 지리적 장벽이 가로막고 있다. 이러한 지리적 거리를 어떻게 극복하고 십자형 꽃무늬가 고려까지 건너올 수 있었을까? 그 비밀은 바로 알렉산드로스 대왕의 동방원정에 있었다. BCE 330년, 페르시아 제국을 멸망시킨 알렉산드로스 대왕은 중앙아시아와 북인도까지 진출하고 자신의 이름을 딴 알렉산드리아를 여러 곳에 세웠다. 그의 갑작스런 죽음 후에 알렉산더 제국은 사분오열되었고, 중앙아시아의 힌두쿠시 산맥과 아무다리야 강 사이에 터를 잡았던 그리스인들은 박트리아 왕국을 세워 독립하였다. 그리스-박트리아 인들은 전성기에 북인도까지 진출하였으며, 먼 훗날 이곳을 차지한 쿠샨 제국(CE 50-350년)에 그리스 언어와 헬레니즘 문명을 고스란히 전수해주었다. 그리스-박트리아 왕국은 지리적으로 파미르 고원을 담장으로 해서 서역과 이웃한 나라였으며, 중국은 이웃한 박트리아 왕국을 대하(大夏)라고 불렀다. 아득히 멀게만 느껴졌던 그리스 문명이 지중해와 한반도의 딱 중간 지점인 아프가니스탄으로 이사 와서 중국과 담장을 사이에 두고 이웃하게 된 것은 전적으로 인류고대사의 일대 사건인 알렉산드로스 대왕의 동방원정에 기인하며, 이것이 축지법을 구사한 듯 5만 리 길을 단숨에 뛰어 넘는 비결이었던 것이다.

첫 번째 수수께끼를 푼 인디아나 존스는 기쁨에 겨워 오른손으로 무릎을 탁! 소리가 나도록 내리쳤다. 그러자 굳게 닫혀있던 아틀라스의 문은 아침 햇살에 무진의 안개가 걷히듯이 조용히 눈앞에서 사라지는 것이었다.

그는 재빨리 두 번째 성문을 향해 냅다 달렸다. 두 번째 성문의 이름은 '크로노스의 문'이었는데 촘촘하게 박힌 쇠창살이 입구를 굳게 가로막고 있었다. 인디아나 존스는 더듬거리며 지도에 그려진 두 번째 성문에 적힌 고대 문자를 읽어나갔다. "1천년 시간의 벽을 허무는 자만이 이 문을 열 수 있으리라." 어이쿠, 이건 또 무슨 말인가? 인디아나 존스는 몹시 당황스러웠다. 그러나 한 시간 안에 성문 세 개를 통과해야만 했기에 꾸물거릴 시간이 없었다. 몸 쓰는 것을 체질적으로 좋아하는 인디아나 존스였지만 수수께끼를 푸는 일에는 별 도리가 없었기에 그는 성문 앞 바위에 걸터앉아 곰곰이 생각에 잠겼다.

고려청자 칠보무늬의 그리스·로마 문양 기원설을 주장할 때 선뜻 드는 두 번째 의문은 지중해 연안과 한반도 사이의 역사적 거리, 즉 시간 간극이다. 그리스·로마 문명은 단 한 번도 역사적으로 고려와 직접 마주친 적이 없다. 알렉산드로스 대왕 사후, 그리스 본토의 마케도니아 왕국은 기원전 168년 피드나 전투에서 로마한테 패하여 역사에서 사라졌고, 유라시아 대륙의 동쪽 끝, 한반도에 터를 잡은 고려왕국은 917년에 성립되었다. 두 문명 사이에는 약 1천년의 시간 간극이 존재하여 서로 만날 기회조차 없었다. 그렇다면 서로 다른 시기의 두 문명을 이어주는 웜홀이라도 있었단 말인가? 인디아나 존스는 갈수록 머릿속이 복잡해졌다.

그리스-박트리아 왕국은 기원전 3세기 말 인도대륙을 최초로 통일한 마우리아 왕국과 국경을 접하고 있었으며 불교를 찬란하게 꽃 피운 아소카 대왕 시기에 인도불교를 받아들여 중앙아시아와 북인도 지역에 그리스-불교(Greco-Buddhism)를 꽃피웠다. 그리스 왕국은 북방유목인이 세운 월지국에 의해 멸망했지만 월지국의 후손인 쿠샨 제국은 박트리아 왕국으로부터 그리스 헬레니즘 문명과 불교를 고스란히 흡수하여 붓다가 열반한 지 500년 만에 간다라와 마투라에서 불상을 탄생시켰다. 쿠샨 제국의 대승

8-3. **중국 북위시대에 만든 운강석굴의 불상** 5세기에 만든 중국의 초기석굴에는 그리스, 인도 간다라, 중국양식이 혼재되어 있다.

불교는 파미르 고원을 넘어 타림분지의 오아시스 길에 자리 잡은 도시국가(호탄, 쿠차)로 전파되었고, 마침내 기원후 1세기 중반에 이르러 실크로드의 동쪽 끝에 있던 중국 후한에도 소개되었다. 후한이 멸망하고 중국대륙은 위진·남북조 시대(CE 220-589년)로 불리는 대분열 시대를 맞이하였지만 불법을 전파하려는 인도의 전도승과 다르마(Dharma)를 정확히 이해하려는 중국 구법승의 열정은 더욱 거세게 불타올랐다. 여기에 중국 황제의 적극적인 후원이 더해지면서 샘물이 솟아 개울이 되어 흐르듯 대승불교 경전과 불상을 비롯한 다양한 불교예술이 인도에서 중국으로 활발히 전해졌다. 3세기가 되자 불교의 전파통로인 오아시스 길을 따라서 승려들의 참선수행 장소로써 석굴이 만들어지기 시작하였으며, 5-8세기(남북조-수-당 시대)에는 조용하면서 풍광 좋은 거대 암벽마다 석굴이 개착되었다. 인류문명사의 역사적 현장일 뿐만 아니라 불교예술의 극치를 이룬 키질석굴-돈황 막고굴-병령사석굴-맥적산석굴-운강석굴-용문석굴에 이어 신라의 석굴암이 이 시기에 만들어졌다.

불교의 중국화(토착화)가 이루어지기 시작한 북위시대(CE 386-534년)에 만든 운강석굴의 초기 석굴을 살펴보자. 초기 석굴에는 인도양식이 많이 남아 있다. 사진의 맨 오른쪽에 보이는 불상은 미륵보살교각상이다. 편단우견(승려의 옷인 가사를 왼쪽 어깨에만 걸치고 오른쪽 어깨를 드러냄)에 다리를 X자로 교차시킨 미륵교각상은 북인도 간다라에서 탄생한 양식이다. 정면에 항마촉지인을 하고 결가부좌를 한 석가모니불은 옷차림새는 편단우견인데 오른쪽 어깨를 가사조각으로 살짝 덮은 것을 볼 수 있다. 이것은 인도 불상에는 없는 북위양식으로 이 시기에 불상의 중국화가 조금씩 이루어지고 있음을 볼 수 있다. 불상의 전체적인 구도는 앞에서 보인 두 명의 수행원을 대동한 보살상과 비슷하여 인도불상 양식의 영향을 크게 받았음을 알 수 있다. 이 석굴에서는 그리스 양식도 약간 엿볼 수 있다. 노란색 동그라미 'A'에는 기둥을 떠받든 역사상이 조각되어 있는데 이것은 인도 간다라의 불전조각에서도 볼 수 있는 것으로, 그리스 신화에서 하늘을 떠받는 형벌을 받은 아틀라스에서 유래된 것이다. 우리나라에서도 이와 비슷한 역사상을 고구려 고분의 천정벽화에서 볼 수 있다. 노란색 동그라미 'B'에는 사각기둥에 그리스 이오니아식 주두가 얹혀 있다. 사각기둥에는 두 가닥을 서로 꼬아 만든 노끈문양이 길이 방향으로 장식된 것을 볼 수 있는데, 이 문양은 미케네 문명과 메소포타미아 문명(아시리아, 히타이트, 바빌론)에서 널리 사용되다 나중에 그리스·로마문명으로 건너와 테두리 장식문양으로 흔히 사용되었다. 그리스·로마-인도-중국-한국 사이에는 불교를 매개로 하여 1천년의 시간장벽을 뛰어넘는 고대문명 네트워크가 형성되었음을 우리는 운강석굴에서 엿볼 수 있다.

동서 고대문명 사이에 1천년의 시간 간극을 이어주는 웜홀을 발견한 인디아나 존스는 비로소 머리가 맑아지기 시작했다. 그 순간, 단 한 명의 침입자도 출입을 허용치 않았던 크로노스 문의 쇠창살은 한여름 무더위에 아이스크림 녹아내리듯 스르르 무너졌다. 시간이 얼마 남지 않은 인디아나 존스는 재빨리 두 번째 문을 통과하여 세 번째 성문 앞에 다다랐다. 세 번째 성문은 '헤르메스의 문'이었는데 바퀴처럼 생긴 둥그런 돌이 입구를 가로막고 있었다. 인디아나 존스는 몸이 먼저 시키는 대로 물레방아만큼이나 거대한 돌을 어깨로 힘껏 밀어봤지만 꿈쩍도 하지 않았다. 하는 수 없이 그는 고지도의 세 번째 성문에 적힌 고대문자를 손가락으로 하나씩 짚어가며 소리 내어 읽어보았다. "법륜을 굴리는 자만이 이 문을 열 수 있으리라." 아! 이건 또 무슨 해괴한 말인가? 인디아나 존스는 초조해지기 시작했다. 그가 첫 번째 문과 두 번째 문을 통과하는 동안 해시계 그림자는 다음 눈금에 성큼 다가섰기 때문이었다. 그는 정신을 집중하기 위해 두 손으로 머리를 감싸 쥐고 눈을 감았다.

고려청자 칠보무늬의 그리스·로마 문양 기원설을 주장할 때 만나는 세 번째 장애물은 그리스·로마 문양이 어떤 방식으로 고려에 전해졌느냐하는 것이다. 인디아나 존스는 문득 중국 북위에서 만든 '태화원년명 석가모니불좌상'을 머리에 떠올렸다. 사진에서 볼 수 있듯이, 불상의 좌대는 두 단으로 구성되어 있고 각 면에는 화초문양이나 기하문양이 아름답게 장식되었는데 자세히 살펴보니 넝쿨무늬, 칠보무늬, 팔메트무늬, 파도무늬가 보이는 것이었다. 인디아나 존스는 흠칫 놀라지 않을 수 없었다. 왜냐하면 이 문양은 중국 전통문양이 아닌 지중해 연안에 뿌리를 둔 외래문양이었기 때문이었다. 그가 보기에 이 좌대의 문양은 중앙아시아와 북인도에서 꽃피웠던 헬레니즘 문양이 불교의 동점과 함께 중국으로 건너온 것임에 틀림없었다. 오른쪽 사진 (2a)-(2d)은 왼쪽 사진 (1a)-(1d)에 일대일 대응된다고 판단되는 그리스·로마문양을 보인 것이다. 중국의 칠보무늬는 그리스·로마의 십자형 꽃무늬와 기하학적으로 완벽히 똑같은 문양이지만, 나이로 따지자면 그리스·로마의 십자형 꽃무늬가 중국의 칠보무늬보다 훨씬 오래 되었다.새벽안개에 싸여 희미하게만 보였던 십자형 꽃무늬의 전파과정이 이제야 비로소

8-4. **태화원년명 석가모니불좌상(477년, 중국 북위)의 좌대 문양** 좌대에는 연꽃무늬 이외에도 (1a)넝쿨무늬 (1b)칠보무늬, (1c)팔메트무늬, (1d)파도무늬가 장식되어 있다. 오른쪽 사진 (2a)-(2d)는 왼쪽 사진에 대응되는 그리스·로마문양을 보인 것이다.

아침 햇살에 안개가 거치듯 인디아나 존스의 눈앞에 생생하게 펼쳐졌다. 로마의 십자형 꽃무늬는 북인도에 자리 잡은 쿠샨 제국으로 전해져서 기원후 1세기 무렵 불상이 탄생할 때 좌대를 장식하는 문양으로 사용되었고, 불교가 파미르 고원을 넘어 동쪽으로 전파될 때 중국으로 건너가 중국불상의 좌대를 장식했던 것이다. 이 시나리오가 맞는다면, 불교의 전파경로였던 실크로드 일대의 불교석굴에서도 이 문양이 발견되어야 할 것이다. 예상대로, 돈황 근처에 있는 안서 유림굴의 제3굴 천정벽화에서 칠보무늬가 발견되었다. 제3굴은 고려시대와 중첩되는 서하시대(CE 1032-1227년)에 만든 것으로 탕구트 족이 세운 서하는 불교국가였다. 사진에서 볼 수 있는 것처럼, 서하의 기하문양은 서로마와 동로마 제국의 십자형 꽃무늬, 쿠샨제국의 십자형 꽃무늬, 중국 북위의 칠보무늬, 그리고 고려청자의 칠보무늬와 완벽히 일치

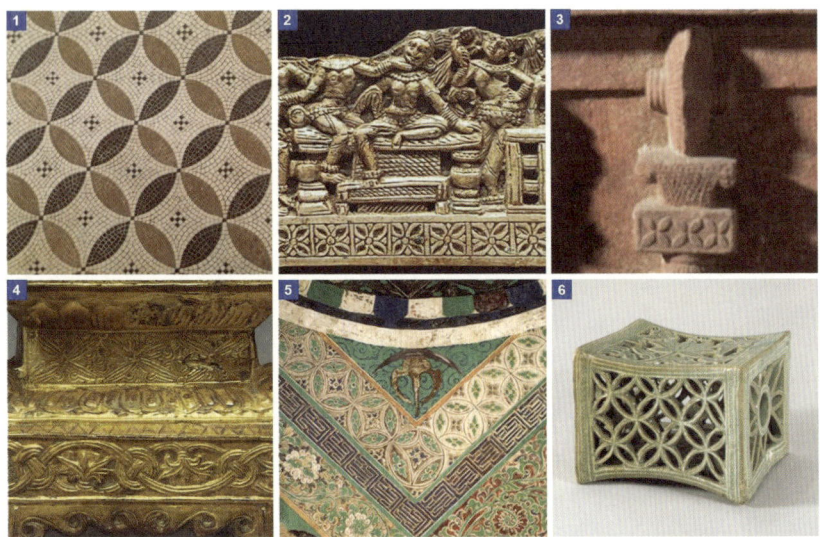

8-5. **유라시아 대륙의 십자형 꽃무늬(칠보무늬)** (1)로마 모자이크(3세기 로마, 세비야박물관) (2)상아 장식판(1세기 쿠샨제국, 아프가니스탄 베그람) (3)붓다 좌상의 좌대(1세기 쿠샨제국, 킴벨미술관) (4)석가모니불좌상의 좌대(5세기 북위, 대만국립고궁박물관) (5)안서 유림굴의 천정벽화(11-13세기 서하, 중국) (6)청자 베개(14세기 고려, 호암미술관)

한다. 이제 비로소 인디아나 존스는 동북아시아 삼국에서 칠보무늬라 부르는 십자형 꽃무늬의 아키타입은 로마문양이며, 불교의 동점시기에 불교미술의 하나로써 중국으로 건너온 문양이라는 확신을 갖게 되었다.

 십자형 꽃무늬의 마지막 비밀을 푼 인디아나 존스는 감았던 눈을 크게 떴다. 그 순간, 헤르메스의 문 앞을 가로막고 있던 바퀴 모양의 석문이 쿠르릉 소리를 내며 옆으로 굴러 길을 터주었다. 인디아나 존스는 재빠르게 세 번째 문을 통과하고 고대미술의 성 한가운데로 달려갔다. 양피지 고지도에 묘사된 그대로, 그곳에는 황금 산딸나무 한 그루가 서 있는데 아침 햇살에 반사되는 휘황찬란한 빛으로 인해 눈을 똑바로 뜨고 바라보기가 어려웠다. 인디아나 존스는 고개를 살짝 돌린 채 손을 쭉 뻗어 황금 산딸나무 가지를 붙잡으려 했다. 그러나 간발의 차이로 해시계 그림자는 눈금 하나를 막 넘어섰다. 그 순간, 지진이라도 일어난 듯, 우르릉 쿵쾅 소리와 함께 세 겹 성벽이 무너져 내리기 시작하는 것이었다. 인디아나 존스의 왼손은 황금 산딸나무 가지 끝을 부여잡았지만 여기서 더 머뭇거릴 상황이 아니었다. 그는 걸음아 나 살려라하고 조금 전 어렵사리 통과했던 성문을 향해 냅다 달렸다. 사정없이 무너져 내리는 성문 세 개를 간신히 빠져나온 인디아나 존스는 가쁜 숨을 몰아쉬며 뒤를 돌아보았다. 조금 전까지 웅장했던 고대미술의 성은 온데간데없이 사라지고 뿌연 먼지구름에 휩싸인 벽돌더미만이 산을 이루고 있었다. 지금까지 생사를 넘나드는 모험을 수없이 해봤지만 인디아나 존스에게는 이번 모험이 가장 힘들었다. 온몸이 땀에 흠뻑 젖은 그는 페도라(중절모)를 벗고 이마에 송골송골 맺힌 땀을 옷소매로 씻어냈다. 그러고 나서 자신의 웃옷 주머니에 오른손을 넣어 주섬주섬 뭔가를 끄집어냈다. 그것은 바로 황금 산딸나무 꽃 한 송이였다. 인디아나 존스는 관객을 바라보면서 자신의 트레이드마크인 시크한 웃음을 날리는 것으로 시리즈 마지막 편인 '황금 산딸나무의 비밀'은 막을 내린다.

산딸나무꽃무늬의 비밀은 이렇게 밝혀졌지만, 여기서 우리는 '칠보무늬'라는 문양의 이름에 대해 짚어봐야 한다. 아마도 이 명칭은 고대문양에 대해 지식이 짧은 학자가 지어준 것 같다. 왜냐하면 이 기하문양을 칠보무늬라고 부르려면 문양의 종류가 일곱 가지가 되어야 하는데, 한국이나 중국의 유물에서 관찰되는 칠보무늬는 로마의 십자형 꽃무늬와 기하학적으로 완벽히 일치하는 딱 한 종류의 문양밖에 존재하지 않기 때문이다. 따라서 이 문양을 칠보무늬라고 부르는 것은 중국 주나라 청동 솥의 꼬불꼬불한 기하문양을 번개무늬라고 부르는 것처럼 억지스럽다는 느낌을 준다. 우리나라 자수업계에서는 이 기하문양을 '여의주문'이라고 부르는데 이 역시 족보에 없는 엉터리 이름이다. 전통문양의 이름은 그 이름을 불렀을 때 문양의 이미지가 곧바로 떠오를 수 있도록 우리의 경험과 실제 감각에 맞게 지

8-6. 산딸나무꽃무늬는 오천년 유라시아 대륙문명을 대표하는 전통문양이다. (1)오뉴월에 피는 산딸나무 꽃(한강 선유도공원) (2)성 사도교회의 크로싱(신랑과 익랑의 교차지점)을 장식한 십자형 꽃무늬(10세기 말, 그리스 아테네) (3)청자투각 칠보무늬 향로(12세기, 고려)

어주는 것이 좋다고 생각한다. 왜냐하면 문양의 이미지에 부합되는 정겨운 이름으로 불러주었을 때 전통문양은 현대인에게 더 친근하게 다가올 수 있기 때문이다. 나의 연구에 의하면, 십자형 꽃무늬는 유라시아 대륙의 서쪽 끝, 이베리아 반도부터 북인도와 중국을 거쳐 유라시아 대륙의 동쪽 끝, 한반도까지 광범위하게 분포되어있을 뿐만 아니라 청동기 시대부터 현대까지 널리 사용되고 있는 문양이다. 한마디로 십자형 꽃무늬는 살아있는 화석과 같은 문양으로 오천년 유라시아 대륙문명을 대표하는 전통문양이다. 만약 나에게 이 전통문양의 이름을 새로 지어보라 한다면, 오뉴월에 하얀 십자형 꽃을 피우는 산딸나무 꽃에 착안하여 '산딸나무꽃무늬'로 짓고 그렇게 불러주고 싶다.

산딸나무꽃은 담장에도 피어나고

산딸나무꽃무늬는 유럽에서는 로마와 동로마 제국 시기에, 우리나라에서는 고려시대에, 중국에서는 송·원·명·청 시대에 장식문양으로 널리 사용되었다. 중국과 달리 우리나라는 고려 이후에 자기의 장식문양에서 산딸나무꽃무늬가 사라진다. 고려청자를 꾸미는 데 널리 사용된 각종 기하문양과 화초문양이 조선백자에서 거의 사라지다시피한 이유는 자기의 색상 때문이었다. 비취빛 고려청자는 바탕색이 어두운 편이라 상감기법을 사용하여 흰색이나 짙은 색감의 흙을 몸체에 새겨 넣어야 눈에 잘 보이기에 그림보다는 문양이 발달하였다. 반면에 백자는 하얀 몸체(일종의 캔버스)에 유약을 묻힌 붓으로 마치 한지에 산수화를 그리듯이 그리면 되었기에 문양보다는 그림이 선호되었다. 하지만 조선과 같은 시대인 중국의 명·청 시대 자기에는 강렬한 원색을 입힌 다양한 문양의 자기가 매우 흔했기 때문에 흰색 태토의 등장만으로 조선백자에서 문양의 사용빈도가 크게 줄어든 이유를 설명하기에는 부족해 보인다. 내가 판단하기에는 흰색 태토의 등장 이외에도, 당시 조선사회를 지배했던 강고한 주자성리학으로 인해서 고려시대에 유행했던 다양한 문양이나 조형이 설 자리를 잃은 것 아닌가 싶다. 뿐만 아니라 고려시대까지 유지되었던 대외교역이 사실상 중단되고 중국을 제외하곤 세계와 담을 쌓는 바람에 고려시대의 생기발랄함을 잃어가던 조선시대의 유교적 사회분위기가 조선자기에서 아름다운 전통문양이 사라지는데 더 큰 영향을 주지 않았을까 짐작해본다.

산딸나무꽃무늬가 조선백자에서는 사라졌지만 다행히 완전히 소멸된 것은 아니었고 담장문양으로 살아남았다. 우리는 조선말기 고종의 섭정이었던 흥선대원군의 사저(운현궁) 담장에서 산딸나무꽃무늬를 찾아볼 수 있다. 여러 가지 화초문양과 기하문양으로 예쁘게 장식한 담장을 우리나라에선 꽃담이라 부른다. 꽃담을 두르려면 많은 인력과 비용이 소요되기 때문

8-7. **산딸나무꽃무늬(조선시대)** (1)운현궁 담장 (2)창덕궁 낙선재 후원의 담장 (3)낙선재 후원의 돌확 받침돌 (4)수원화성 연무대 뒤편 담장(영롱장)

에 우리나라에선 궁궐 담장에서나 볼 수 있는데 창덕궁의 낙선재, 경복궁의 교태전과 자경전 꽃담이 유명하다. 운현궁은 고종이 이곳에서 태어나 어린 시절을 보냈기에 고종 즉위 후에 궁이란 명칭을 하사받았지만 사실 운현궁은 흥선대원군의 사저나 다름없었다. 개인저택에 궁궐의 꽃담을 두른 것에서 당시 흥선대원군의 권세가 어떠했는지 미루어 짐작해 볼 수 있다.

잘 복원된 운현궁 담장을 직접 보면 감탄이 나올 정도로 아름답다. 운현궁 담장에는 산딸나무꽃무늬 이외에도 만(卍)자 무늬, 아(亞)자 무늬-I, 아(亞)자 무늬-II, 마름모무늬, 귀갑무늬, 빙열무늬, 번개무늬가 있다. 운현궁 담장문양 8종 세트는 궁궐에서 빌린 것이지만, 정작 꽃담으로 가장 유명한 경복궁 교태전 후원의 담장이나 자경전 담장에서는 산딸나무꽃무늬를 볼 수 없다. 이렇게 된 것은 나의 추측이지만, 최근에 경복궁을 복원할 때 우리나라 궁궐의 꽃담문양 8종 세트에 대해 잘 모르는 한옥 장인이 그만 이 꽃문양을 빼먹은 게 아닐까 싶다. 이 꽃문양을 궁궐 담장에서 보려면 창

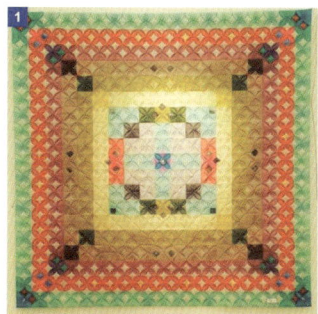

8-8. **현대사회에서 산딸나무꽃무늬의 활용 사례** (1)보자기 (한국) (2)담장(스페인 네르하) (3)차 주전자(호주) (4)과자상자(미국) (5)칸막이(대만 국립고궁박물관)

덕궁 낙선재로 가야 한다. 조선시대 정궁이었던 경복궁의 담장에서 오천년 유라시아 대륙문명을 대표하는 산딸나무꽃무늬를 볼 수 없다는 것이 나에게는 큰 아쉬움으로 다가온다. 그러나 경복궁 전각은 지금도 계속 복원 중이므로 앞으로 복원될 전각의 담장에는 부디 산딸나무 꽃이 활짝 피어나길 기대해본다.

궁궐을 제외하고 이 문양은 조선후기 정조 때(1796년) 세운 수원시 화성에서 만나볼 수 있다. 군인들의 연병장인 연무대 뒷담에서 수키와를 사용하여 산딸나무꽃무늬를 아름답게 수놓은 것을 볼 수 있는데, 이 기와장식 담장의 공식명칭은 영롱장 또는 영롱담이다. 그런데 영롱장에 대한 안내판 해설이 재미나다. "영롱장은 기와로 꽃문양을 새겨놓은 담장이다. 마치 구슬이 울리는 소리가 날 듯한 꽃문양의 담장이라는 뜻으로 영롱장이라 하였다." 이 해설문을 쓴 분은 고려청자의 칠보무늬와 영롱장의 꽃문양이 기하학적으로 똑같은 문양이라는 사실을 몰랐던 것 같다. 그러했기에 그는 영롱장 담벼락 문양을 눈에 비친 그대로 칠보무늬가 아닌 꽃문양으로 설명했을 것이다.

현대사회에서 산딸나무꽃무늬는 유럽과 아시아의 여러 나라에서 각종 장식문양으로 널리 활용되고 있다. 우리나라에서는 뜨개질 옷이나 보자기처럼 요즘에는 잘 사용하지 않는 제품의 장식문양으로 주로 사용되고 있지만 외국에서는 차 주전자, 과자상자, 전통의상, 거리가구, 또는 울타리나 칸막이의 장식 문양으로 널리 사용되고 있다. 산딸나무꽃무늬가 장식된 울타리나 칸막이는 우아한 분위기를 연출하여 보는 눈을 즐겁게 해준다. 내가 몇 년 후 은퇴하여 시골에 자그마한 전원주택을 짓고 살게 된다면 꼭 장만해놓고 싶은 게 하나 있는데, 그것은 산딸나무꽃무늬가 장식된 나지막한 울타리로 집 주위를 둘러치고 울타리를 따라서 듬성듬성 들국화나 지중해 무궁화를 심는 것이다.

이제부터 대한민국은 꽃길만 걷자

현대사회에서 산딸나무꽃무늬를 가장 적극적으로 활용하고 있는 나라는 일본으로 보인다. 그들은 산딸나무꽃무늬를 자신의 10대 전통문양에 포함시켜 기모노, 부채, 손가방, 특히 포장지용 문양으로 적극 활용하고 있다. 일본이 언제부터 산딸나무 꽃문양을 사용하기 시작했는지는 모르지만, 로마가 고향인 산딸나무꽃무늬의 아시아 전파과정과 일본 자기의 역사를 감안해보면 우리나라 고려시대보다는 한참 뒤일 것으로 짐작된다. 나는 일본 도자기에 대해서 잘 알지 못하지만, 산딸나무꽃무늬가 그려진 일본 전통 자기는 에도시대(CE 1603-1868년) 말기에 제작된 딱 한 점만을 발견했을 뿐이다. 이로 미루어볼 때, 일본인들은 19세기에 들어서서야 산딸나무꽃무늬를 사용하기 시작한 것으로 보이지만 현대사회에서 산딸나무꽃무늬를 포함한 전통문양의 활용도는 우리를 훨씬 앞지르고 있다. 우리 고려인들이 12-14세기에 다양한 화초문양과 기하문양을 일상생활용품에 널리 사용했듯이, 현대의 우리도 전통문양의 아름다움을 다시 발견하여 건축, 광장, 보도, 거리가구, 장식타일에서부터 옷, 그릇, 가방, 포장지와 같은 일상생활용품에 이르기까지 다양한 분야에 적극 활용했으면 하는 바람이다.

외국의 도시를 여행할 때 그 도시에 대한 첫 인상은 건축물과 광장이 심어주는 것 같다. 내가 여행해 본 도시 가운데 특히 광장이 아름다운 도시는 포르투갈의 리스본과 스페인의 세비야였다. 이 두 도시를 대표하는 광장인 로시우 광장과 스페인 광장은 중앙에 동상이나 분수를 세우고 그 주변의 너른 바닥을 모양이 단순하면서 서로 대비되는 두 가지 색깔의 기하문양으로 꾸며 놓았을 뿐인데도 광장에 들어선 순간 "와~" 소리가 절로 나올 만큼 매우 아름다웠다. 반면에 우리나라 대표 광장인 광화문 광장이나 여의도 광장은 심심하기 짝이 없다. 다행스럽게도 나른한 광화문 광장이 몇 년 안에 새롭게 조성된다고 한다. 새로운 광장의 조감도를 보니 간격에 리듬이 있는 격자무늬로 바닥을 장식한 듯 보였다. 광장이라는 너른 화면에 문양이 전혀 없는 것보다는 훨씬 낫지만 대한민국 대표 광장의 특색을 보여주기에는 많이 부족해 보인다. 우리네 전통문양, 특히 창덕궁 낙선재와 운현궁 담장에서 띠 장식 문양으로 사용된 산딸나무꽃무늬와 번개무늬로 광장의 테두리를 장식하고 광장 안쪽을 대한민국의 장수를 기원하는 큼지막한 귀갑문양으로 수놓은 다음, 육각형 고리 안쪽에는 고귀함과 번영을 상징하는 들국화 문양을 하나 건너 하나씩 배치하면 어떨까 싶다.

어떤 전통문양은 현대 패션하고도 잘 어울린다. 나는 현대 패션산업에서 중요한 위치를 차지하는 가방에 전통문양을 접목시켜 현대 패션과 전통

8-9. **우리 전통문양으로 꾸민 가방 디자인** 들국화, 산딸나무 꽃, 모란, 번개 무늬로 핸드백과 백팩을 예쁘게 꾸며 본 것이다. 작품 디자인은 예멘이 고향인 다섯 자매가 하였다.

문양의 어울림을 사람들에게 보여주고 싶었다. 물론 나는 아이디어만 있고 그림솜씨는 부족하기 때문에 몇 년 전부터 잘 알고 지내는 예멘의 다섯 자매(살와·수마이아·누라·파티마·후다)에게 부탁하였는데 그녀들은 흔쾌히 나의 제안에 동참해 주었다. 초등학교부터 고등학교에 이르는 나이 어린 아이들이 직접 손으로 그렸기 때문에 디자인이 다소 서툴게 보이기도 하지만 패션 분야에서도 전통문양이 충분히 통할 수 있겠다는 느낌은 든다. 특히 그림에 소질이 많은 누라(Noora·아랍어로 '빛'이란 뜻)가 그린 여성용 핸드백은 현대적 감각이 물씬 나서, 실제로 판매한다면 하나 구입하여 내 딸에게 선물해주고 싶을 정도로 멋진 디자인이다. 우리 전통문양, 특히 산딸나무꽃무늬에 깊은 관심을 갖게 된 이후부터 나는 세상 어디를 가도 숨어 있는 이 꽃무늬를 아주 쉽게 찾아낼 수 있게 되었다. 이제는 내가 일부러 찾으려 하지 않아도 산딸나무꽃무늬가 나를 먼저 알아보고 얼굴을 내밀며 반긴다는 느낌이 들 정도이다. 내가 이 꽃무늬를 너무 좋아하니까 이제는 아내와 딸아이도 나처럼 눈이 밝아져서 나만큼이나 용케도 잘 찾아낸다. 모녀는 여행 중에 어디선가 이 꽃무늬를 발견하게 되면 사진을 찍어 나에게 전송

8-10. **유라시아 대륙의 산딸나무 꽃길(Flora Road)** 이 길은 오천년에 걸친 유라시아 대륙의 동서 문명교류를 상징하는 꽃길이다. 이 꽃길은 21세기 한반도 번영의 길이기도 하다. ⓒ홍석경

해준다. 그러면 나는 그 정성에 감복해서 살며시 웃음을 짓곤 한다.

유라시아 대륙의 지도에 산딸나무꽃무늬가 발견된 지역을 점으로 표시하고 이 점들을 하나의 선으로 쭉 이어보면 마치 고대 실크로드처럼 유라시아 대륙의 서쪽 끝에 위치한 이베리아 반도부터 동쪽 끝에 자리 잡은 한반도까지 하나의 길로 자연스럽게 이어진다. 나는 오천년 유라시아 대륙문명을 상징하는 이 길을 '꽃길(flora road)'이라 부르고 싶다. 이 꽃길은 21세기 한반도 번영의 길이기도 하다. 남북이 평화롭게 공존하고 아프가니스탄과 이란고원에 평화가 찾아오는 그 날이 오면, 나는 이 꽃길을 따라서 유라시아 대륙을 횡단해보고 싶다. 이렇게 크게 외치면서 말이다.

"이제부터 대한민국은 꽃길만 걷자!"

제9장

마침내 풀린 운주사 천불천탑의 수수께끼

불교의 구원관과 아미타 극락신앙
왕사성의 비극과 관무량수경
관경십육관변상도
운주사 천불천탑의 조성 원리
부부 와불의 정체
칠성바위는 북두칠성 별자리인가
천불천탑 하배관 영역
석탑의 기하문양은 티베트 또는 몽골문양인가
천불천탑 중배관 영역
석조불감과 쌍배불상의 정체
원형다층석탑의 정체
옥개석만 남은 칠성바위 미스터리
천불천탑 상배관 영역
마애여래좌상과 발형다층석탑의 정체
마침내 운주골의 짙은 안개가 걷히다
마지막 수수께끼
못다 푼 수수께끼
운주사 천불천탑의 탁월성과 보편 가치

마침내 풀린 운주사 천불천탑의 수수께끼

　천국이나 극락을 묘사한 그림이나 벽화 가운데 세상에서 가장 큰 그림은 무엇일까? 누가 이런 질문을 던진다면 대개는 이태리 베네치아 두칼레 궁전의 벽화라고 답하곤 한다. '천국(paradiso)'이란 이름의 이 벽화는 르네상스 시기의 이태리 화가였던 틴토레토가 베네치아 왕궁의 대회의실 벽면에 그린 유화로 크기가 자그마치 가로×세로=24.56m×7.45m이고 등장인물만 무려 700여 명이나 된다. 아시아에서는 이것보다 크기가 작긴 하지만 불교의 극락세계를 그린 둔황 막고굴의 정토3부경 변상도를 꼽을 수 있을 것 같다. 막고굴에는 극락세계를 그린 변상도가 무려 154점이나 있는데, 대표적인 그림이 막고굴에서 가장 아름다운 보살상이 있는 제45굴의 관경변상도이다. 이 벽화는 중국의 당 제국이 최전성기를 누렸던 성당시대(705-781년)에 아미타극락정토를 그린 그림으로 가로×세로=4.72m×2.9m인 대작이다. 그런데 사실 이 두 그림은 세상에서 가장 큰 극락정토화가 아니다. 왜냐하면 내가 아는 세상에서 가장 큰 극락화는 틴토레토 천당 그림의 544배나 되고, 둔황 관경변상도의 7300배가 되기 때문이다. 그림이 얼마나 큰지 한눈에 다 들어오지 않아서 화폭을 네 조각으로 나누고 한 조각씩 들여다본다 해도 시야에 다 들어오지 않는다. 이 극락정토화의 면적은 어림잡아 3만 평인데, 상암월드컵경기장의 크기가 대략 3천 평이니 축구장 10개를 합친 면적만큼이나 크다. 이렇게 엄청난 크기를 뽐내는 세계 최대 극락화가 우리나라에 있다고 주장한다면 과연 내 말을 믿을 사람이 있을까? 당연히 단 한 사람도 없을 것이다. 그런데도 지금부터 나는 이 믿기 힘든 이야기, 둔황 막고굴의 극락정토화 154점을 다 합하고 여기에 틴토레토의 천국화 500점을 더한 것을 보쌈 싸듯 담아낼 수 있는 우리네 극락정토화 이야기를 하려고 한다.

전남 화순의 운주사(雲住寺). '구름이 머무는 절'이라는 뜻을 지니고 있는 운주사에는 150~200m 높이의 나지막한 세 개의 산이 만나 이루는 평퍼짐한 계곡과 산허리를 따라 수많은 석탑과 석불이 배치되어 있다. 이러한 배치 형식은 불상을 모신 금당 앞에 석탑을 한 개 또는 두 개를 배치하는 우리네 전통가람의 배치구조와 확연히 다를 뿐만 아니라, 석탑의 생김새도 전형적인 방형석탑 이외에 원형 및 구형석탑도 있는 데다 방형석탑의 몸체에는 뜻을 해석할 수 없는 희한한 기하문양이 새겨져 있어 신비감마저 불러일으킨다.

운주사에 대한 역사기록 가운데 가장 이른 시기의 기록은 조선 중종 25년(1530년)에 증보된 《신증동국여지승람》으로, "운주사는 천불산에 있는데 절의 좌우 산허리에 석불석탑이 각 1천 개씩 있으며 또 석실이 있어 두 석불이 등을 마주 대하고 앉아 있다"고 당시 현황만 전할 뿐이다. 현재 운주사에는 온전한 상태로 보존된 석탑 22기와 석불 101구가 있다. 이 숫자는 천불천탑 전설에는 훨씬 못 미치지만 여기저기 산재한 석탑과 석불의 수많은 파편을 감안한다면 먼 옛날에는 천불천탑까지는 아니더라도 지금보다 훨씬 더 많은 석탑과 석불이 있었을 것으로 짐작된다. 1984년부터 수년간에 걸친 전남대의 발굴조사 결과, 운주사는 고려 초인 11세기 초에 창건되어 고려 중기에서 말기까지 매우 번창하다가 조선시대 정유재란(1597-

9-1. 남쪽에서 올려다 본 운주사 풍경 150-200m 높이의 나지막한 세 개의 산이 만나 이루는 평퍼짐한 계곡과 산허리를 따라 천불천탑이라 불리는 수많은 석탑과 석불이 배치되어 있어 그 배경을 두고 수많은 전설이 태어났다. (조선고적도보 ⓒ국립문화재연구소)

1598년) 때 이 지역을 침공한 왜군에 의해 불타서 폐사가 된 것으로 짐작하고 있다. 이후 오랫동안 버려진 이 절은 19세기 중반에 작은 규모로 재건되기 시작하여 현재에는 번듯한 사찰로 되살아났다.

운주사는 1970-80년대 황석영의 대하역사소설 『장길산』의 마지막 무대로 등장하여 비로소 세상 사람들에게 널리 알려졌다. 이후 40여 년간 역사학계와 미술사학계는 운주사에 많은 관심을 갖고 운주사와 천불천탑에 얽힌 수수께끼를 풀어내려 애를 썼다. 그러나 절의 창건과 관련된 어떤 역사기록도 남아 있지 않은 데다 정형을 벗어난 가람 배치와, 다른 절에서는 볼 수 없는 독특한 양식의 석탑과 석불로 인해서 속시원하게 밝혀내기는커녕 오히려 비밀의 늪에 더 깊숙이 빠져 헤어나지 못하고 있는 실정이다. 400년 이상 짙은 안개에 감춰진 운주사의 비밀에 관하여 지금까지 역사학계와 미술사학계에서 밝혀내려 애썼던 내용을 주제별로 정리하면 다음과 같다.

1. 운주사 천불천탑의 조성 시기, 조성 주체 및 조성 목적
2. 운주사 천불천탑 조성의 사상적 배경(조성원리)
3. 칠성바위와 거대 와불은 칠성신앙이나 고대천문학과 관련된 유적인가?
4. 거대 와불은 유토피아를 꿈꾸는 미륵신앙과 관련된 불상인가?
5. 칠층석탑과 구층석탑의 탑신을 장식한 독특한 기하문양의 의미와 유래
6. 운주사에서만 볼 수 있는 원형다층석탑 및 발형다층석탑의 조성원리
7. 쌍배불상이 안치된 석조불감의 조성원리와 두 불상의 이름
8. 북쪽 암벽의 마애여래좌상의 조성원리와 불상의 이름
9. 다른 사찰에서는 그 예를 찾아볼 수 없는 석불군(가)-(바)의 조성원리

운주사에 얽힌 아홉 가지 수수께끼 가운데 첫 번째, 창건 시기에 대해서는 일부 남아 있는 건물 기단부와 여기서 출토된 청자 및 기와파편과 같은 유물을 분석한 결과 11세기 초(고려 초기)로 추정되고 있으며 고려중기와 후기에 걸쳐 중창된 것으로 파악되고 있다. 하지만 사찰의 창건 시기를 제외한 나머지 수수께끼는 복잡하게 엉켜있는 실타래처럼 여전히 풀지 못한 상태이다. 하지만 전혀 풀릴 것 같지 않은 뒤엉킨 실타래도 인내심을 갖고 한 매듭씩 풀다 보면 어느 순간 전체가 저절로 확 풀리듯이, 천불천탑 수수께끼를 풀 수 있는 단서를 찾아내고 과학적이고 논리적인 추론을 통해서 비밀을 풀 열쇠를 하나씩 손에 쥐다 보면, 막막하기 짝이 없는 운주사 천불천탑에 얽힌 아홉 가지 수수께끼도 어느 순간 모든 의문이 한꺼번에 풀리는 점수돈오(漸修頓悟)의 순간을 맞이하게 될 것이다.[71]

---

71) 깨우친 자(붓다)가 되기 위한 불가의 수행방법 가운데 하나로, 차례로 단계를 밟아 일시에 깨닫는 것을 말한다.

자, 그러면 지금부터 400년간 짙은 안개에 가려진 운주사의 진면목을 밝히는 모험을 떠나보자. 내가 모험이라고 부르는 이유는, 이 여행이 운주사가 자리한 고려 능주를 출발하여 중국과 서역을 지나서 인도 간다라를 거쳐 로마제국까지 이르는 아주 먼 여정이기 때문이다. 이 기나긴 여행의 결말을 미리 귀띔해준다면, 운주사 천불천탑은 1천년에 걸쳐 실크로드를 통해 일어난 동·서 문명교류의 자취가 진하게 남아 있는 보기 드문 유적일 뿐만 아니라 고려후기에 전성기를 맞이했던 아미타 극락정토신앙이 빚어낸 왕립 극락정토 체험장이었다는 것이다. 인도에서 탄생한 불교가 서역과 중국을 거쳐 신라로 들어왔을 때, 불심 깊은 신라인은 불국사를 세워 부처님 공덕이 한량없는 불국정토를 토함산에 구현했다면, 고려인들은 아미타여래가 머무는 장엄한 극락정토를 천불산에 조성함으로써 한 폭의 거대한 극락정토도(圖)를 만들었던 것이다.

한편의 역사추리소설과도 같은 천불천탑에 얽힌 비밀을 풀어내기 위해서, 『장미의 이름』에서 14세기 초 중세 수도원의 살인사건을 풀어가는 윌리엄 수도사처럼 명탐정 역할을 맡을 가공의 인물을 한 명 등장시키고자 한다. 그는 바로 테살로니키에서 고려청자를 팔았던 개성상인이다. 그는 고려에서 해동제일거상으로 불릴 만큼 육상 실크로드와 해상 실크로드를 누비면서 유라시아 대륙에 산재한 여러 고대도시를 방문하여 고려인삼과 청자를 팔았던 거상이었다. 뿐만 아니라 그는 타고난 호기심과 배움에 대한 열망으로 방문한 도시마다 그 곳의 문화를 세밀히 관찰하고 지식을 습득함으로써 당시 고려사회에서는 세상사 모르는 것이 없는 동방제일박사로 불리던 인물이었다.

산딸나무 꽃이 흐드러지게 피기 시작한 오월 하순의 이른 아침에 우리는 운주사 입구에서 반갑게 해후하였다. 우리 둘은 호리호리한 석탑과 못난이 불상이 즐비하게 늘어선 운주골을 따라 북쪽으로 천천히 걸어 올라가면서 천불천탑 전설과 실크로드 주변의 이국 도시에 대해 수많은 이야기를 나누었다. 신라 말기에 풍수지리의 대가였던 도선국사가 운주사 천불천탑을 조성할 때 공사 감독을 했던 장소였다는 전설이 깃든 불사바위에 올랐다. 운주골 계곡에는 짙은 운무가 내려앉아 천불천탑은 희미한 자취만을 보일 뿐이었다. 우리는 불사바위에서 내려와 거대 와불을 구경하러 운무를 헤치면서 오른쪽 산길로 올라갔다. 지금부터 들려주는 이야기는 나와 개성상인이 운주사 천불천탑 수수께끼에 대해 나눈 대화이다. 우리는 서로를 별호로 불렀는데 나는 그를 송상(松商)이라 불렀고 그는 나를 청계산인(淸溪山人)으로 불렀다.[72]

청계: 운주사는 참으로 알 수 없는 비밀에 싸인 절입니다. 누가 왜 이곳에 셀 수 없이 많은 석탑과 석불을 세워놓았을까요? 운주사는 전해 내려오는 전설처럼 도선국사가 한반도를 배의 형상으로 보고, 산맥이 많은 동쪽에 비해 평야지대인 이곳이 무게가 가볍기 때문에 배가 뒤집어질 운세라 무게중심을 맞추기 위해 천불천탑을 세웠다는 비보사찰일까요? 아니면 도망친 노비와 천민들이 미륵세상을 꿈꾼 도피처일까요? 지난 40여 년간 학계의 연구결과에 의하면, 운주사는 티베트 밀교 또는 도교의 영향을 크게 받아 지은 절이라고도 하고, 칠성신앙을 신봉하는 종교집단이 세웠다는 주장도 있습니다. 도대체 운주사는 어떤 절입니까? 혹시 송상께서는 뭔가 집히는 게 있습니까?

---

[72] 청계산인은 과천의 '청계산 아래에 사는 사람'이란 뜻이고, 송상은 개성상인을 일컫는 말이다.

송상: 세상 사람들은 운주사 천불천탑이 풍기는 기묘함으로 인해 밀교 또는 도교의 영향을 받았다거나 칠성신앙을 신봉하는 종교집단이 세운 절이라 말하기도 합니다. 심지어 고려에 진주한 몽고군이 고려 백성을 강제 동원하여 세운 절이라는 소문도 있습니다. 저는 수십 년간 중국뿐만 아니라 서역과 중앙아시아를 거쳐 지중해 연안까지 장사하러 다니면서 그 지역의 문명을 직접 눈으로 보고 체험했습니다. 여러 문명과 종교, 역사를 섭렵한 저의 지식과 경험으로 말씀드리면, 운주사 천불천탑은 고려후기에 오랜 전쟁으로 인해 피폐해진 남도 백성들의 고통을 씻어주고 위로해 주기 위해서 고려왕실이 재정지원을 하여 세운 왕립극락정토 체험장이었습니다. 인도의 대승불교가 실크로드를 따라서 서역을 거쳐 중국으로 물밀듯이 들어오기 시작할 무렵인 CE 3세기에 쿠차의 키질 천불동에 석굴이 처음 개굴된 이래로 불교는 동북아시아 삼국의 국교가 되었고 각 나라마다 불교예술이 찬란하게 꽃을 피웠습니다. 운주사 천불천탑은 동북아시아 삼국에 핀 불화 가운데 가장 장엄하게 피운 연꽃이었다고 말할 수 있습니다.

지금까지 전혀 들어보지 못한 운주사 천불천탑에 대한 개성상인의 기상천외한 설명에 나는 깜짝 놀라지 않을 수 없었다. 나는 그렇게 판단하는 확실한 증거가 있는지 물었다.

불교의 구원관과 아미타 극락신앙

송상: 청계산인께서는 혹시 극락정토 왕생법을 설명하는 '관무량수경'이라는 대승경전에 대해 아십니까?
청계: 경전의 이름은 들은 바가 있으나 내용은 잘 알지 못합니다. 설명해

주십시오.

송상: 석가모니 부처님께서는 사바세계의 인간이 극락에서 태어날 수 있는 16가지 관법을 설명하셨는데, 그 내용을 수록한 경전이 관무량수경입니다. 이 경전이 나오게 된 종교와 역사 배경을 설명해 드리겠습니다. 모든 유일신 종교에는 구원론이 있습니다. 서양 기독교는 인간은 원죄를 갖고 태어났으며, 예수께서 나를 포함한 인간의 죄를 대속했다고 믿는 종교입니다. 일단 이렇게 믿는 사람은 구원을 얻어 천국에 올라갈 수 있습니다. 즉, 기독교의 구원론은 죄-구원-천국으로 이루어져 있습니다. 불교는 원래 유일신을 믿는 종교는 아니지만, 고(괴로움)-열반·해탈-극락이라는 구원론을 갖고 있습니다. 불교는 인간을 늙고 병들어 죽는 괴로움에서 벗어날 수 없는 존재로 봅니다. 이 괴로움에서 벗어나는 유일한 방법은 괴로움의 뿌리인 탐욕, 집착, 어리석음에서 벗어나는 것입니다. 수행정진을 통해 탐진치(貪瞋痴)에서 벗어난 상태, 즉 괴로움에서 벗어난 상태를 열반에 이르렀다고 합니다. 또 한순간의 행복이 불행을 초래하기도 하고 즐거움 속에서 괴로움이 잉태되기도 합니다. 행복과 불행, 즐거움과 괴로움은 동전의 양면과 같아서 동전 던지기를 하면 어떤 때는 앞면이, 또 어떤 때는 뒷면이 나옵니다. 이것을 알아차리면 동전의 어느 면이 나오든 기뻐할 일도 없고 괴로워할 일도 없습니다. 동전 던지기처럼 반복되는 욕망과 번뇌의 속박에서 벗어난 자유로운 마음의 상태를 해탈이라고 말합니다. 열반과 해탈을 증득한 사람은 바로 지금 이 순간, 이 세상이 괴로움 덩어리가 아니라 극락임을 알게 됩니다. 극락은 저 멀리 해지는 서쪽이나 하늘 위에 있지 않고 내 마음속에 있는 것입니다. 이것을 알려주신 분이 바로 인류의 위대한 스승, 붓다였습니다.

나는 붓다의 가르침과 극락정토왕생법이 수록된 관무량수경이 어떤 관계가 있는지, 그리고 관무량수경과 운주사 천불천탑은 또 어떤 관계가 있기에 이 이야기를 꺼냈는지 물었다.

송상: 극락에 가려면 열반과 해탈을 증득하는 수밖에 없습니다. 역사적 붓다는 세상 나이 80세에 쿠시나가르의 사라나무 숲에서 죽음을 맞이합니다. 그의 열반을 앞두고 이제 우리를 가르쳐 줄 스승이 없게 되었다고 슬퍼하는 제자 아난다에게 붓다는 다음과 같이 유언합니다. '아난다야, 너 자신을 등불 삼고 너 자신에 의지하라. 진리를 등불 삼고 진리에만 의지하라.' 붓다의 마지막 말씀에 따르면, 오직 끊임없는 자력정진을 통한 독각(혼자 스스로 깨우침)만이 열반과 해탈로 나아갈 수가 있는 것입니다. 그런데 붓다의 입멸 후 세월이 수백 년 흐르면서 붓다의 가르침은 그를 신격화한 불교가 되었고, 여러 교단과 종파가 생기면서 자력정진이 아닌 타력(他力)에 의해서도 극락에 갈 수 있다는 교리가 생기게 됩니다. 어리석고 나약한 범부들은 자신의 힘만으로는 극락정토에 왕생할 수 없기 때문에 극락왕생을 위해서는 아미타불의 본원력, 즉 타력에 의지해야 한다는 것입니다. 타력구원신앙을 내세운 대표적인 종단이 중국 남북조시대(420-589년)에 탄생하여 당대(618-907년)에 전성기를 누린 정토종입니다. 정토종의 구원관은 믿음-서원(원을 세움)-극락입니다. 정토종은 서방극락정토에 계신 아미타불을 믿고 극락왕생의 원을 세우면 극락에 갈 수 있다는 교리를 내세우고, 극락왕생 수행법으로 '나무아미타불(아미타 부처님에게 귀의합니다.)'을 한마음으로 염불할 것을 제시합니다. 오악의 죄[73]를 지어 죽어서 지옥에 떨어질 자라 할지라도 죽기 직전에 '나무아미타불'을 열 번만 부르면 아홉 단계(구품)로 나뉘

어 있는 극락의 가장 아랫자락에 다시 태어날 기회를 준다고 하니 정토교의 아미타불정토사상은 당시 오랫동안 전란에 시달렸던 대중들로부터 큰 호응과 지지를 받았습니다. 사실 극락정토사상은 출가수행자는 물론 모든 범부중생을 구제하겠다는 대승불교 사상과도 잘 부합되며 길 잃은 한 마리의 양을 찾아나서는 예수의 사상과도 일맥상통합니다. 내세관을 담고 있는 데다 배우기도 쉬워서 대중으로부터 전폭적인 지지를 받은 극락정토신앙은 이후 불교의 모든 종파에서 내세구원관으로 받아들이게 됩니다.

왕사성의 비극과 관무량수경

송상: 극락정토의 아미타불을 숭배하는 정토종의 소의경전(교리적으로 의지하는 근본경전)이 '관무량수경'입니다. 다른 말로는 '관경' 또는 '16관경'이라고도 합니다. 불교 경전은 서분(序分), 정종분(正宗分), 유통분(流通分), 세 단락으로 구분할 수 있습니다. 서분은 경전을 기록한 이가 그 경이 설해진 연유를 기록한 것으로 서론에 해당합니다. 정종분은 부처님이 말씀하신 가르침을 기록한 부분으로 경전의 본론이자 핵심입니다. 마지막 유통분은 경전의 이익을 말하여 후세까지 길이 전달되고 널리 드날리기를 권하는 부분으로 결론에 해당합니다. 관무량수경의 서분에는 이 경을 설하게 된 배경이 되는 '왕사성의 비극' 이야기가 다음과 같이 펼쳐집니다.

　붓다의 생존 당시 마가다국의 빈비사라(頻毘娑羅) 왕과 위제희(韋提希) 왕비는 왕위를 이을 아들이 없어 고민이 많았습니다. 왕이 점술가를 불러 언제쯤 아들이 생길지 물으니 산속에서 수행 중인 선인이

---

73) 불교에서 말하는 오악의 죄는 1. 살생, 2. 도둑질, 3. 음행, 4. 거짓말, 5. 음주이다.

참선수도 3년 후에 왕자로 환생할 것이라는 점괘를 받았습니다. 3년을 기다릴 수 없었던 왕은 자객을 보내 선인을 죽였는데, 바로 이 날 왕비는 임신을 하였습니다. 왕은 기뻐하여 다시 점술가를 불러 점을 치게 했는데 이 아기가 태어나면 죽은 선인의 한으로 왕에게 불행한 일이 생긴다는 점괘를 받았습니다. 두려움을 느낀 왕은 열 달 후에 아기가 태어나자마자 누각에서 떨어뜨리라고 명령하는데, 아기는 손가락 하나만 부러진 채 기적적으로 살아납니다. 이것도 다 운명이라 생각한 왕과 왕비는 아기를 그냥 키우기로 했습니다. 이렇게 기구한 운명을 갖고 태어난 아기의 이름은 아사세(阿闍世)였습니다. 이 이름을 한자로 뜻풀이를 하면 미생원(未生怨)이 되는데 이는 태어나기 전부터 원한을 품었다는 뜻입니다. 그는 왕자 교육을 받으면서 훌륭하게 성장했습니다.

    그런데 한때 부처님 제자였다가 쫓겨난 제바달다가 아사세 왕자를 꼬드겼습니다. 왕자에게 부친을 살해하고 왕이 될 것을 부추깁니다. 그것은 자신의 절친인 왕자가 마가다국의 왕이 되면 자기가 새로 만든 승단에 큰 시주를 하여 빈비사라 왕의 후원을 받던 부처님 승단을 압도할 것이라 기대했기 때문입니다. 꼬임에 빠진 왕자는 처음에는 망설였지만 제바달다로부터 출생의 비밀을 듣고 나서는 크게 분노하여 마침내 부왕을 옥에 가두고 굶겨 죽이기로 작정했습니다. 이것을 안 위제희 왕비는 왕에게 몰래 음식을 제공했으나 얼마 안 가 왕자에게 들키고 맙니다. 아들은 크게 화를 내며 어머니마저 왕궁 깊은 곳에 유폐시켰습니다. 큰 슬픔과 고통에 빠진 왕비는 영축산(기사굴산)을 향해 예배하며 석가모니의 왕림을 기원하는데 왕비가 미처 머리를 들기도 전에 부처님께서 몸을 나타내 보이셨습니다. 석가모니의 모습을 본 왕비는 엎드려 통곡하며 이렇게 호소합니다.

'세존이시여, 저는 과거 속세에 무슨 죄를 지었기에 이런 악독한 아들을 두게 되었습니까? 원하옵건대 세존이시여, 저를 위해 괴로움과 번뇌가 없는 세계를 자상하게 말씀해주옵소서. 저는 마땅히 그곳에 태어나겠사오며 이렇게 혼탁하고 사나운 세상에는 더 이상 살고 싶지 않습니다. 진정으로 원하옵건대, 중생의 태양이신 부처님께서는 저에게 청정한 업으로 이루어진 안락한 세계를 보여주옵소서.' 왕비의 간절한 소원을 들은 부처는 신통력으로 아미타불의 극락정토를 보여주시면서 서방정토에 태어날 수 있는 16가지 관법을 하나하나 일러줍니다. 이것이 관무량수경의 정종분, 즉 본론에 해당합니다.

이상의 이야기가 관무량수경에 수록된 내용이며, 서분과 정종분의 내용을 한 폭의 그림으로 표현한 것이 '관무량수경변상도'입니다. 관무량수경의 서분만 따로 떼어내서 그린 불화를 '관경서분변상도'라고 하며, 정종분만 따로 떼어 그린 불화를 '관경십육관변상도'라 부릅니다. 동북아시아에서는 당·송 시대에 아미타 극락정토신앙이 크게 유행하면서 이 세 종류의 불화는 중국의 당·송, 고려, 일본에서 엄청나게 많이 그려졌습니다. 중국에는 둔황 막고굴에만 백 폭이 넘는 벽화가 현재까지 남아 있으며, 불교국가였던 고려의 작품은 관경서분변상도가 2점, 관경십육관변상도가 4점 전해지고 있는데 아쉽게도 6점 모두 일본의 사찰에 보존되어 있습니다.

나는 이제 비로소 동북아시아 삼국에서 아미타 극락정토신앙이 유행하게 된 배경과 경전의 내용을 그림으로 표현한 관무량수경변상도에 대해서 알게 됐다고 말하면서, 그런데 도대체 이것과 운주사 천불천탑이 무슨 관계가 있는지 개성상인에게 독촉하듯 물었다.

송상: 네, 청계산인께서 너무 궁금해 하니까 지금부터 제가 풀어낸 천불천탑과 관무량수경변상도의 관계에 대해 말씀드리겠습니다. 운주사 천불천탑은 극락왕생할 수 있는 16가지 방편을 그림으로 도해한 '관경16관변상도'를 지상에 재현해 놓은 서방정토체험장이면서 세계 최대의 극락정토화입니다. 관무량수경의 본론에 해당하는 정종분을 그림으로 도해한 관경16관변상도와 이것을 천불천탑으로 구현한 운주사의 가장 큰 차이점은 대중성과 체험입니다. 고려시대에는 오직 왕과 귀족들만 관경16관변상도를 통해 서방정토를 감상할 수 있었습니다. 죽어서 정토에 태어나고 싶지만 어떻게 생겼는지 도무지 알 수 없었던 일반 백성들은 운주사 천불천탑을 통해서 비로소 눈으로 확인할 수 있게 된 것입니다. 관경16관변상도를 감상할 때, 관람자는 여전히 현생에 머물고 있는 존재이며 정토 안에 왕생한 것은 아닙니다. 단지 극락 바깥에서 극락을 관(觀) 또는 염(念), 즉 바라보고 염원하는 것입니다.

　　그러나 관람자가 운주사 천불천탑 공간에 들어서면 이야기가 달라집니다. 운주골에 들어서는 순간, 관람자는 왕생자가 되어 극락정토에 태어나게 되는 것입니다. 지금 청계산인과 저는 서쪽 능선의 거대 와불 앞에 서 있습니다. 지금 이 순간, 우리 둘은 관무량수경을 설법하는 석가모니 부처의 불회에 참석한 성문대중의 일원이 된 것입니다.

청계: 그렇다면 우리는 지금 16관변상도 속으로 걸어 들어온 것입니까?

송상: 그렇습니다! 아주 적절히 표현해 주셨습니다. 우리는 지금 서방극락정토에 왕생한 것입니다. 운주사 천불천탑의 건설 책임자는 운주골에 장엄한 아미타극락정토를 펼치기 위해서 관경16관변상도를 일종의 설계도로 사용한 것 같은데, 아마도 현존하는 네 점의 고려 16관변상도 가운데 서복사나 대고사 소장본을 참고하여 설계도를 만든

것 같습니다.[74] 따라서 아미타 극락정토를 지상에 재현해 놓은 운주사 천불천탑의 조성 원리를 정확히 이해하려면 먼저 관경16관변상도의 구성과 내용에 대해 약간의 지식이 필요합니다. 제가 마침 서복사 소장본을 임모한 사본을 갖고 왔으니 이것을 함께 보면서 차근차근 설명 드리겠습니다.

관경십육관변상도

그는 저고리 왼쪽 소매에서 서복사장 관경16관변상도를 임모한 사본을 꺼내어 와불 앞 너럭바위에 펼쳐놓고 손가락으로 짚어가며 변상도가 어떤 그림인지 자세히 설명하기 시작했다.

송상: 서복사장 관경16관변상도는 전체 화면을 위에서 아래로 크게 5분할하고 화면의 왼쪽과 오른쪽에는 폭이 좁은 현수막을 아래로 길게 늘어뜨리듯 구획한 다음, 각 공간마다 극락정토에 왕생할 수 있는 방편인 16관법을 그림으로 풀이하여 넣었습니다. 그러면 16관법에 대해서 하나씩 짤막하게 짚고 넘어가겠습니다.[75]

　화면 맨 위에 있는 제1관은 해를 생각하는 일상관(日想觀) 또는 일몰관(日沒觀)입니다. 해가 지는 서쪽을 보고 극락정토의 장엄함을 관상하는 것입니다. 변상도에는 붉은 원 안에 궁전이 묘사되어 있습니다. 화면의 오른쪽 청색 외연부에는 동그란 원 안에 극락세계의 신비로운 정경(제2관-제7관)을 보여주고 있습니다. 제2관은 물을 생각하

---

74) 일본 서복사와 대고사 소장본(제작년도: 1300년 추정)은 16관법을 하나하나 구분하여 별도의 공간에 그려 넣었다.
75) 서복사장 고려 관경변상도 해설은 다음 논문을 참고하였다. 조수연, 「서복사장 고려 관경변상도 연구」, 석사학위논문(2004), 동국대학교, 서울.

9-2. **관경십육관변상도** 아미타 극락정토에 왕생할 수 있는 16관법을 알기 쉽게 그림으로 나타낸 불화이다. 예술성(작품의 구성과 세부 표현)과 종교성이 매우 뛰어나 동북아시아에서 제작된 수많은 변상도 가운데 으뜸으로 꼽을만한 명품이다.(고려 1300년경, 일본 서복사 소장)

는 수상관(水想觀)입니다. 맑고 잔잔한 호수처럼 마음이 청정하고 고요해야 극락을 맛볼 수 있습니다. 제3관은 정토의 땅을 생각하는 지상관(地想觀)입니다. 보배로 꾸며진 땅에서 광명의 빛이 퍼지는 극락의 땅을 생각하는 것입니다. 제4관은 보배나무를 생각하는 보수관(寶樹觀)입니다. 정토의 보배나무는 일곱 주 세워져 있는데 잎, 꽃, 열매는 칠보로 되어 있고 일곱 겹의 진주그물로 덮여 있어 휘황한 광채를 발산합니다. 제5관은 보배연못을 생각하는 보지관(寶池觀)입니다. 여덟 가지 공덕을 갖춘 팔공덕수(八功德水)가 충만한 칠보의 못을 생각하는 것입니다. 제6관은 보배 누각을 생각하는 보루관(寶樓觀)입니다. 제7관은 아미타부처님이 앉아 계신 연화대를 생각하는 화좌관(華座觀)입니다. 제1관부터 제7관까지는 장엄한 극락정토의 풍경을 묘사한 것입니다. 그 바로 아래 전각에는 부질없는 의혹을 일으켜 오백년이 지나야 부처를 만나 설법을 들을 수 있는 범부대중(태생의 무리)이 묘사되어 있습니다.

그 맞은편 청색 외연부에는 극락세계에 머문 아미타삼존(아미타불, 관세음보살, 대세지보살)의 진신 및 아미타삼존을 친견하는 왕생자의 모습(제8관-제13관)이 있습니다. 제8관은 연화대에 앉아계신 아미타삼존의 형상을 생각하는 상상관(像想觀)이고, 제9관은 아미타여래의 몸을 생각하는 진신관(眞身觀)이며. 제10관은 자비의 상징인 관세음보살을 생각하는 관음관(觀音觀)이고, 제11관은 지혜의 상징인 대세지보살을 생각하는 세지관(勢至觀)입니다. 사실 관세음보살이나 대세지보살은 아미타불의 자비와 지혜를 상징하는 보살입니다. 세 불보살은 이름만 다르지 동격이라고 볼 수 있습니다. 삼위일체인 것입니다. 제12관은 수행자가 서방극락세계에 왕생하는 것을 생각하는 보관(普觀)이며, 제13관은 왕생자가 아미타삼존의 영접을 받는 것을 생

9-3. **관경십육관변상도의 정선관(제1관-제13관)** 마음을 집중하여 아미타극락정토를 생각하는 13가지 방편이 정선관이다. 관경십육관변상도는 정선관의 내용을 그림으로 도식화한 것으로 우리나라 인포그래픽의 원조이다.

각하는 잡상관(雜想觀)입니다. 제8관부터 제13관까지는 아미타삼존의 형상을 묘사하고, 위제희 왕비와 같이 근기가 높은 수행자가 서방정토에 왕생할 수 있는 13가지 방편을 그림으로 묘사한 것입니다. 그 바로 아래 전각에는 부처의 지혜를 믿고 의심하지 않아 극락에 왕생하는 성문대중(화생의 무리)이 그려져 있습니다.

청계: 도상이 참으로 아름답고 품격이 높습니다. 관무량수경에서 설하는 13가지 정선관의 핵심 내용을 이처럼 시각적으로 명확히 나타냈다는 점에서 저는 이 도상이 우리나라 인포그래픽의 원조가 아닌가 하는 생각이 듭니다.

송상: 그렇습니다. 우리나라만이 갖는 독특한 색깔을 보여줄 수 있는 디

자인의 원천은 삼국시대 와당의 문양, 고구려 고분벽화와 고려불화에서 찾아야 한다고 생각합니다. 그럼 계속해서 관경16관변상도의 핵심내용, 즉 타력(아미타불)에 의한 구원관이 담겨 있는 그림 중앙부의 화면구성과 이 안에 담긴 주요 내용에 대해 설명을 드리겠습니다.

　제1관(일상관) 바로 밑에는 극락세계의 보배로운 나무와 상서로운 구름을 배경으로 석가모니불이 관무량수경을 설법하는 장면이 그려져 있는데, 이것을 '불회(佛會)'라고 합니다. 그의 좌·우측에는 십대제자, 팔대보살, 십육성중, 육대천왕, 타방보살들이 운집해 있으며, 그의 뒤에는 육방불이 석가모니불의 설법을 증명하고 있습니다. 부처의 설법 장면 아래는 화면이 삼단으로 구성되어 있는데, 각 단마다 궁전과도 같은 화려한 전각 세 채가 품(品)자형으로 배치되어 있고 세 전각은 회랑으로 이어져 있습니다. 각 전각과 회랑에는 불보살, 화불, 비구, 성문대중, 신중이 운집해 있으며 전각 앞 연못에는 극락왕생자가 연꽃 위에 자리하고 있습니다. 삼단 화면의 위로부터 아래로 살펴보면, 제14상배관에는 상품의 왕생자가, 제15중배관에는 중품의 왕생자가 아미타삼존으로부터 영접을 받고 있으며, 제16하배관에서는 하품의 왕생자가 관음보살로부터 영접을 받습니다. 그리고 하배관 연못의 양쪽 전각에는 왕생자가 아미타불로부터 장차 부처가 될 것이라는 수기(예언)를 받는 장면을 그린 수기도와 마정도가 그려져 있습니다.

청계: 잘 알겠습니다. 그렇다면 관경십육관변상도를 운주골에 입체적으로 재현한 것이 바로 천불천탑이라는 송상의 주장에 대해 자세히 말씀해 주십시오.

송상: 저는 동로마 제국의 테살로니키를 방문하여 청자를 팔고 나서 로툰

다를 구경한 적이 있습니다. 그곳은 기독교 천국관을 묘사한 초기교회로 유명합니다. 로툰다는 4세기 초 벽돌을 사용해서 직경 24.5m, 높이 20m의 원기둥 모양의 구조물을 세우고 그 위에 10m 높이의 돔을 얹은 건축물입니다. 이 돔에는 360도 빙 돌아가면서 천상의 세계가 모자이크로 표현되어 있습니다. 화면구성도 뛰어났지만 건축규모도 대단했습니다. 그런데 운주사 천불천탑은 이것과 비교할 수 없는 압도적 스케일로 극락정토를 지상에 재현한 것입니다. 천불천탑 스케일에 비한다면 로툰다는 애교스럽습니다. 저는 유라시아 대륙의 동쪽 끝에 있는 고려부터 서쪽 끝에 있는 동로마제국까지 안 가본 곳 빼고 다 가 본 사람입니다만, 그 어디에서도 운주사 천불천탑만큼 거대한 스케일로 천국이나 극락정토를 재현한 곳을 본 적이 없습니다. 청계산인은 운주사 천불천탑의 조성 원리에 대해 무척 궁금해 하니 사설은 이만하고 지금부터 곧바로 들어가겠습니다.

운주사 천불천탑의 조성 원리

그는 운주사가 표시된 지도를 꺼내더니 아까 펼쳐놓았던 변상도 옆에 나란히 두고 운주사 천불천탑의 조성 원리를 설명해 주었다.

송상: 관경십육관변상도에서 가장 중요한 곳은 범부대중을 위한 구원관, 즉 염불삼매를 설파한 중앙부입니다. 여기 제1관과 설법장면을 거쳐 상배관(上輩觀), 중배관(中輩觀), 하배관(下輩觀)으로 이어지는 화면의 가운데 부분입니다. 그런데 변상도에서 제1관(일상관)은 관불삼매(정선13관)를 대표한다고 볼 수 있으므로, 화면의 가운데는 사실 석가모니 부처가 설파한 극락왕생할 수 있는 16가지 방편을 모두 담고 있다고 볼 수 있습니다. 자, 그러면 변상도에 그려진 제1관-불회-상

 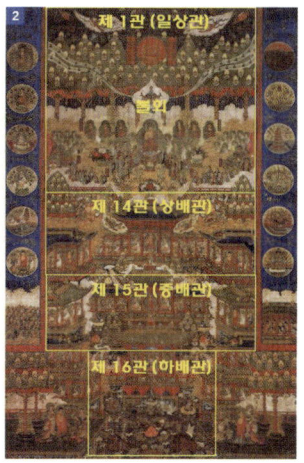

9-4. 운주사 천불천탑의 배치구조와 관경십육관변상도의 도상 비교 운주사 천불천탑의 배치구조는 관경십육관변상도의 그림내용과 완벽히 일치한다. (1)천불천탑 공간은 (2)16관 변상도의 일상관 및 불회 영역, 상배관, 중배관, 하배관 영역으로 나뉜다. 왼쪽 그림에서 (가)-(바)는 암벽에 기댄 석불과 석인상의 위치를 나타낸다.

배관-중배관-하배관이 운주사 천불천탑 영역에서는 어디에 자리하고 있는지 찾아봅시다.

자, 이 지도를 보십시오. 변상도의 제1관과 불회 영역은 우리가 지금 서 있는 이곳, 와불 영역입니다. 거북바위 칠층석탑-석불군 '바'-와불-칠성바위와 칠층석탑을 잇는 공간이 바로 일상관과 불회 영역입니다. 상배관은 북쪽에 있는 마애여래좌상-석불군 '마'-발형다층석탑-명당탑으로 에워싸인 영역이고, 중배관은 칠층석탑-석조불감-원형다층석탑-석불군 '다'와 '라'를 포함하는 공간이며, 하배관은 운주골의 남쪽 들머리에 있는 구층석탑-석불군 '가'와 '나'-쌍교차문칠층석탑-광배석불좌상-수직문 칠층석탑으로 둘러싸인 영역으로, 운주사 천불천탑의 구성은 서복사장 관경십육관변상도와 완벽히 똑같습니다. 그래서 저는 천불천탑 건설책임자가 16관변상도를 설계도면 삼아 이곳에 극락정토를 조성했다고 보는 것입니다.

9-5. **관경십육관변상도의 불회 장면** 석가모니 부처께서 관무량수경의 내용을 설법하는 장면으로, 주위에는 8대 보살, 10대 제자, 제석천·범천, 공양보살, 16성중, 6대천왕, 22타방불, 6방불이 운집해 있고, 위쪽에는 보배나무가 줄지어 서 있다.

부부 와불의 정체

청계: 정말 놀랍습니다. 천불천탑의 배치구도는 16관변상도의 도상과 정확히 일치합니다. 그렇다면, 운주골 각 영역에 세워진 세부 조형물도 변상도의 세부 내용과 완벽하게 일치합니까?

송상: 물론입니다. 먼저 16관변상도의 일상관과 불회 장면을 자세히 살펴봅시다. 일상관은 일몰관이라고도 하는데 아까 설명 드렸듯이 해가 지는 서쪽을 보고 극락정토의 장엄함을 관상하는 것입니다. 이곳 와불이 있는 능선의 소나무 사이로 지는 해를 바라보면서 국토의 아름다움과 자연의 경이로움에 감사하면 그것이 일상관이 됩니다.

　그 바로 아래 불회 장면은 석가모니 부처께서 관무량수경을 말씀하실 때 주위를 에워싸고 설법을 듣는 팔대보살, 십대제자, 16성중과 육대천왕 그리고 22타방불과 육방불을 묘사한 것입니다. 이 설

9-6. **운주사 와불 영역의 조형물** 관무량수경의 일상관과 불회 장면을 표현한 것이다. (1)소나무 숲 너머로 지는 해를 바라보면 일상관이 된다. 부부 와불은 관무량수경을 말씀하시는 석가모니 부처와 다문제일로 불린 아난이고 (2)석탑은 8대보살, 그 아래 석불군 '바'는 설법을 듣는 16성중, 6대천왕, 22타방불을 나타낸 것이며 (3)칠성바위는 7층 보배나무를 표현한 것이다.

법 장면의 배경에는 칠보로 장식되어 빛을 발하는 수많은 보배나무가 질서정연하게 배치되어 있습니다. 자, 여길 보십시오. 이 운주사 와불은 관무량수경을 말씀하시는 석가모니 부처님을 나타낸 것입니다. 와불 옆에 조각된 호리호리한 입상(서 있는 자세의 불상)은 십대제자를 상징하며, 저 아래 북쪽에 있는 거북바위 칠층석탑과 오층석탑, 그리고 남쪽에 있는 칠성바위 옆 칠층석탑은 팔대보살을 의미합니다. 석불군 '바'는 부처님 설법을 듣는 16성중, 육대천왕, 22타방불을 나타낸 것입니다. 이곳의 석상들은 모양이 제각각이고 오밀조밀 밀집한 채 한쪽 방향을 바라보고 있습니다. 그것은 16성중, 육대천왕, 22타방불을 상징하는 석상들이 부처의 설법을 경청하는 모습을 표현했기 때문입니다. 그리고 칠성바위로 알려진 일곱 개의 거대한 원반형 석재는 칠층으로 된 보배나무를 표현한 것으로, 이 나무는 불회를 장엄하기 위한 장식물입니다.

개성상인은 눈앞에 보이는 와불 영역의 조형물을 하나씩 손으로 가리키면서 관경16관변상도의 도상과 비교하면서 숨 돌릴 틈도 없이 설명을 하는데 모든 것이 톱니바퀴가 맞물려 돌아가듯 딱딱 들어맞아 기절초풍할 지경이었다.

청계: 송상의 설명은 마치 불국사 석축을 보는 듯 지금까지는 모든 아귀가 빈틈없이 맞습니다. 송상께서는 운주사 천불천탑이 변상도에 맞춰 조성된 극락정토 체험장이기 때문에 길이 13m인 거대 와불을 불회의 석가모니불로 해석하고 이 와불 옆에 조각된 길이가 10m쯤 되는 호리호리한 입상을 십대제자로 보고 있습니다. 그 근거를 좀 더 상세히 말씀해 주십시오.

송상: 현재까지 남아 있는 고려시대 관경16관변상도는 네 점이 있습니다. 오늘 제가 사본을 가져온 서복사본은 제작연대가 밝혀지지 않았지만 학계에서는 구성이나 화법으로 볼 때 네 점 가운데 가장 이른 시기인 1300년경으로 보고 있습니다. 서복사본 불회 장면의 본존불이 누구냐에 대한 해석은 학자에 따라서 석가모니불이란 주장도 있고 아미타불이란 해석도 있습니다. 저는 서복사본을 관무량수경 정종분을 교리적으로 가장 잘 해석하고 정교하게 그린 일종의 카논(canon·표준, 기준)으로 보기 때문에 이 와불을 관무량수경을 설하는 석가모니불로 보는 것입니다. 따라서 그의 손동작(수인)은 설법

9-7. **운주사 부부와불** (1)서복사 소장 십육관변상도에 따르면, 와불은 설법인을 하고 있는 석가모니불로, 입상은 10대 제자 가운데 한 명인 아난존자로 해석된다. (2)경주 석굴암 주실 벽면의 아난존자 부조(후대신라, 751-774년), (3)서복사장 관경16관변상도의 불회장면. 부처의 왼쪽에 나이 어린 아난존자가 서있다.

할 때 취하는 자세인 설법인(說法印)으로 해석됩니다. 부처의 설법도는 한가운데 부처를 두고 그 좌·우에 보살과 제자를, 아래쪽에는 공양보살을 그려 넣습니다. 그리고 모든 불화는 부처를 기준으로 하여 왼쪽, 오른쪽 방향이 정해집니다. 설법을 하는 석가모니 부처의 왼쪽(관람자 시선으로는 오른쪽)에는 보통 연꽃을 든 관세음보살과 10대 제자 가운데 수행을 가장 잘 하여 두타제일(頭陀第一)로 불리었던 가섭존자를 두고, 오른쪽(관람자 시선으로는 왼쪽)에는 정병을 든 미륵보살과 10대 제자 가운데 부처님을 25년간 보필했을 뿐만 아니라 그의 설법을 빠짐없이 듣고 모두 외워 다문제일(多聞第一)로 불리었던 아난존자를 둡니다.

운주사 입상은 와불의 왼쪽에 있기에 입상의 명호(이름)는 관세음보살 아니면 가섭존자일 것입니다. 그런데 입상의 복장을 잘 살펴보면, 보살의 복장이라기보다는 비구승의 복장에 가깝습니다. 우리는 이것을 석굴암 본존불 주위에 부조로 새겨진 아난존자 상에서 확인할 수 있습니다. 그의 왼팔에는 기다란 가사가 걸쳐져 아래쪽으로, 즉 세로 방향으로 늘어져 있습니다. 그의 몸을 가린 가사의 나머지 부분은 대각선 방향, 즉 오른쪽 허리 아래에서 왼쪽 어깨 방향으로 비끄러맨 듯 사선으로 주름이 잡혀 있는데, 이러한 옷 주름은 운주사 입상에도 고스란히 표현되어 있습니다. 그런데 운주사 천불천탑의 설계도로 볼 수 있는 서복사장 관경16관변상도의 도상에서는 가섭존자와 아난존자의 위치가 바뀌었습니다. 따라서 서복사장 관경의 도상을 따른다면, 운주사 입상의 명호는 아난존자로 해석됩니다. 실제로 입상의 얼굴은 매우 앳된 모습을 하고 있고 천진난만한 미소를 띠고 있어 아난존자로 보이기도 합니다.

칠성바위는 북두칠성 별자리인가

청계: 과연 송상의 해석에는 빈틈이 없습니다. 그런데 와불 아래 남쪽 비탈에 놓인 칠성바위는 북두칠성을 이루는 일곱 개 별의 배치구조를 빼닮아서 별자리신앙을 신봉하는 종교집단이 만든 종교적 기념물이란 주장도 있습니다. 이 주장에 의하면, 칠성바위는 북두칠성을 상징하는 것이며, 여기서 북쪽에 자리한 와불의 위치는 북극성에 해당하기 때문에 와불의 이름은 밤하늘의 북극성을 의인화하여 섬김의 대상이 된 치성광여래(熾盛光如來)라고 말합니다. 그래서 와불과 칠성바위가 있는 운주사 천불천탑은 다름 아닌 치성광여래신앙의 성지이자 고대천문학의 우수성을 보여주는 기념비적 유물이라는 주장에 대해서는 어떻게 생각하십니까?

송상: 하하하. 대단히 흥미로운 주장입니다. 치성광여래신앙은 8세기 후반

9-8. **관경십육관변상도의 보배나무** (1)아미타불의 극락회 장면. 아미타불 좌우에 보배나무가 서 있다.(고려 1323년, 인송사본) (2)북두칠성 바위로 세상에 알려진 칠층보배나무탑의 옥개석. 크기가 비슷한 옥개석끼리 모여 있다(KBS 방송화면 캡처) (3)정선관 중에서 제4보수관의 보배나무(고려 1300년 추정, 서복사본)

에서 9세기 전반, 그러니까 중국 당대에 탄생한 것으로 인도의 전통 별자리신앙에다 중국의 북극성신앙과 도교의 별자리신앙을 섞어 만든 기복적 성격의 불교신앙입니다. 아미타 정토신앙이 인간의 구원과 내세의 문제를 해결하기 위해 탄생했다면, 치성광여래신앙은 수명장수, 소원성취, 환난회피와 같은 현세의 문제를 해결하기 위해 만들어졌습니다. 우리나라에는 9세기 중반~10세기 전반에 고려에 전해졌는데 11세기 중반 이후에 고려왕실에서 크게 유행했습니다. 치성광여래신앙을 도상학적으로 그린 그림이 '치성광여래강림도'인데, 고려시대 작품으로는 14세기에 제작된 것으로 짐작되는 그림이 딱

한 점 전해지고 있습니다. 이야기가 길어지기 때문에 이 그림의 화면 구성에 대해서는 설명을 생략하겠습니다만, 치성광여래강림도의 도상으로 운주사 천불천탑의 9가지 수수께끼 가운데 풀 수 있는 것은 단 하나도 없습니다. 그나마 유일하게 억지춘향으로 갖다 붙일 수 있는 것은 칠성바위와 와불뿐인데, 이것도 제가 이미 설명 드린 대로 와불은 불회를 주최하는 석가모니불이고, 칠성바위로 알려진 일곱 개 원반형 돌덩이는 북두칠성 별자리가 아니라 16관변상도의 칠층 보배나무탑(寶樹塔·보수탑)의 부재입니다. 그런데 한 가지 이상한 점은 흩어져 있는 보수탑의 부재가 전부 옥개석(지붕돌)이라는 것입니다. 7층탑이 분명한데 탑신에 해당하는 원기둥 모양의 돌은 다 어디로 갔는지 의문이 남습니다. 이 의문에 대해서는 조금 후 중배관에 가서 다시 다루겠습니다.

천불천탑 하배관 영역

우리는 운주사 서쪽 산등성이에 있는 일상관과 불회 영역에서 산길을 따라 내려와 운주골의 남쪽 들머리에 있는 구층석탑 앞으로 왔다. 이 탑은 운주사 천불천탑 입구에서 가장 먼저 만나는 탑으로 적당히 다듬은 자연 암반 위에 구층탑을 세웠는데 높이가 11m에 달하여 늘씬한 인상을 주며 모든 탑신마다 희한한 기하문양을 새겨놓아 관람자의 눈길을 확 잡아끄는 신비감이 감도는 석탑이다. 개성상인은 구층석탑과 바로 뒤 노출된 암벽에 기대어 놓은 석불군 '가'와 '나'를 손으로 가리키면서 이곳에 대해 설명하기 시작했다.

송상: 운주사 구층석탑-석불군 '가'와 '나'-쌍교차문칠층석탑-광배석불 좌상-수직문칠층석탑으로 둘러싸인 영역이 16관변상도의 하배관

9-9. **운주사 천불천탑의 남쪽 들머리 풍경** 구층석탑-석불군 '가'와 '나'-쌍교차문칠층석탑-광배불상-수직문칠층석탑으로 둘러싸인 영역은 관경16관변상도의 하배관을 운주골에 그대로 재현한 것이다.

에 해당합니다. 하배(下輩)는 쉽게 말씀드리면 '형편없는 무리'란 뜻입니다. 그러니까 하배관은 형편없는 자일지라도 부처님께서 극락왕생할 수 있는 방편을 보여준 곳입니다. 하배에는 세 종류의 인간군이 있습니다. 첫째는 갖가지 악업을 지으면서도 어리석어 참회하고 부끄러워 할 줄 모르는 하품상생(下品上生), 둘째는 온갖 계율을 범하고 승단의 물건을 훔치며 허무맹랑한 부정설법을 하는 등 악업을 짓고도 스스로는 옳다고 뽐내는 하품중생(下品中生), 오역죄와 십악 등 온갖 악업을 지어 그 과보로 지옥·아귀·축생의 삼악도에 떨어져 오래도록 괴로움을 받을 하품하생(下品下生)이 있습니다. 이와 같이 어리석은 사람도 죽기 직전에 선지식을 만나 부처를 생각하도록 가르침을 받고 지성으로 아미타불을 열 번만 온전히 부르면 염불하는 동안에 억겁의 생사를 헤맬 죄업이 사라지며 목숨이 다하는 순간에는 극락세계의 연꽃 속에 태어난다는 것입니다.

이곳 하배관에 있는 구층석탑과 칠층석탑은 하품삼배(하품상생, 하품중생, 하품하생)지전의 관세음보살이나 대세지보살을 상징한다고 봅니다. 그것은 기원후 1세기 무렵에 불상이 탄생하기 전까지는 석탑이 부처를 상징했기에 미루어 짐작할 수 있습니다. 그리고 암벽에 기대어 있는 석불군 '가'와 '나'는 하배관의 전각에서 주존보살 옆에 있는 여러 보살과 악기를 연주하는 천인들을 표현한 것으로 보입니다. 이들은 이곳 하품극락에 태어난 왕생자를 맞이하고 있습니다. 네, 바로 청계산인과 저를 바라보며 이곳에 왕림한 것을 대대적으로 환영하고 있습니다. 하하하.

그의 우스갯소리에 나도 덩달아 크게 웃으면서 "저와 같은 하품인도 일단 극락에 받아주시니 아미타불의 공덕은 한량없습니다. 과연 이름이 뜻하는 대로 무량수불(無量壽佛), 무량광불(無量光佛)이십니다." 하고 맞장구를 쳐주었다. 그리고 개성상인에게 꼭 물어보고 싶었던 운주사 천불천탑의 9가지 수수께끼 가운데 사람들이 첫 번째로 꼽는 수수께끼, 즉 석탑의 탑신이나 옥개석 밑면에 새겨진 희한하게 생긴 기하문양은 도대체 무엇을 상징하고 어디에서 유래된 것인지를 물어보았다.

석탑의 기하문양은 티베트 또는 몽골문양인가

청계: 운주사 천불천탑을 본 사람들마다 첫 번째 갖는 의문은 석탑 탑신이나 옥개석 밑면의 기하문양입니다. 이런 희한한 문양은 시대를 막론하고 운주사 이외 다른 절의 석탑에서는 결코 볼 수 없는 문양이기 때문입니다. 운주사가 티베트의 밀교사찰이라든지, 별자리신앙을 갖는 종교집단의 성지라든지, 도교사찰이었다든지, 심지어 완도에서 웅거하는 삼별초를 진압하기 위해 강진으로 내려온 몽고군이

고려백성을 강제 동원하여 세운 사찰이었다는 주장이 나오게 된 배경에는 이 희한한 기하문양이 기여한 바가 큽니다. 이 기하문양의 상징성과 유래에 대해서 몇몇 학자가 풀어보려 노력했습니다만 해석이 시원치가 않고 오히려 더 깊은 수렁에 빠지는 것 같습니다. 어떤 학자는 이 문양이 티베트 사원의 창살문양에서 비롯된 것이라 주장하기도 하고, 또 어떤 이는 몽골에서 유래된 문양이라 말하기도 하고, 심지어 몽골텐트인 게르의 뼈대구조에서 착안된 문양이라 주장하는 이도 있습니다. 송상께서는 이 문양의 유래에 대해 생각해보셨는지요?

송상: 사실 제가 운주사 천불천탑 수수께끼를 풀게 된 우연한 계기도 이 석탑문양에서 비롯되었습니다. 인도불교의 동쪽 전달통로는 북인도(간다라)-서역(카슈가르-둔황)-중국-한반도입니다. 불교와 함께 수백 년에 걸쳐 동아시아로 전달된 불교예술은 지역과 시대의 특색이 더해지면서 서역양식(키질·쿠차), 중국양식(북위·수·당), 우리나라 양식(고구려·백제·신라·고려)의 불상, 불탑, 불화가 탄생하게 됩니다. 하지만 이런 변화 속에서도 자식은 부모 얼굴을 닮듯, 고구려·백제·신라 불상에는 중국 불상의 영향이 남아 있고, 중국 불상에는 시대를 거슬러 올라가면 서역 불상의 자취가 남아 있고, 서역 불상에는 간다라 불상의 흔적이 남아 있습니다. 불교 전통문양도 마찬가지입니다. 모든 전통문양은 나름의 족보가 있고 뿌리가 있습니다. 운주사 석탑의 기하문양은 오직 이곳에서만 볼 수 있기에 마치 별나라에서 온 것처럼 생각될 수 있지만, 우리가 불상·불탑·불화를 연구할 때처럼 석탑의 기하문양도 고려-중국-서역-간다라에 이르는 불교 전통문양 전체를 관통해서 살펴봐야만 그 진면목을 파악할 수 있습니다.

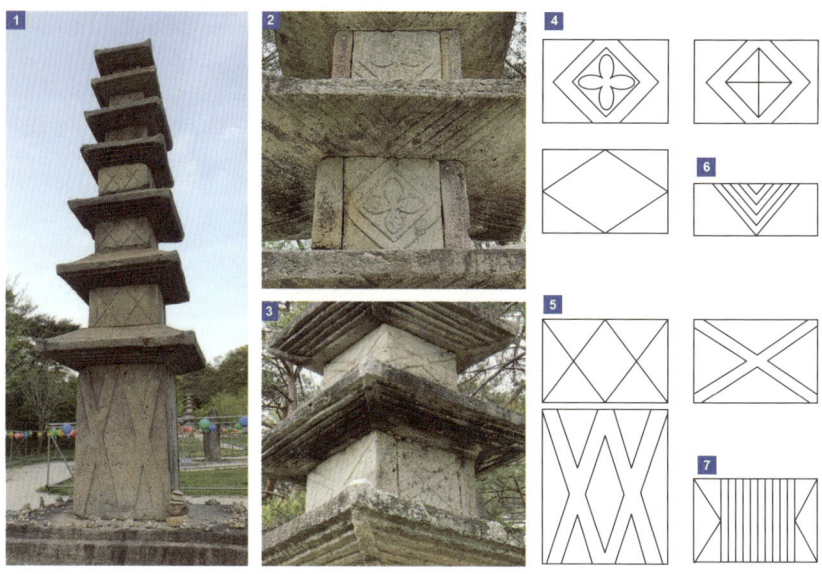

9-10. **운주사 석탑에 새겨진 각종 기하문양** (1)칠층석탑(쌍교차문), (2)구층석탑(이중마름모 안에 십자형 꽃잎), (3)칠층석탑(교차문), (4)-(7)탑신에 새겨진 각종 기하문양을 도식화 한 것(운주사종합학술조사: 전남대학교 박물관, 1991.)

개성상인은 나뭇가지를 집어 들더니 땅바닥에 운주사 석탑의 기하문양 종류를 모두 그리고는 설명을 이어갔다.

송상: 운주사 석탑에 새겨진 기하문양의 종류에는 교차문(X), 쌍교차문(XX), 마름모문(◇), 이중 마름모(◈) 안에 십자형 꽃잎(✣)이나 열십자(✚)가 있는 문양, 그리고 수직문()Ⅲ()과 꺾쇠문(V)이 있습니다. 결론부터 말씀드리면, 이 문양들은 모두 북인도 간다라 또는 마투라에서 탄생하여 서역과 중국을 거쳐 고려까지 머나먼 길을 건너온 전통 불교문양입니다. 정통성을 따진다면 그 어떤 문양보다 뼈대가 있는 불교 가문의 적자 문양입니다. 그런데 이를 두고 '티베트문양이다', '도교문양이다', '몽골문양이다', '몽골텐트의 뼈대문양이다'라고 말

9-11. **교차문(X)과 쌍교차문(XX)이 있는 북인도 유물** (1)부처의 발바닥을 새긴 부조(간다라, 2-4세기) (2)여성이 새겨진 상아 장식판(베그람, 1세기). 비교를 위해 운주사 석탑문양을 함께 보였다.

하는 것은 우리 학계가 불교 전통문양, 더 나아가 고대문양에 대한 이해 수준이 매우 낮다는 것을 반증하는 것입니다.

  사실 운주사 석탑에 새겨진 마름모문과 교차문은 그 기원을 거슬러 올라가면 모두 똑같은 뿌리에서 나온 것으로 간다라, 마투라, 베드람과 같은 대승불교 발상지인 북인도 지역이 고향입니다. 자, 그러면 가장 먼저 교차문(X)의 유래를 살펴봅시다. 이 유물은 CE 2-4세기경 간다라에서 제작된 석조물로 부처의 발바닥을 새긴 부조입니다. 불상이 탄생하기 전 무불상(無佛像) 시대의 전통이 남아 있는 유물로 여기서 발바닥은 부처를 상징합니다. 발바닥 안에는 부처의 설법을 상징하는 진리의 수레바퀴(法輪·법륜)가, 발가락에는 불교의 상징인 만(卍)자가 새겨져 있습니다. 직사각형 부조의 외곽에는 운주사 석탑문양인 교차문(X)으로 띠를 두른 것을 볼 수 있습니다. 또 다른 유물은 CE 1세기에 베그람에서 제작된 장식판으로 기둥과 칸막이에 쌍교차문(XX)이 장식된 것을 볼 수 있습니다. 이 베그람의 X 자 문양에는 꽃잎의 흔적이 남아 있는 것을 볼 수 있는데 이것은 시대를 거슬러 올라갈수록 교차문의 생김새가 그 뿌리가 되는 시원문양인 로마의 십자형 꽃무늬에 가까워진다는 것을 보여줍니다.

　북인도 출토 유물에서 볼 수 있는 장식문양은 불교의 동점과 함께 서역으로 전해졌습니다. 인도불교의 포교승이나 소그드상은 동쪽에 위치한 중국의 장안으로 가기 위해서 파미르 고원을 넘어 카슈가르에 도착합니다. 그들은 다시 타클라마칸 사막의 북쪽 오아시스길(서역북로)이나 남쪽 오아시스길(서역남로)을 통해 둔황까지 간 다음, 다시 하서회랑(둔황-주천-장액-무위)을 지나서 동쪽에 있는 중국 장안으로 갔습니다. 육상 실크로드라고 불린 이 길을 따라서 기원전부터 8세기말까지 36개 도시국가가 명멸했는데, 이 가운데 가장 융성했던 왕국이 쿠차의 구자국(龜玆國)이었습니다. 이 나라는 7세기에 산스크리트어로 쓰인 불경 원전을 구하기 위해서 인도로 향하던 중국의 구법승, 현장법사도 들렀던 유서 깊은 불교국가입니다. 구자국 사람들은 수도 쿠차에서 70km 떨어진 키질 천불동에 서역에서 가장 이른 시기인 3세기부터 석굴을 파고 푸른색 물감을 사용해서 벽화를 그렸습니다. 키질 석굴에서는 특히 제17굴의 벽화가 유명한데, 이 굴의 벽과 원통형 천정(barrel vault)의 경계에 운주사 석탑문양 가운데 하나인 이중마름모 안에 십자형 꽃잎이 있는 문양으로 띠 장식을 한 것을 볼 수 있습니다. 참으로 아름답지 않습니까?

　더 놀라운 유물은 토욕혼 왕국의 열수대묘에서 출토된 비단자수입니다. 토욕혼은 3-7세기에 중국 칭하이성(青海省·청해성)에 존재했

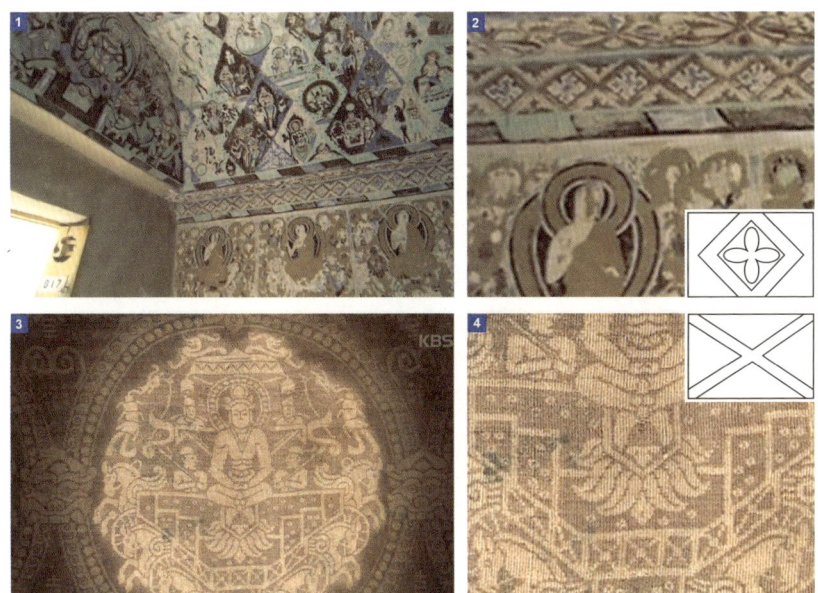

9-12. **이중마름모 안에 십자형 꽃무늬와 교차문(X)이 있는 서역의 유물** (1),(2)키질석굴 제17굴 벽화(3세기) (3),(4)아폴론 모습을 한 부처를 수놓은 비단자수(5-7세기, 토욕혼 열수대묘 출토). 비교를 위해 운주사 석탑문양을 함께 보였다.

던 왕국으로, 7-8세기에 당 제국과 맞장을 떴던 토번(티베트) 왕국에 의해 멸망했습니다. 칭하이성은 해발평균고도가 3천m인 고원지대로 이곳에는 제주도 면적의 2.3배나 되는 칭하이 호수가 있으며 이 호수 주변에는 또 하나의 실크로드였던 '청해의 길'이 지나고 있었습니다. 토욕혼은 티베트고원을 동서로 가로지르는 청해의 길을 이용한 동서무역으로 번영을 누렸던 고대왕국이었는데, 왕국의 열수대묘에서 세상을 깜짝 놀라게 한 비단유물이 출토되었습니다. 자, 이 비단자수를 보십시오. 태양신 아폴론이 여섯 필의 말이 이끄는 황금마차의 중앙에 놓인 연꽃대좌 위에 선정인 자세로 앉아 있습니다. 즉, 이 비단자수의 그림은 그리스 신화의 아폴론 모습을 한 부처상

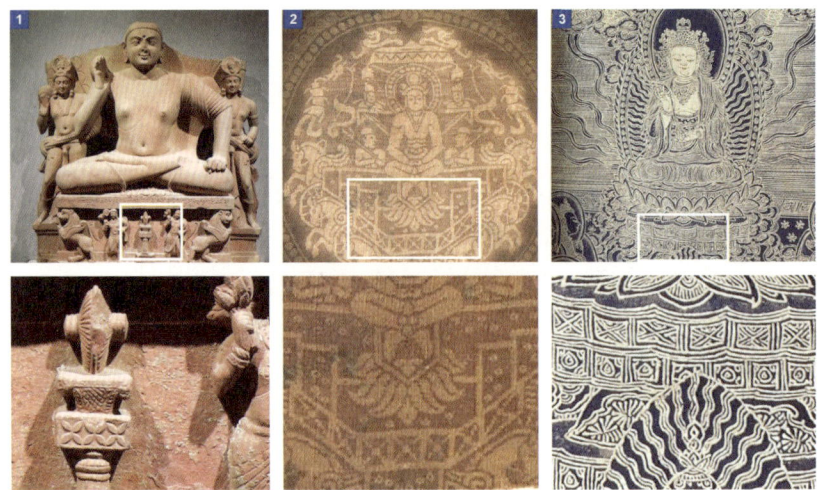

9-13. 운주사 석탑 교차문(X)의 전승과정을 보여주는 유물 (1)석가모니보살의 초전설법상 (1세기, 인도 마투라), (2)아폴론 모습을 한 부처를 수놓은 비단자수(5-7세기, 중국 토욕혼), (3)대방광불화엄경 보현행원품 사경변상도(고려 1334년). 노란색 사각형 부분을 크게 확대한 것이 아래 사진이다.

입니다. 그의 머리에는 두광이 빛나고 좌우에는 보살과 수호신으로 보이는 인물이 있으며 머리 위에는 부처 주변을 장엄하게 꾸며주는 천개가 있고 그 주위로 천인과 용이 하늘을 날고 있습니다. 또 대표적인 그리스 문양인 파도문양이 아폴론 부처상을 동그랗게 에워싸고 있습니다. 이 토욕혼의 비단자수는 헬레니즘 문화가 서역의 불교미술에 녹아들어가 있음을 보여주는 매우 진귀한 걸작입니다. 이 비단자수에서 놓치지 말고 보아야 할 것은 황금마차를 장식한 교차문(X)입니다. 여기에 등장한 교차문은 고려불화에서 부처가 결가부좌하고 앉은 연화대좌의 장식문양으로 즐겨 사용되기에 이것이 운주사 석탑 교차문의 원형이라 생각할 수도 있습니다. 그런데 사실은 부처의 연화대좌, 금강대좌 또는 사자대좌에 교차문을 사용하기 시작한 것은 불상이 처음 탄생할 때인 CE 1세기까지 거슬러 올라갑니다. 우리는 이것을 불상의 고향, 인도 마투라에서 제작된 석가모니보살의 사자대좌에서 확인할 수 있습니다. 이러한 조형전통이 서역을 통해 중국을 거쳐 고려불화와 운주사 석탑까지 전승되었던 것입니다.

운주사 석탑 기하문양의 기원에 대한 개성상인의 설명에는 전혀 막힘이 없었다. 그는 북인도에서 서역과 중국을 거쳐 고려까지 전달된 불교 전통문양을 고려불화와 불교유물을 통해 보여주겠다고 말하였다.

송상: 불교 전통문양은 고려불화에서 생생히 볼 수 있습니다. 서복사장 관경16관변상도의 화면구성과 약간 다른 구성을 하고 있는 지은원 소장본과 인송사 소장본을 살펴봅시다. 이 두 변상도는 화면을 위로부터 아래로 삼분할하여 맨 아래쪽 공간에다 삼배관(상배관, 중배관, 하배관)을 배치했습니다. 그리고 삼배관을 상징하는 각 전각의 바닥에는 문양이 있는 전돌을 쫙 깔아놓아 극락정토의 장엄함을 표현했는데, 이 전돌문양은 운주사의 이중마름모 안 십자형 꽃잎문양과 거의 일치합니다. 다음에는 고려후기에 제작된 미륵하생경변상도를 살펴봅시다.[76] 미륵하생경변상도는 화면을 크게 2등분하여 윗부분에는 미륵불이 용화수 아래서 중생들을 성불시키기 위해서 설법하는 장면을 그렸고, 아래 부분에는 미륵의 하생지(下生地)로 알려진 계두성(鷄頭城)의 여러 모습을 그렸습니다. 계두성 성문 위에 설치된 전각의 창살문양을 보십시오. 이 창살문양은 북인도 베그람에서 출

---

[76] 미륵불이 하생하여 세 번의 법회를 열어 남은 중생을 구제한다는 『미륵하생경』의 내용을 그림으로 그린 것이다.

토된 '여성이 있는 장식판'에서 보았던 십자형 꽃잎과 똑같은 문양입니다. 또 그림의 왼쪽에는 화려한 마차가 있는데 마차의 측면 창살을 십자형 꽃잎 문양으로 꾸민 것을 볼 수 있습니다. 이것은 운주사 석탑의 교차문과 사실상 똑같은 문양입니다.

다음에는 고려시대에 유행했던 사경의 그림을 살펴봅시다. 사경이란 종이에 불교경전을 베껴 쓴 것을 말하는데 고려시대에는 국왕이 주도하여 국가의 어려움을 부처의 힘으로 극복하기 위해서 또는 귀족들이 자신이나 가문의 영화를 빌기 위해 제작하는 경우가 많았습니다. 따라서 감지라 부르는 값비싼 종이와 금가루나 은가루를 섞은 물감을 사용하고 사경만 전문적으로 제작하는 사경승을 동원하여 매우 화려하게 제작했습니다. 보통 사경의 안쪽 표지에는 경전의 내용을 이해하기 쉽게 묘사한 변상도가 금니(금가루를 섞어 만든 물감)로 그려져 있습니다. 그럼 지금부터 아미타경과 대방광불화엄경의 사경 변상도를 살펴봅시다. 다른 것은 생략하고 아미타불과 비로자나불이 앉아 있는 연화대좌를 살펴보면, 아까 토욕혼에서 출토된 비단자수에서 보았던 교차문이 장식되어 있는 것을 볼 수 있습니다. 따라서 교차문은 북인도에서 탄생하여 서역을 거쳐 고려로 전래된 불교 전통문양임을 확실히 알 수 있으며, 운주사 석탑의 교차문도 이와 같이 유구한 불교미술의 흐름 속에서 등장한 문양입니다. 또 아미타경 사경의 변상도에는 연화대좌가 놓인 바닥을 기하무늬가 있는 전돌로 덮었는데 이 전돌 무늬는 이중마름모 안에 동그란 원 5개가 올망졸망 모여 있어 운주사 석탑의 그것과 약간 다르게 보입니다만, 그 뿌리를 찾아 시대를 거슬러 올라가면 이 두 문양은 조상이 같다는 것을 알게 됩니다.

9-14. 교차문(X)과 이중마름모 안에 십자형 꽃무늬가 있는 고려 유물 (1)관경십육관변상도(고려 1323년, 일본 지은원본) (2)관경십육관변상도(고려 1323년, 일본 인송사본) (3)미륵하생경변상도(하단 부분)(고려 14세기, 일본 지은원본) (4)아미타경 사경변상도(고려 1341년) (5)대방광불화엄경 세주묘엄품 사경변상도(고려 1350년). 비교를 위해 운주사 석탑문양을 함께 보였다.

9-15. **마름모꼴 무늬가 있는 고려 경패** (1)순천 송광사에는 보물로 지정된 43점의 경패가 있다. 경패 상단의 마름모꼴 기하문양은 운주사 석탑의 마름모꼴 문양과 완벽히 일치한다. (2),(3)사진(1)의 노란색 직사각형 부분을 확대한 것. 비교를 위해 운주사 석탑문양을 함께 보였다.

개성상인은 순천 송광사에 보관된 고려경패에도 운주사 석탑의 마름모꼴 문양이 있다고 하면서 경패문양에 대해 자세히 설명을 해주었다.

송상: 경패는 경전을 넣은 함 바깥에 달아서 어떤 경전이 보관되어 있는지 밖에서 알 수 있도록 한 일종의 꼬리표입니다. 한 면에는 경전의 명칭과 권의 숫자를 새겼고 반대 면에는 부처와 보살, 신장 등을 새겼는데 그 바깥 테두리에는 다양한 불교 전통문양이 장식되어 있습니다. 이것을 보십시오. 여기 경패 상단에 가로 방향으로 기하문양이 새겨져 있는 것을 볼 수 있는데, 하나는 이중마름모 안에 열십자가 있는 문양이고, 또 다른 하나는 마름모꼴 문양입니다. 이 두 문양은 운주

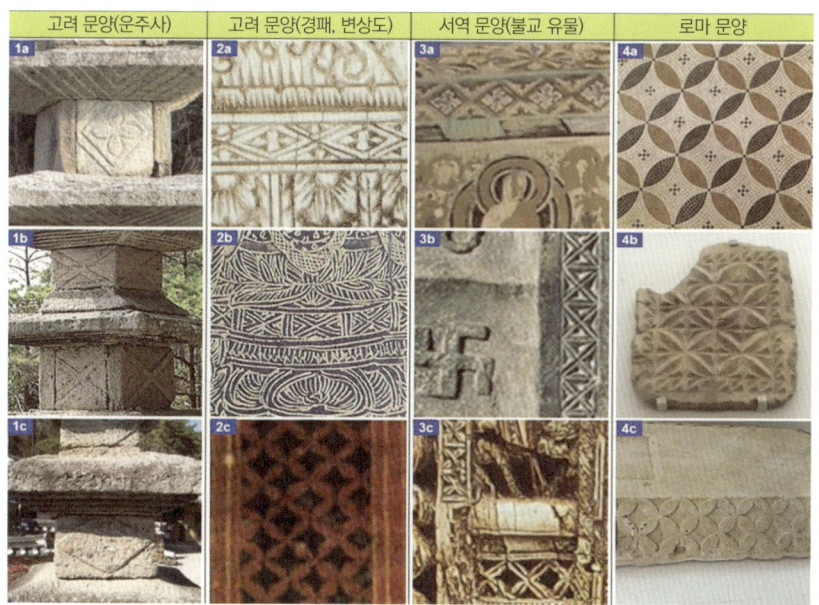

9-16. **운주사 석탑 기하문양의 기원** 운주사 석탑 문양은 로마-북인도-서역-중국-고려로 이어지는 불교문양의 전통을 이어받은 것이다. (1a-1c)운주사 석탑의 기하문양 (2a-2c)고려경패, 사경 변상도, 변상도에 사용된 불교문양 (3a-3c)서역의 불교유적과 유물에서 볼 수 있는 기하문양 (4a-4c)십자형 꽃무늬가 있는 로마제국의 유물

사 석탑문양과 완벽히 똑같습니다. 앞에서 설명을 드린 사경 변상도의 연화대좌를 장식한 교차문이 운주사 석탑의 교차문(X)의 유래를 설명해 준다면, 이 경패 문양은 운주사 석탑의 마름모꼴 문양(◇)의 유래를 설명해 줍니다. 저는 유라시아 대륙에 흩어져 있는 수많은 고대도시를 방문할 때마다 옛 건축물의 전통문양을 자세히 살펴봤습니다. 제 관찰에 의하면, 운주사 석탑의 탑신을 장식한 다양한 기하문양은 북인도-서역-중국-고려로 이어지는 불교문양의 전통을 그대로 이어받은, 즉 족보가 확실한 문양이라는 것입니다.

개성상인의 명쾌한 설명은 아침 햇살이 되어 운주사가 폐사된 이래로

400년 동안 석탑을 가려왔던 짙은 안개를 말끔히 걷어내는 듯하였다.

송상: 운주사 석탑의 다양한 기하문양은 어느 날 갑자기 하늘에서 뚝 떨어진 외래문양이 결코 아닙니다. 이 석탑 문양은 고려불교의 문화유산인 경패, 경전의 변상도와 사경 변상도에서 흔히 사용되던 불교 전통문양과 정확히 일치합니다. 이 불교문양은 북인도와 서역에서 건너온 것으로 간다라, 베그람, 마투라의 유물과, 키질석굴, 둔황 막고굴, 안서 유림굴의 벽화와 토욕혼 출토 유물에서 어렵지 않게 발견할 수 있습니다. 이 문양의 기원을 찾아 더 옛날로 거슬러 올라가면 로마의 십자형 꽃무늬와 맞닥뜨리게 되는데 이 로마의 십자형 꽃무늬야말로 운주사 석탑문양의 시원문양입니다. 이 무늬는 제가 가장 좋아하는 것으로 5천년 유라시아 문명을 대표하는 문양입니다. 저는 이 문양이 오뉴월이 되면 우리나라 산야에서 하얀 열십자형 꽃을 피우는 산딸나무 꽃을 쏙 빼닮았기에 '산딸나무꽃무늬'라고 부릅니다.

　운주사 석탑문양의 유래에 대해 다음과 같이 정리할 수 있습니다. 로마의 산딸나무꽃무늬는 무엇을 기준에 두고 보느냐에 따라 변신을 일으키는 재미난 문양입니다. 로마의 산딸나무꽃무늬는 기본적으로 '교차문(X)'이 사방으로 뻗어나간 문양입니다. 그런데 이 문양을 교차문과 교차문 사이 빈 공간을 중심에 두고 바라보면 이번에는 '마름모문(◇)'이 사방으로 뻗어나간 것처럼 보입니다. 자, 그러면 2차원 평면에 펼쳐진 로마의 산딸나무꽃무늬에서 기본형인 교차문(X)을 가로 방향으로 한 줄만 잘라내어 연화대좌 상단에 갖다 붙여 봅시다. 이렇게 하면 고려 아미타경 사경변상도에서 아미타불의 연화대좌를 장엄하는 이방연속 교차문(X)이 됩니다. 여기서 다시 교차

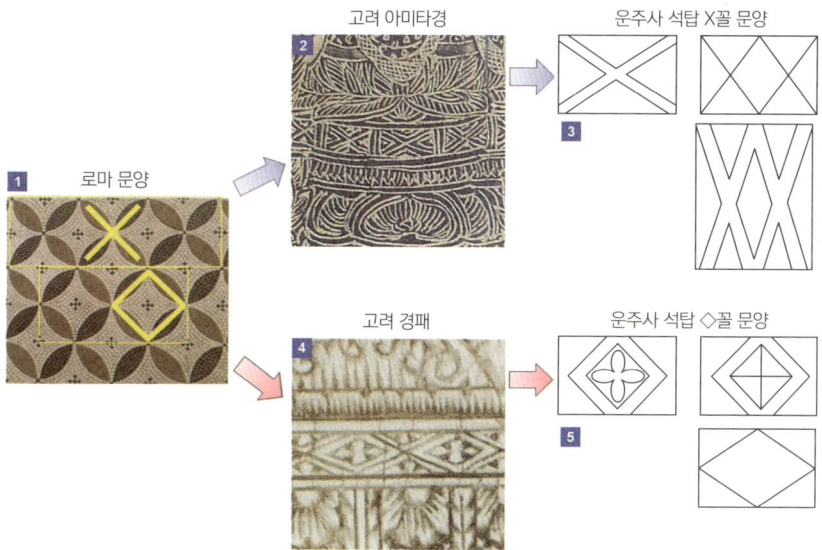

9-17. 운주사 석탑문양의 시원은 로마의 산딸나무꽃무늬이다. (1)로마의 산딸나무꽃무늬는 교차문(X)과 마름모문(◇)이 융합된 문양이다. 여기서 교차문(X)을 한 줄만 잘라내면 (2)고려 아미타경 사경변상도의 연화대좌 문양이 되고, 여기서 다시 한 개 또는 두개를 떼어내면 (3)운주사 석탑의 X꼴 문양이 된다. 로마문양에서 마름모문(◇)만 한 줄 잘라내면 (4)고려 경패의 띠 장식문양이 되고, 여기서 다시 한 개만 떼어내면, (5)운주사 석탑의 ◇꼴 문양이 된다.

문(X)을 한 개 또는 두 개만 떼어내서 칠층석탑의 탑신에 붙이면 운주사 교차문칠층석탑과 쌍교차문칠층석탑이 탄생하게 됩니다.

이번에는 로마의 산딸나무꽃무늬에서 일종의 착시문양인 '마름모문(◇)'을 가로 방향으로 한 줄만 잘라내어 경패 테두리에 붙여봅시다. 이렇게 하면 고려 경패의 띠 장식문양인 마름모(◇) 안에 십자형 꽃무늬가 태어납니다. 여기서 다시 마름모문(◇)을 한 개만 떼어내서 구층석탑과 삼층석탑의 탑신에 붙이면 운주사 남쪽 들머리의 구층석탑과 대웅전 앞 삼층석탑의 문양이 되는 것입니다. 바로 이것이 지난 400년간 짙은 안개에 가려져 있던 운주사 석탑문양의 참모습인 것입니다.

9-18. **산딸나무꽃무늬** 운주사 석탑문양은 시원문양인 로마의 산딸나무꽃무늬의 형질을 고스란히 간직하고 있는 가장 단순한 형태의 꽃무늬이다. (1a-1b)로마의 산딸나무꽃무늬, (2a-2c)운주사의 산딸나무꽃무늬

    로마의 산딸나무꽃무늬는 꽃이 무리지어 핀 모습, 즉 꽃 군락을 디자인한 것이라면, 운주사 석탑의 산딸나무꽃무늬는 꽃무리 가운데 단 한 송이에 초점을 맞추어 가장 단순한 형태로 산딸나무꽃을 표현했다고 볼 수 있습니다. 여기에다 획을 하나 더 그으면 번잡해지고, 획을 하나 빼면 산딸나무꽃의 형질이 사라집니다. 이 세상에 존재할 수 있는 가장 단순한 형태의 산딸나무꽃, 그렇지만 로마 산딸나무꽃의 원형질을 고스란히 간직한 꽃, 그것이 바로 천불천탑문양인 것입니다.

    기원전후 시기에 유라시아 대륙의 서쪽 끝, 로마를 출발하여 서아시아, 중앙아시아, 그리고 중국을 횡단하여 마침내 유라시아 대륙의 동쪽 끝, 고려에 도착한 산딸나무꽃의 밀레니엄 대장정은 우리에게 고려문명을 어떻게 바라봐야 하는지를 일깨워주고 있다. 고려문명은 한반도라는 좁은 울타리에 갇힌 지역문명이 아니었으며, 10-14세기에 거미줄처럼 엮인 동아시아 문명네트워크 위에 올려놓고 살펴봤을 때 올바르게 파악될 수 있음을 일깨워주는 것이었다.

나는 이제 비로소 운주사 석탑문양의 유래를 확실히 알게 되었다고 말하면서도 "그런데 송상께서는 운주사 석탑문양 가운데 칠층석탑 탑신의 '수직문(〉Ⅲ〈)'과 구층석탑 옥개석 아랫면의 '꺾쇠(∨)'를 여러 개 겹쳐놓은 문양의 유래에 대해서는 아직 설명을 하지 않았습니다. 도대체 이 문양들은 어디에서 온 것입니까?" 하고 묻지 않을 수 없었다.

송상: 하하하, 청계산인은 참으로 집요하십니다. 사실 저도 수직문과 꺾쇠문의 유래나 상징성에 대해서는 아직 정확히 파악하지 못했습니다. 그러나 이 문양도 운주사의 다른 석탑문양과 마찬가지로 고려불화에서 그 유래를 찾을 수 있을 것으로 생각됩니다. 다만 제가 아직 현존하는 모든 고려불화를 살펴본 것은 아니기 때문에 어디에서 유래된 문양이라고 딱 집어 말씀드리기가 어렵습니다. 하지만 제가 지금까지 살펴본 바로는 수직문의 경우에는 《대방광불화엄경 입부사의 해탈경계 보현행원품》을 사경한 변상도에서, 그리고 꺾쇠문양의 경우에는 운주사 천불천탑의 설계도면으로 판단되는 서복사 소장 《관경십육관변상도》에서 약간의 힌트를 얻을 수 있다고 생각합니다.

먼저 수직문의 유래에 관해 소견을 말씀드리겠습니다. 후대신라와 고려에서 가장 널리 읽혔던 불교경전이 《대방광불화엄경》입니다. 줄여서 《화엄경》이라 불리는 이 경전의 입법계품(入法界品)에는 선재동자가 구도를 위해 지혜의 화신인 문수보살의 지도에 따라 53인의 선지식(善知識)을 차례로 방문하여 법을 듣고 도를 구하는 내용이 나

9-19. **운주사 칠층석탑의 수직문** (1)《대방광불화엄경 입부사의 해탈경계 보현행원품》의 사경 변상도, 흰색 네모 안에서 장식용 꽃술로 보이는 수직문이 보인다(호림박물관 소장) (2)운주사 수직문 칠층석탑 (3)운주사 수직문을 도식화한 것.

옵니다. 그는 53명의 선지식을 찾아 남쪽을 순례하다가, 마지막으로 진리와 실천의 덕을 상징하는 보현보살을 만나 그의 십대원(十大願)을 듣습니다. 선재동자는 이 열 가지 원을 받들고 실천함으로써 그 공덕으로 아미타불의 극락정토에 왕생했습니다. 화엄경이 크게 유행했던 우리나라 불교에서는 특히 보현행원품의 실천을 매우 중요시했습니다. 이 경전의 내용을 사경하고 그림으로 그린 사경변상도를 보면 수직문이 몇 군데 나옵니다. 이 도상에는 열 가지 서원에 대해 말씀하는 보현보살이 연화대좌에 앉아 있고 그 앞에는 장엄하게 꾸민 불단이 놓여 있으며 이 아래에 선재동자가 무릎을 꿇고 설법을 듣는 장면이 그려져 있습니다. 이 그림의 불단과 천개에서 장식용 꽃술로 짐작되는 수직문을 볼 수 있는데 저는 이것이 운주사 칠층석탑

9-20. **운주사 구층석탑의 옥개석 아랫면의 꺾쇠(V)문양** (1)관경16관변상도에 그려진 전각의 서까래(고려, 서복사 본). 연못의 왕생자가 아미타삼존을 올려다볼 때 그의 시선으로 서까래를 표현한 것이다. (2)아미타경변상도에 표현된 전각의 서까래가 방사상으로 뻗어있다.(둔황 막고굴 벽화) (3)구층석탑 옥개석의 겹친 꺾쇠문양은 방사상으로 뻗은 전각의 서까래를 표현한 것이다.

의 수직문과 똑같은 문양이 아닌가 짐작하고 있습니다.

다음에는 꺾쇠문양의 유래에 대해 말씀드리겠습니다. 운주사의 천불천탑을 조성하기 위한 설계도가 서복사 소장 관경16관변상도임에는 틀림없습니다. 이 변상도에서 상배관의 중앙(상품상생)과 중배관의 중앙(중품상생)에 자리한 전각을 자세히 살펴보면, 기와지붕과 공포 위쪽 도리 사이에 마치 노출된 서까래를 묘사하려는 듯 수많은 빗금이 전각 중앙을 기준해서 좌우대칭으로 쳐져 있는 것을 볼 수 있습니다. 물론 빗금 간격이 너무 촘촘해서 '이게 과연 서까래를 표현한 것이냐?' 하는 논란의 여지는 있습니다만, 전각의 서까래가 이처럼 방사상으로 뻗어나간 것처럼 보이는 경우는 전각 아래에서 위를 올려다볼 때입니다. 즉, 관경16관변상도의 전각은 산수화를 그릴 때 흔히 사용되는 다중시점으로 그려진 것입니다. 방사상으로 뻗어나간 서까래는 둔황 막고굴의 아미타경변상도 벽화에서 또렷이 확인할 수 있는데 여기 전각의 서까래와 운주사 구층석탑 옥개석의 서까래 문양은 놀랄 만큼 똑같습니다. 그래서 저는 이 문양을 다음과 같이 해석합니다. 생을 다하기 직전 선지식의 법문을 듣고 무거운 죄업에서 벗어난 하품인은 죽는 순간 하배관 연못의 흰 연꽃 위에 탄생하게 되며, 여러 겁이 지난 후에 관세음보살과 대세지보살이 보배연못 앞 전각에 나타나 그를 위하여 일체 불법의 참모습과 모든 죄업을 소멸하는 대승법문을 자세히 일러줍니다. 하품왕생자는 미묘한 법문을 듣고 기쁨에 넘쳐 합장하면서 연못 위를 올려다보는데, 이 순간 하품왕생자의 눈에는 찬란한 광명을 비추는 관세음보살의 모습과 두광 너머로 전각의 서까래가 보일 것입니다. 제가 판단하기에, 운주사 구층석탑은 하배전각의 연화대좌 위에 결가부좌하고 설법을 하는 관세음보살을 표현한 것으로 보입니다. 즉, 구층탑은 관세음보살을 상징하고 옥개석 밑면의 겹친 꺽쇠(V)문양은 전각을 나타낸 것이며 탑신에 새겨진 마름모 안에 십자형 꽃무늬는 관세음보살이 좌정한 전각을 장엄하기 위해 궁전 바닥에 깐 타일문양입니다. 저는 이것이 구층석탑의 조형원리라고 생각합니다. 만약 제 해석이 맞는다면, 운주사 구층석탑을 만든 석공은 천재 조각가임에 틀림없습니다.

개성상인의 운주사 석탑문양 해설은 그야말로 아침나절의 햇살처럼 운주골의 하배관 영역에 짙게 내려앉은 안개를 말끔히 걷어내었다. 그는 시간이 많이 흘렀으니 하배관 설명은 이만 마치고 중배관으로 건너가 보자고 했다. 우리는 운주사의 하배관 영역에 설치된 구층석탑과 두 기의 칠층석탑을 지나 광배불상을 잠시 살펴본 다음 중배관 영역으로 들어섰다. 중배관은 운주골 천불천탑 영역의 한가운데에 자리 잡고 있어 운주사의 핵심공간으로 여겨지는 곳인데 역시나 이곳에도 좀처럼 해석이 안 되어 신비스럽게 보이는 석조불감과 원형다층석탑이 놓여 있다. 개성상인은 쌍배불상이 안치된 석조불감 앞에 이르러 중배관의 조성원리에 대해 설명을 시작했다.

천불천탑 중배관 영역

송상: 관경16관변상도의 중배관을 살펴보면, 한가운데에 중품상생지관(中品上生之觀), 왼쪽(관람자 시선으로는 오른쪽)에 중품중생지관(中品中生之觀), 오른쪽(관람자 시선으로는 왼쪽)에 중품하생지관(中品下生之觀), 이렇게 세 종류의 중품극락이 품(品)자형으로 정연하게 배치되어 있습니다. 중품상생지관은 청정한 계율을 지키며 오역죄를 범하지 않는 중품상생인(中品上生人)이 극락왕생하는 곳입니다. 단 하루라도 팔재계나 구족계를 지키는 중품중생인(中品中生人)은 중품중생지관으로 왕생하며, 부모에게 효도하고 사람들에게 인자하게 행동하는 중품하생인(中品下生人)은 생을 다했을 때 중품하생지관으로 왕생합니다. 이곳 중품극락으로 왕생한 중품인은 하얀 연꽃 위에 태어나 아미타부처님, 관세음보살과 대세지보살, 즉 아미타삼존으로부터 영접을 받습니다.

운주사 천불천탑에서 이곳 칠층석탑-석조불감-원형다층석탑 영역과 석불군 '다'와 '라'를 포함하는 영역이 16관변상도의 중배관에 해당합니다. 불감이란 작은 불상을 모셔두는 방을 뜻하는데 대표적인 것이 석굴암 벽면에 있는 불감입니다. 그런데 이처럼 야외에 인공적으로 거대 불감을 설치한 예는 운주사밖에 없어서 그 조성원리에 대해 많은 사람들이 궁금해 하고 있습니다. 이 뿐만 아니라 석조불감 안에는 서로 등을 맞대고 있는 두 구의 석조불상, 즉 쌍배불상이 있는데 이 불상의 이름이 무엇인지 지금껏 밝혀지지 않았습니다. 모든 불상은 손동작(수인·mudra)과 손에 든 지물(상징물·attribute) 또는 머리에 쓴 보관으로 그 이름을 얼추 맞출 수가 있는데 이 쌍배불상은 조각이 정교하지 않아 정확한 수인 파악이 어렵거나 카논에서 살짝 벗어난 수인을 하고 있기 때문입니다.

석조불감과 쌍배불상의 정체

송상: 먼저 석조불감의 조성원리에 대해 말씀드리면, 여기가 16관변상도의 중배관 영역이기 때문에 석조불감은 다름 아닌 아미타삼존이 왕림하는 중배전의 전각을 표현한 것입니다. 서복사장 관경16관변상도에 묘사된 전각은 고려의 궁궐양식입니다. 그림에서 가운데 전각을 자세히 살펴봅시다. 지붕을 떠받는 공포(栱包)를 기둥 위에만 설치한 주심포(柱心包) 양식에 비천의 구름에 가려 언뜻 우진각 지붕처럼 보이는 팔작지붕을 얹었고 지붕 꼭대기에는 용마루가 있습니다. 전각 안 연화대좌에는 아미타삼존이 정좌하여 중품연못의 연꽃 위에 태어난 왕생자를 맞이하고 있습니다. 이 설계도면 그대로 재현한 것이 운주사 석조불감과 쌍배불상입니다. 따라서 석조불감은 아미타삼존이 왕림하는 궁궐전각을 본따서 우리나라 어디에서도 볼 수 없는 거대한 크기로 지었고 여기에 팔작지붕과 용마루를 얹어 장엄하게 보이도록 꾸몄습니다. 그러면 중배전각 안에 모신 쌍배불상을 자세히 살펴봅시다.

남쪽을 바라보는 불상의 수인은 항마촉지인(降魔觸地印)과 비슷하여 석가모니불로 해석하는 이도 있고, 북쪽을 바라보고 있는 불상의 수인은 두 손을 합장한 채 가슴 높이로 모으고 있어 비로자나불로 해석하는 이도 있습니다만 이것은 매우 불확실한 정보라서 공식자료에서는 불상 이름을 밝히고 있지 않습니다. 자, 그러면 제가 남쪽 불상의 명호를 밝혀보겠습니다. 이 불상의 수인은 오른손과 왼

9-21. **운주사 석조불감은 관경십육관변상도의 제15관 중품삼배지전을 표현한 것이다.** (1)관경변상도의 제15관 중품삼배지전 영역. 동그란 원 안에 운주사 석조불감과 똑같이 생긴 전각이 보인다. (2)석조불감의 남쪽 불상 (3)석조불감 (4)석조불감의 북쪽 불상

    손의 위치가 바뀐 것을 제외하면 항마촉지인이라 볼 수 있습니다.[77] 그래서 깨달음을 얻은 석가모니불로 해석할 수도 있겠습니다만 아미타불로 유명한 영주 부석사 무량수전의 소조여래좌상과 비교하면 양손의 위치가 바뀐 것을 제외하곤 두 불상은 거의 똑같은 자세를 하고 있습니다. 따라서 이 남쪽 불상은 아미타여래상임에 틀림없

---

77) 항마촉지인은 고타마 붓다가 바른 깨달음(정각)을 성취했음을 상징하는 수인이다. 그 형태는 책상다리를 하고 왼손은 손바닥을 위로 하여 배꼽 앞에 두고 오른손은 손등을 위로 하여 오른 무릎에 얹고 손가락으로 땅을 가리킨다.

9-22. **운주사 쌍배불상은 관경십육관변상도 중배전의 아미타불을 나타낸 것이다.** (1) 석조불감의 남쪽 불상은 (2)영주 부석사 무량수전의 아미타불과 두 손의 위치만 다를 뿐 항마촉지인을 하고 있는 아미타불이다. (3)석조불감의 북쪽 불상은 (4)중배관에서 중품중생인을 하고 있는 아미타불이다.

습니다.

이번에는 합장하는 자세의 북쪽 불상을 살펴봅시다. 불상의 수인이 대략적인 형태로만 묘사되어 있어 정확히 판단하기는 어렵지만 16관변상도 중배관의 아미타불 수인을 참고하면, 이 북쪽 불상은 아미타 구품정인(九品定印) 가운데 중품중생인(中品中生印) 자세를 취하고 있는 아미타불이라 판단됩니다. 따라서 운주사 중배관 영역에서 핵심 위치를 차지하는 석조불감은 이제부터 '중품삼배지전(中品三輩之殿)' 또는 줄여서 '중배전(中輩殿)'으로, 쌍배불상은 '쌍배아미타불'로 고쳐 불러야 마땅합니다.

운주사 천불천탑 수수께끼 가운데 사람들이 가장 신비스럽게 생각하는 것 가운데 하나인 석조불감과 쌍배불상에 대한 개성상인의 수수께끼 풀이에는 전혀 막힘이 없었고 나는 머리를 끄덕이며 공감을 나타내었다. 이제 석조불감, 아니 중배전에서 북쪽으로 12m 떨어져 있는 원형다층석탑 수수께끼에 대해 물을 차례가 되었다.

원형다층석탑의 정체

청계: 사람들은 동그란 원판을 쌓아올린 저 희한하게 생긴 탑을 생김새에 빗대어 '호떡탑'이라거나 '피자탑'이라 부르기도 합니다. 송상께서는 저 탑의 정체가 무엇이라 생각하십니까?

송상: 하하하, 정말 괴상하게 생겼지요? 저렇게 동그란 원판이 호떡이나 피자를 닮았기에 그런 이름으로 불릴 만도 합니다. 우리나라 다른 절에서는 찾아볼 수 없고 너무나 기묘하게 생긴 탑이라서 이 탑 앞에 서면 그저 말문이 막힐 따름입니다. 저도 한동안 이 탑의 정체가 무엇인지 무척 궁금했습니다. 그런데 운주사 천불천탑의 설계도가 관경16관변상도이기 때문에 원형다층석탑의 유래도 관무량수경과 16관변상도에서 찾아야만 합니다.

관무량수경에서 설한 13가지 정선관 가운데 네 번째 극락왕생 관법이 보수관(寶樹觀)으로, 이것은 극락세계의 장엄한 보배나무를 생각하는 것입니다. 관경에 의하면, 보배나무는 잎, 꽃, 열매가 모두 칠보로 되어 있고 나무 전체가 일곱 겹 진주그물로 덮여 있어 찬란한 광채를 내뿜는다고 묘사되어 있습니다. 경전에는 나무의 층수가 언급되지 않지만 16관변상도에서는 대개 6층에 삼각뿔 모양의 상륜부를 얹어 전체가 7층인 층층나무로 묘사합니다. 도상학적으로 보배나무는 일상관의 배경으로 사용되거나 불회를 개최한 석가모니

9-23. **운주사 원형다층석탑은 관경16관변상도 중배전의 보배나무를 표현한 것이다.** (1)관경16관변상도 삼배지전의 좌우에 칠보로 치장된 7층 보배나무가 서 있다(고려 1323년, 인송사본). (2)원형다층석탑은 보배나무를 상징한다. (3)원형다층석탑 주변에 옥개석과 탑신이 흩어져 있다. (4)와불 영역 칠성바위는 보배나무칠층석탑의 부재(옥개석)이다.

불이나 아미타불이 앉은 연화대좌의 양쪽에 각각 한 그루씩 배치하여 극락세계를 장엄하게 꾸미는데 사용됐습니다.

　보배나무는 현존하는 네 점의 고려 관경16관변상도에 잘 묘사되어 있습니다. 여기서는 서복사본과 인송사본에 묘사된 보배나무 그림을 참고하여 설명을 드리겠습니다. 운주사 원형다층석탑이 자리한 영역은 16관변상도의 중배관 영역입니다. 그리고 석조불감과 쌍배불상은 중품극락전에 나투어 중품연못(중품지·中品池)의 하얀 연꽃 위에 태어난 중품왕생자를 맞이하는 아미타여래를 표현한 것입니다. 아미타여래가 자리한 전각의 앞쪽에는 광채를 뿜어내는 보배나무와 보배의자가 좌우에 각각 하나씩 배치되어 있어 왕생자를 맞이하는 시공간을 황홀하게 만들어 줍니다. 운주사 칠층석탑-석조불감-원형다층석탑 공간은 바로 16관변상도의 중품극락전(전각, 아미타불/관세음보살/대세지보살, 보배나무)을 운주골에 그대로 재현해 놓은 것입니다. 따라서 원형다층석탑은 이제부터 '보배나무칠층석탑'이나 '보수탑'으로 불리어야 마땅합니다.

옥개석만 남은 칠성바위 미스터리

송상: 다시 강조해서 말씀드리지만, 운주사 천불천탑은 고려 후기에 관경 16관변상도를 설계도 삼아 조성된 아미타극락정토 체험장이었습니다. 우연히 북두칠성의 별자리를 빼닮은 칠성바위는 고대 천문 유적이 아니라 석가모니 부처께서 영축산에서 관무량수경을 설하는 불회를 장엄하기 위한 7층 보배나무탑이 분명합니다. 그런데, 7개 원반형 석재가 7층보수탑의 옥개석(지붕돌)이라면, 왜 탑신(몸돌)에 해당하는 석재는 안 보이고 옥개석만 산등성이에 흩어져 있는가 하는 의문이 생깁니다. 이를 설명하기 위한 하나의 가설은 처음부터 미완성 탑이었을 가능성입니다. 이 보수탑은 옥개석 1개의 무게만 12-20톤에 달하고 평균 직경은 3m에 달합니다. 이 정도 무게와 크기의 원반석을 평지가 아닌 산비탈에 세우기는 쉽지 않았을 것입니다. 떼어낸 암석으로 먼저 옥개석을 다듬어 탑을 세울 장소에 끌어다 놨지만 생각보다 너무 무거워서 탑세우기를 중단했을 가능성을 생각해 볼 수 있습니다. 또 다른 가설은 7층보수탑을 완공했지만 운주사 폐사 후 어느 시점에서 무너졌을 가능성입니다. 그러나 두 가설 모두 탑신은 없고 옥개석만 남은 이유에 대해 충분히 납득할 만한 설명을 해주지 못하기 때문에 이 의문을 풀기 위해서는 추가적인 조사와 연구가 필요합니다.

그는 이어서 중배관 영역의 석불군 '다'와 '라'는 중배지 연꽃 위에 태어난 중품왕생자를 맞이하는 여러 보살과 비구, 악기를 연주하는 천인을 나타낸 것이라면서 중배관 설명을 마쳤다. 우리는 마애여래좌상이 얕게 새겨져 있는 북쪽 암벽을 향해 느릿느릿 발걸음을 옮겼다. 개성상인은 마애여래좌상이 올려다 보이는 '발형다층석탑' 앞에 서서 상배관에 관한 설명을 시작하였다.

천불천탑 상배관 영역

송상: 상배관은 자비심이 많아 생명을 죽이지 않으며 대승경전을 독송하고 육바라밀[78]을 수행하여 자신이 쌓은 공덕을 남에게 베풀 줄 아는 상품상생(上品上生) 인과, 대승경전을 독송하거나 외우지는 못해도 대승의 뜻을 알고 인과의 도리를 믿어 극락에 태어나기를 서원하는 상품중생(上品中生) 인과, 인과의 도리를 믿고 무상의 도를 구하는 마음을 일으키고 극락에 태어나기를 서원하는 상품하생(上品下生) 인이 왕생하는 곳입니다. 상품왕생자는 이곳 상품지의 연화대 위에 탄생하여 아미타삼존, 여러 보살, 비구와 성문대중, 주악천인으로부터 영접을 받습니다. 천불천탑 가운데 가장 북쪽에 설치된 마애여래좌상-석불군 '마'-발형다층석탑-명당탑(원형다층석탑)으로 둘러싸인 영역이 바로 16관변상도의 상배관에 해당합니다.

---

78) 불교신자가 실천해야 하는 여섯 가지 바라밀(깨달음에 이르는 길)로, 보시·지계·인욕·정진·선정·지혜를 말한다. 보시는 이웃에게 베푸는 것, 지계는 계율 지키기, 인욕은 화를 내지 않으며 온갖 번뇌를 잘 참고 극복하는 것, 정진은 게으름을 피우지 않고 끊임없이 노력하기, 선정은 마음을 고요히 가라앉히기, 지혜는 사물을 밝게 꿰뚫어보는 슬기이다.

9-24. **운주사의 상배관 영역** 가장 북쪽에 위치한 마애여래좌상-석불군 '마'-발형다층석탑-명당탑으로 둘러싸인 영역이 관경십육관변상도의 상배관에 해당한다. (1)마애여래좌상 (2)석불군 '마' (3)발형다층석탑 (4)명당탑

마애여래좌상과 발형다층석탑의 정체

송상: 운주사 천불천탑의 상배관 영역은 서복사장 관경16관변상도 상배관의 화면구성과 완벽하게 일치합니다. 북쪽 암벽에 새겨진 마애여래좌상은 아미타여래가 상품삼배지전의 팔각연화대좌에 결가부좌한 채 가슴 앞쪽에서 상품상생인의 자세를 취하고 있는 모습을 표현한 것입니다. 따라서 지금까지 불상의 정확한 이름을 몰라서 두리뭉실하게 부르고 있는 마애여래좌상은 앞으로 '마애아미타불좌상'으로 불러야 합니다. 변상도를 유심히 살펴보면, 아미타삼존이 나투신 전각의 좌·우에 보배나무와 함께 '보배당(寶貝幢)' 또는 줄여서 '보당(寶幢)'으로 불리는 장엄물이 좌우대칭으로 배치되어 있는 것을 볼

수 있습니다. 청계산인께서는 당간지주(幢竿支柱)를 아시지요?

청계: 네, 물론입니다. 절에서는 중요한 법회가 있을 때 당간(幢竿)이라 부르는 기다란 장대 끝에 당(幢)이나 번(幡)으로 불리는 기다란 깃발을 매달아 행사가 있음을 알리는데, 이 당간이 쓰러지지 않도록 양쪽에서 지지해주는 지주대가 바로 당간지주입니다. 폐사지에 가면 쇠로 만든 당간은 사라지고 화강암으로 만든 당간지주 한 쌍만 달랑 남아 있는 것을 종종 볼 수 있습니다. 우리나라에서 가장 오래된 당간지주는 백제 무왕 때 세운 익산미륵사지 당간지주입니다.

송상: 네, 맞습니다. 우리나라에서는 당과 번을 구분하지 않고 둘 다 아래쪽으로 기다란 직사각형 깃발처럼 생겼다고 말합니다만, 당과 번을 처음 사용한 중국에서는 명확히 구분하고 있습니다. 당은 청사초롱같이 생긴 3차원 입면체이고 번은 직사각형 천 끝에 제비꼬리가 달린 2차원 깃발을 말합니다. 이것을 길이가 10m가 넘는 쇠 당간 끝에 매달아 불교의식이 있음을 알리거나 이곳이 신성한 사찰임을 알리는 표식으로 사용했습니다. 16관변상도에서 다층보배당의 배치 구도는 중국이나 고려가 서로 비슷하지만 그 생김새는 완전히 다릅니다. 중국의 변상도에서는 크기와 모양이 다른 당을 여러 단 쌓아 올려 마치 탑처럼 보이는 다층보배당을 극락 전각의 좌우에 배치하거나 연등처럼 줄에 매달아 둔 것을 볼 수 있습니다. 반면에 고려 것은 생김새가 마치 스탠드형 옷걸이처럼 길쭉합니다. 그것은 중국과 달리 고려 화가는 변상도 화면을 3-4단으로 나누어 극락정토를 그렸기 때문입니다. 화면을 나누다 보니, 각 단의 공간이 협소하여 중국 변상도처럼 다층보배당을 그리게 되면 화면이 너무 번잡해질 뿐만 아니라 생김새와 크기가 비슷한 보배나무와 시각적으로 충돌하게 됩니다. 따라서 고려 화가는 고려변상도 화면에 잘 어울리도록 다

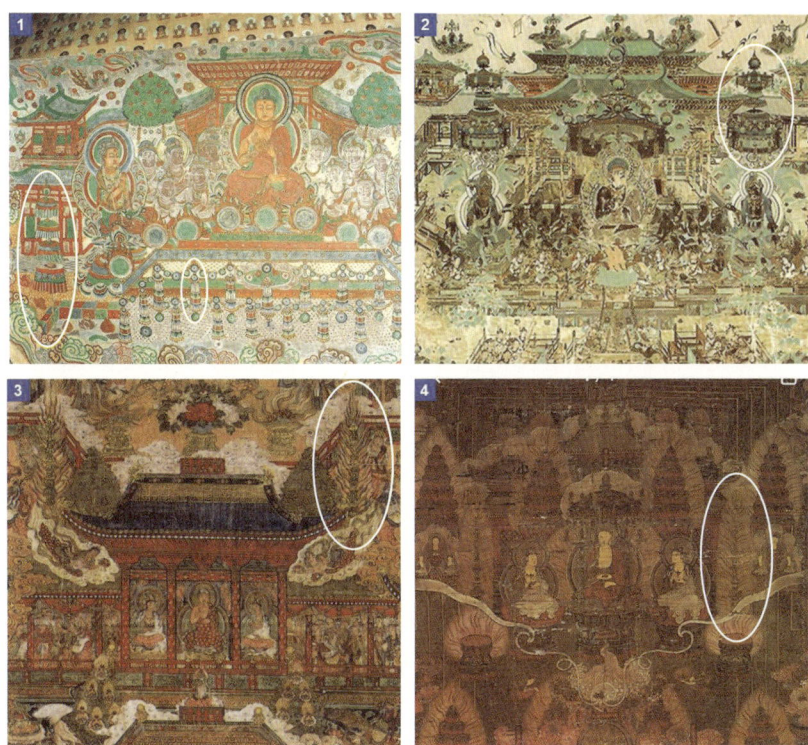

9-25. **보배당은 아미타정토의 장엄물이다.** 중국 변상도의 다층보배당은 청사초롱을 몇 단 쌓아 올린 탑처럼 생긴 반면, 고려 변상도의 다층보배당은 길쭉하다. (1)아미타경변상도 (둔황 막고굴), (2)관경변상도(둔황 막고굴 제172굴) (3)16관변상도의 상품상생 극락전각(고려, 서복사본) (4)16관변상도의 제7화좌관 및 제8상관(고려, 인송사본)

층보배당을 길쭉한 형태로 변형시킨 것 같습니다. 다층보배당은 각양각색의 진귀한 보석을 정교하게 깎고 다듬어 수박 크기로 만든 다음 진주그물로 감싼 후 7층으로 쌓아 올렸으며 아미타삼존 주변에 보배나무와 함께 장엄물로 배치했습니다. 따라서 세상 사람들이 마치 계란이나 주판알을 쌓아올린 것 같다 말하기도 하고 혹은 스님의 식기인 발우를 차곡차곡 쌓은 듯 보인다하여 '발형다층석탑'이라 부르는 이 탑은 16관변상도의 보배당을 표현한 것임에 틀림없습니

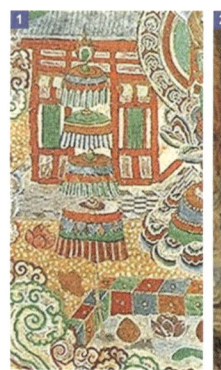   

9-26. **운주사 발형다층석탑은 16관변상도의 '보배당'을 석탑양식으로 표현한 것이다.** (1)아미타경변상도의 다층보배당(중국 둔황 막고굴) (2)16관변상도의 7층보배당(고려1323년, 인송사본) (3)16관변상도의 7층보배당(고려, 서복사본) (4)운주사 발형다층석탑(조선고적도보) ⓒ국립문화재연구소

다. 따라서 앞으로는 이 석탑을 '보배당칠층석탑' 또는 '보당탑'으로 불러야 할 것입니다.

마침내 운주골의 짙은 안개가 걷히다

정유재란으로 운주사가 폐사된 이후 400년간 운주골을 가득 채웠던 짙은 안개는 개성상인이 비추는 아침햇살에 하배관과 중배관을 거쳐 상배관까지 물러나면서 비로소 천불천탑은 그 진면목을 여실히 드러내기 시작하였다. 북쪽 암면에 얕게 새긴 높이 5m의 아미타불좌상도 안개가 걷히니 비로소 그 모습이 또렷하게 보였다. 나는 왼쪽에 보이는 명당탑을 손으로 가리키면서 "저기 보이는 3층 원형탑은 아까 중배관에서 보았던 7층 보수탑처럼 이곳 상배극락전을 장엄하게 꾸미기 위한 보배나무겠지요?" 하고 물었다.

송상: 네, 그렇습니다. 운주사 천불천탑 영역은 고려 관경16관변상도 가운데 특히 서복사본을 참고하여 일상관과 불회, 하배관, 중배관, 상배

9-27. **운주사 천불천탑의 석불군** 관경16관변상도에 등장하는 화불, 비구성문 및 주악천인을 묘사한 것이다. (1) 불회 영역의 석불군 '바', (2)상배관의 석불군 '마', (3)중배관의 석불군 '다', (4)하배관의 석불군 '가'

관의 네 영역으로 나누어 조성되었는데 이 가운데 가장 중요한 영역이 바로 마애아미타불좌상이 있는 상배관이 아니었나 생각됩니다. 아무래도 가장 신앙심이 깊고 육바라밀의 보살행을 실천한 상품왕생자가 태어나는 극락이 상배관이기 때문에 이곳을 가장 장엄하게 꾸며놓았을 것입니다. 고려 16관변상도를 참고하면, 보배나무탑 1기와 보배당탑 1기를 한 세트로 해서 북쪽 암벽의 마애아미타불좌상의 좌우에 각각 최소 한 세트씩 배치했을 것입니다. 왜냐하면 16관변상도의 도상은 완벽한 좌우대칭이기 때문입니다. 하지만 정말 아쉽게도 이곳이 오랫동안 폐사지가 되면서 석탑과 석불은 상당수 사라졌고, 3층만 간신히 남은 보배나무탑 1기와 보살을 상징하는 4층

방형석탑 1기가 왼쪽에, 그리고 4층만 남은 보배당탑 1기가 오른쪽에 남아 이곳이 아미타극락의 상배관 영역이었음을 말없이 증언하고 있습니다. 그리고 저 북쪽 암벽의 오른쪽에 조성된 석불군 '마'는 상품삼배 전각과 회랑에서 상품왕생자를 영접하는 여러 화불, 비구 성문과 주악천인들을 표현한 것입니다.

마침내 천불천탑 수수께끼 아홉 개 가운데 여덟 개가 군더더기 없이 시원하게 풀렸다. 마지막 남은 수수께끼는 도대체 언제, 누가, 무슨 목적으로 천불천탑을 조성했느냐하는 것이다. 어쩌면 이것은 영원히 풀리지 않는 미스터리로 남을 수도 있다. 왜냐하면 천불천탑 조성과 관련된 그 어떤 문헌자료도 발견되지 않았기 때문이다. 지난 40여 년간 내로라하는 여러 학자들이 이 수수께끼를 풀기 위해 머리를 싸매고 매달렸지만 속 시원한 답을 내지 못하다가 결국에는 온갖 설을 양푼에 함께 넣고 비벼서 불교, 밀교, 도교, 미륵신앙, 고대천문학 등 다양한 문화적, 종교적 집단이 교류했던 장소라는 일명 '운주사 천불천탑 비빔밥설'을 내놓은 속사정은 바로 이 때문일 것이다.

그런데 학계에서 내놓은 비빔밥에 만족하지 못한 몇몇 소설가가 운주사 천불천탑 맛의 비밀을 풀어보겠다고 직접 요리를 만들어 선을 보이기도 했었다. 이렇게 해서 화제의 식탁에 오른 것이 몽골군 외압설, 몽골 전통문양설, 해상왕 장보고 무덤설이라는 아주 느끼한 음식이다. 이제 우리는 마치 바지락무국처럼, 운주사 천불천탑에 얽힌 아홉 가지 수수께끼 가운데 여덟 가지를 시원하고 깔끔하게 풀어낸 개성상인의 '아미타 극락정토 체험장설' 또는 '세계최대 관경16관변상도설'을 단서로 해서 마지막 남은 천불천탑 수수께끼에 도전할 차례가 되었다.

마지막 수수께끼: 천불천탑의 조성 시기, 조성 세력, 조성 목적

송상: 운주사 천불천탑은 지금까지 여러 학자가 주장하여 거의 정설처럼 받아들여지고 있는 티베트 불교, 밀교, 도교, 별자리신앙, 고대천문학이나 민간미륵신앙의 기복처하고는 전혀 관련이 없습니다. 운주사 천불천탑은 관경16관변상도를 지상에 구현한 아미타 극락정토 체험장이 명백합니다. 이렇게 판단할 수밖에 없는 이유는, 수백 년간 풀지 못했던 고르디우스의 매듭을 알렉산드로스 대왕이 단칼에 풀어냈듯이, 그동안 오리무중이던 운주사 천불천탑의 아홉 가지 수수께끼를 관경16관변상도로 깔끔하게 풀어낼 수 있기 때문입니다. 천불천탑의 조성 시기를 고려후기, 더 정확하게는 13세기 말-14세기 초로 특정할 수 있는 것도 천불천탑의 설계도면이 1300년경에 제작된 서복사 또는 대고사 소장 관경16관변상도로 짐작되기 때문입니다. 건축시기가 설계도면 제작시기보다 앞설 수는 없는 노릇입니다.

그렇다면, 이제 남은 수수께끼는 1300년 전후시기에 천불천탑을 조성한 주체 세력이 누구이며, 이처럼 유라시아 대륙을 통틀어서 그 유래를 찾기 힘든 엄청난 규모로 아미타 극락정토를 지상에 실현시키고자 했던 목적이 궁금해집니다. 운주사 천불천탑은 티베트 불교나 밀교, 도교, 칠성신앙과 전혀 관계가 없는 고려불교의 전통양식으로 지은 아미타 극락정토이기 때문에 이 시설이 세워진 13세기 말-14세기 초, 즉 고려 후기 불교의 흐름과 사상을 알아야만 천불천탑을 조성한 주체 세력과 조성 배경을 짚어낼 수 있을 것입니다. 그런데 지금 이 자리에서 자세히 설명 드리기엔 시간도 부족하고 몹시 지루한 내용이라 핵심만 추려서 간략히 말씀드리겠습니다.

천불천탑이 조성된 1300년 무렵, 그러니까 앞·뒤로 50년을 빼고 더한 1250년부터 1350년까지 100년은 동아시아와 세계역사에서 엄청난 정치·문화·종교적 변혁기였습니다. 바로 초원의 몽골족이 중국 대륙을 장악하고 1271년 원 제국을 세움으로써 주변국들은 당시 세계 최강 몽골제국의 영향을 받지 않을 수가 없었습니다. 먼저 고려가 겪은 정치적 격변을 말씀드리면, 고려 중기를 100년간 지배했던 무신정권이 28년에 걸친 여몽전쟁 끝에 1270년 몰락하고 고려 왕실은 강화도를 떠나 개경으로 환도하면서 이후 약 80년간에 걸친 원나라의 지배를 받게 됩니다. 당시 개경 환도를 주도했던 고려왕 원종은 왕실 유지와 왕권 확보를 위해 원나라와 혼인동맹을 맺음으로써 충렬왕으로 시작하여 충정왕으로 끝나는 여섯 명의 충(忠) 자 돌림왕들이 등장하게 됩니다. 종교적으로는, 918년 고려의 건국 이래로 왕실과 귀족 가문의 후원과 각종 혜택을 받은 불교는 점차 지배세력의 기복신앙이 되면서 고려사회의 병통이 됩니다. 세상의 어떤 종교이든지, 사회의 소금 역할을 해야 될 종교가 권력과 밀착하면 결국 부패하게 되어 나라를 망친다는 것을 우리는 고려와 중국불교에서 엿볼 수 있습니다.

고려 중기에 이르러 개경 귀족불교의 병폐를 깨닫고 불교와 수행자 본연의 자세를 회복하려는 신앙혁신운동이 일어나게 되는데, 그것은 바로 보조국사 지눌이 이끈 수선사(修禪社)와 원묘국사 요세가 펼친 백련결사(白蓮結社)라 불리는 신앙혁신운동이었습니다. 두 결사운동은 동시대에 약간의 시차를 두고 탄생하였고 각기 대중과 권세가로부터 지지를 받았지만 신앙혁신의 밑바탕을 이루는 불교사상과 수행방법 면에서는 성격이 완전히 달랐습니다. 그래서 여기서는, 제가 판단하기에 1300년 전후시기에 화순 운주사 천불천탑을 조성한 주도세력으로 짐작되는 전남 강진의 백련사 스님들이 이끈 백련결사에 대해 조금 자세히 말씀드리겠습니다.

정말 놀랍게도 백련결사의 발상지인 강진 만덕산 백련사와 천불천탑이 세워진 화순 천불산 운주사는 직선거리로 불과 34km밖에 떨어져 있지 않습니다. 또한 운주사 천불천탑의 조성 원리인 관무량수경의 내용(왕사성의 비극, 참회, 정토왕생을 위한 16가지 수행법)과 요세 스님이 이끈 백련결사의 수행법, 즉 매일 법화경을 독송하고 참회하고 아미타불을 염하고 정토왕생을 서원하는 수행정진 방법은 완벽히 일치합니다. 뿐만 아니라 요세 스님의 입적 후에도 계속해서 백련결사를 이끈 스님들은 고려 후기, 즉 1300년 전후시기에 고려왕실과 권문세족으로부터 전폭적인 후원과 지지를 받습니다. 따라서 엄청난 공력과 건설비용이 드는 운주사 천불천탑을 조성한 주체세력은 수도 개경으로 진출한 백련사계 고승과 중앙의 후원세력으로 짐작됩니다.

고려는 충 자 돌림을 처음 시작한 충렬왕(재위: 1274-1308년)이 원나라 쿠빌라이 황제의 딸과 결혼하여 부마국이 되었습니다. 1284년, 충렬왕과 왕후(제국대장공주)는 개성에 묘련사(妙蓮寺)라는 왕실 원찰을 세웁니다.[79] 이 절은 강진 백련사와 똑같은 천태종 사찰로 백련결사를 이끈 원혜국통 경의와 무외국통 정오를 묘련사의 제1세와 제4세 주지로 모시고 중국 천태대사의 주석서를 중심으로 《법화경》을 연구하고 강의하는 묘련결사(妙蓮結社)를 이끌게 했으며 불교계를 총괄하는 직책도 맡겼습니다. 이때 《관무량수경소》(관경소)에 대한 교리연구도 이루어졌다고 합니다. 《관경소》란 중국 정토종

---

[79] 묘련사의 묘련(妙蓮)은 《묘법연화경(妙法蓮華經)》에서 따 온 것으로, 줄여서 《법화경》이라 불린 이 경전은 천태종의 근본경전이다. 묘련사는 원제국의 초대황제(쿠빌라이 칸)의 딸이었던 제국대장공주의 주도로 원 황실과 종묘의 복을 빌기 위해 지은 사찰로 그 위상은 왕실사찰 이상으로 대단하였다.

의 선도 스님(613-681년)이 저술한 저서로 왕사성의 비극, 부처님께서 아미타정토로 왕생할 수 있는 수행법인 정선13관(관불삼매)과 산선3관(염불삼매)을 설한 관무량수경의 경전해석서입니다. 선도 스님은 범부중생을 위한 염불삼매를 특히 중요시했습니다.

 관경소 연구는 고려불화에도 크나큰 영향을 미쳤습니다. 1300년 전후시기에 관경16관변상도가 많이 그려진 배경에는 묘련사 창건과 묘련결사, 그리고 관경소 연구가 있습니다. 운주사 천불천탑은 관경16관변상도, 특히 서복사본이나 대고사본을 설계도로 해서 조성됐습니다. 후대신라에서 불국정토를 지상에 구현하기 위해 경주 불국사가 건설됐다면, 고려 후기에는 관경16관변상도에 표현된 아미타 극락정토를 범부대중이 직접 눈으로 보고 체험할 수 있도록 백련결사 본거지에서 가까운 운주사에 조성한 것이 아닌가 짐작합니다. 또한 운주사 일대는 화산재가 쌓여 굳은 응회암 지대라서 천불천탑 조성에 필요한 석재 채취가 쉬웠던 것도 운주사에 천불천탑이 세워진 중요한 이유 중의 하나였다고 생각합니다. 한반도의 수많은 절 가운데 화순 운주사를 콕 집어 천불천탑을 세운 것은 이곳의 지질과 지형에 대해 잘 아는 강진 백련사 출신 스님들이었기에 가능했다고 봅니다. 남북 방향 길이가 500m이고 동서 방향 폭이 200m에 달하는 운주골 3만평 면적에 천불천탑으로 상징되는 아미타 극락정토를 건설하는 일은 후대신라 경덕왕-혜공왕 시기의 불국사 중창에 버금가는 대공사였습니다. 천불천탑 불사는 지방의 하위관리나 토호의 후원만으로 건설됐다고 보기에는 규모가 너무 크기 때문에 고려왕실과 권문세족의 후원을 받아 지어졌다고 보는 것이 합리적일 것입니다. 이때가 언제일까요? 저는 참회와 염불수행을 특징으로 하는 백련결사운동을 이끈 강진 백련사의 주지였던 경의 스님과 정오 스님이 개경으로 진출하여 왕실원찰인 묘련사에 주석함으로써 천태종 전성기를 맞이했던 충렬왕-충선왕 시대(1284-1313년)를 주목하고 있습니다. 고려는 충렬왕이 즉위하던 해(1274년)를 전후로 50년간 끊임없이 전쟁을 치르느라 사회·경제적으로 대단히 피폐한 상태였습니다. 28년에 걸친 고려-몽골전쟁(1231-1259년), 강진 백련사에서 직선거리로 불과 45km 떨어진 완도(진도)에 첫 거점을 둔 삼별초의 3년 항쟁(1271-1273년), 삼별초를 진압하자마자 곧바로 이어진 일본 원정(1274, 1281년)은 고려에 수많은 인명손실과 경제·사회적으로 큰 피해를 가져왔습니다.

이러한 피해는 삼별초 항쟁 때는 전쟁터가 됐고 일본 정벌 때는 전쟁 준비에 동원된 전라도와 경상도의 남해안 일대가 특히 심했습니다. 민심은 흉흉해졌고 남도 백성들은 당장 오늘을 살기에도 힘겨워, 위제희 왕비가 괴로움과 번뇌가 없는 정토에 태어나길 간절히 원했던 것처럼 아미타극락정토를 그리워했을지도 모릅니다. 운주사 천불산 계곡에 불교의 구원관과 내세관을 담은 관경16관변상도를 조성한 목적은 13세기말-14세기 초 고려사회에서 가장 고통 받던 남도 백성들에게 극락정토를 직접 보여주고 체험케 함으로써 그들의 고통을 씻어주고 위로하기 위한 것은 아니었을까 짐작해 봅니다. 아미타 극락정토 건설에는 관경16관변상도의 도상에 밝은 승려가 총감독을 맡고, 석탑을 세우고 불상을 조각하는 일은 운주사가 있는 전라도와 인근 경상도 지방의 석공을 총동원하여 짧은 기간에 조성했을 것입니다.[80]

---

80) 운주사의 창건 시기는 11세기 초이며, 천불천탑의 조성 시기는 13세기말-14세기 초이다. 반계 유형원이 지은 동국여지지(東國輿地志, 1656년)에 고려승 혜명(惠明)이 무리 1,000여 명과 함께 천불천탑을 조성했다고 기록되어 있다.

운주사 천불천탑은 남북 방향으로 길쭉하면서 북쪽이 막혀 있는 운주골의 지형에 맞춰 조성된 것으로 보입니다. 즉, 천불천탑 조형의 중심축은 남북 방향입니다. 따라서 천불산 북쪽 암벽에다 상배관의 아미타불좌상을 조성하고, 중배전의 쌍배불상(아미타불)을 중심축인 남북 방향으로 배치하고, 서쪽 산등성이에서 불회를 주관하는 석가모니불과 그 옆의 아난존자도 남북 방향으로 조각하여 전체적인 구도에 통일감을 준 것 같습니다.

못다 푼 수수께끼

어느덧 해는 중천에 높이 떠올랐고 이야기를 나누며 걷던 우리는 또다시 불사바위에 올라와 있었다. 아침에 운주골을 가득 메웠던 짙은 운무는 흔적도 없이 사라졌고, 하배관, 중배관, 상배관, 그리고 불회 영역까지 천불천탑의 모든 것이 또렷이 시야에 들어왔다. 운주사 천불천탑에 얽힌 9가지 수수께끼 가운데 마지막 남은 한 가지, 즉 천불천탑의 조성시기, 조성의 주체 세력, 조성의 사상적 배경이나 조성목적까지 모든 수수께끼가 말끔히 풀리는 순간이었다. 나는 세상 사람들이 궁금하게 여겼던 아홉 가지 수수께끼, 영원히 풀릴 것 같지 않던 천불천탑 미스터리가 모두 풀렸다고 생각하는데 그래도 여전히 남아있는 수수께끼가 있는지 개성상인에게 물어보았다.

송상: 경주 불국사 중창에 버금가는 운주사 천불천탑 불사가 문헌기록에 없다는 것은 정말 미스터리한 일입니다. 둔황 막고굴 제17굴(장경동)에 막대한 둔황문서가 숨겨진 이유를 아직껏 밝혀내지 못한 것처럼 어쩌면 영원한 수수께끼로 남을지도 모르겠습니다. 그래서 이 수수께끼 풀기는 소설가에게 맡기고 제가 천불천탑 비밀을 풀면서 못다

푼 것을 두어 가지 말씀드리겠습니다.

　첫째, 운주사 천불천탑은 관경16관변상도를 운주골에 입체적으로 재현해 놓은 것입니다. 화면의 구성측면에서는 정말 놀라울 정도로 똑같고 내용면에서는 대단히 창의적입니다. 2차원 그림을 3차원 공간에 재현하겠다는 발상 자체가 매우 창의적이지만, 구층석탑, 중배전과 쌍배불상, 7층보배나무탑, 7층보배당탑, 그리고 주변 석불군의 형태와 배치구도를 보면, 그 뛰어난 조형감각에 입이 딱 벌어집니다. 그런데 관경16관변상도의 구성요소에서 가장 중요한 것 가운데 하나는 왕생자가 연꽃에서 태어나는 연못입니다. 변상도의 하배관, 중배관, 상배관 앞에는 연못이 있는데, 이 연못에는 희거나 붉은 연꽃이 피어있고, 학, 공작, 가릉빈가와 같은 극락조가 노닐고 있습니다. 이런 화려한 연못이 운주사 천불천탑의 상배관, 중배관, 하배관 앞에 각각 하나씩 있다고 상상해 보십시오. 지금 우리가 보고 있는 풍경하고는 완전히 다른 느낌, 마치 진짜 극락에 와 있다는 느낌이 들지 않을까요? 운주골에 아미타극락정토를 만들면서 왕생자가 태어나는 연못을 빼먹는다는 것은 '오아시스 없는 사막'이나 마찬가지입니다. 저는 고려 불화나 자개장을 볼 때마다 고려 장인의 섬세한 묘사에 무척 탄복하게 됩니다. 꼼꼼함으로 따지자면 이 세상에 고려 장인을 따를 자가 없기 때문에 저는 여기에 반드시 연못이 있었을 것이라 생각합니다. 그런데 여기는 국가사적지인지라 제가 직접 땅을 파서 확인할 수는 없는 노릇이고 학계에서 정식으로 나서주었으면 하는 바람입니다. 연못의 존재유무는 이곳이 관경16관변상도를 그대로 재현한 아미타극락정토 체험장이었음을 재확인해 주는 결정적인 증거가 될 뿐만 아니라 중세 때 만든 세계최대이자 세계유일 극락을 완벽하게 복원하는 길이 열리기 때문입니다.

둘째, 관경16관변상도의 화면구성은 완벽한 좌우대칭입니다. 변상도는 종교화의 일종이기 때문에 화면에 질서와 안정감을 주기 위해서 좌우대칭 구도를 택한 것 같습니다. 그래서 극락 장엄물인 보배나무는 반드시 짝수가 되어 전각의 좌·우에 똑같은 개수를 배치했습니다. 하지만 여기 운주사 중배전 앞 7층보배나무탑은 전각의 정면에 딱 한 개 놓여 있습니다. 즉, 7층석탑-중배전-7층보배나무탑이 남북방향으로 일직선상에 놓여 있어서 7층보수탑이 중배전에 좌정하고 계신 아미타불의 전신을 가리고 있습니다. 천불천탑의 설계도가 관경16관변상도이기 때문에 장엄물인 7층보수탑은 아미타불이 좌정하고 계신 중배전에서 왼쪽 또는 오른쪽으로 몇 걸음 비껴서 각 1기씩 한 쌍이 배치되었을 것입니다. 저의 가설을 강력하게 뒷받침해주는 증거가 7층보수탑 주변의 흙바닥에 나뒹굴고 있는 8-10개의 원반형 석재입니다. 이 원반형 석재는 이곳에 또 하나의 7층보수탑이 있었음을 넌지시 알려주고 있습니다. 두 기의 보수탑이 원래 위치에서 자리이동을 하게 된 사유를 추측해 보면, 운주사가 폐사되고 세월이 흘러 연못은 진흙으로 메워져 논으로 바뀌게 되는데 벼농사를 짓는데 걸리적거리는 7층보수탑 2기를 남북방향으로 난 논두렁길로 옮기면서 1기는 파손되고 1기가 살아남은 것이 아닐까 짐작해 봅니다. 그래서 만약 이곳에서 연못의 존재유무를 확인하는 발굴을 하게 된다면, 7층보수탑의 원래 위치도 파악하면 좋겠다는 생각입니다. 이상 두 가지 사안이 제가 아직까지 해결하지 못한 수수께끼입니다.

운주사 천불천탑의 탁월성과 보편 가치

마침내 400년간이나 풀리지 않던 천불천탑 수수께끼는 고르디우스의 매듭이 알렉산드로스 대왕에 의해 단칼에 풀리듯 개성상인에 의해서 어떤 군더더기도 남기지 않고 말끔하게 풀렸다. 날씨는 쾌청하였고 오월 하순의 따스한 봄바람은 간간이 내 얼굴을 간질이며 부드럽게 휘감고 지나갔다. 우리는 불사바위에서 내려와 천불천탑의 들머리인 하배관 영역으로 천천히 걸어갔다. 개성상인과 헤어질 시간도 다 됐기에 나는 언젠가 그를 만나면 꼭 묻고 싶던 질문을 마지막으로 던졌다.

청계: 고대 그리스인들은 사람의 손으로 만든 가장 놀라운 건축물 일곱 개를 열거하면서 '세계 7대 불가사의'라고 했습니다. 그러나 이것은 당시 그리스인들의 활동무대였던 지중해 연안에 한정된 건축물입니다. 당신은 유라시아 대륙에서 안 가본 곳 빼고 다 가본 사람입니다. 당신이 꼽는 진정한 '세계 7대 불가사의'가 있다면 들려주십시오.

송상: 하하하, 아직 구체적으로 뽑아보진 못했습니다. 지금 생각나는 대로 후보 목록을 작성해 본다면, 황룡사 구층목탑, 둔황석굴(중국), 지하수로인 카레즈(중국), 앙코르와트 사원(캄보디아), 보로부두르 사원(인도네시아), 엘로라 석굴(인도), 바미안 석불(아프가니스탄), 페르세폴리스(이란), 하기아 소피아 성당(터키)이 떠오르는데, 여기에 하나를 더 넣는다면 운주사 천불천탑을 꼽겠습니다.

청계: 운주사 천불천탑이 '세계 7대 불가사의' 등재 후보라고요? 천불천탑이 그렇게 대단한 유적인가요?

송상: 그럼요! 충분히 후보 목록에 오를 만한 유적입니다. 제가 '세계 7대 불가사의'를 선정한다면 그 심사기준은 '이 유적이 한 나라를 넘어서서 과연 세계가 공감할 만한 탁월하고 보편적인 가치를 지니고 있느냐?'입니다. 이것을 핵심어로 말한다면 'OUV(outstanding universal value)가 무엇이냐?'입니다. 제가 생각하는 천불천탑의 탁월성은 다

음과 같습니다. 첫째, 13세기 말-14세기 초에 건설된 천불천탑은 세계최대, 세계 유일의 3차원 불교정토화이자 왕립극락정토 체험장입니다. 그림의 면적이 자그마치 3만평에 달하고, 조성 당시에는 등장인물만 1천명이었다고 합니다. 둘째, 2차원 불교정토화를 3차원 공간에 구현할 때 사용한 기법이 대단히 창의적입니다. 우리가 천불천탑의 하배관, 중배관, 상배관에 들어서는 순간 우리는 아미타삼존불과 여러 화불, 비구와 성문대중, 천인으로부터 영접을 받고 극락에 왕생한 듯한 느낌을 받습니다. 다시 말해서 천불천탑은 그 자체로 조형의 완결성을 갖춘 것이 아니라 우리가 이곳에 왕림했을 때 비로소 완성된다고 볼 수 있습니다. 유라시아 대륙을 통틀어 작품과 관람자를 일체화시킨 이런 예술품은 세상 어디에도 없습니다. 셋째, 천불천탑은 남북 방향으로 길게 뻗은 운주골 지형에 잘 어울리도록 조성됐습니다. 자연환경을 그림에 끌어들였다고나 할까요? 운주골 자연환경이 3차원 극락정토화의 배경이 된 것입니다. 이 뿐만 아니라 관경16관변상도의 핵심공간인 불회, 상배관, 중배관, 하배관이 서로 유기적으로 잘 연결되어 있으며, 3만평에 달하는 드넓은 화폭에 걸쳐 정연한 질서와 통일성이 유지되고 있습니다. 이 정도 탁월함이면 '세계 7대 불가사의' 목록에 오를 만한 충분한 자격이 있다고 생각합니다.

 세계인이 공감할 수 있는 천불천탑의 보편가치는 다음과 같습니다. 첫째, 천불천탑은 불교, 밀교, 도교와 별자리 신앙이 짬뽕된 데 있는 것이 아니라 1천년 동아시아 불교에서 시대와 종파를 막론하고 대중이 널리 받아들였던 정토신앙과 예술의 완결판이라는 데 있습니다. 불교의 구원관이자 내세관이 담긴 정토신앙은 때로는 석가모니불의 영산정토나 비로자나불의 연화장세계, 혹은 약사불의 동방정유리세계, 관세음보살의 보타락가산 정토, 미륵불의 도솔천 정토와 같이 시대적 요구와 불교종파에 따라서 다양한 모습으로 나타났습니다만, 이 모든 정토를 아우르면서 하나로 회통시키는 궁극의 정토가 바로 아미타여래가 거처하는 서방극락정토입니다.[81] 서방극락정토의 장엄한 풍경이 묘사되고 이곳에 왕생할 수 있는 방편을 알려주는 경전은 아미타여래의 정토3부경이라 불리는 아미타경, 무량수경, 관무량수경입니다. 이 가운데 가장 나중에 간행된 것으로 짐작되는 경전이 관무량수경으로, 앞선 경전인 아미타경과 무량수경에서는 극락왕생할 수 있는 최소한의 자격조건이 살아서 악행을 저지르지 말아야 하고 아미타불의 이름을 외우고 최소 열 번은 아미타불을 생각하고 극락세계에 태어날 것을 소원하며 법문을 듣고 믿고 의지해야 하는 등 일정수준 이상은 되어야 하는데 반해, 관무량수경에서는 극락의 종류를 종래 세 종류(상배관, 중배관, 하배관)에서 아홉 종류(상품삼배, 중품삼배, 하품삼배)로 대폭 늘리고 극락왕생 자격조건도 확 낮춰서 심지어 지옥·아귀·축생의 세계인 삼악도에 떨어질 죄를 저지른 악인일지라도 죽기 직전에 참회하고 지성으로 '나무아미타불'을 열 번만 온전히 부르면 하품삼배 가운데 가장 낮은 하품하생의 연못에 왕생할 수 있게 했습니다. 물론 연꽃에서 태어난다 할지라도 꽃봉오리가 당장 열리지는 않으며 이곳의 주관자이신 관세음보살로부터 영접을 받으려면 엄청나게 오랜 세월 동안 꽃봉오리 속에 갇혀 참회하고 공덕을 쌓아야 했지만 일단 죽었을 때 극락까지는 갈 수 있기 때문에 관무량수경은 대중으로부터 큰 호응을 받았습

---

[81] 아미타여래의 극락정토사상은 유투브 강좌, [홍익학당] 윤홍식의 〈아미타불과 극락정토〉 강의를 참고하였다.

니다. 그래서 불교미술관이랄 수 있는 둔황석굴에는 오랜 세월에 걸쳐서 아미타여래의 정토3부경 변상도가 그려졌는데 현재까지 남아 있는 154폭 가운데 운주사 천불천탑의 설계도이자 극락정토왕생이 가장 수월한《관무량수경변상도》는 절반을 넘는 84폭이나 차지합니다. 고려시대에 그려진 불화는 현재 160여 점 남아 있는데 그 가운데 아미타여래의 극락정토와 관련된 그림이 무려 60여 점이나 되며, 일본 불화도 비슷한 경향을 보이고 있습니다. 이로 미루어 볼 때, 동아시아 불교의 저변에는 아미타 극락정토 신앙이 내세관으로 깊숙이 자리 잡고 있었다는 것을 짐작할 수 있는데, 이것이 절정에 달한 것이 고려후기에 세워진 운주사 천불천탑입니다. 둘째, 운주사 천불천탑의 모든 조형물은 북인도-서역-중국-한반도-일본으로 이어지는 동아시아 불교예술의 전통 속에서 독특한 개성을 발휘한 고려불교의 예술혼으로 빚어진 것입니다. 여기에 티베트 밀교, 도교, 칠성신앙, 고대천문학이나 몽골문양이 낄 자리는, 죄송하지만 단 한 자리도 없습니다. 저는 이것이 세계인이 공감할 수 있는 운주사 천불천탑의 보편가치라고 생각합니다.

운주사 천불천탑은 진정한 '세계 7대 불가사의' 목록에 오를 만한 예술적 탁월성과 인류 보편가치를 지니고 있으며, 그것은 1천년 이상 북인도-서역-중국-한반도-일본으로 이어진 동아시아 불교의 거대한 흐름에서 큰 산으로 우뚝 솟은 고려 불교예술이 빚어낸 걸작이었다. 나는 개성상인에게 조만간 서역으로 떠나면 언제쯤 고향 강진으로 돌아올 것 같으냐고 물었다. 그는 이번 상단의 최종 목적지로 사마르칸트를 정했지만 요즘 대륙정세가 급변하고 있어서 일단 둔황까지 가봐야 알 수 있을 것 같다면서 무사히 고향 땅을 다시 밟을 수 있게 되기를 아미타여래에게 빌고 싶다고 하였다. 개성상인이

9-28. 개성상인이 아미타여래를 향해 합장하고 기도를 올릴 때 흰 눈이 펑펑 쏟아지기 시작했다. 깜짝 놀라 살펴보니 그것은 눈송이가 아니라 하얀 산딸나무 꽃이었다. 무려 400년간 운주골에 짙게 깔렸던 안개가 말끔히 사라진 것을 축하하려는 듯 나비처럼 환희에 찬 춤을 추던 산딸나무 꽃들은 이윽고 서쪽 산등성이 너머로 무리지어 날아갔다. ⓒ 홍석경

아미타여래를 향해 합장한 채 간절한 기도를 올릴 때, 간간히 불어오던 따스한 봄바람은 갑자기 세찬 돌풍으로 변하면서 운주골을 휘감았고, 파랗던 하늘은 마치 한겨울이라도 된 듯 온통 하얀 눈송이로 뒤덮이면서 머리 위로 흰 눈이 펑펑 쏟아지기 시작했다. 운주골과 천불산 주변은 순식간에 하얗게 물들기 시작하는데 어떤 눈송이는 배추흰나비처럼 펄럭이며 하늘을 나는 것이었다. 나는 깜짝 놀라 자세히 살펴보니 그것은 눈송이가 아니라 하얀 산딸나무 꽃이었다. 무려 400년간 운주골에 짙게 깔렸던 안개가 말끔히 사라진 것을 축하하려는 듯 나비처럼 환희에 찬 춤을 추던 산딸나무 꽃들은 이윽고 서쪽 산등성이 너머로 무리지어 날아갔다.

| 에필로그 |

    아, 드디어 그리스 여행기를 끝냈다! 무려 4년에 걸쳐 쓴 여행기의 마무리 글을 쓰게 되니 후련하다는 생각뿐이다. 지난 그리스 여행에서 즐거웠던 순간을 잠시 떠올려 본다. 황금빛 노을이 서쪽 하늘을 물들이기 시작할 무렵 델피를 출발하여 핀도스 산맥을 넘을 때, 라리싸에서 A3 고속도로를 타고 테살리아의 드넓은 평원을 달릴 때, 늦은 오후에 미케네에서 올림피아로 가는 시골길을 따라 천천히 차를 몰고 갈 때, 우리 부부는 차창 밖에 펼쳐진 멋진 풍경에 감탄하면서 도란도란 이야기를 나누었다.
    팍소스-안티팍소스 섬에서 본 이오니아 바다의 푸른빛은 말로 표현하기 어려운 오묘한 색깔이었다. 수영을 못해서 수정처럼 맑고 푸른 바다에 풍덩 뛰어들지 못한 것이 지금도 아쉬움으로 남아 있다. 수영을 할 줄 알면 지중해 여행의 즐거움이 배로 커진다는 사실을 절감했다. 귀국하기 하루 전에 들른 수니온 곶에서도 즐거운 경험을 했다.
    수니온 곶은 바다의 신 포세이돈을 모신 신전이 있는 곳으로 평소에도 바람이 세기로 유명한데, 우리가 간 날에는 비를 동반한 바람이 세차게 몰아쳤다. 몸이 슬쩍 떠밀릴 정도로 몰아치는 비바람에 우리 부부는 두 팔을 활짝 치켜 올리는 바람맞이 놀이를 하면서 신나게 놀았다. 모든 고대 그리스 유적지가 나에게 깊은 인상을 남겼지만 이 가운데 아폴론 신전이 있는 델피는 신령스런 자연의 기운이 몸으로 느껴질 정도로 장엄했다. 언제가 될지 또 그런 기회가 올지 모르겠지만, 그리스에서 1년 정도 머물며 춘하추동을 경험해보고 싶다.

    『개성상인의 그리스 여행』은 역사기행으로 나의 문명답사 시리즈의 두 번째 책이다. 나의 첫 여행기 『산딸나무와 터키여행』을 읽은 독자들은 서로 상반된 반응을 보였는데, 내용이 아주 재밌고 술술 읽힌다는 그룹과 내용이 상당히 어려워 다 읽지 못했다는 그룹이 있었다. 나의 그리스 여행기는 이전보다 훨씬 더 많은 역사 이야기를 담았기에 내용이 어려워 재미없다는 독자들이 많아질까 살짝 걱정되기도 한다. 필자 입장에서 이번 여행기의 하이라이트를 말한다면, 그리스 유적과 유물에 대한 해설보다는 우리 전통문양인 칠보무늬의 비밀과 운주사 천불천탑 수수께끼를 풀어낸 것이 아닐까 싶다. 수수께끼를 푸는 과정은 쉽지 않았는데 높은 장벽에 가로막혀 헤맬 때마다 전혀 의도치 않았던 우연한 일이 계기가 되어 문제가 풀리는 경험을 했다.

고려청자 칠보무늬의 비밀을 푸는 실마리는 작년 1월말 대만국립고궁박물관에 들렀을 때 우연히 보게 된 '태화원년명(CE 477년) 금동불좌상'의 좌대문양에서 얻었다. 운주사 천불천탑에 얽힌 아홉 가지 수수께끼를 푸는 열쇠는 우연히 매료된 고려후기 관경16관변상도와 운주사 입구 안내판에 그려진 천불천탑 배치도에서 얻을 수 있었다. 수수께끼를 풀어보겠다는 관심의 끈을 놓지 않으니까 어디선가 희미한 실마리를 찾아내서 결국 문제를 푸는 놀라운 경험을 했다.

수수께끼를 푸는 과정에서 가장 큰 도움이 됐던 것은 인터넷을 통해 얻을 수 있었던 각종 유물사진과 논문, 신문기사, 유튜브 영상자료, 그리고 개인적으로 구입했던 박물관 특별전시회 도록이었다. 내가 박사과정을 밟던 시절에는 인터넷과 구글과 같은 검색도구가 없어서 자료를 구하려면 대학도서관에 들러 해당논문을 찾아 일일이 복사를 해야 했다. 그러나 지금은 전시회 도록을 제외하고 연구에 필요한 자료는 인터넷으로 웬만큼 구해 볼 수 있다. 그래서 지금은 어떤 분야든지 마음을 굳게 먹고 10년만 꾸준히 공부하면 누구라도 어느 한 분야의 전문가가 될 수 있다고 생각한다.

그리스와 대한민국은 지정학적으로 해양과 대륙을 연결시켜주는 교량 국가이다. 그렇다보니 우리나라 못지않게 그리스도 고대부터 외침을 많이 받았을 뿐만 아니라 투르크족이 세운 오스만 제국에 의해 중세 이후 근대에 이르기까지 무려 400년간 지배를 받기도 했다. 이처럼 오랜 세월 억압을 받았음에도 자신들의 언어, 문화, 전통, 종교를 잊지 않고 지켜낸 그리스 국민에게 경의를 표한다. 대한민국과 그리스 수교 60주년이 되는 올해를 기점으로 두 국가의 국민들 사이에 다방면에서 활발히 교류가 이루어져 상호 이해의 폭이 크게 넓어졌으면 하는 바람을 가져본다. 나의 버킷 리스트 중의 하나는 스마트폰으로 촬영한 다큐멘터리를 제작하여 테살로니키 국제영화제 다큐멘터리 부문에 출품하는 것이다. 다큐 제목은 '산딸나무 정원의 비밀'쯤 될 것이다. 하하하….

그리스 여행을 하면서 국뽕에 취할 때가 가끔 있었다. 그런데 그리스를 다녀오고 3년이 흐른 지금, 나는 이보다 더 센 국뽕을 맞는 일이 자주 생기고 있다. 몇 년 새 한국인이 영화와 대중음악에서 이룬 성취는 우리 스스로가 깜짝 놀랄 정도이다. 불과 10년 전만 하더라도 언감생심한 일들이 요즘엔 자다 깨보면 현실세계에서 이루어져 있어 이게 꿈인지 생시인지 분간이 잘 안 된다. 대한민국 독립운동에 한평생을 바친 건국의 아버지, 백범 김

구께서 그토록 바라던 대한민국의 모습은 경제강국도 군사강국도 아닌 '문화강국'이었다. 당신께서 1947년에 쓴 《나의 소원》에서 문화의 힘은 우리 자신을 행복하게 하고 나아가서 남에게 행복을 줄 수 있기에 오직 한없이 가지고 싶은 것은 높은 문화의 힘이라고 해방된 조국의 동포에게 힘주어 말했다. 해방된 지 75년 만에, 그것도 우리 세대에서 백범께서 그렇게 원했던 문화강국의 틀이 갖춰지고 있어 정말 뿌듯하다.

반도체, 디스플레이, 조선, 자동차, 철강, 스마트폰처럼 과학기술을 기반으로 한 산업분야뿐만 아니라 영화와 대중음악과 같은 소프트파워 분야에서 한국인이 이룩한 놀라운 성취의 공통점은 무엇일까? 그것은 이 업계의 한국인들은 좁은 국내시장에 만족하지 않고 세계무대로 진출하여 허울이 통하지 않는 진검승부를 벌여 자타공인 실력자가 됐다는 것이다. 올림픽 경기에 비유한다면 펜싱 개인전과 단체전에서 금·은·동 메달을 딴 우리 선수와 같다고나 할까? 한국인은 비교적 공정한 게임의 법칙이 지배하는 개방된 시장에서 자신의 역량을 마음껏 발휘하는 것 같다. 반면에 혈압을 오르게 하고 얼굴을 화끈거리게 만드는 분야는 하나같이 언어, 문화, 법률과 같은 보이지 않는 장벽에 의해 보호되는 국내시장에서 객관적 실력이 아닌 학벌, 지연, 직위로 폼 잡는 분야이다. 여기에 속하는 대표적인 낙후분야가 법조계와 언론계인데, 이 두 업종은 강제적인 외부충격이 없으면 낙후성에서 스스로 벗어날 가망이 보이질 않는다.

조부모와 부모로부터 풍요와 자유를 유산으로 물려받은 우리 자식세대는 자신감으로 충만하여 한국인 DNA에 각인된 창의성을 마음껏 발현하는 중이다. 우리 젊은이들의 기상천외한 발상과 넘치는 끼를 지켜보면 깜짝 놀랄 때가 많다. 우리 할아버지·할머니와 아버지·어머니가 가난에서 벗어나기 위해 앞만 보고 달렸다면, 우리 젊은 세대는 여기서 한 차원 높여 위기에 빠진 21세기 지구촌에 새로운 희망을 주는 큰일을 해내면 좋겠다. "늙으면 입은 닫고 지갑을 열라"는 속담이 있다. 나와 같은 구세대는 앞으로 대한민국을 이끌어갈 젊은이들을 믿고 그들이 자신의 꿈을 맘껏 펼칠 수 있도록, 실패를 두려워하지 않고 새로운 일에 도전할 수 있도록 용기와 힘을 북돋아줘야 하고 이를 제도적으로 뒷받침할 수 있는 사회시스템을 만드는 데 남은 힘을 쏟아야 한다.

"라떼는 말이야" 혹은 "대한민국 앞날이 걱정이다"라는 식의 훈계는 재기발랄한 우리 젊은 세대를 무시하는 말일 뿐만 아니라 세상이 너무 빠른 속도로 변하고 있어 젊은이들이 인생설계를 하는데도 별반 도움이 안 된다. 그러나 2500년 전이나 21세기 지금이나 변함없이 젊은이에게 들려주고 싶은 얘기가 있다면 그것은 델피의 인생훈이다.

어려서는 예의를 배워라.
젊어서는 스스로를 절제하라.
중년이 되어서는 공평하라.
노년에는 좋은 조언을 주라.
그리고 후회 없이 죽어라.

에피다우로스 극장

아테네 파르테논 신전에서 운주사 천불천탑까지
개성상인의 그리스 여행

펴낸날 2021년 10월 31일

지은이 홍석경
펴낸이 이순옥
펴낸곳 도서출판 문화의힘
등록 364-0000117
주소 대전광역시 동구 대전천북로 30-2(1층)
전화 042-633-6537
전송 0505-489-6537

ISBN 979-11-87429-74-6
ⓒ 홍석경 2021

저자와 협의로 인지는 생략합니다.
*잘못된 책은 구입처에서 교환해드립니다.
이 도서는 한국출판문화산업진흥원의 '2021년 우수출판콘텐츠 제작 지원 사업' 선정작입니다.

|값 24,000원|